朱鷄 中司哲巖著

觀相學の實地應用
奧秘傳全集

東京 修文社

観相学の実地応用
奥秘伝全集

中司哲巌

著　者

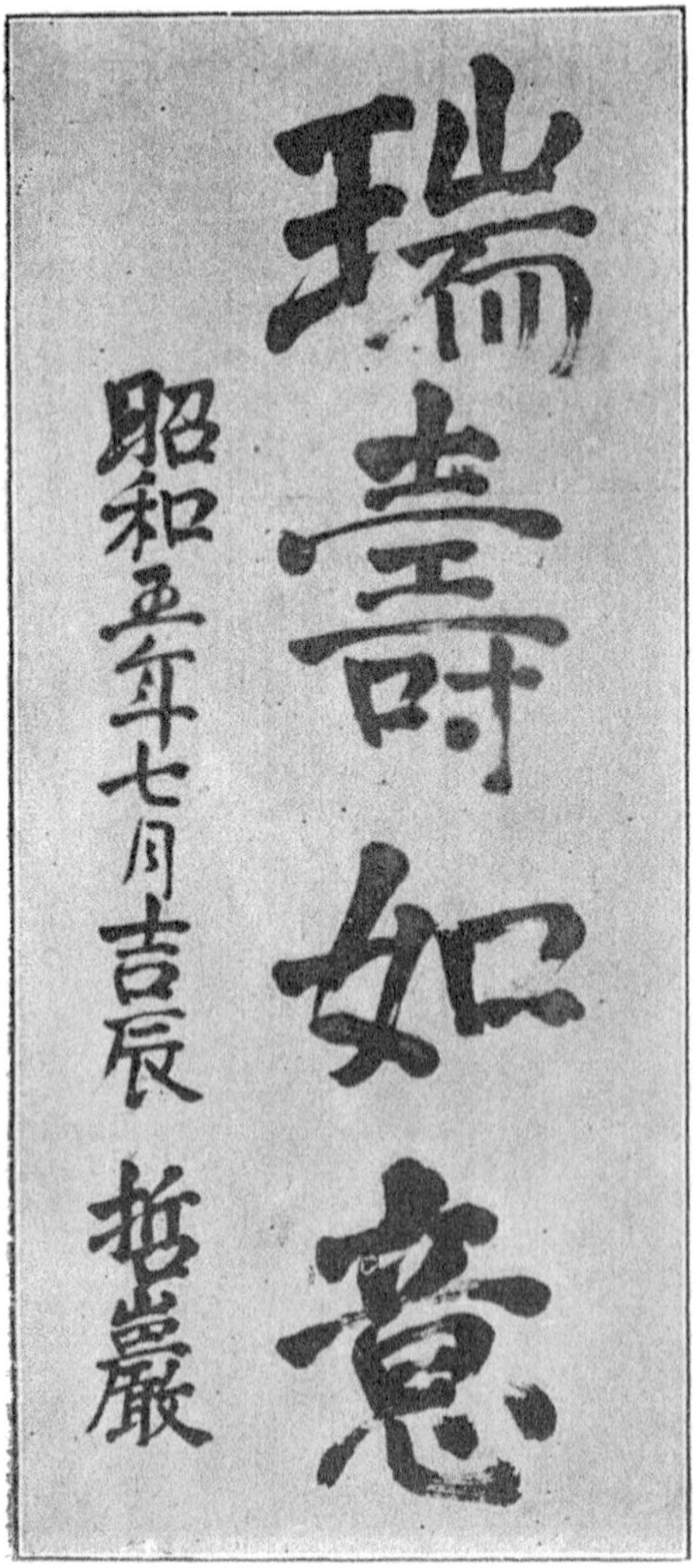

著者の筆蹟

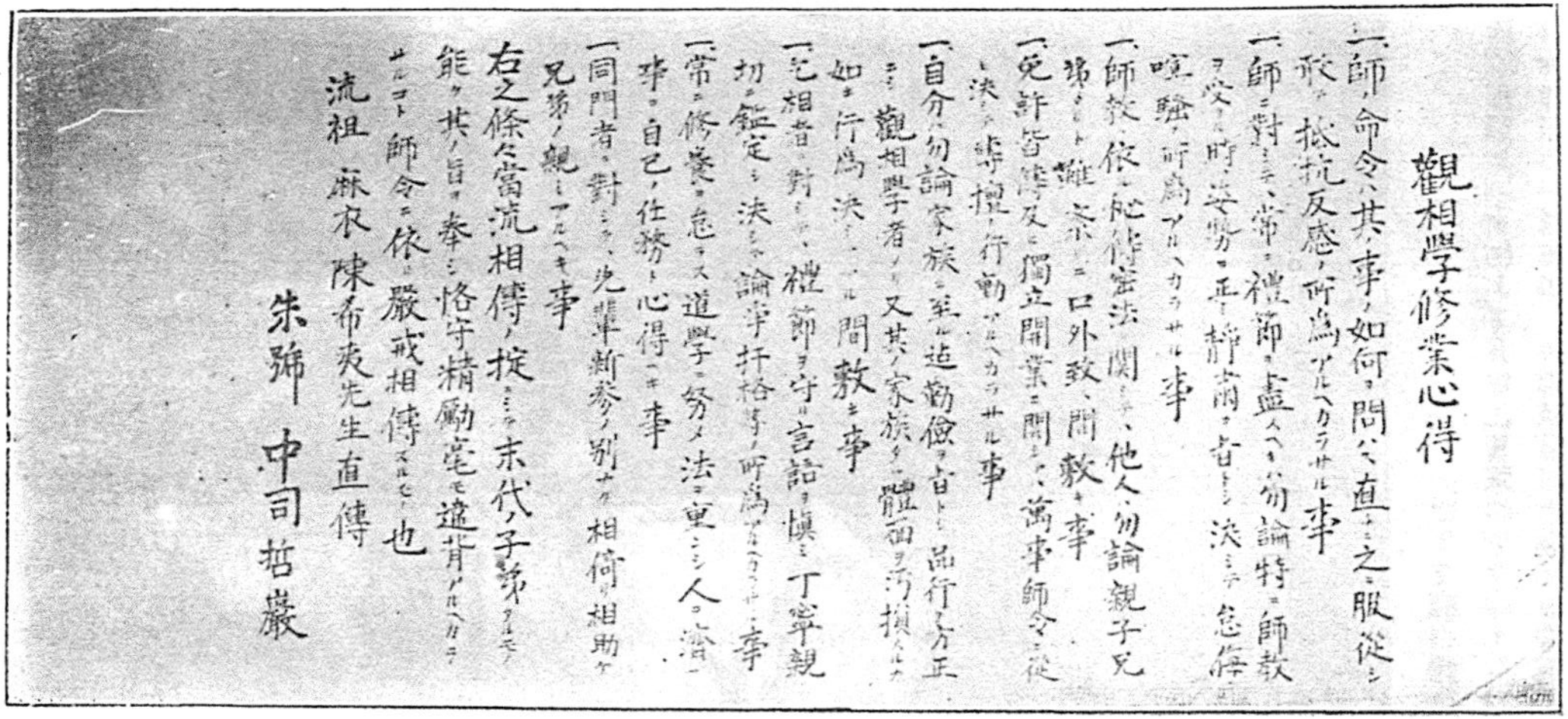

観相學修業心得

一、師ノ命令ハ其ノ事ノ如何ヲ問ハズ直チニ之ニ服従シ敢テ抵抗反感ノ所為アルベカラザル事

一、師ニ對シテハ常ニ禮節ヲ盡スベキハ勿論特ニ師教ヲ受クル時ハ姿勢ヲ正シ静粛ヲ旨トシ決シテ怠侮喧騒ノ所為アルベカラザル事

一、師教ニ依ル秘傳密法ニ関シテハ他人ハ勿論親子兄弟ト雖モ濫ニ口外致ス間敷事

一、免許皆傳又ハ獨立開業ニ関シテハ萬事師令ニ従ヒ決シテ専擅ノ行動アルベカラザル事

一、自分ハ勿論家族ニ至ルマデ勤倹ヲ旨トシ品行方正ニシテ観相學者ノ又其ノ家族タル體面ヲ汚損スルガ如キ行為決シテ為ス間敷事

一、乞相者ニ對シテハ禮節ヲ守リ言語ヲ慎ミ丁寧親切ニ鑑定シ決シテ論爭扞格等ノ所為アルベカラザル事

一、常ニ修養ヲ怠ラズ道學ニ努メ法ヲ重ンジ人ヲ濟フ事ヲ自己ノ任務ト心得ベキ事

一、同門者ニ對シテハ先輩新參ノ別ナク相倚リ相助ケ兄弟ノ親ミアルベキ事

右之條々當流相傳ノ掟トシテ末代ノ子弟タルモノ能ク其ノ旨ヲ奉シ恪守精勵毫モ違背アルベカラザルコト師令ニ依リ嚴戒相傳スルモノ也

流祖　麻衣陳希夷先生直傳

朱鵜　中司哲巖

著者の筆跡

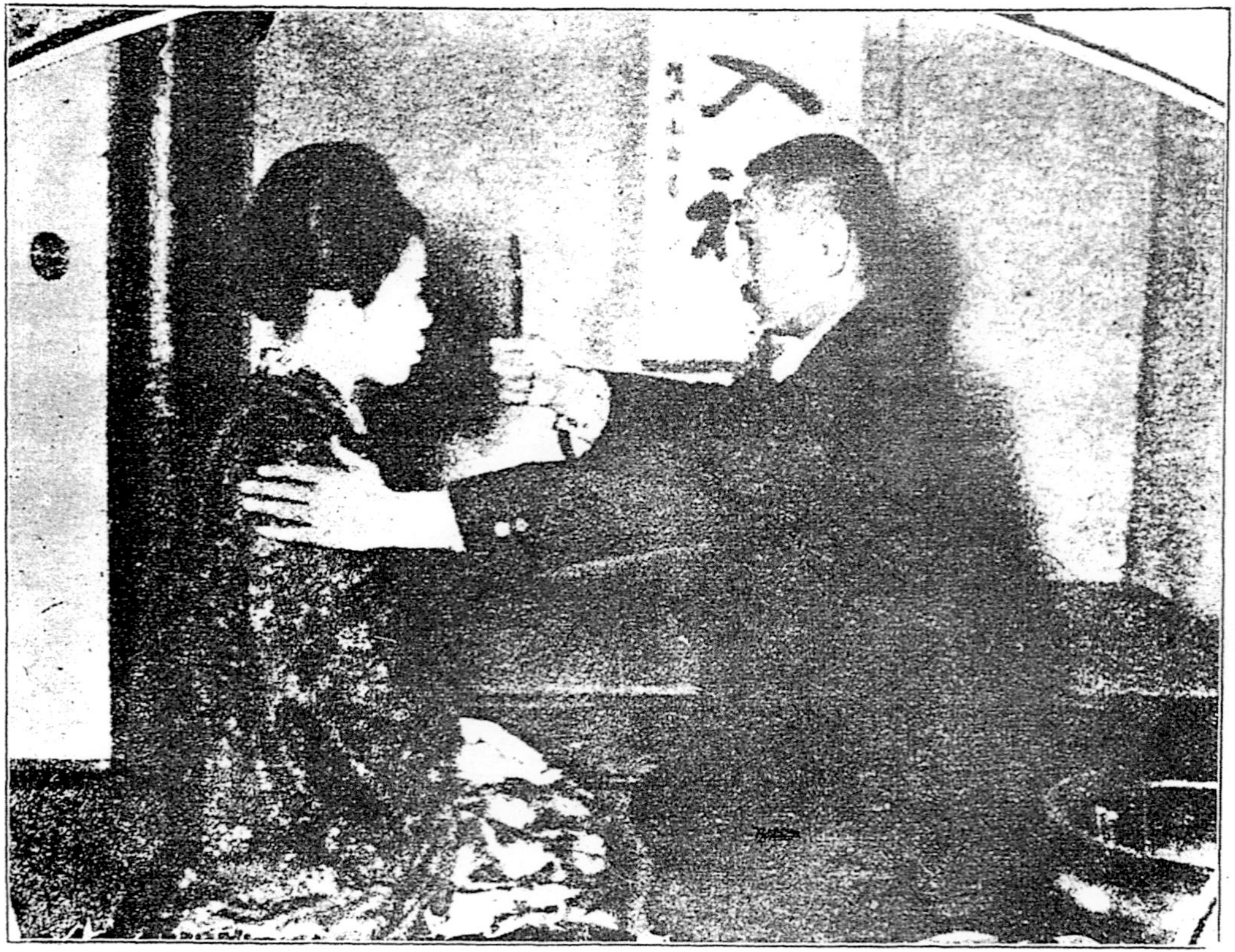

本寫眞は曾つて、昭和二年四月號講談俱樂部に「本圖は本號に當代人氣女優に就いて、不思議によく當る運命判斷を發表し、各方面に多大の興味と反響とを、喚び起しつゝある骨相學の大家中司哲巖師が、精神統一の三昧境に入つて、今や觀相の秘術を行はれつゝある所の寫眞であります云々」と記載說明せられたるものにして、同社の撮影に該るもの。

日本警察新聞に掲げられたる論説の一部にして、ＫＫ生とは著者が投稿上の號名なり。

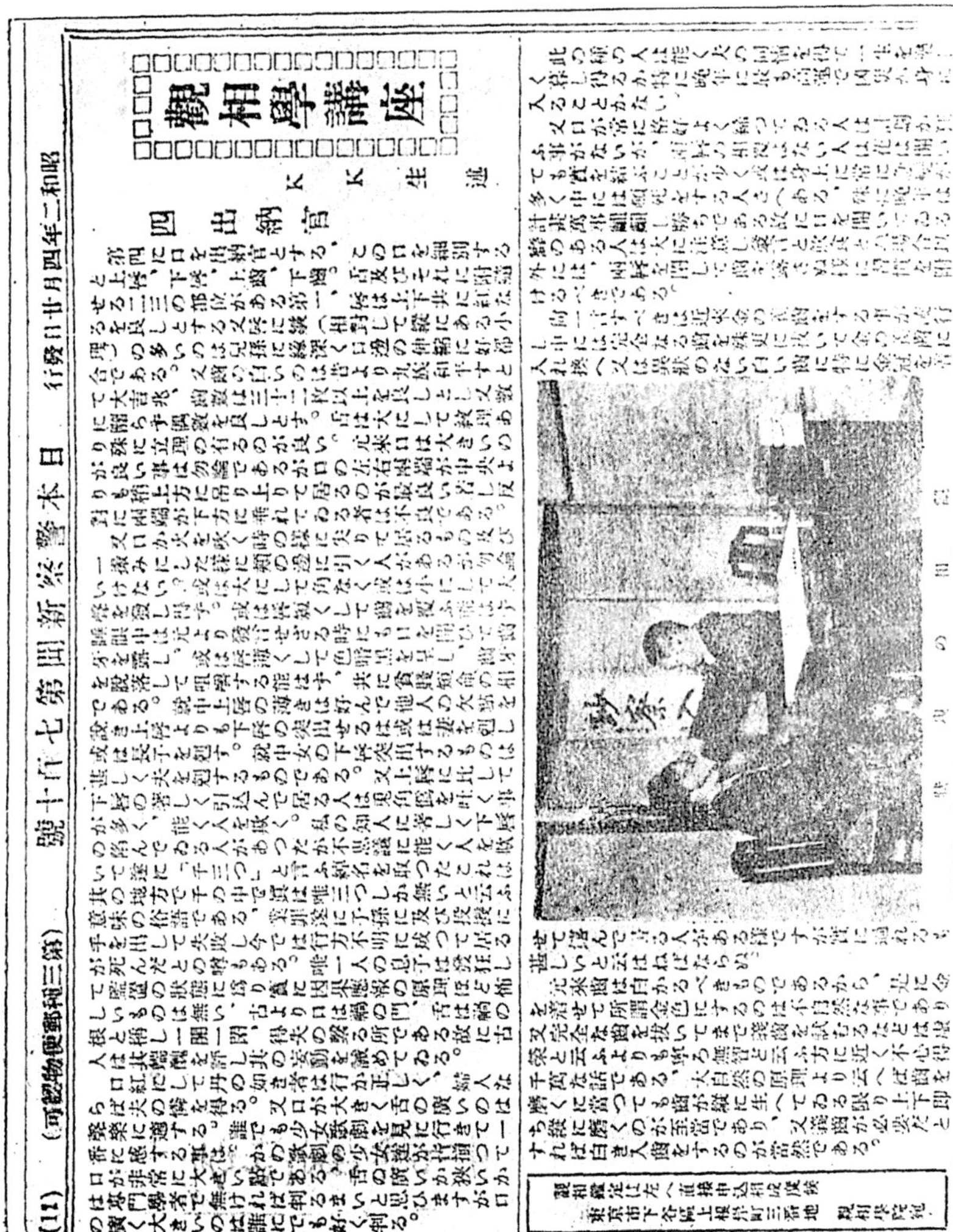

(11)　（第三種郵便物認可）　日本警察新聞　第七百十號　昭和二年四月廿日發行

觀相學講座

ＫＫ生述

四　出納官

最近に於ける卒業生の紀念寫眞（其の一）

同上（其の二）

同上（其の三）

同上（其の四）

同上（其の五）

同上（其の六）

同上（其の七）

（尚他に洩れたるもの數枚あり）

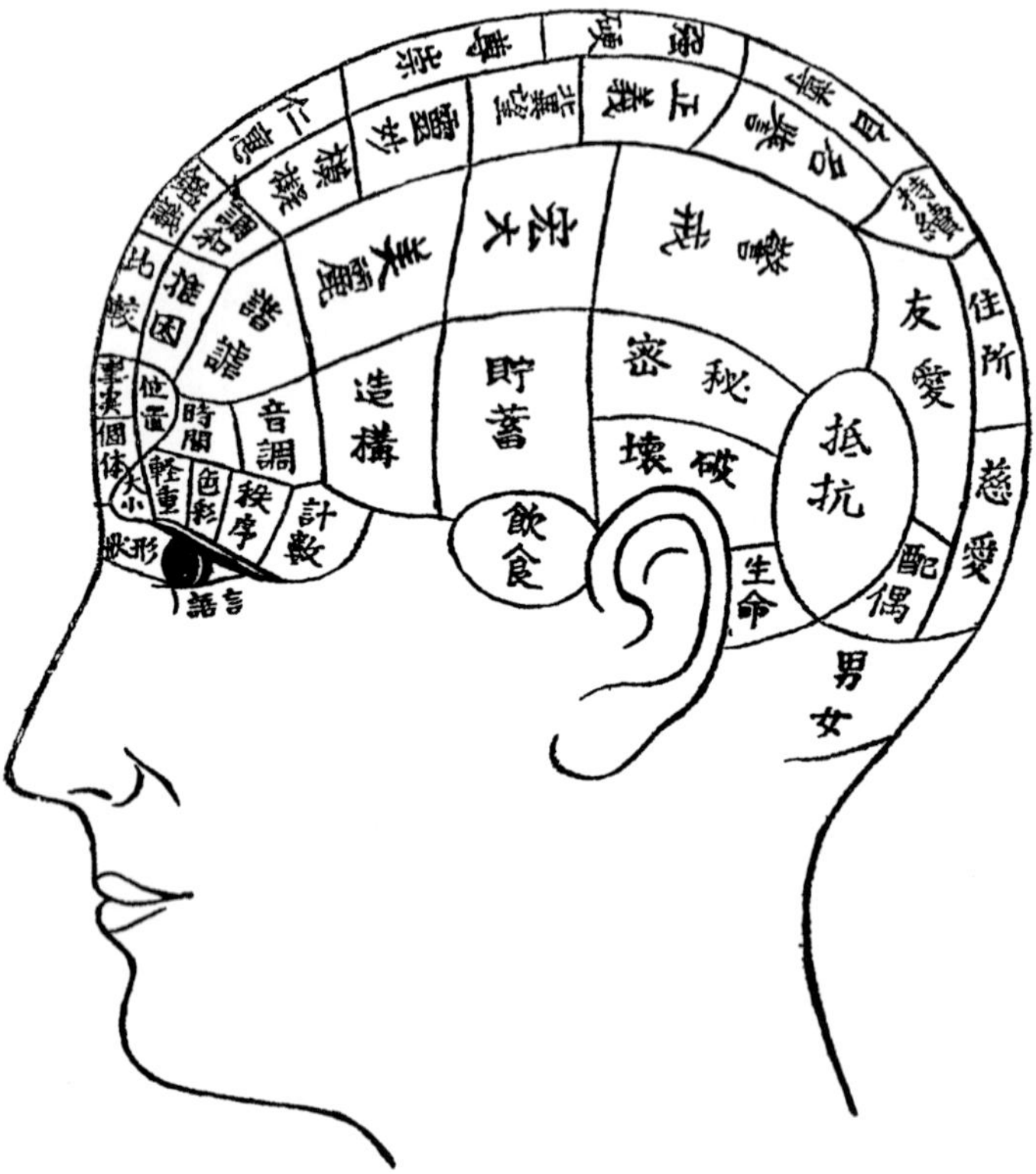

正義
宏大
美麗
警戒
秘密
破壊
抵抗
友愛
住所
慈愛
配偶
生命
男女
飲食
貯蓄
造構
音調
時間
位置
輕重
色彩
秩序
計数
大小
個体
比較
言語

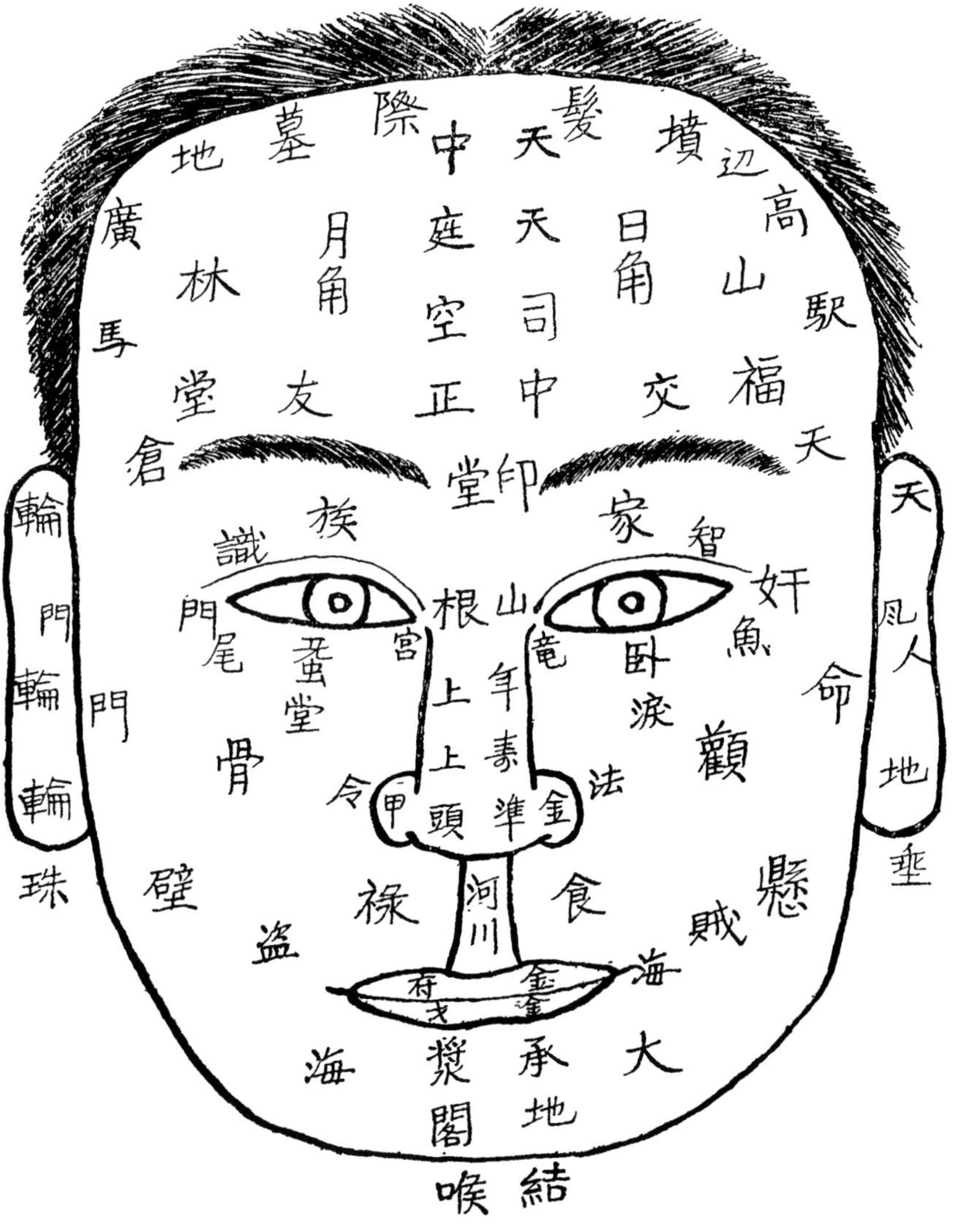

髪際
墳墓
辺地
天中
天庭
司空
中正
高廣
日角
月角
山林
駅馬
福堂
交友
天倉
印堂
家族
智識
奸門
魚尾
山根
竜宮
臥蚕
淚堂
年上
寿上
準頭
顴骨
法令
金甲
命門
天輪
人門
人輪
地輪
垂珠
懸壁
食祿
賊盗
河川
海
金金
存弌
大海
承漿
地閣
結喉

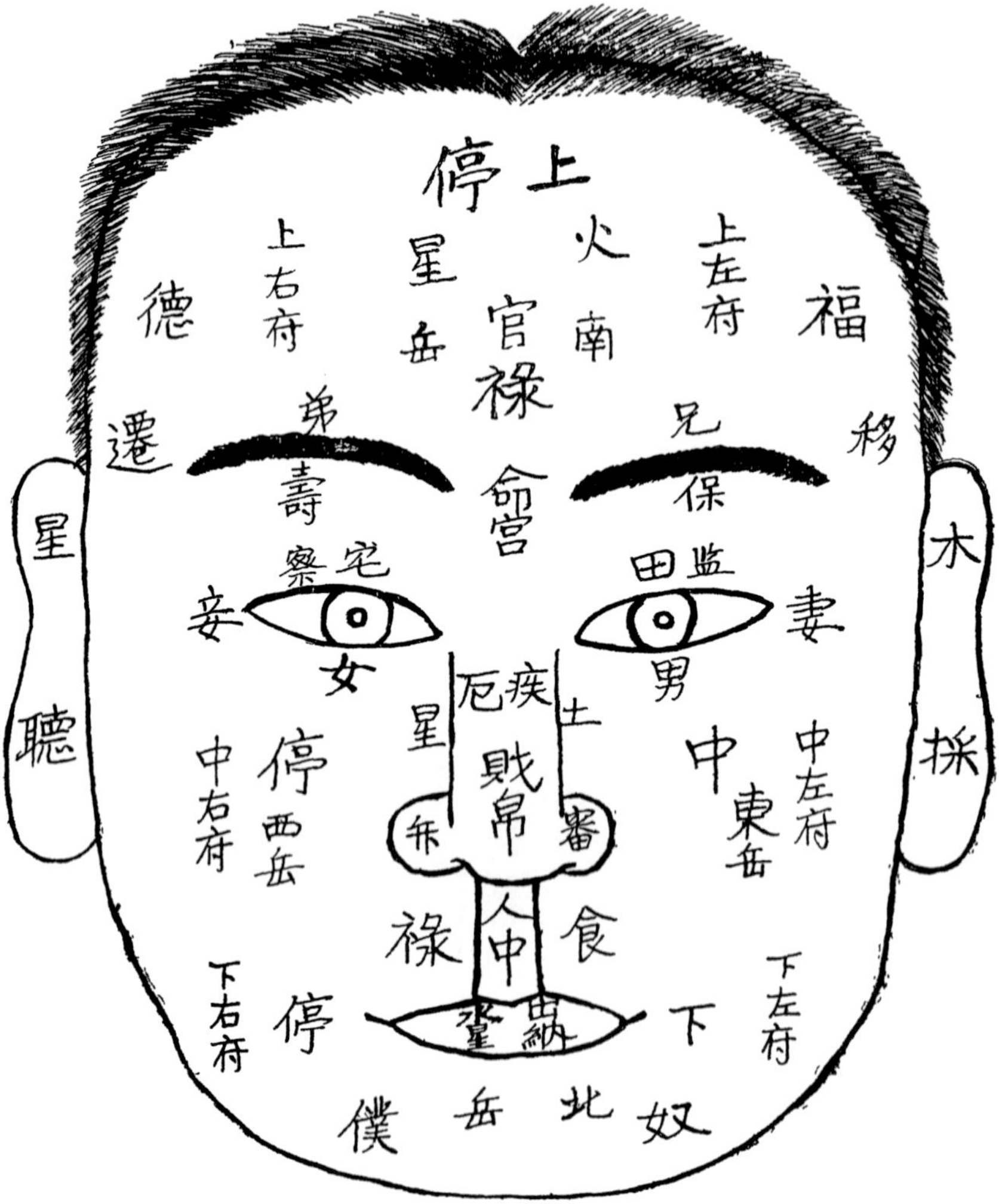

上停
上右府
火星
南岳
上左府
德
官祿
福
遷
移
弟
兄
壽
保
命宮
宅
察
田
監
妾
妻
女
男
疾厄
土星
財帛
審
中停
中右府
西岳
中
東岳
中左府
星
聽
木
採
祿
人中
食
水星
出納
下右府
停
下
下左府
僕
岳
北
奴

序

人相は僞らざる人の心の影である。

若し觀相學といふ事が社會一般に普及されて日用化したなら終に厄介な僞りといふものは役にたゝなくなつて、醜くき世相も美くしくならう。

所詮人相の吉凶は各々自分で造るものであるからだ。

そこでチト突飛かもしれぬが、小學校程度から學課の内に觀相をも加へたら數年後必ず有益無害な結果を得ると確信する。

庚午初秋

平凡寺 片稿

序

『運命』は努力次第で如何ようにも開拓出來ると云ふ。成る程自暴自棄となつて「幸運を寢て待つ」の愚は昭和の今日最早や通用しない諺となつた。然し人間には「自ら挽回の出來得る運命」と「然らざる運命」との二つがある筈だ。假令ばブルジヨアの息が、大厦高樓に豪奢を極めても尙ほ產を餘しプロの子弟が襤褸を纒ふて終日工場に働くも、益々飢餓に瀕するは何故であらう。社民黨首安部磯雄氏の言を藉りて云へば『武藤山治が鐘紡より受けた退職金三百萬圓は勞働者が神武の紀元より今日迄二千五百有餘年間働き續けたと假定しても其の額に及ばざる事遠し』と、茲に余の云はむとする處は、啻に物質のみではない。精神的幾多の方面より視るも、ハツピーは幸福を產みソーリーは更らに悲慘を招來す。故に人々は其の據る所を明かにし自己と社會との對立をハツキリと認識せねばならぬ。

余と頃日の親交ある中司哲巖氏は斯道の大家として其の名聲江湖に赫々たり、改めて其の烱眼を披露するには及ばぬが、偶々余の荊妻が孕める頃、刀圭界、觀相界の人々は擧つて女兒なりと斷定したるに對し、獨り師は豫斷して曰はく「男兒なり」と、然して胎兒は先天的不具か或は癈疾者にして育たず、次に「女兒を産むなれば始めて嗣子たる可し」と、果せる哉妻男兒を死産す、其の妙察入神、側近者をして一驚を喫せしめた。之れは余の最も最近に於ける一例證に過ぎないが師の門下に集る者悉く其の神秘に魅了せられるさ云ふ。氏が今回多年の蘊蓄を傾けて『觀相學の實地應用』なる著を公にすると聽き、弘く大衆に督せられて其の智識を頒たれむ事を望み、余の實感を述べて序に代え度いと想ふ。

昭和五年初秋

淺草の寓居にて

前山陽日々新聞主筆　豐田光雪

自序

幼時より抱きし一大疑問は、予をして久しく此れが解決に苦しましめた。予が半生の經歷は悲壯、凄慘、又暴凶、萬死に一生を得たる事數回、然かも其の都度、忘れ得ざりしものは、其の瞬間に於ける其の人の境遇(運命)と相貌との關係であつた。

更に此の二個の相離るべからざるの眞理に就ては、年を閲するに從つて益々其の疑念を深めた。何故に此の兩者は、斯く絶体的に不可分のものであるか?

爾來相經を繙く事一千冊、螢雪に勞する事二十年。其の間、著を作して意を述ぶるもの十、稿を投じて見を吐く事百余回。而かも尙心中、忸怩たるものあり、茲に斷然意を決し、隔靴搔痒を排して本書を成す事にした。

想ふに相法發つて六千年、其の間、相者の輩出せるもの無慮十萬。相仙、山に在りて修を執るや、水を飮み、霞を吸ふて坐禪、修慮し、氣を空に養つて眼を四海に徹す。其の學は六合に亘り、其の見は宇宙に滿ち、其の愛は照光を凌ぎ、其の權は帝王に比す。時勢の盛衰、人の興敗一として相者の言に基らぬものは無かつた。故に其の時代にあつては、相者の言行は、其の重き事泰山の如く、上下皆是に依つて事を興し、業を決したのである。

中世以降、其の數の富むと同時に甚しく其の質を低下し、品位の漸く墮つるものがあり、向上發展の途を講ずるものは次第に少く、祖仙の最、唾棄した財に向つて走るものゝみ多くなつた。殊に近世に至つては、此の傾向が著しく、品位修養を說くものは、恰、曉天の星の如くである。偶々相理の研究を主張するものがあれば、愚にもつかぬ痛罵、嘲弄に終り、以つて時世を知らざるの痴愚となし、行を捨てゝ財を得、理を侮して名を獲るの捷徑なる事を尊ぶ。實に相界の墮落此より甚しきはない。若し祖仙が現在して今の狀態を見たならば、如何に愁嘆するであろうか。

言ふまでもなく、相學窮極の目的は其の人の富貴、健否を觀るのではなく第一各自が修養を採り、又採らしむるにある。各自の勢運は結局、修養に因つて進展するのだ。換言すれば、相法は修養の方策で修養は發展成功の原動力である。故に修養のない處に相法を認むる事は絶体に出來ない。然るに世間多くの自稱觀相者を觀るに、或は誇大廣告に、或は虚僞的生活に其の本原を忘れて名利に走る人達が甚だ多い。故に三年の虚名はあつても、十年の令名ある者は少ない、是を時勢であるとて當然視するの徒は共に俱に語るには足らぬ斗筲の輩である。

予と俱に相學に志す者は宜敷く眼横鼻直を論ずるに先んじ、自己の修養如何を省み、祖仙に恥ぢざるの德操を養ふべき事をお勸めする。此の資格あるものにして始めて相經を繙き、人を斷ずるの權あるものと謂ふ事が出來よう。

昭和五年九月

著者識す

一、本書の中には、時々文辭が卑近に渉り、若しくは、文章体、口語体等交錯して居るものがあるが、これは、古文を其の儘載せたものもあり、又、成るべく一般讀者の爲めに判り易い樣、古文に加筆した點もあるからである。

二、更に或る事柄の説明に至つては、屢々執拗なる實例を載せた。これは、事實著者が味ふた所謂、實例であつて、一般讀者諸氏の心證を促さんが爲めの著者が苦心に外ならぬ。

三、本書は觀相學の實地應用を目的としたものであるから、成るべく理論を避けて、具体的條件を多く記載し、以つて專門家は勿論、素人にも尙判り易く實力の養成に努めた。

四、本書は、先にも言つた通り、全篇を通じて文辭訥朴、甚だ彩飾に乏しい感があるが、就中、後篇の如きは其の感が特に著しい。これは古の聖賢に對する禮節上、或る種特別の辭句（陰語）を除いては殆、其の儘を掲載し、以つて先哲の俤を拜する事に努めたからである。予は目下幾十種類の經相珍書を藏して居るが、これ等の書經は何れも古人の用いた特別用語で綴編してあるから、之を讀まんとすれば、先づ其の陰語から先に解説してかゝらねばならぬ。そんな譯で折角の珍書を藏して居ても解讀の時期がなかつたが、恰一昨年末から、兒の養育保健の爲め居を田舍に求め、漸く閑暇を得たので、之が飜譯を思ひ立ち、約一年半を費して漸く本書を成すに至つた。

五、右の如き理由で、本書は觀相學に於ける一切の秘傳を網羅し、然かも其の特別のものを除いては成るべく原文の儘を記載する事にした故、初學者には稍、讀難の点もあるであろうが、最初から順次に詳讀すれば、不明の点はない様に成つて居るから、讀者は必ず順を逐ふて愛讀せられん事を乞ふ。其の飜譯に際して苦心焦慮を要する点に至つては、讀者の公正なる批判に任すの外はない。

六、本書編纂に當つて、予が同志多田朝泉氏が多忙中にも拘らず、多大の援助を寄せられ、爲めに少からず便宜を得た事を深く感謝致します。

觀相學の實地應用

前篇目次

後篇目次

第九章

觀相余談

観相學の實地應用（前編）

中司哲巖述

第一章

第一節　観相の起因

人間が此の地球上に發生したのは、今を去る約三十萬年の古である。其の當時の事を考へて見るに、實に想像も推察も及ばぬ。或は龍馬の如き巨大なる動物が横行濶歩し、盛んに小動物を苛め、人間は木の根や岩影に身を潛めて、他の動物の居ない隙を窺ふては木の實等を貪り食ひ、人間であるやら猿であるやら殆んど差別はなかつた。然るに人間は段々多衆が共同して敵に當る樣になり、團結して共同生活を營む樣に成つた。「此の團結を成す」と云ふ事が、今日の文明を來した根本の原因で、万物の靈長たる萠芽は此處に發したのである。勿論當時の人達は耕作をすると云ふ事もなく、衣食住殆んど猿と異る處は無かつたのであるが、時代を經ると共に子孫漸く多く、天生の菓は概ね盡きて食物に困るやうに成つて來た。そこで初めて種子を播き新穀の熟するを待つて是を收獲する事を覺えた。

然るに人に勤惰賢愚の別、健疾强弱の差がある。故に豪强は幼弱を侵して物を奪ひ、奸猾は痴愚を欺いて食を掠める樣になり、終には盜を敢てして騷擾が止まない。故に各人が相談し盜を禁ずるの法として、智勇の人を立てゝ以て田主とし、盜を捕へ訟を斷ぜしめた。是れ今日の裁判の原始である。然るに人口は益々增殖し、人事愈々複雜を加へ、人は各々力の限りを行使せんとし、徒黨を組んで相鬪爭するに至り、最初は石を投げ合ひ木片で打合ひ、又は手や足で毆り合ひをして居たが、遂には石は矢弓と化し、弓矢は鐵砲と化し、鐵砲は大砲となり機關銃となり速射砲となつた。又手や足での毆り合ひは、遂に角力となり柔道となり拳鬪となり擊劍となり、又鬪團は武士となり軍隊と化し、凡ての文明機關が今日の如く完備するに至つたのであるが、其の徒黨を組んで爭鬪する團長（即ち敵を討つ大將）には、田主自ら軍を率いて是に任じ、平時は部下を召して部內を巡回し、勤むる者を賞し怠る者を勵まし、以て姦盜を警しめ國を治めた。

歷代の田主、何れも聰明叡智にして、能く民を憐れみ業を授け難を避けしめ、理を說き病弱を助け藥餌を與へて人命を救つた。つまり田主は帝王であり政府であり相學者であり醫者であつた。故に當時の田主は、一人で以つて國內の政治產業を切り廻した事が判る。この醫者と相學とを兼ねたものを當時は色脈と云つて人命を救ひ、危難を避くる最高の方法としたのである。（今でもそれであるが）後此の色脈が分裂して二となり、一方は相學となつて發達し、一方は醫學となつて今日の進步を見るにり、田主の率ひし多くの部下は、後年、奉行となり與力同心となり、遂に判檢事となり、巡査警部となり、司税官となり教育者となり、宗敎家となり今日の如く完備せる當局となつたのである。

田主は能く事に先んじて、厄難を察し疾病を治したから、多くの人々は大半厄難を未然に防ぎ、又は疾病の現はれざるに豫防した。然れども尙天變地異は免るゝ事能はず、又無數の人類に對して一々敎を垂るゝ事は不可能であつた。故に或者は形貌を作らんとして、或ひは白粉を着け或ひは紅を差して色相を整へ、ある者は處法を講じて不慮に備へ、以て疾病難厄を避け、天變地異の災を免れんとする樣になつた。凡て威儀正然と整ふて居るもの、處法の詳細に備つて居るものには難厄の至るものが少く吉慶のみ多かつた。例へば今日頰紅、又は口紅を差すは往時豐頰口唇に紅潤色ある者を指して、貴夫又は貴婦を得ると斷せしに因るのである、即ち自己の容貌に尙及ばぬところがある時には、外形的にも亦是を潤色改裝して萬全を期した、是が即ち今日ある化粧法の濫觴である。この習慣が漸次改善せられて、今では立派な美顏術といふ一種の技術になつてゐるが、其源を探れば即ちかゝる原因があつて今日に至つたものである。

然るに昭和の今日某美顏術者が「觀相が何だ」と侮辱した人があつたが、實に思はざるも甚だしいと言はねばならぬ。美顏術者が觀相學を侮辱するのは、恰も自己の先祖を罵詈すると同一であつて、美顏術者が依賴者の相貌を見て「この人には美顏術を如何に施すべきや」と考へた時、是れ即ち此れが觀相の一端である。自己が觀相學の一端を職業としてゐながら、其高祖たる觀相學を侮辱するは、未だ其職業を解する事が淺い結果であつて、恰も我國に生を禀けた人が日本國を侮辱するのと同樣で、實に嘆かはしい次第である。

世界に於ける色脈の元祖が、誰であつたかといふ事は明らかでないのであるが、今から約六千年前のこと、何でも印度の貴族で刹帝利(譯せば田主)から出た事は確かである。故に色脈學者の權威は頗る高大であつて、帝王と雖も尙能く相仙の足を拜して敎を乞ふたのである。仙師一度相を說くや王侯貴人も色を正し謹んで拜聽した。然かも彼等の其術を究むるや、各人何れも苦心慘憺言語に絕し、行を止し身を愼しみ、名望を度外に置き財を見ること氣空の如く、苟くも產の爲めに事を爲さず、人を救ふ事を以つて自己終生の任務としたのである。

昔印度に達磨大師といふ一人の聖者があつた。彼は有名な相學者で印度から支那に入りて佛敎と相法とを傳へた。この達磨大師は姓、刹帝利、南天竺香至王の第三王子で、當時聰明九天を動かした。その支那に來たのは、梁の武帝の治世で唐と云ひし時代であつたが、佛法を慧可（二祖と稱す）に傳へ、相法を紫龍洞に傳へた。但し印度には達磨大師以外に相法が盛んであり、支那にも亦勿論それ以前から相學を稱ふる者があつた。この達磨大師が觀相に當つて時の皇帝を大聲に叱り飛ばしたのは有名な話である。

其の他阿私陀仙人は釋加文を相し、荀卿は非相之篇を著した。又前漢に王詡許負あり、後漢に林宗管輅あり、又有名なる麻衣老祖、陳希夷は宋朝に現はれ、袁氏の父子は明朝に名高い。我國に於いては慶安年間始めて支那から相經が輸入せられたが、それ以前にも傳說の相法があり、種々の奇談が殘つて居る。就中、大江匡房、聖德太子、皆斯道に於ける獨創の大家であるが、近くは石龍師を以つて中興の祖とする。我國固有の相學を研究せんとする者は、石師の恩を忘れてはならない。

（これ等の諸大家の苦心談は、甚だ面白く參考になる事が多いのであるが、到底一節一章を以つてしては說き難い、又今それを述べるのは本項の主旨でないから、それは更に改めて詳說する事とせん。

現在世界各國に於ける、斯學を大別して二種類とする。東洋流と、西洋流これである。右兩流の優劣に就ては、屢々斯學者間に於て、論議せらるゝ所であるが、大体に於て東洋流は靈感的に進んで居り、西洋流は醫化學的に優れて居る。故に我彼の優劣は一得一失で俄に判定し難いが、表面に現はれた算數的の予言には、彼れ、我れに優つて居るものがあるに反し、裡面に潜在せる或る種の事柄を透視洞察するには、吾れ、遙かに彼れを凌いで居る。故に一個人的の鑑定には彼よりも、吾れの方が的確であると言はねばならぬ。然して今こゝに述べんとする相法は、勿論東洋流のものであつて、日本固有の斯學を基礎としたものであるが、それに時々、西洋流の長所を照合探算したる最新特獨の觀相法である事を言明して置く。

第二節　觀相學の意義

觀相學とは、其の物の相を觀るの學術である、物があれば形がある、形があれば相がある、其の相を觀て「これは何であるか」と言ふ事を識る、これが卽ち觀相である。

然し普通の場合、唯單に物を觀た丈けでは、觀相とは言はない、又物を觀て、其の物の品名を知るの程度では、未だ以つて「觀相學者」とは言ひ得ない、故に觀相學とは、物を觀て、其の物の始終を知り、用途を考へ、十分に其の價値を發揮するの學術であり、觀相學者とは此の學術を十分に應用し得るの技倆を有する者を指して言ふ譯である。

然らば如何なる程度に、其の物の始終を識り、其の價値を發揮すれば、斯道の學者と言ひ得るかと言ふに、先づ例を机に引きますれば、此の机の材料は何であるか、又、此の材木は如何なる地方に育つたか、如何にして運搬したか、これを造つた技術者卽ち、指物師又は大工は、其の技倆は熟達して居たか、未熟であつたか、又此の机を造るには、如何なる機具を用ひたか、鉋、鋸、鑿、差金、墨繩等は精確なものであつたか否か、又此の机は、何に使用するものであるか、又何程の價格のあるものであるか、又これに塗抹してある藥は、「如何なる性質の藥であるか」等を十分に攻究し、更に進んで此の机には何處にも損傷して居る處はないか、若しあれば色素を塗り更へて置くとか、綏んで居る處があれば釘を打つとか、締め直して置くとかすれば、將來此の机を一層長期間使用する事が出來、三年の壽命は、五年となり、五年の壽命は八年に延長出來る譯である。又更に一步を進めて、机の前身たる木材の時代に溯つて言へば、此處に一個の木材がある、「今此の木材を何に使用すべきや」と言ふ事が先決問題である、木材に依つては、或は舟の帆柱に出來る樣な大木もあり、又佛像を刻むのに都合の良い香木もある。舟の帆柱に出來る樣な大木を、小さく切つて椅子や箸を造つて見ても、それだけの價値はないし、高價な音樂器類や碁盤に出來る材料で、下駄や下駄箱を造つても損である。昔飛騨の國の名匠、左甚五郎は、能く賤小なる材料を以つて、珍奇高雅なる逸品を造り上げたので有名である。そんな譯で斯道の大家が見れば、必ず適材適所で所有(あらゆる)大小の材料を捨つる事はないのである。故に此の程度に達せば、此處に初めて斯道の學者と謂ふ事が出來ると思ふ。そこで觀相の定義を左の如く斷定する事が出來る。

一、「觀相學とは、其の物の過去、現在を識り、之に依りて將來を想像し、其の物の價値を十二分に發揮せしむるの學術である。」是を式に書けば左の通りになる。

（過去）＋（現在）は（將來）に到達するの（原因）なり。

諸君、目下の場合は見渡す限り、これ現狀であります。いつの場合に於ても、目下の狀態がこれ現狀である。此の現狀は如何なる經路を辿つて此處に到達したか。昨年と今年、昨日と今日、其の間隔が一秒時だにも絶へて居るのではない。時運は、刻一刻、秒一秒、偉大なる連鎖の許に繋がれて、一秒の間隙もなく追ひつ追はれつして進みつゝあるのである。若し此の間隔が絶へて居たら……若しくは今現に絶へて居るものがある事とすれば……其の過去を十分に知悉する事が出來ぬから、又將來も何時中斷する事があるか判らぬから、以つて其の將來を豫斷する事は出來兼ねる、若しくは其の豫斷の程度が甚だ薄弱なものに成る譯であるが、因果關係だに完全であれば、必ず或る程度まで其の將來を豫斷し想像し認識し得る事は、敢へて至難の業ではない。是れも式にして示せば左の通りである。

（原因）→（過去から現在）に（現在から將來）に進展して（結果）に到達す。

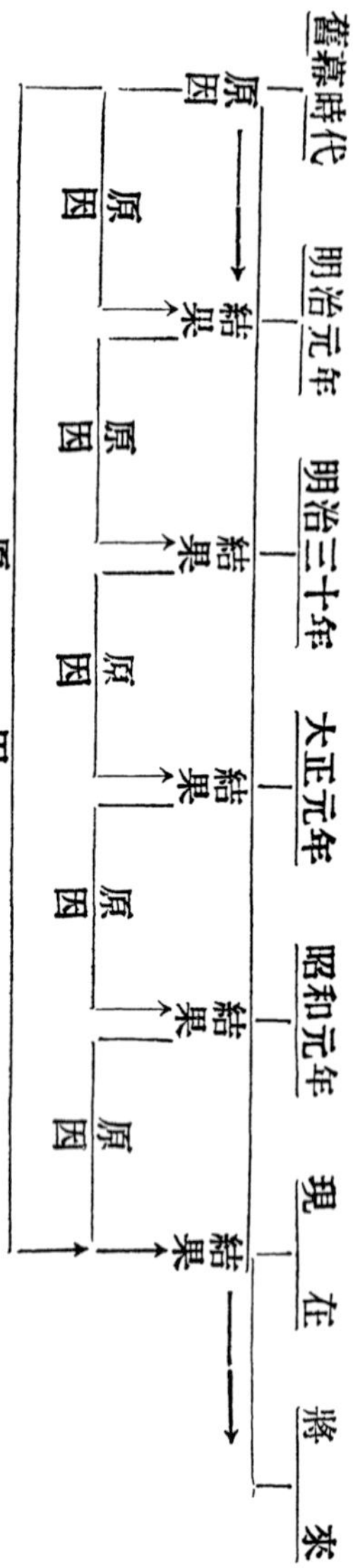

例之、舊幕時代は、明治元年に至る原因であり、明治元年は、明治から大正に至る原因であり、大正元年は、昭和元年に移る起因であり、昭和元年は現狀（即ち今日唯今）に到達した根原である。此の根原は更に進展し、刻一刻と將來に推移して止む時はない。故に昭和元年は、明治元年から見れば結

果であるが、現在から見れば原因である。更に現在は昭和元年から見れば結果であるが、將來は遂に之を過去(卽ち原因)に觀る時代が來るや必せりで、時運は刻一刻、追ひつ追はれつして進展し、一秒時も間斷のある事を許さない。故に吾人は其の因果關係の原理に依つて、過去現在を認識する時、遂に此の力を將來にも及ぼす事が出來るのである。

右の原理は、觀相の意義を廣義に解釋したる場合のそれであつて、万有皆、此の理に外づるゝものはない。既に神相全編の序文にも、「相法の大なる上、天時に律り、下、水土に襲る。中、人事を明にして、普く物理に通じ、然して後、能く其の精妙に造る事を得ん。之を人に施すや、大なる時は、則ち性命を活し、小なる時は、則ち難厄を救ふ。其の妙用極りなく、其の神機測り難し」云々と說き、又「天地人倫、佛祖、聖賢、道統の傳、山川草木、虫魚禽獸、器物の類、皆相法を逃るゝ事なし」云々とも述べ、以つて如何に相法の偉大なるかを敎へて居る。

然り万有皆、相法を逃るるものはない。然しながら普通の場合に於ては、机や材木を觀て、之を觀相とは言はぬ。觀相には違いないのであるが、今日では觀相とし言へば、人の相を觀る事のみに用ひらるゝ樣に思はるゝに至つた。是れ人間は万物の靈長であるから、万有を代表し、其の最高權を吾人に採るからである。故に動物の雌雄を夫婦とは言はず、其の巢を住宅とは呼ばない。然し廣義に解釋した場合動物も番(つがひ)となれば結婚であり、其の巢は彼等の住宅とする處である。故に觀相の定義を廣義に解すれば、万有皆相法を逃るゝ事なく、狹義に解すれば、「吾人々類の相貌を觀る事のみが卽ち觀相である譯である」而して今此處に述べんとする相法は、勿論、狹義に解釋したる場合の觀相法……吾人人類の相貌に因りて得らるゝ向上發展の途たる事は言ふまでもない。

第三節　一、體軀　二、體格と體質　三、四禀賦の論

一、體　軀

體軀を分ちて、狹長體、短肥體、正備體の三種とする。

狹長體とは、身體が細長く瘦せて、胸圍、腹圍は、身長の二分の一に足らず、體重輕く。四肢五體の肉小さく、瘦せ細りたるものを云ふ。

短肥體とは身長低く、肥へて横に張り、胸圍、腹圍、共に身長の二分の一を過ぐる事甚敷く、體重重く、顏面は横に廣きが如く見え、四肢五體、肉漲りて恰も亞亞燐の廣告を見るが如きものを云ふ。

正備體とは、四肢五體共に揃ふて發達し、骨格肉付き過不足なく、肉締り、骨整ひ、長短前後平均し、畸形其他の缺陷なき完全無缺の身体を指して言ふ。

二、體格と體質

體格を分ちて、强壯體、虛弱體、中等體の三種とする。

強壯體とは骨組が大きく強く、而かも逞しく、胸廓が濶く太く、軀幹四肢の筋肉はデブ太りでなく、堅く締つて能く發達し、皮膚は滑かに脂つきて、光澤のあるものを謂ふ。

虛弱體とは、骨組が薄く纖く、而かも弱くて、胸廓は狹く小さく、筋肉は軟かに瘦せて、皮膚はザラ〱と所謂、鮫膚を呈するものを謂ふ。

中等體とは、右兩者の中間に位するものにして、即ち社會人士の大多數は此の部に屬する人々である。

次に體質である。各人の身體一般の構造狀態を觀るに、或る種の狀態を呈せるものは、特に或種の疾患に罹り易い素因を表はして居る者がある。之を體質と云ふ。

皆各人異りたる体質を有して居るが、相學上では、之を大別して、肺癆質、卒中質、神經質、腺病質等の數種とする。

肺癆質とは、全身の構造が纖弱で瘦せて居り、頸が鶴の様に細長く、胸は狹く、小さく、或は扁平く、皮膚の色は青白く、顏は細長く、而して顴骨部に少し赤味を帶び、眼球はパッチリとして大きく、一種の光澤がある。此の質に屬する人は女ならば小野小町、男ならば丹次郎的で、若い中は、優しいとか美しいとか、持囃されるけれども、所謂美人薄命に終るとは、實に情けない次第である。

卒中質とは、骨格、筋肉逞しく、全身脂肪に滿ち、顏は大に赤く、頸は短く厚く、肩は高く聳え、如何にも丈夫相に見えて居るが、僅かの運動にて息苦しく成り、動悸の亢る體質である。斯る人は卒中の遺傳あるか、左樣でなくても、酒など飲むと卒中に成り易いものである。

神經質とは、體格體質と云ふよりも、寧ろ其の容儀及び行爲に其の特性を表はすものである。容貌は利口相に見え、物を見る事如何にも敏捷で、男であり乍ら細かい所に氣が付き、髮はコスメチックで、奇麗に掻き分け、靴は漆の如くピカ〳〵光らし、着物に少し塵が付いて居ても大に氣にする。机上の物品が少し歪んで置いてあつても、直ぐに方正に置き直す、汚物を見れば頻りに痰唾を吐き、言葉は速く爽かで、人と應接しても如才がない。學問技藝を敎ゆれば、普通人よりも早く悟るけれども、大器晩成の人とは成らぬ。意志變り易く、或は興奮し、或は憂鬱し、且つ屢々人を疑ふ。故に何かの刺戟があれば、神經疾に罹り易いのである。

腺病質とは、主に小兒にあるもので、皮膚青白く、筋肉瘦せて潤ひなく、顏は浮腫あるかの如く見ゆるか、或は狹く小さく、身體弱く細く、皮膚は僅かの刺戟で紅くなり、靜脈は透いて見える。然して往々疲疹の出來る質である。餘程注意しないと夭折を免れない。

尙本項に就ては相當古くから、「四稟賦の論」と言ふのが傳へられて居る。今、參考の爲めに揭ぐれば左の通りである。

三、　四稟賦の論（原文の儘）

夫れ人は各々其の體質及び性狀を異にするは、其の禀賦の異れるに依つて、然る所以のものなりとす。相學に於ては最重要なる要件たり。今左に是を說明せんに、往古、西洋の名醫、ヒポイラテス氏始めて「四液質」、粘液、膽汁、黑膽、血液を以て人體の主成分とし、之が存有の多少比例に依つて、體質、官能に各差異を生ずる事を聲明し、爾來幾多の變遷を經て、現今の所謂、四禀賦なるものを定むるに至れり。

一、膽液質、肝臟の機能旺盛なるもの
二、血液質、血行の旺盛なるもの
三、神經質、中樞神經系の發育高度なるもの
四、淋巴質、淋巴線の能く發達せるもの、是れなり。

畢竟禀賦とは各人の解剖的、生理的及び心理的狀態を一致せしめ、之を分類せんと計るものなり。依つて相學には大なる關係あり。

一、膽液質、骨格大にして筋肉强靭、身體長大なり、外容角度多く、顏貌甚だ嚴格、鼻大にして尖る、皮膚淺黑く、眼光銳くして威あり、聲音大にして濁る。精神情意甚だ强く、果斷敢行、人に降るを潔しとせず、野心に富み、度量ありて事物に熱心なり。古來英雄と稱せらるゝ者は此の種の禀賦多しとす。

一、血液質、骨格中等にして筋肉强健なり。皮下脂肪組織に富み、發育良好なり。身體中等以上にして各部の比例能く調ひ美麗なり。外容豐圓にして血色甚だ佳く、顔貌大にして紅を潮し、光澤あり。皮膚白く潤を有す、髪眉艶ありて過濃ならず、眼光ありて白色又は綠色を帶び、聲音大なり。性、淡白にして常に樂觀し、辭令巧にして戯技を好み、運動活潑也。然れ共堅忍の風に乏しく、情意淫薄に流れ易く、華美を好んで止まざるの傾向あり。

一、神經質、骨格筋肉共に發育弱く、身體細長く姿を粧ふの風あり。外容一般に纖弱にして瀟洒たり、顔貌皮膚共に蒼白色にして、知覺甚敏、髪毛軟にして眉毛薄し、眼光鋭く、四方を呼べば聲音鋭く透る、精神鋭敏、擧止典雅にして感情强く、天才に富み、資能を發揮する事多し、又奸佞、詭辯義擧を敢てする事あり、境遇を異にするに連れ、甚敷く兩極端に走るの趣を有す。

智力

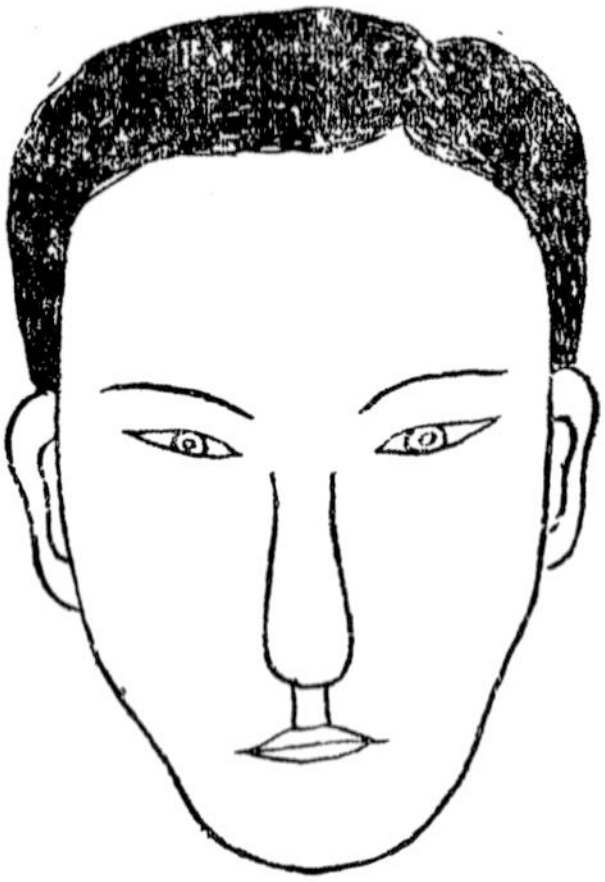

心性質

一、淋巴質、骨格太く見えて强固ならず、身體中等程度なるも、又以上なるものあり、以下なるものもあり、故に外貌の如きも豐圓なるものあり、又痩せたるものあり、然れども外容美麗なるにあらず、顔貌常に愁ふるが如く、眠るが如し、皮膚灰白、或は暗

意力

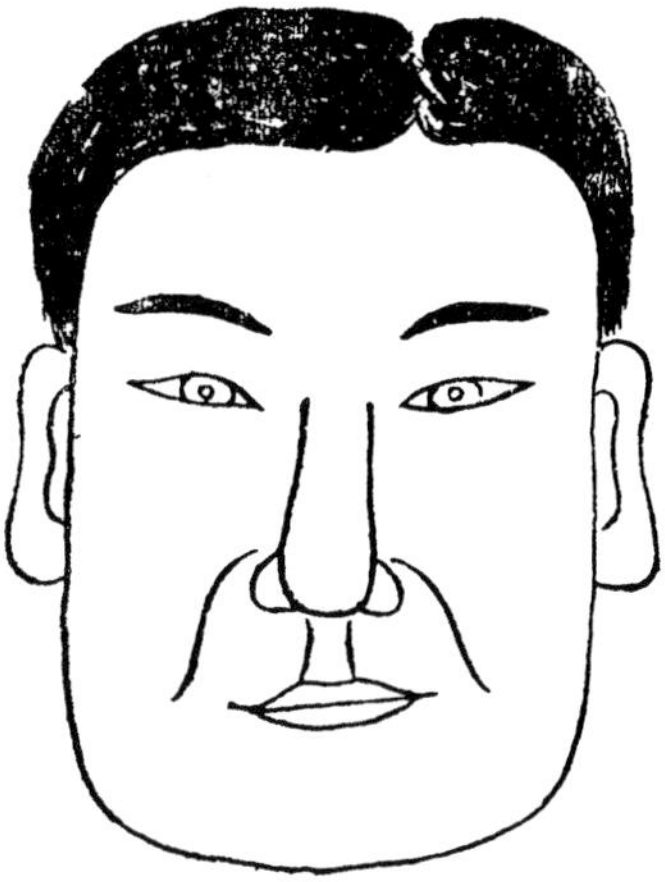

筋骨質

愛情

營養質

色にして、髮眉、薄く軟く、眼、光りあり、常に俯視する傾を有す。聲音濁り吶辯也、精神の表狀に乏しく野心なく、動作遲鈍、性格勤勉にして小膽なれども忍耐力强く、突飛なる行動に出づる事なし。

以上の四稟賦は之を人の基質と謂ふ。而して人其一を附屬する事なく、多くは二以上を混有し、其の一を富有するあり、或は二三種を平等に混有して何れの基質を富有するか區別し難きものあり、これ混合稟賦の名を記する所以なり。云々。（以下省略）

而して普通の場合實地鑑定に當つては、心性質、筋骨質、營養質の三種類に區分するのが最便法である。

尙本項に就いては、今少し詳細に述べたいのであるが本章の如き部に於て詳論するのは、兎角、万人向きがしない趣があるのと、更に本論のみの、著述も多くある事であるから、此の位で筆を止め、次章に移る事とする。

第四節　一、五行　二、形局　三、五行と形局との差異　四、相貌と職業別

一、五　行

五行とは、各人の相貌、体格を左の五種類に區別し、これに依よつて適業、特長、健否、性格、嗜好、合性、財運、其他の勢運を知り之を誘合するものである。

一、木　形。
二、火　形。
三、土　形。
四、金　形。
五、水　形。

一、木形は身長高く痩せて顏色青く、額廣く頤尖り、顏面の格好が恰、甲字の如くである。適職は官吏、公吏、軍人、敎員、技術家、美術家、植林、植木屋、花卉盆栽、木工、其他、木に關する職業が適當する。

性格は稍偏狹であつて、兎角他人と相容れない趣があるが、然し義俠心もあり、能く交際すれば、素りに惡謀みはしない。性來、財産には緣が薄く、到底資産家には成れないが、位は相當昇進し、其

他異名を上げる者が少くない。合性は土形が最良く、水形がこれに次ぐ。
二、火形は、身長高く痩せ額は上に尖り、顏色赤く顏面が恰、申字の如くである。
適職は、官公吏、技術家、電氣、瓦斯、ラヂオの機械、運轉、測量設計技師、發明家、機關の組立操縱、鍛冶屋、其他一切の技術、火に關する職業が皆良い。

性格、財產、地位、名望共に木形のそれに似て、尙一層極端である。そんな譯で合性は甚だ少く、土形と稍相容るゝに過ぎない、兎角、財運には乏しいが、異名は相當上る方である。
三、土形は、身長低く、橫に張り肥滿し居り、顏色は黃色で顏面は恰、田字の如くである。
職業は、製造業一切、政治家、土木建築請負業、農業、鑛山業、開墾事業、投機業、牧畜業、土石砂利、煉瓦、瓦、セメント、食品、其他、器具、日用品、消耗品等の製造販賣、及び原料の製造、左官、石工、鑄造工、米商其他土に緣のあるものは皆適當する。

性格は萬事、鈍重でコセ〳〵せず、悠長として居る、他人に對して稍無遠慮な点もあるが、人好きは惡くはない、又辛抱力强く、氣分にムラがない、多く下情に通じ、勞働者等を使用するに都合が良い。

位は余り上らぬが、資產を釀し、地盤を橫に張るに適する。

合性は、木形、金形に良く、水形とは半吉位である。

四、金形は、中肉中背で色白く、男女共に美貌な者が多く顔面の格好は用字の如くである。

職業は、商業が一般に良い。金貸業、質屋、銀行業、書記、事務員、音樂、美術、舞踊、歌唱、彫刻、畫家、俳優、會計士、時計指輪、自轉車、ラヂオ、ミシン、醫療、測量等の機械、其他機械類の販賣、裝飾品商、仕立業、洋服業、滑稽家、俳優其他、人氣商賣、金屬に關する商法皆好着である。

性格は八方美人的にて人と爭はず、又余り圭角が無い、但し色情には濃い者が多く、屢々此の方面で失敗する、地位は相當上り、又資産家と成る者が多い、大なる技術家には成り難い事もあるが、手の先は一寸器用にて、上長のお氣に召し、爲めに意外の成功をする者が少くない。

合性は、土形を第一とし、其他水形以外は余り惡くない。

五、水形は、身長高く横に張り、好く肥へ、色黑く、所謂、大兵肥滿の大男で、顔面の格好は恰、圓字に似て居る。

適業は、實業家、辯護士、政治家、議員、文章家、仲介業、口入業、世話人、水商賣一切（宿屋、料理店、飲食店、氷屋、待合、藝娼妓置屋）投機業、鑛山業、海船員、貿易業、消防夫、潜水夫、角力取、測量技師、運送業、牧畜業、其他水に縁のある職業が皆可良である。

性格は、稍土形に似て居るが、土形よりも一層、人物が大きく、あらゆる階級の人に接して、趣味を合す事が出來る。識見も相當あり大事業を完成するに良い。財運は稍々浮沈が多い方であるが、然し、結局縁があるに近い、中には能く巨萬の大資産を有するに至る者もある。又色情に就ても相當發展家が多い。

合相は、火形とは大凶、金形とも凶に近く、其他は皆好着である。

五行の概略は右の通りであるが、大多數の人を見るに、右の規定に、寸分相違なく合致して居る人は少く、兎角、半合位の人物が多い、五行の何れに限らず、之に合致正格なるものは、長命、富貴、名譽、子孫の繁榮する事が間違ひなく、其の合表の程度が、薄らぐに連れて漸く、福貴を減じ、全然屬するの行が無きに至れば、其の人は、短命、貧困、醜暴、疾病でお話にならぬ。此處を古書に「金、金を得れば、剛毅深し、木、木を得れば資財足る、水、水を得れば文章貴し、火、火を得れば見機果たす、土、土を得れば厚豊の庫。」「金、金ならざれば、多くは伏吟、木、木ならざれば、多くは孤獨水、水ならざれば、多くは官鬼、火、火ならざれば、多くは災禍、土、土ならざれば、多くは辛苦、云々」と說き、以つて其の性行、成否の別を示して居る。

故に鑑定に當つて、其の人を一見した時、先づ如何なる程度に五行が合致するや否やを見、其の深淺に依つて、其の人の長命、成功の度が略々察知せらるゝ譯である。

尚參考までに例を上げて、五行の典を示さんに、故伊藤公、犬養毅、尾崎行雄、若槻禮次郎諸氏は木形、故田中義一男、岡本綺堂氏は火形、藤田傳三郎、鹿島精一、鈴木辰五郎諸氏は土形、故尾上松之助、松旭齋天一、早川雪州諸氏は金形、菊池寛、德富蘇峰、故山路愛山、の諸氏は何れも水形の典型と稱して良い。（其他に適例は澤山あるが、最多く人に知られた、判り易い人物のみを載せた）

二、形　局

形局とは、其の人の相貌、体格、性格、姿勢、容儀、聲音等により、之を動物に例へたもので、これも、職業、財運、合相、健否、壽命の長短、等を見るに必要欠くべからざるものである。既に古人も、「形局は、乃ち人の一身の大關なり。或は龍形虎形、寉形、獅子形、孔雀形、鵲形、牛形、猴形、豹形、象形、鳳形、鴛鴦、鷺鷥、駱駝、黄鸝、練雀等の形の如きは此れ富貴の形相也。或は猪形、狗形、羊形、馬形、鹿形、鵶形、鼠形、狐狸形の如き、此れ凶暴、貧薄、夭折の相なり云々」と說示して其の向屬を明にして居る。

龍形は上品であつて一名、天子の相と謂ふ、顏面が長方形で、擧措雅麗優美、自ら侵すべからざる威嚴を具ふるものを謂ひ、職業は、官公吏、宗教家、判檢事其他の教職を良しとする。

虎形は余り肥へては居ないが威嚴があり、性格剪猛で官公吏、軍人、冒險家等に適し、寉形は瘦せて弱く溫厚に然かも氣品、識見高く、獅形は雄大にして猛勇、能く部下を養ひ以つて敵を倒し、輸贏を一擧に決するに適し、孔雀は可憐で人氣があり、牛形は溫良であつて辛抱力甚だ强く、豹形、猴形鵲形は、中肉中背にして、動作頗る敏捷に、象形、駱駝形は、大兵肥滿にして然かも愛嬌があり、製造業に適し、鳳形は常に俗塵を厭ひ、鴛鴦、鷺鶯黄鸝、練雀等の諸形は何れも、一技に長じて人に愛せらるゝ。

右に反し、猪形は突暴、狗形は下賤、羊形は夭相、馬形は大なるも無智にして輕卒、鹿形は余り惡くないのであるが、兎角隱遁性を有し、小膽病弱にして事に懲畏し、鴉形は無謀、鼠形は小盜、狐狸形は絶へず人を欺んとする不祥の形相であつて、何れも成功、富貴、長命は出來難い。(形局は其の指名する動物の性格、長所、短所を採つたもので、形相も動物のそれに似て居る、又記憶するにもその動物に比して考ふれば容易である。)

三、五行と形局との差異

以上で五行と形局との意義は、分明しましたが、兩者の差異をも併せて知つて置く必要がある。此の差異が能く判つて居ないと、どうも實際に當つて、之を十分に當て箝め得ない憾みがある。そこで「兩者の如何なる点が異れるか」と謂ふに、

一、五行は、上相のみあつて下相がないのである、つまり成功、長壽の人にのみ、五行を認め、夭折貧薄の人には認め得ない。故に五行の完備せる人は、必ず上貴の人であるのに反し、是れなき者は常に下賤な人物である。

二、之に反して形局は、上相には、上相の形局があり、下相には下相の形局がある。故に如何なる人

も形局の無い人はないのである。

三、五行は嚴重に選定すれば、之を完備して居る人は甚だ少い。是れ社會に大成功者の少い所以である。

四、前述の如く成功富貴者は五行、形局共に双方を有するに反し、夭折貧賤者は、形局の下端のみを有し、五行を有しない。即ち兩者の相違点は此處にある。是れを圖に示せば左の通り。

五形

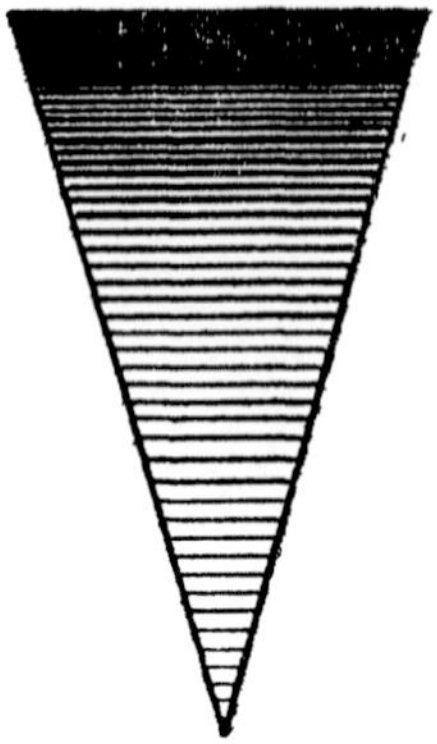

上層に至る程、色が濃厚で下層に至る程、薄弱である。

形局

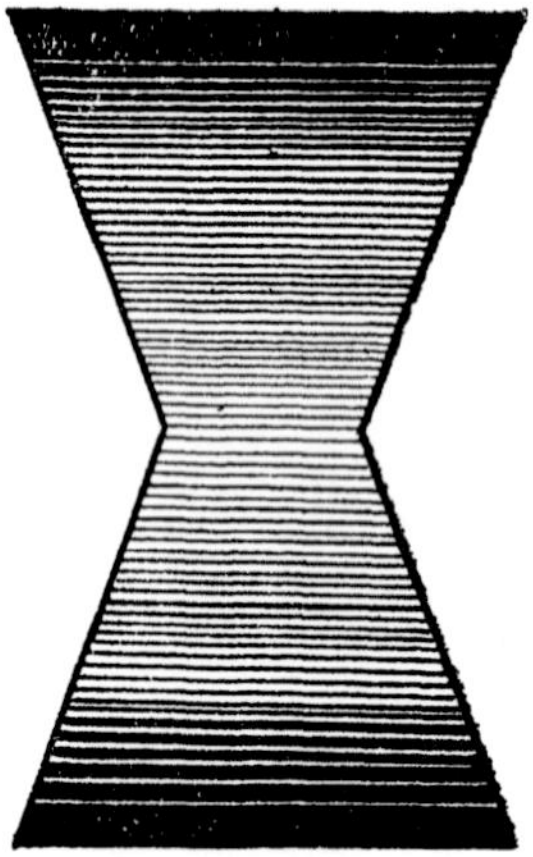

上下兩端が濃厚で寧ろ中央部が薄い。

右兩圖共に色の濃厚は人數の多少にあらず、其の人一箇人に就いて、具有する五行又は形局の度合ひである事を忘れてはならない。

右に就いて、私には一つの思出がある、數年前、神田邊に住んで居る鈴木某と云ふ自稱觀相家（實は易者）が來て、私に論をやり掛けた。其の相貌を觀るに、第一頤髭長く伸び、兩眼三角にして、甚敷い險難の相である、私は一見して彼のボンクラである事を知つた。處が彼れは「鄕里が岩城の平で、幼少の頃より相學を研究し、數年前東京に來り、神田の親戚に假寓して、營業して居ますが、先生の御高名を慕ひ、問答を致し度く罷り出ました」とさも鹿爪らしく述べた。そこで我彼の間に左の如き問答が交換せられた。

予「君はいつ頃から、相學の研究を始めたか。

彼「ハイ最早十五六年研究を續けて居ります。

予「相學の如何なる部分を研究したか。

彼「五行と形局とを習ひました。

この一言を聞いて、予は思はず噴飯した。五行形局は私方で弟子に敎へるのに一晩（二時間）で濟むのである。然るに此の一事に十五六年も掛つたとは、呆れて物が言へない。又五行形局を知つただけで、人を鑑定する事が出來るものではない。況んやそんな微學な事で、先達の士に問答をしかけるとは不埒千萬の事だ。うんと揶揄してやらうと思ひ。

予「それでは、五行形局に就ては、能く判つて居らう。

彼「それは、師匠から教へて貰って判つて居ます。

予「では五行と形局の差異を言つて見よ。

彼は暫く考へて居たが、

彼「五行は、木火土金水でありまして、形局は動物にたとへてあります。

予「一向要領を得んではないか、君はそんな事で答に成つて居ると思ふか。

彼「五行は木火土金水に分けて、それに血色を見ます、形局は其の人の身體を動物に比して申します。

予「それが要領を得んと言ふものだ、君の言ふのは、五行と形局の意義の一部分を言ひかけて居るらしいが、それでは意義の解釋にもならぬ、況んや兩者の差異には全然成らぬ、予が尋ねて居るのは兩者の相異れる點である。たとへば、兄弟があつて、兄が三十歲、弟が二十五歲とすれば、兩者の年齡の差異は五である、予の希望は此の五と言ふ數を得る點にある、三十は五を六倍したものであり、二十五は五を五倍したものでありますと言ふのは、三十、又は二十五の計算ではあるが、双方の差異とは言へない、兩者の異れる點はどうか」と突き込んだ處、彼はグウの音も出ず、顏赤らめて「そんな事は敎へて貰つて居りません、どこが違ふのですか」と面伏せに尋ねた故、一應の說明をしてやつた處、彼は翌日再び來て、予の弟子にしてくれと言つて頼んだが、到底成功しないのを見拔いて居る私は程よく斷り雜誌を五六冊やつて、「これを讀んで研究せよ」と云つて歸らした。又先般私の處を卒業した某大學生の話に、某所に自稱日本一なる觀相大家があつて堂々たる大看板を出して、營業して居られるが、其の人が弟子達に向ひ、「五行とは生れの貴賤」「形局とは性格の吉凶を見る爲めだ」と敎へた趣、世の中にはそんな事を言ふ馬鹿者が居るから困る。師匠も師匠だが、弟子も弟子だ、そんな者の處に習ひに行く弟子達こそよい面の皮だ、さりとは滑稽の至りである。

四、相貌と職業別

凡そ人として、誰しも自己の成功を願はぬ者はあるまい。然も各社會を通じて、成功者が甚だ少く恰も曉天の星の如くであるのは、何に因るのであらうか、これ皆自己を知らず適職を悟らず紊りに盲動してゐる結果に外ならぬのである。「自分は何にならうか、どういふ方面に向つたら成功するだらうか」と云ふ事は、誰しも必らず直面する人生の重大問題である、併し人間は全智全能ではなく、甲の長所は乙の短所である、此の人間の才能は、其の趣味ある方面には長じ易く、趣味無き方面には後れ易く、否、絶對不能の場合もある。

抑も人は生れながらにして、天賦の才能を各自受稟して居る、其の天賦の才能を知つて、適職を選擇し、迷はず勇往邁進する人こそ、旣に成功への第一步を踏みしめた者と云はねばならぬ、例へば大倉喜八郞翁も、澁澤子も、實業界に立つたればこそ、あれだけの成功をしたのである。若し大隈侯を醫者にし、伊藤公を商賣人にし、山縣公を俳優にして見ても、決して彼の地位を得る筈がない。これは丁度犬に鼠を取らせ、猫に家の番をさせる樣なものだ、猫が鼠を取り、犬が家の番をしてこそ、自分の能力を、完全に發揮することが出來るのである。人間もその通りにて西洋殊に亞米利加などでは、早くから此の點に愼重なる考慮を拂ひ、會社工塲等凡て人を採用する所では、骨相學者に依賴して應募者を鑑定採用し、其の才能の長短を識別して、適材を適所に置き人物經濟能率增進に努めて居る。今日亞米利加が日進月步の勢を以て、國力發展を爲しつゝある原因が、那邊に在るかゞ肯かれるではないか。要するに人間の成功に職業の選擇程必要なものはない。

今左に如何なる相貌の者が、如何なる職業に好着であるか、相貌と適業との關係に就いて述べて見よう。

官公吏。元來に於て体軀偉大、額廣く眉濃く長く上り、眼光銳く黑多くして神を藏し、鼻高く耳に白光あり、口紅く大にして締り、威嚴あるものを良しとする。頭部面部は勿論四肢に缺陷があつてはいけない、就中額が廣く、山根高く鼻梁の正直なるものが良い、此の額の廣い人物は概して生れが好く、政才に富み然かも感情に走る事が少く、又山根が高く鼻梁の正しいのは識見があつて、心も正直であるから、最も官吏として良い。(但し技術官は技術の部を參照すべし)。官吏は凡て愛嬌を條件とせず、威嚴を必要とするから、相當顏に締りがあつて、勢の强いものが良い。か丶る相貌の人物は官吏と成りて成功し、田宅を後世に傳ふる事が出來る。

若し婦女にして此の種の相貌の人が、商人等の妻に成つても、到底、成功はしない。

商人　額は稍狹く、眼に光あり、鼻大にして平く肉あり、口大きく締り、耳厚く垂珠を有す。顏一面に血色がよく又愛嬌がある。上停は良くなくても、中下停が頗る良い。か丶る相貌の人は、商人と成つて必ず成功する事が間違ひない。

官吏は額の高麗なる事を必要とするが、商人は其の必要がない、その代り中下停の豊滿なる事を要し、又耳が厚豊であつて垂珠のある事を必要とする。

か丶る相貌の人は、官吏と成つても、決して成功はせぬ。又婦人は官吏の妻に嫁しても兎角不運で或は破鏡の嘆を見たりする。商人又は商人の妻となれば、商賣は繁昌し、雇人等も多數召使ひ、富貴を受くる事が出來る。

技術家。多くは身體が瘦せ形であつて、眉は細く長く濃く、眼淸くして光あり、鼻は甚だ隆く直く、口は能く締つて居て、稍左右に引く癖があり、耳は小さくして薄いものが多く、又頭の格好が色々に偏して居る。顏面一體に血色が餘り良い方ではなく、性格偏狹奇激であつて、圭角が多く、時に或は他人と衝突する事を辭せない。

又顏面の中央が盛り上りて高いものは、凡て一技に長じて、名を得るの相である。

土木建築請負業、鑛山業等。體軀偉大にして横に張り、身長の割合に比して、腹圍胸圍廣く大きく、身體肥滿して、體重重く顏面廣く、ベタ顏であつて、額だけは狹いが、其他の眉、眼、鼻、口等は不器用に大きい。性格は汪洋であつて、細事に頓着しない。上流にも交際するが、下情にも通じて居て、臨機の處置を誤らない。

文章家。體軀大にして色が黑いのが好い。眉は美しく長く、眼は淸奇にして光があり、印堂は廣く肉が豐滿で、鏡の如く明潤なのが良い。勿論、懸針、黑子、傷痕等があつてはいけない。又鼻が直く隆いのが良い、山根の低い人は文章家には絶体に向かない。

神官、僧侶、其他の宗敎家。第一頭の頂上部が上に向いて高いのが良い、此處の高いのは、道德靈妙等の觀念が強く、就中宗敎心が發達して居る。昔の名僧は皆此處が高かつた。

次に眉は誰でも美しく長いのが上つて居るのが良いのであるが、僧侶だけは下つて居ても差支ない。羅漢眉とて、甚だ敷く下つて居る眉で、僧侶に好いのがある。其他の宗敎家は下つて居てはいけない。鼻は必ず高く、口は大きいのが良い。又僧侶には眼瞼に黑子のあるのが良いと云ふ說がある。然し俗人には眼瞼の黑子は、人を誤り賊を爲すとて甚だ好くない、唯僧侶に限る。又結喉の高いものは僧侶にして置くが良い、此れあるものは自殺の相とて、甚だ良くない相であるが、僧侶にして置けば、自殺する事がない、昔から僧侶には自殺者がない、故に結喉の高い者を僧侶にするのは、本人が成功する爲めと云ふよりも、寧ろ本人をして自殺せぬ様、豫防してやると言ふ方が適當である。

神官は、顔面威嚴のあるものを良しとし、僧侶は慈顔を適切とする。其他宗敎家は皆腰腹等に肉の豊滿なものが良い。

醫師。耳の後の骨、観相學に言ふ壽骨（性相學に言ふ生命骨）が高く、豊滿なのが良い、此の骨の高く豊滿なのは、能く衛生を守り、生命を愛し、責任を重んじ、道の爲めに盡し、醫術観念が旺んで人を救ふ仁愛の精神に富むからである。

右の條件が出來て居れば、必ずしも体軀の大小、顔面の美醜を問はない。唯眼だけは神を藏して居る事を必要とする。

政治家、議員等。身長高く体格大きく、顔面の廣い、ごつしりとした者が良い。勿論、眉、眼、鼻、口、共に大きい方が良いが、就中口の大きく廣いのが最も良い。

發明家。体軀多くは瘦せて居り、眉は細く長く、山根が甚しく高い、又眉骨の邊が能く發達して高く成つて居る。

一技に長ずるの相。面長にして顔面の中央が盛り上りて高く、又鼻が高い。多くは狹長体である。

仙人の相。山根及び顴骨が著しく高い。其他白髮童顔で、髭長く伸び、眼に一種の權を藏して居る。

修行者。仙人の相に似て居り、或は身体に畸形等のある事もある。又山根が高くして法令が口に入る時は、修行者となる。

元來、法令が口に入つて居るは餓死するの相であるが、山根が高い時は修行者と成る事が多い。但し修行者と成つても、矢張り修行中に餓死する事は珍らしくない。

滑稽諧謔家。一般に身長低く、能く肥えて居り、眼の動き方が普通人と異る。又、眉、眼、鼻、口、共に能く動き、頭部髮際の少し上に異骨がある。（性相學に言ふ諧謔性である）

天文學者、氣象學者、測量技師、馬術師、奇術師。以上何れも眉骨稜が高く、印堂が廣く高い。

革命家。眉骨甚だ高く、臥蠶涙堂が低小であり、且つ耳の上の骨が高く、過大である、又多く男兒を得難い。昔より革命家には兎角男の子がない。これは西洋諸國でも吾國でも一致して居る。

音樂家。眉尾から横長にかけて、必ず肉が豐滿である、又眉と眼との間が廣く明である。体軀は餘り大きい方ではなく、顔面は能く小作りに、几帳面に出來上つて居る。

畫家。眉、眼、印堂、頷の肉が豐滿である。其他は音樂家に似て居る。

俳優、舞踊、歌手。体格が餘り大きくもないが、小さくもない、顔面の中央が高く、且つ口が大きく廣く、兩端が少し上つてゐて、唇色紅潤し、又齒が好い。

海員、消防夫。体軀偉大。色の黒いのが適する。

宿屋料理店、飮食店、藝娼妓の置屋、待合、其他水商賣一切。肥へて体格大きく、腹部膨満し、色淺黒く、口の大きい、愛嬌のあるものが良い。

製造業一切。體軀偉大、肥滿體を良しとする。稍鑛山業者に似てゐる。

外交官、外交員。前述官吏の項を參照し、尙口の大きく能く締りあるものを可良とす。口に締りがなく小にして齒を露はす等は、外交事業には向かず。

武術、其他の道術に依りて家を成す者。顏面鐵色にして、骨、立壁の如きは必ず道術に依りて家を成すに至るものである。

第二章

第一節　三停

一、三停　二、先天的の欠陥と後天的の欠陥、三、五岳　四、君臣と自他
五、方位　六、六府

三停とは、上停、中停、下停を指して言ふのである。上停とは、髪際より眉までを言ひ、中停とは、眉より鼻先まで、多くは鼻を指して言ひ、下停とは、人中、(鼻と口との中間にある、縦に細長い溝)より下、頤に至るまで(つまり、上停と中停とを除いた殘りの部分)を指すのであるが、多くは口を指して言ふのである。

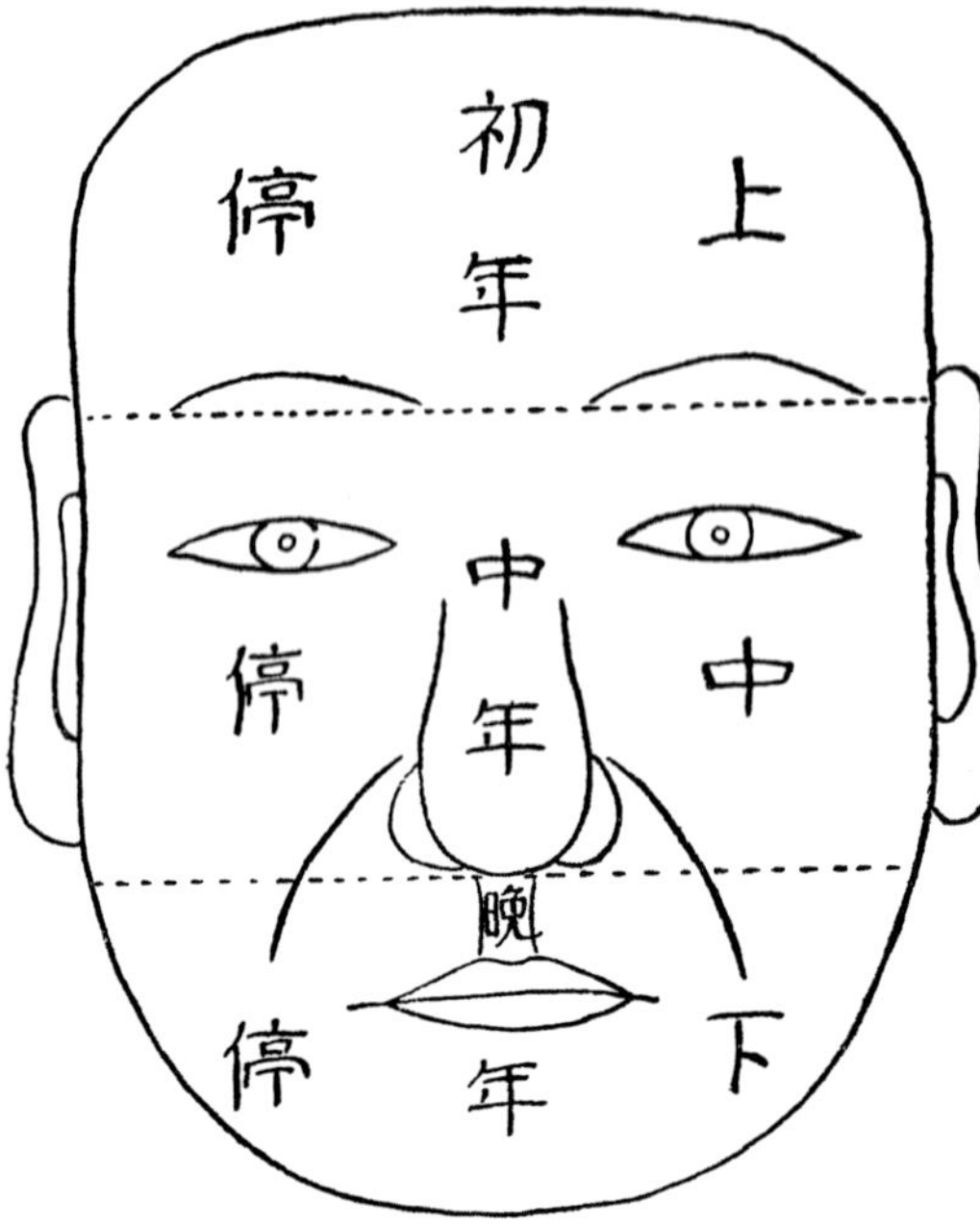

それで、上停は初年に當り、中停は中年、下停は晩年に相當する。三停共にごんなのが良いかと言ふに勿論、傷や黒子の無い、肉の豊滿な、血色の好いのが良い事は言を俟たぬが、それ以外に廣く長い事を必要とする。顔面の狹小なものは兎角他人の侮辱を受けていけない。故に三停共に廣く長く、そして前記の條件を具備して居るのが最も良い。

然し、三停共に一切の條件を完備して居る者は殆んど無いと言つてもよい。大概は上停が良ければ、中停が悪いとか、中停が良ければ、下停に傷があるとか、更に上庭が廣くて傷があり、中庭は短くて光つて居り、下庭は長く廣く、色が悪いと言ふ樣に、其の長短、美醜、厚否は全く千差萬別で、嚴重に審査すれば、同じ相貌、價値の人がある筈はなく、又萬全の相貌を有して居る人は絶無だと言はなければならない。

例へば、此處に上庭は長く色は良いが、傷痕や黑子があると謂ふ場合には、彼は、良家に生れ、兩親の慈愛を一身に集受して、何不自由なく育つたが、友達と遊戯の際、過つて頭部に重傷を負ひ、長らく學校を缺席し、それが爲め、一ヶ年學級を落第したとか、顏面に大なる醜痕を呈し、其他身体が不具になり、一生不自由を免れないとか、云ふ樣な事になり、又、上庭は短いが、色が良く傷や異狀がない場合には、彼は赤貧な家に育つたが、心掛けの良い勤勉な少年で、父母に仕へて至孝、能く寸暇を惜んで勉學し、遂に中年以後立志傳中に入るの基礎を、初年に造つたと云ふ事になり、上庭が短く色も悪く、傷黑子が一杯に充滿して居る樣であれば、彼れは幼時、兩親には捨てられ、他人の爲めに極端な虐待をせられ、遂に惡疾に感染せられて、さんぐ困しみ拔いた上、救ふてくれる人もなく路傍に餓死した、と謂ふ樣な事になるかも知れず、それに反して、上庭が長く廣く美しく光つて、一点の汚点もない時には、生れは可良であり、兩親の敎養も行届き、健康聰明、萬人歡呼の中に成長したと謂ふ事に成るであらう。

中庭も亦その通りで、此處が短く鼻には傷もあるが、色は頗る良いと云ふ場合には、彼は中年、火難、水難、盗難等交々至つたが、(鼻の傷は財難) 然し身体は非常に健康で、万難にも倒るゝ事なく、晩年に入る事を得るであらうし、又中庭が長く傷はないが、色が甚しく惡いと謂ふ時には、彼は中年殆、疾病の爲めに臥床し、負債山を成し、悲嘆、憤慨の結果、或種非常識の行動に出でんとしたが、妻女が涙を流して諫め、又親族、知友も懇に慰めたので、遂に非德を決行するに至らず、苦しみながらも、兒を育てゝ晩年に至るであらうし。傷、黒子、其他の異狀なく、頬肉廣豊色澤彩美であれば、彼は、中年、或は昇級、或は增俸、新築、收入、賞與、出產等の慶事相續ひて至り、身體肥健、家庭圓滿、歡聲常に壁を壓し、人も羨む程、どん／＼拍子で成功すると言つた風に高運であり。之に反して中庭が、醜惡、汚穢であれば、彼は、病難、火難、水難、相次いで襲ひ、妻子には死別し、後に獨り殘つた彼は、或は、刑壁に觸れ、或は、自殺するに至るやも知れない。

初年の勢運惡しく父母の恩惠を受けぬが晩年の勢運は頗る良い

更に下庭に就いて言へば、兩顴から頤にかけて豐滿で、法令線（鼻の兩脇から八字形に長く口の兩側を繞る線）が良く通り、色が良く欠陷がない時には、彼は晩年に入りて、多數の人を召使ひ、職業

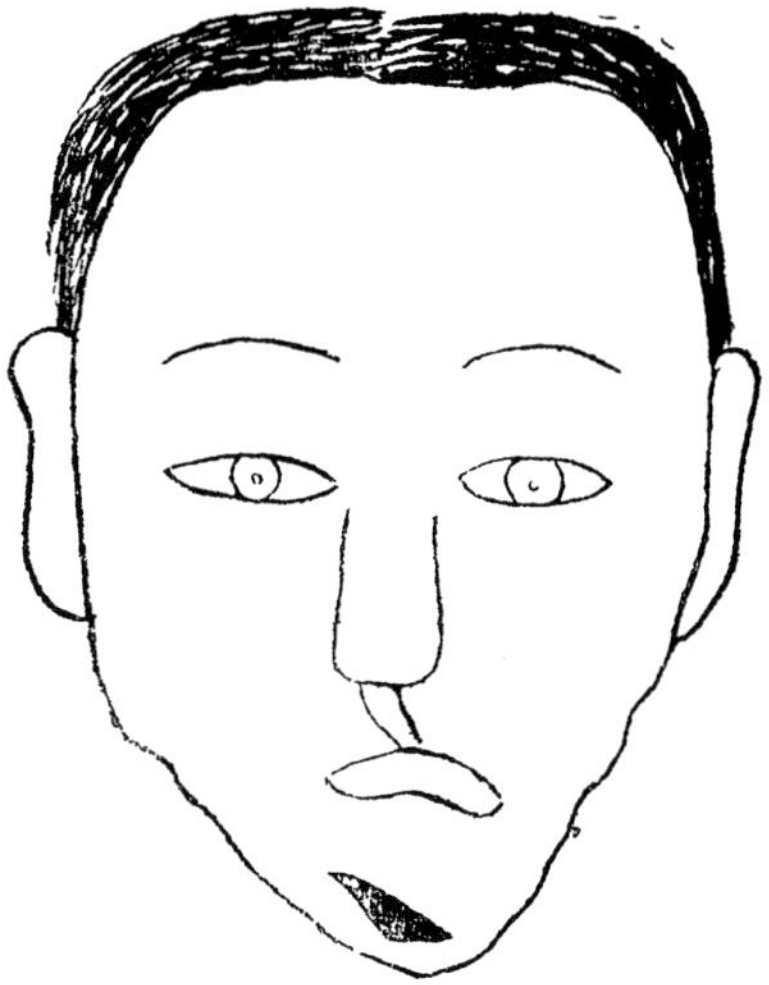

初年は良家に生れ相當兩親の恩惠を受け得たるも晩運甚だ凶しく餓死に近い。

は益々繁榮し、兒女は何れも成功して孝養であり、社會からは、人格功勞者として賞揚尊敬せられ、後世にも、褒名を殘すであらうし。これに反し、人中や法令に傷があれば、兒女が不孝であつて、刑を負ひ、腮骨が尖張すれば圭角が多く、顴肉が殘傷すれば、多くは奴僕に不運であり汚色は疾病、尖斜は、貧困、餓死。其の甚しいものは、餓死した後にも、尚汚名を殘すものさへある。

斯くの如く、三庭の長短、廣狹、美醜、消張、圓尖、程否は、萬人萬樣で、到底、一々筆紙に盡す事は出來ぬが、大體に於て右に準じて、觀察すれば良い。此三庭は實地鑑定に當つて頗る大切で、大體の勢運は、此の三庭に依つて決せられ、他の鑑定事項に先んじて必要な事柄である故、少し執拗な

樣であつたが、實地應用の便を思ひ、前述の如く說いたのである。（三庭は三停に同じ）

第二節　先天的の欠陷と後天的の欠陷

此處に所謂、欠陷とは畸形、傷痕、陷沒、尖突、汚穢、其他の異狀不具を指すもので、先天的と後天的の二種類がある。先天的とは、出生時、既にそれだけの欠陷を以つて居たものを指して謂ひ、後天的とは、出生後、疾病、負傷、過失等の原因で新に欠陷を生じたものを言ふのである。

欠陷は、凡て、其の種類、程度に應じて、必ず其の結果を見るべきものであるが、其の情狀は先天的のものよりも、後天的のものゝ方が遙に重い。つまり、それだけ、惡い結果を多く見る譯である。一寸考へると先天的の方が重い樣であるが、實は後天的の方がずつと、重大なる影響を及ぼすものだ。例へば出生時、既に盲目の者は、長じて不自由ではあるが、中年後盲目になつた人に比して、それ程には、不自由を感せぬ。それに反して、中年迄は兩眼、明な人が三十、四十となつて、突然盲目になつたなれば、とても堪つたものではない。それと同じ事で、他の欠陷も先天的に比して、後天的の方が余程、情狀が重いのである。

處が、この重い後天的の欠陷が、其の流年を過ぎて、生じた時、果してどんな影響を及ぼすかは、一寸面白い問題である。

或る觀相者の說に依ると、「流年を過ぎて後、出來たものは絕體に關係がない」と言ひ、是と反對に或る觀相者は「流年を過ぎて生じても大に關係があるものだ」と主張して居る。つまり甲は「人が中年に及んで、初年の部位に負傷し、」「又は晚年に至つて初年中年の部位に陷沒が生じた場合必ず應報のあるものだ」と言ひ、乙は「然らず」と斷じて居るのであるが、此の兩說は何れも、間違つた說で其の部位、殘傷の種類に依つて、影響を及ぼすものと及ぼさないものとある。たとへば、晚年に成つた人が、初年の部(額)に「親に薄緣な黑子が浮いたとする、」然しこの塲合、兩親はずつと以前に死亡して居たとすれば、何等の應報もないが、若し額に大なる傷痕を受けたとすれば、それは、子孫の繁榮を損し、惡名を殘す事が甚しい。(例、吉良上野介)かくの如き塲合には、大に因果關係を惹起する譯である。凡て災害は後日に生じたものが、溯つて影響する事はないが、部位は初年に相當する塲所でも難災は中年、又は晚年に(つまり殘傷が出來てから後日に)及ぶ事は、いくらもあるから、勿論かゝる不祥なる根原を求めない樣に、注意すべきである。流年後、及び部位に依りて受くる災害の種類は、後章に於て詳說するが、特種の部位、又は特種の欠陷等を除いては、災害を將來に見るものであるから、此の見分けが大切である。

凡て觀相學に於ては、「一部位にのみ依りて斷定し得る塲合」と、「各部位を綜合して斷定する事を要する塲合」との二種類があり、何れかと言へば後者の塲合が余程多いのであるから、鑑定に當つては成るべく多くの部位を通算して考ふる事が必要である。

第三節　五岳

五岳とは、顏面に於ける五ヶ所の高原、即ち東岳、西岳、南岳、北岳、中岳を指して言ふ、東岳とは左顴を、西岳とは右顴を、南岳は額、北岳は頤、中岳は顏面の中央部であるから鼻に當る。但し女は、東西兩岳を男子の反對に、右顴を東岳、左顴を西岳とする。

此の五岳は、五官に對する名稱で、其の人が、自然に天惠の福德を受け得る程度を觀る所で、五山共に揃つて、豊滿、端正であれば、其の人は、始終、豫期しない福德が降つて來て、余り、勞せずして自然に成功する事が出來る。

たとへば、官吏ならば、奉職後、間もなく、上官が死亡して直ちに其の後を襲ふて昇進し、或は、職務上大變な利益のある事を發見して之を應用し、上司より賞を受け、增俸進位の沙汰を拜し、とん

〳〵拍子に昇級して、遂に長官に成つたとか、商人であれば、自然に商賣が繁昌して、朝から晩まで顧客の絶間なく、支店を出せばこれ又、其の繁榮が本店に劣らず、物品の仕入れを終れば、間もなく市價が暴騰して、忽ち成金になるとか、土地を購入すれば、そこに鐵道が敷設せられ、又は官公署の設置があり、地價一躍數十倍となつて賣れるとか、議員の候補者に立てば、競爭半で相手方が頓死して、苦もなく當選し、發明家になれば、不圖した事から大發明をして、一般から推奬せられ其の物品の賣れ行きが非常に良いとか、或は奥さんが夫に內證で、勸業債劵を一枚買つて置いた處、五千圓當籤したとか言ふ工合に、殆、勞せずして、自然に高運であり、且つ人を引き付けるの德が具つて居る。故に五岳の能く、整ひ調ふて居る人は、自然に評判の良い人望家で、門前常に市を成す如くである。

それに引更へ、五嶽が或は飛び出し、或は陷沒し、或は大傷があり、左右が揃はず、上下が曲斜するものは、天惠の福德は絕体に得

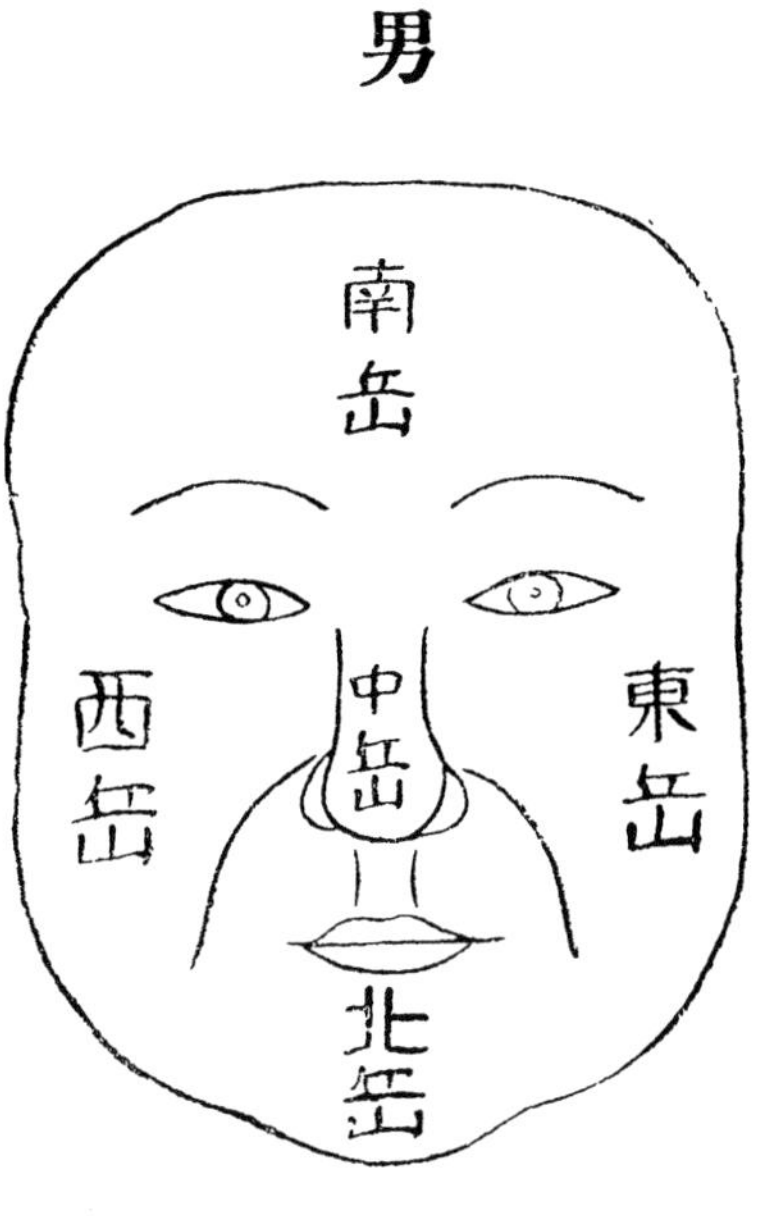

五岳の圖

（五岳は又、五嶽とも五山とも謂ふ）

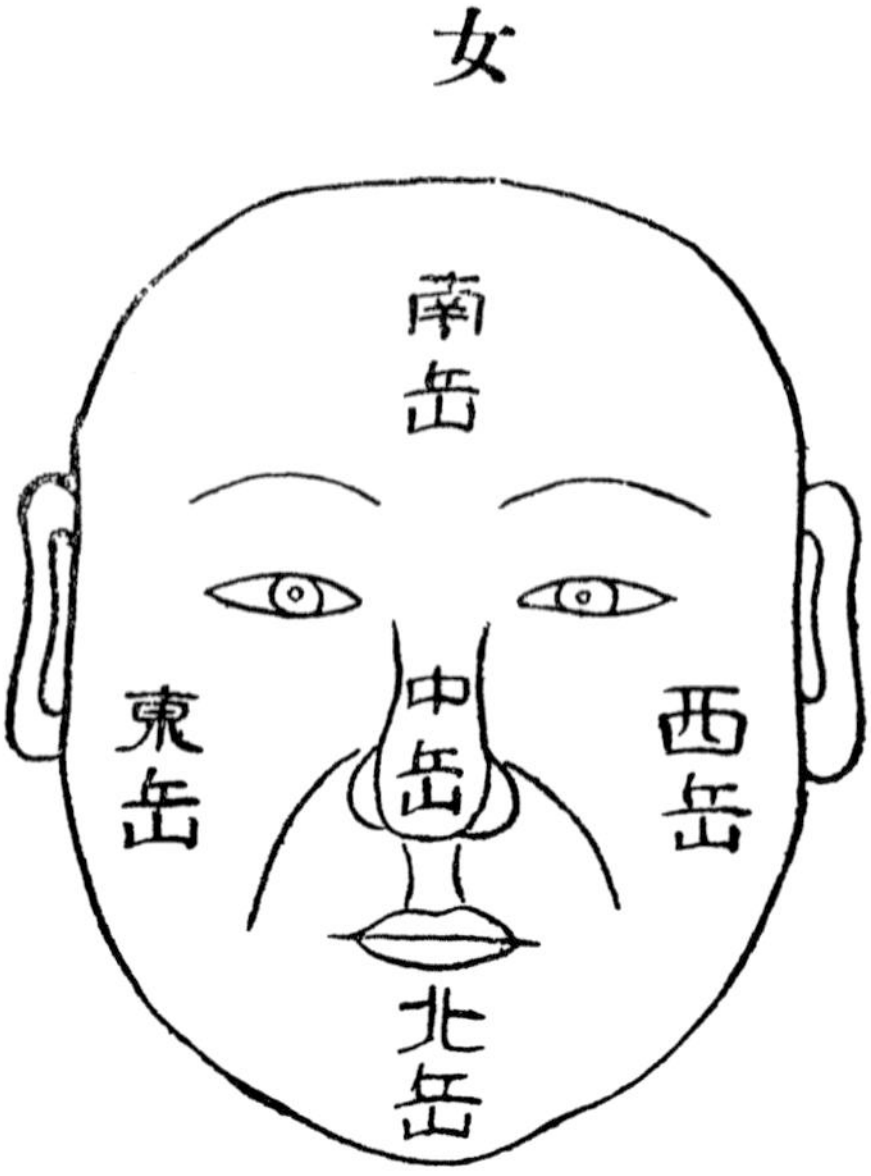

女は男の反對に觀る。これは陰陽合法の理に依るものである。

ない。本人が苦心、惨憺、努力すれば、それに對する幾割かの報酬はあるけれ共、予期して居ない努力以外の、僥倖は終に得られない、よく世間に長らく官吏であつたがどうしても上の椅子が、空かぬので遂に痺れを切らして、辭職した處、辭職後幾くもなく、前の上司數名が或は死亡し、或は轉勤、或は辭職し、爲めに自分よりずつと下に居た人が一躍昇進して課長樣に成つた、と言ふ樣な例がいくつもある。私の知人に甲と云ふ人が居て、Kと言ふ百万長者の家に養子に行つて十年も辛抱し、家の爲めに粉骨碎身、奮闘これ努めたが、先方の父親が頑健で、容易に、家督を讓らず「是れ以上とても身體が保てぬ」とて、遂に自ら離縁し去つた。後、約六ヶ月でK家には三同目の養子が來た。該養子は以前、陸軍の下士で、少し許りの恩給のある人物であつたが、養子に來て、結婚披露のあつた數日後、かの頑健な養父が頓死し、全財産は完全に該養子の所有と成つた。之を見た前の養子が呆氣に取られ、又世間の人も人間の福運の突飛なのに驚いた。該養子は目下市會議員に成つて居る。私はK家歴代の婿を皆知つて居るが、前二名の婿は何れも五岳が甚しく壞れて居たのに反し、最後の婿は、五岳が實に高豊艶麗で如何にも福々しい顏をして居る。能く世間に「あの人は福々しい顏だ」と言ふのはつまりこの五岳が豊滿、明美なのである。これさへ調ふて居る人は、勞せずして自然に天與の福德を受け、樂に成功が出來て、且つ評判が良いのに反し、此處が壞れて居るものは、終始苦辛しながらも遂に天運に惠まるゝ事が出來ない。

第四節　君臣と自他

五岳は又君臣二道に分ちて觀察する事が出來る。此の君臣と言ふのは、五岳の成否に依つて、君は君、臣は臣としての勢運を異にするからである。

五岳の中、中央、鼻を中岳と呼ぶ事は前に述べた。中岳は五岳の中、最大切な高岳で、他の四岳に相對峙して居る。故に四岳と言へば鼻以外の岳を總稱し、鼻は獨り君岳とも謂ふ。鼻は顏面の中央高台に蟠居し、泰然として、他の四岳に君臨して居る。故に中岳は君、又は中央政府に當り、四岳は四臣、又は地方官廳に當る。此の中岳(卽ち君岳)が余り大き過ぎて四山が是れに伴はない時には、君の威勢甚だ強く、四臣の諫言を用ひず、自分の思ひ通りに所信を斷行し、それが爲めに、四臣等は君を輔佐する事が出來ず、事に臨みて、齟齬、違算、續出して、折角の忠臣も君に誠を致すに由なく、結局君臣共に、共倒れとならざるを得ない。又、中岳（君）は、甚だ過小であつて、傷痕、斜偏し、四山が雄大、高偉であれば、君の勢は漸次、衰微するに反し、臣下の勢、豪横を極め、君の威令に從はず、恰、足利末期の如く、英雄武將が四方に割據し、國內は麻の如くに亂れ、治むる事が出來ない。

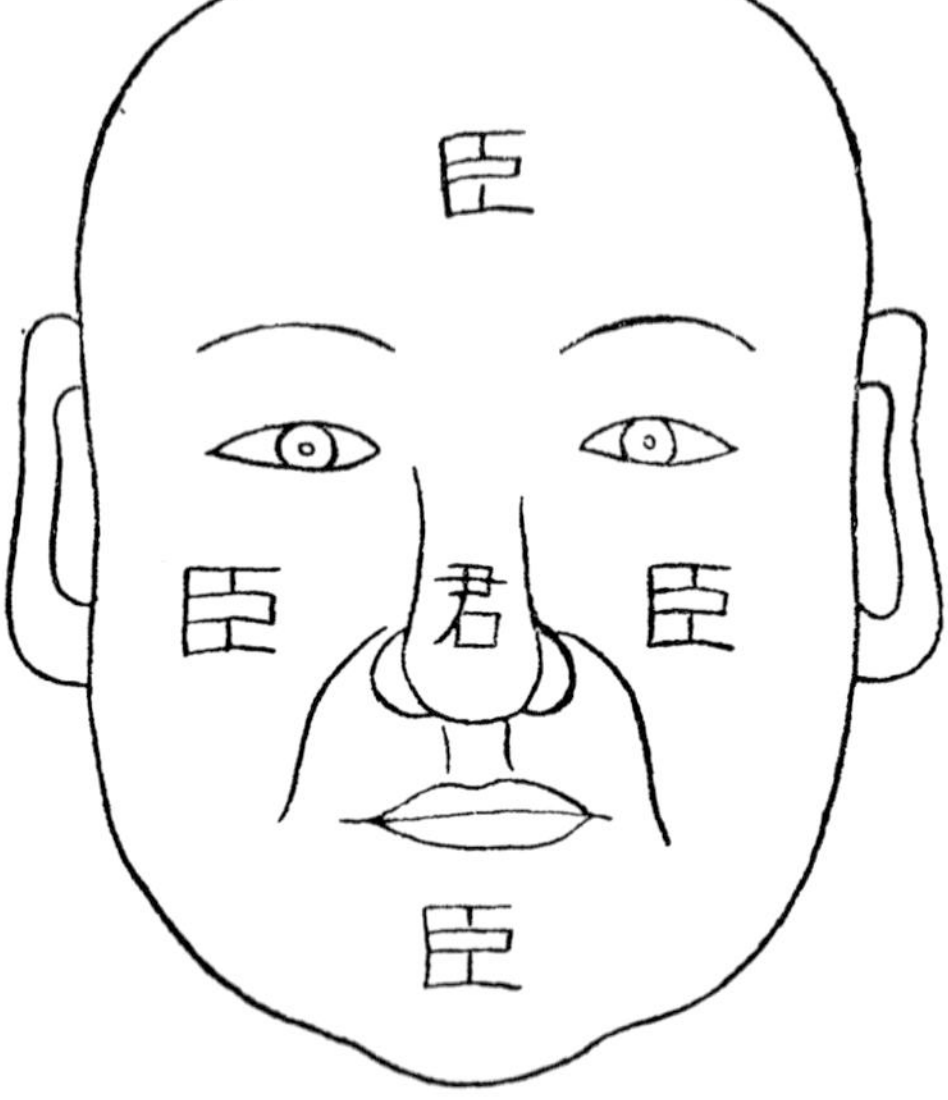

五岳を分ちて君臣を定めたる圖。

（此の圖は男女共に同一）

中嶽、四嶽共に成らざれば、君臣共に滅び、世を擧げて暗黑、暴凶、百鬼夜行の醜態が現出するであらうし、五嶽共に成り、一点の申分もない時は、君臣共に榮へ、所謂「天下太平、國家安康、五穀豐饒、君臣豐樂」の理想境を出現して、堯舜にも勝るものがあるに至るであらう。

更に五嶽は、自他に區分して觀る事も出來る。自他とは、五嶽を、自分と他人とに區別して其の優劣、親否、參差等の關係を見るのであるが、此の場合に於ては、中嶽を自己

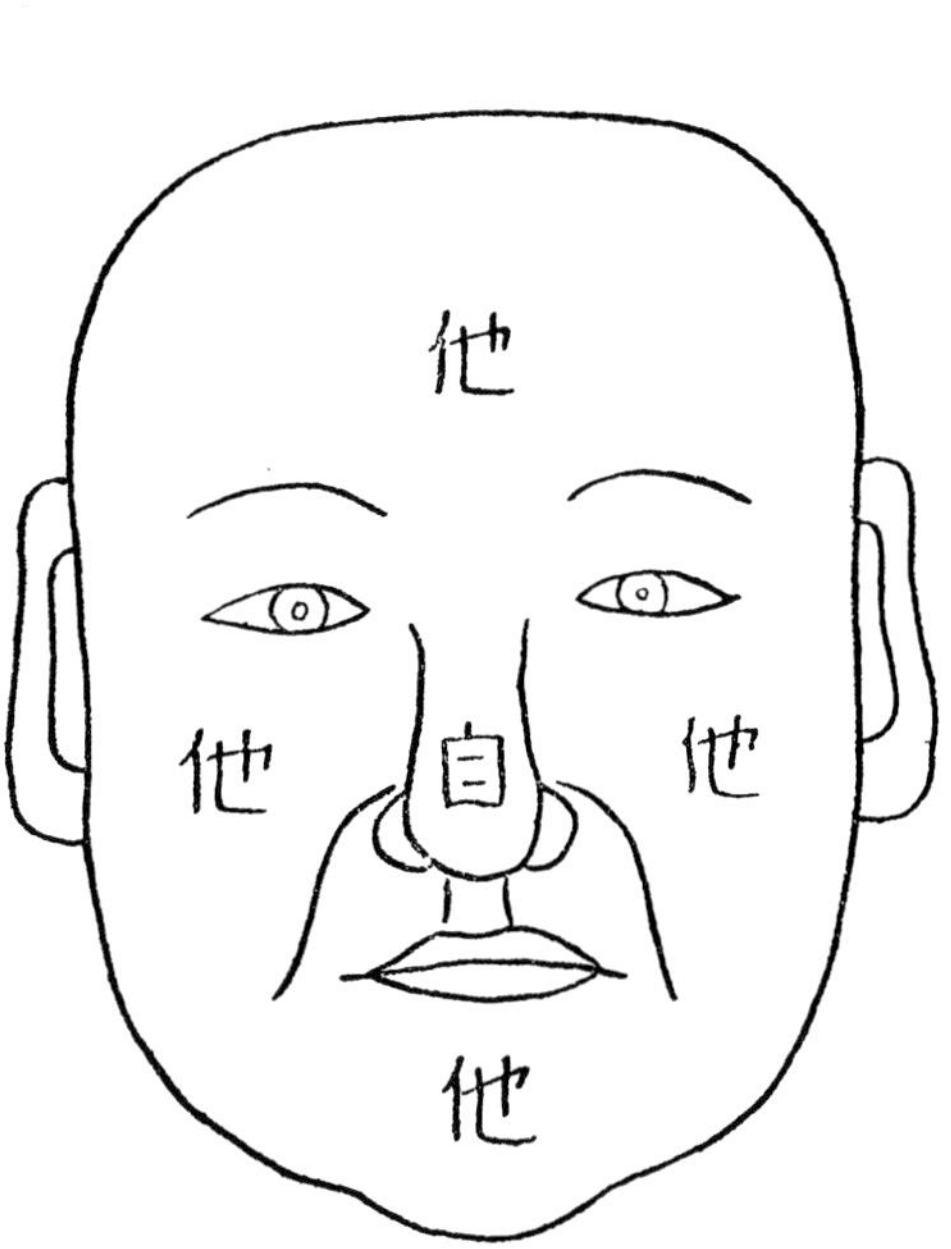

五岳を分ちて自他に區別したる圖。

（此の圖は男女共に同一）

とし、四嶽を他人とする。何故なれば他人は、常に吾の周圍を圍繞し、吾は衆の中央に居るからである。つまり自己は周圍の何れを見ても、吾を取卷くものは皆他人であるからである。それで若し、中嶽が非常に高く孤峰の如く聳へて居り、他の四嶽を壓倒して居るものは、周に交際して他人の權利、利益を何とも思はず、自分の都合のみ主張して、人の身の上や事情などは毫も顧みない。常に他を排して自分が九分の權利を握らん事のみ希ふ不德義漢である。此の種の人物は絕へず、他人の領域を侵し、人に迷惑をかける事を當然の如く考へて居るから、頗る評判の惡いものであり、到底他人と共同事業などをやる事は出來ない。よく世間に、こんな人物が時々あるものであるが御覽なさい、必ず鼻が尖つて居り憎らしく大きい。それに反して、中嶽がほんの申譯的に顏の中央にちよんびり、豆の樣に付いて居り、四嶽は嫌に飛び出したり、粗露、傾奇して居る者は、自己を取り卷く周圍が、何れも不良の徒であり、常に彼等から自己の權利、福益を侵害せられて、之を防護する事も出來ず、泣き寢入りとなつて損ばかりして居る。周圍に交際すれば不利益であり、と言ふて獨立は到底出來ず、見す〳〵共倒れをするの外はないのである。私の知人に此の相の老人が一人居て知合の博徒から賭博をやる事を强要せられ、本人が承諾せねば、他の博徒等が集つて苛めるので、それが恐しく遂に、見張番をして居る間に巡査に捕へられ、刑に服したものがあつた。此の男などは、鼻が馬鹿に小さいのに反し、四山は嫌に大きく、西嶽より中嶽にかけて大きく長い刀痕さへあつた。私は其の人を見る時、いつでも此の自他の關係を思ひ出して、相學の敎への違はないのに驚くのである。

中嶽と四嶽との關係が、圓滿に調ふて優劣なく艶美であれば、他人との交際が、常に親密、互讓であり、自他共に捨つる事がないから、永く信を結び、賴りとなる事が出來得るに反し、若し五岳共に支離、滅裂であれば、自他抗爭、同族相食み、怨恨、仇酬の絕ゆる事がなく、各自、自滅の醜を味ふの止むを得ない。

第五節　方　位

家相には、家相の方位があると同樣、顏面には、又顏面の方位がある。既に五岳の説明で東、西、南北の四方は明になつて居るから、別に説明を要しないが、此の方位が良いとか、悪いとか言ふのは、鼻を中心として左顴は東に當り、右顴は西に當る。額は南であり、頤は北を指す。其の方角に、傷痕

男子、方位の圖

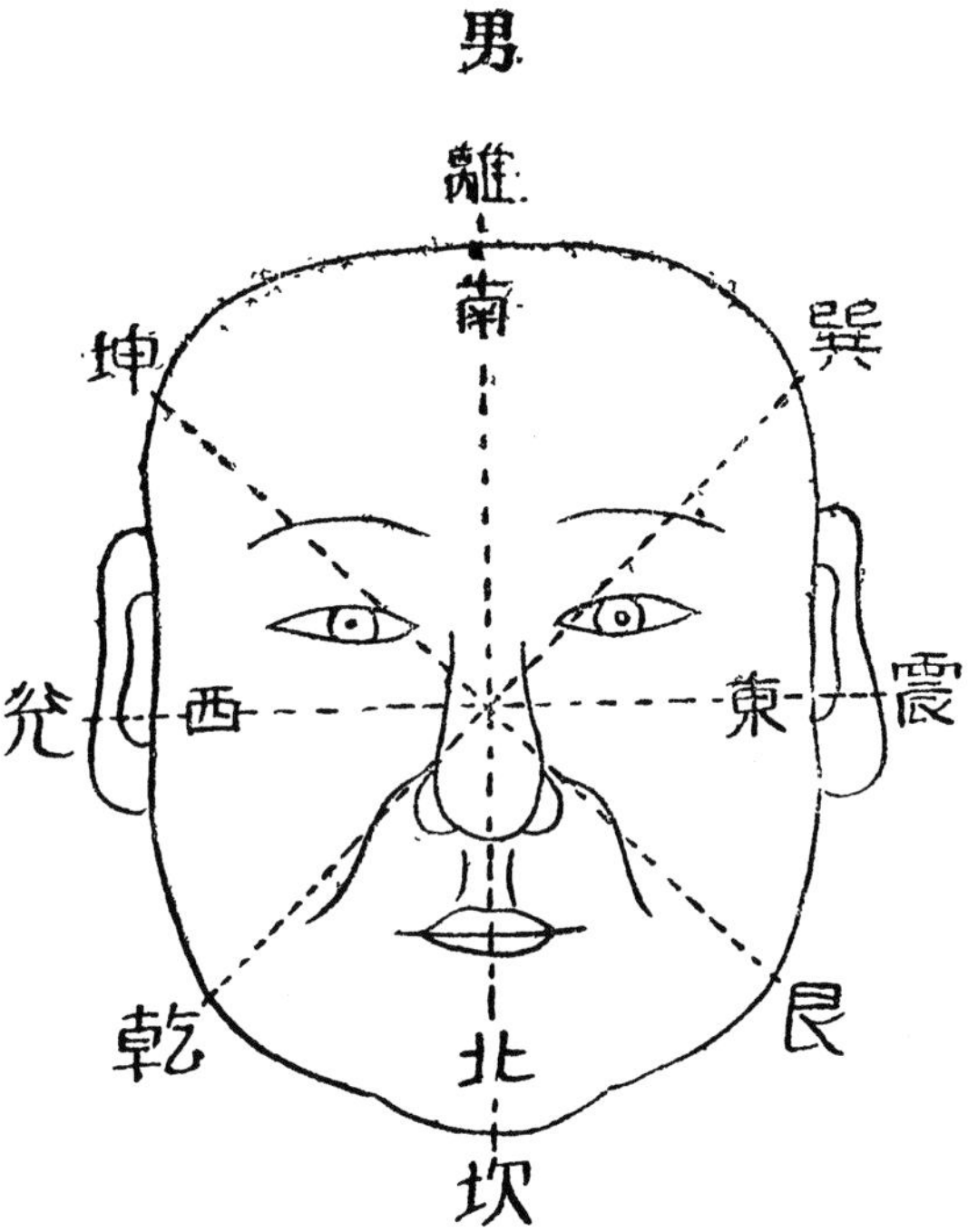

黒子、其他の異状ある事を許さず、色艶の美紅なるものを良しとする。故に左顴に傷のある人は、東方が凶であり額に凶紋が刻まれて居る人は、南方が不可である。これに反して、頤の肉が美しく光つて居り、豊滿紅潤なるものは、北方に向ひて進めば、高運のみ多く、新築、出張、訴訟、縁談、商賣等皆、北に向つて成すべきである。つまり「傷のない美しい方角」を選んで進めばそれで良い。若し正反對に、傷、黒子、汚色のある方面に向つて進めば、決して成功せず、或は重傷、或は疾病、或は敗訴、若しくは損害で、進めば進む程、困憊は益々甚し

くなるばかりである。

婦人、十二支の圖

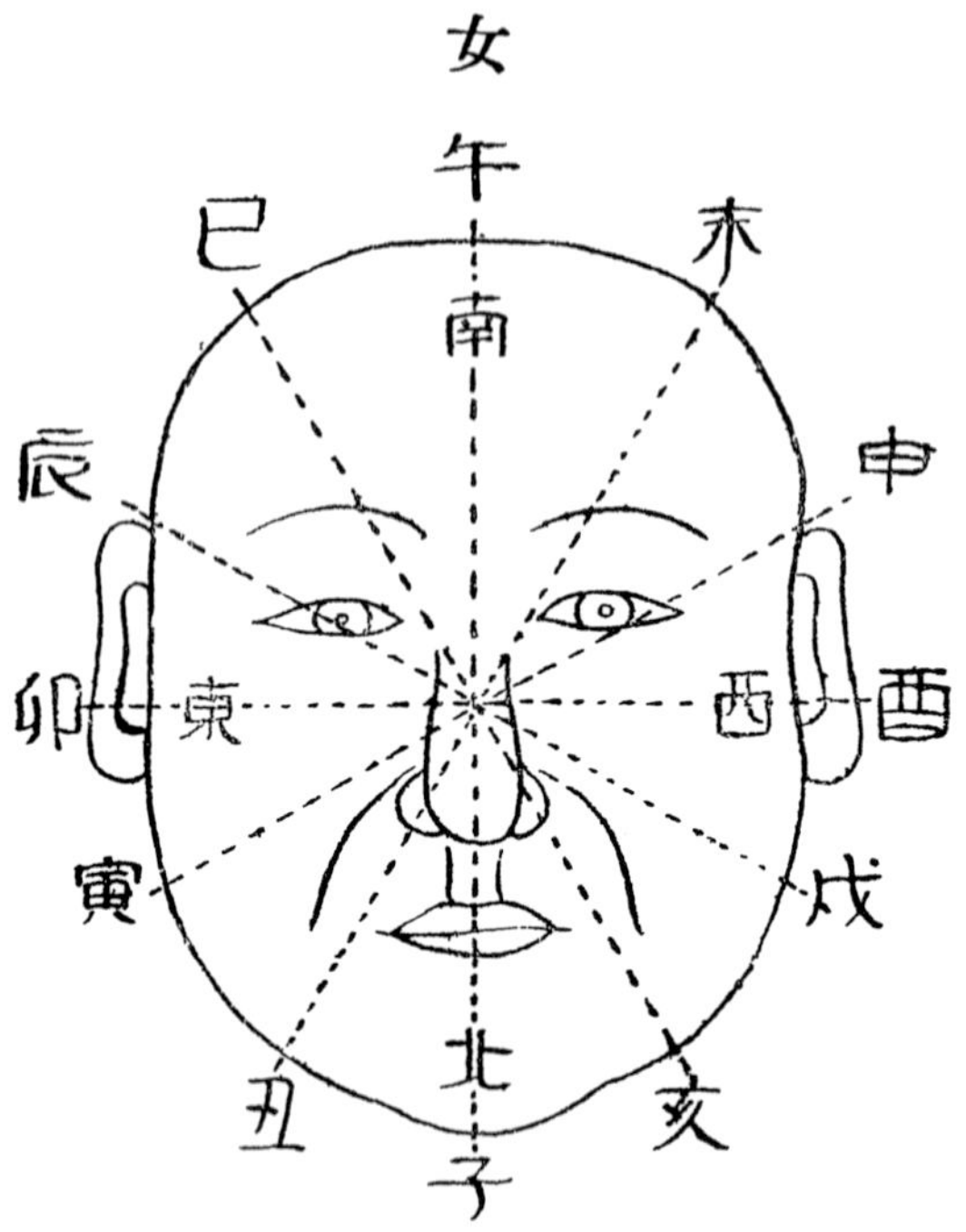

若し四方八方共に凶色あるものは、其の色を改むるまで、出張、旅行、其他の進展は出來ぬ譯であり、又新たに事業などを始むる事は見合はすべきである。

方位の取り方は、常に自分が、今、立つて居る所を中心として、指定するのである。家に在れば、家を中心として、出張先であれば、該地を基準として選べば良い。故に額の良い人は會社に出勤しても南方に向つて、事務を執るべく、頤の美しい商人は、北國の品物を仕入れ北に向つて支店を出せば繁榮する事が間違ひない。

若し、中岳にまで、傷、其他の欠陥があれば、余程注意せざれば、自己の居住をも失ふて、東西に流浪する人である。

又四方八方共に華麗であれば、其の人は何れに至るも差支なく、車馬の損傷、火水の災厄を蒙る事は絶對にない、否、寧ろ遠地に至る程成功が益々大きいのである。

次に男は、左方を東、右方を西、女は右方を東、左方を西とする所以は、男は陽であるから、上より臨み、女は陰であるから下から受けて居る。勿論、男女共に南北は動かぬ。(共に頭部を南に、脚部を北に向けるのが式である）故に、陰陽が上下となつて合した場合、男の左方と女の右方とが一致し、男の右方と、女の左方とが匹敵する。だから女の方位は、地圖と同じく、東、西、南、北を分ち、男子の方位は、恰地圖を裏から見た時の如くなる譯である。

第六節　六　府

六府は、上の兩府、中の兩府、下の兩府に三區分し、更に上の兩府を左右二個に分ち、上の左府、又は上の右府と言ふ樣に切り離して觀るのである。(中、下の兩府は之に準ず)

上府は一名天府と言ひ、初年の勢運を見る處、就中、日角は父、月角は母を觀る處である。此處が方圓、明淨なるものは二親共に榮へて、其の恩惠を受くる事が出來るが、若し、斜削、低陷、偏尖せば、親惠は勿論、初年の運が蹇む事を主り。

中府は一名人府とて兩顴を指して言ふのである。此處が方正であり、肉締り、神を藏する事、社の如くであれば、中年の運は必ず良い。若し、粗露、飛尖を敢てすれば、中年の運は勿論、逸し勝ちである。

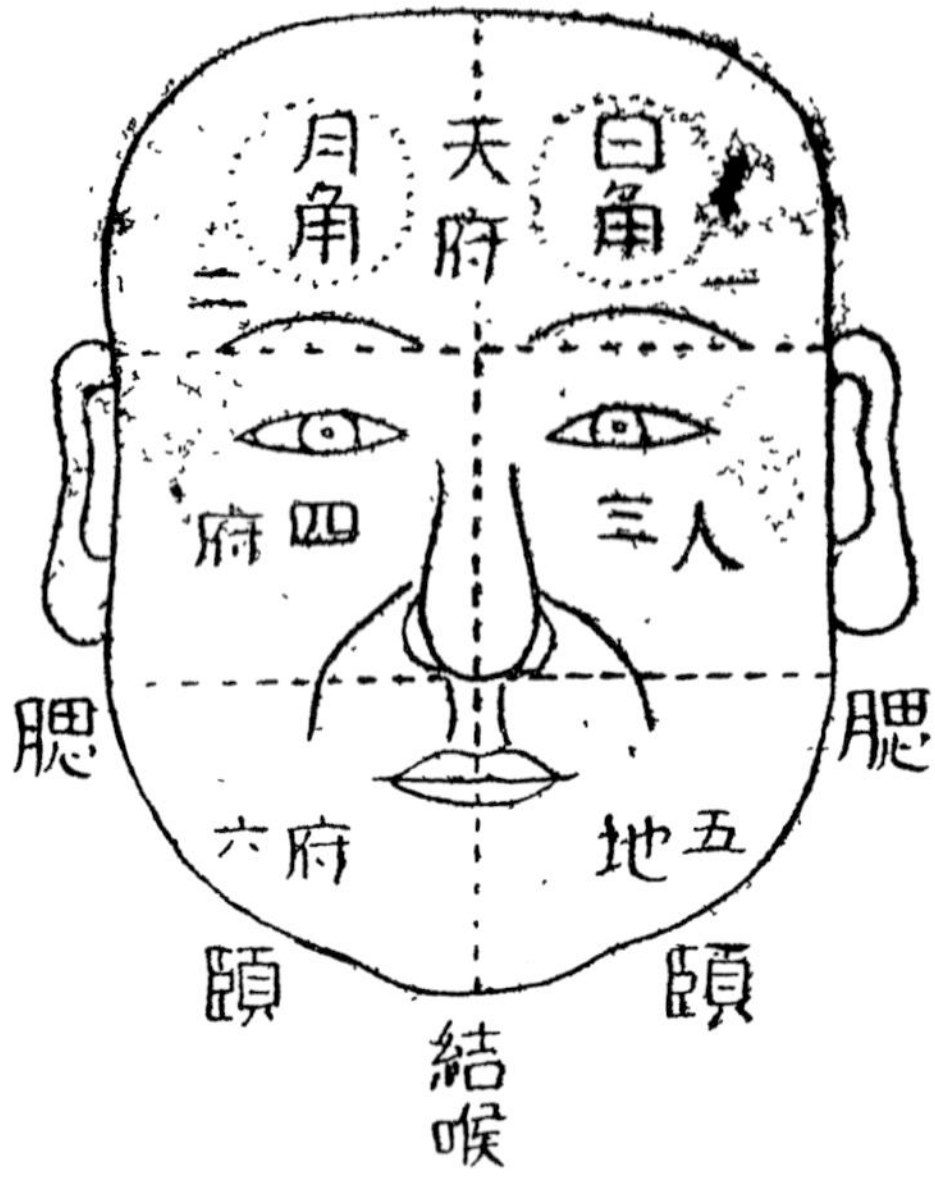

日角は父、月角は母を觀る。

一、上の左府、二、上の右府、三、中の左府、四、中の右府、五、下の左府、六、下の右府。

（女は左右を反對に觀る）

最後に、腮骨、頤を下府、又は地府と言ふ。頤は尖らず、飛び出さず、陷らず、小ならざるものが良い。腮が過大なるものは、兎角圭角が多く、頤が過小なるものは、どうも意氣地がない。肉は豐滿に、上府から正しく連り、能く釣合ひが取れ、換言すれば、顋が靜に可愛く動き、結喉の骨を露はさないのが良い。かくの如きは晩年の勢運が必ず旺盛である事が容易に覘ひ知らるゝ。
尚本項は、三停の部と重復するものがあるから、此の位で筆を擱く事にする。

第三章　五官

第一節　總論

五官とは眉を保壽官、眼を監察官、鼻を審辨官、口を出納官、耳を採聽官と言ひ、此の五個の能官を總稱して五官と言ふのである。顔面に於ける最高、最重の機關であつて、其の人一生の運勢は、殆其の大半を五官の能否に依つて決せらるると謂つても過言ではない。

五官は五岳に對して言ふ名稱で、五岳は天惠の福德を受得する僥倖宮であるが、五官は、本人の努力如何に依つて其の人の勢運を打開する重大なる職責を有する能官である。此の五官が揃つて上出來のものは、絕へず自己の勢運を切り開いて進展するから、一生その發運を止むる事がない、たとひ、卑賤より身を起すも、遂には立志傳中に入つて後世に名を成すに至る事が出來る。唯、五岳に比して、「五岳の良いのは敵を釀さない」のに反し、五官はたとひ萬全であつても、時に或は、或る種の敵を認むるの止むを得ない事があるが、勢運が强大であるから、是れを打ち破つて無事に、難關を切り拔ける事が出來るのである。故に斯官の成就するものは、常に進取の氣象に富み、積極的行動に出づる事を好むの氣風が甚だ旺んである。

五官の圖

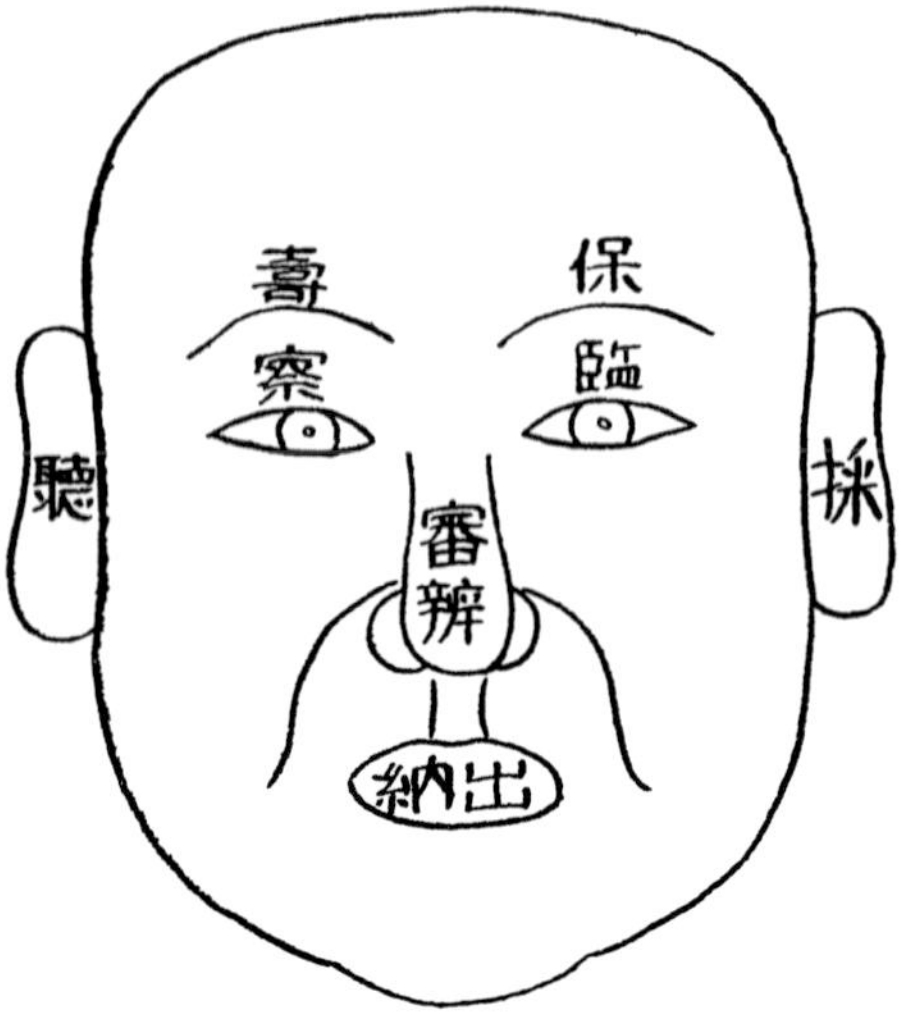

第二節　保壽官

相學上、眉の事を保壽官と謂ふ。血緣の良否を觀る處である。

眉はどんなのが良いかと言ふに、先づ毛質は軟にして黑く彩があり、眉毛の長さは眉毫とて長く、旋縮しないのが良い。全体の格好は、稍上り形で余り濃ひからず、又薄からず、男子の眉は稍大きく、女子の眉は幾分細いのが良い。或は途中で杜絶へたり、或は頭尾が枯れて認められず、或は甚しく下り形であつたり、反對に異急に立つて居たり、甚だしい旋毛があつたり、汚い色になつて居る等は何れも不吉の相である。

保壽官とは讀んで字の如く、壽命を保つの能官である。眉毛が美しく長く從順で所謂、眉毫を成すものは必ず長命である。未だ曾つて眉毫の人で短命であつた人はなく、又眉毛が薄く消へて殆ない様な者で長命した例があつた事がない。昔しの詩にも「眉雪老僧南朝を説く」と言ふのがある。眉は雪の如くに白く成つた老僧が、大楠公の忠誠を語つて居るの圖である。眉毛は幼時は余り長くない（小兒の眉毛が甚だ長いのは却つて良くない）が、長ずるに及んで徐々と延長し、四十歲を過ぐれば、七八分位に達するものがある。必ず長命であつて短命者には絶体に斯相を生じない。此の眉による長命の條件は、第一に眉毛が長い事を必要とし、第二に長毫は勢ひ大粒である事の止むを得ぬ。其他の色、質、數、形狀等は第三、第四の條件に過ぎない。

一般動物には、眉がないのに反し、吾人々類のみが、此の美しい眉を有するのは何故であろうか、同じ人間でも、人格、勢運共に申分なき人物は必ず、美しい眉を所持して居るに反し、劣等社會に入るに連れ、眉質が低下して居る。亞弗利加の或る未開地方に行くと、そこに住んで居る生蕃人等には、何れも眉なるものがない。故に眉の美醜は人格（又は勢運）の優劣と相一致して居る事が判る。彼等生蕃人等は同族と雖、一朝利害を異にせば直ちに相食む事を辭しない。此の趣は、動物に至つて尙一層烈しい感がある。所が文明國の人達は、そんな淺間しい所業を敢でする事を欲しない。常に血緣を思ひ、自己の子孫が繁榮せん事を希ふ。就中、眉質の順良なものに至つては此の念が特に盛んであつて、交互能く血緣者を慕ひ、救ひ、憐れみ勞り、共々に長壽、成功を遂げん事を祈つて止まぬ。これ人類が動物と其性情を異にし、美しき眉毛を有する所以である。

昔は婦人大阪して眉毛を剃除する慣習があつた。此れは、一旦嫁した以上、夫の家を以つて我家とし、一生我身を夫に捧ぐべきものであるから、「決して自分の血緣を思ひませぬ。否、私には、夫以外に血緣はありませぬ」と言ふ貞操を表象したものである。凡て眉毛の濃い婦人は識見もあるが、又一方我儘者が多く、容易に夫の命令に服從せず、自分の考へ通りやらなければ、承知せぬものである。そんな譯で、婦眉、濃厚に失するものは、恰一家の中に主人が二人ある樣な格好に成り、夫婦共に家庭的には不幸を見る人が多く、結婚も一回で修まる人は少い。この意味に於ても、眉毛を剃除する事は、夫命を遵奉するの表現で、昔の婦人は多く順從であつたと言はねばならぬ。處が昔から「眉毛の剃り跡の青い女は夫を剋す」と言ひ傳へられて居るのは、元來其の眉が甚しく濃厚であるものが剃つた時、跡が青々するからである。

眉と眼との間が甚しく狹く近いものは、兎角、敵を作る事が多く、反對に此處が廣いものは上品で上貴の人々から愛せられて良いが、余り廣過ぎると性格が遅鈍になつていけない。

眉は水平よりも眉尾が少しく上つて居るのが良いが、然し余り上り過ぎて直立して居る樣に見へるのは良くない。昔南朝の大忠臣大楠公は、兩眉が眞急に立つて居たと言ふ事であるが、大功あり乍らも、帝の信任薄く、恩賞其の當を得ず、最後に自己の建策をも用ひられずして遂に湊川に戰死した。

又下り眉の事を三遲の相とて、喜ばない。三遲とは、一、結婚遲く、二、兒を生む事遲く、三、成功する事が遲い。これを三遲の相と言つて普通人よりも必ず數年遲れて成功する。又中には一生成功しないものもあり、若し普通人に比して遲れる事がなく、成功する樣であれば必ず他の批難、攻擊を受くる事を免れない。此の眉は一名羅漢眉とも言ひ、僧侶となれば、圭角がなくして好いと傳へられて居る。

眉の途中が切れて居るものは、間斷眉とて、必ず鄕里を離れ、又一生に一度大失敗を遁れない。

眉毛が荒くばちくとし、或は縮んだり、捩れて居るものは、必ず血緣に薄く、若し血緣があれば、其の性行が皆不良で、爲めに自己にも迷惑損害を蒙るべき事を覺悟せねばならぬ。又眉根の青いものは血緣との仲惡しく常に同族、抗爭、掠奪を事とし、相和する事が出來ない。

婦人の眉が糸の如く細く長く、且つ發言に際して微々と振動するものは、性質甚しく多淫であつて不貞を敢てする妖婦である。これに就て實に極端な實例があるが、余り良い話でないから、省略する事にする。

眉全体の長さは凡て、眼の長さの一倍半以上を必要とする。故に眼の長さが八分あれば一寸二分以上なくてはならぬ。眉の長さが眼の長さに及ばぬものは、兄弟の數が少く、長いだけ姉妹の數が多い。又眉が片々に成り一方は高く一方は低く、一方は直く一方は曲み、一方は長く一方は短く一眉は濃く一眉は薄く、其の他色質形狀が揃はぬものは、何れも義緣の兄弟があるか、又は父母の年齡が甚しく相違し、或は兄弟の性格が全然相反し、極端な仲違ひをするか、其他本人の性質が偏狹であつて、甚しいムラを藏するか、何れにしても血緣性格に對する不祥の相である。

眉と眉とが交加して一本に成つて居るものを交加眉又は連眉、接眉と言つて短命の相である。今目白の郊外に居られる有名な夫妻の甥に當る一靑年に此の相があり「必ず短命だ」と斷じて置いた處其の翌年肋膜炎で死んだ。たとひ兩眉が交加するに至らずとも、余り狹く迫つて居るのは、心胸狹小、人に接して相容れず、屢人の小過を苛める癖があり、又眉頭に反毛を生ずるものは、幼時、父又は母を失ひ、性格にも偏狹なものが多い。

兩眉共に長く美しく光彩があり、格好の良いものは、父母の年齡性格、慈愛敎養、境遇嗜好等が均調順和し、琴瑟相奏の間に出生養育せられたもので、かくの如く兩親共に揃ふた慈愛深き家庭に育てられた、兄弟姉妹にして性行不良、慘忍暗愚のものが有る筈なく血緣何れも親和情誼交互相助け、相戒めて成功進運すべきは、何人も容易に首肯し得る處である。

細秀眉

細く長く、美しく彩りがあり毛質は軟く、從順で左右兩眉が揃つて居るものが良い。此の眉の人は萬職に適し成功する。又血緣が皆良い。兄弟五六名。好く力になる。

獅子眉

獅子眉は大きく廣く長く毛質はばち／＼として荒い。此の眉は大きい割合に兄弟の數は少く、二三名位を普通とする。此の眉の持主は時に兄弟牆に鬩ぐ事があつても尙結束して外侮を防ぐ事が出來る。

劍眉

劍眉とて一技に長ずるの相。但し一生に一度險難があるから、紊りに他人と爭はぬ樣注意が肝心である。兄弟の數は四五名位あつて殆一定したるかの如く、揃つた成功して力となる事が出來る。

一字眉

一字眉は恰一字形を成して居るから此の名がある。本眉は兄弟六七名以上あつて何れも成功し仲が良い。又能く義俠心があつて人を救ふ事を好む。故に相許す同士が多い。

虎　眉

虎眉は毛質が荒く長くばちばちとし數が甚だ少い。兄弟二名位で余り仲が良い方ではない。但し義俠心もあり且つ輸贏冒險を好んで、遂に成功するものもある。

柳葉眉

柳の葉に似て居るから、柳葉眉と謂ふ。前の新月眉と殆同じ價値のもので、姉妹は三四名位である。

（男子には適しない）

新月眉

新月眉と言ふ婦人の眉である。夫に對して貞操觀念が深く愛嬌が好い。又玉の輿に乘ると謂ふ眉である。

姉妹は五六名あつて、能く賴りに思ふを常とする。

羅漢眉

羅漢眉と名く。僧侶に宜しと謂ふ。血緣は多いがとても力には成らない。又甚しい晩運の眉である。若し成功すれば必ず敵が多い。

八字眉

八字眉とて甚しく、運勢の遲い眉であるが、時に一生開運しないものさへある。血緣はあつても、共同は出來ない。兄弟七八名、何れも力とならぬ。

太短促眉

太短促眉は太く短く密生して居る。兄弟は二三名位であるが、血緣を思ふの情は深い。職業は滑稽、諧謔家を良しとする。

間斷眉

間斷眉とて必ず鄕里を離れ、他鄕に走る事を辭し得ないが何れに赴いても余り成功は出來ぬ。血緣杜絕して力となる事などは思ひもよらぬ。八字眉と共に適職がない。

掃箒眉

掃箒眉と謂ふ。多くは成功せぬが、此眉の人で大道商人、香具師と成つて、遂に小財產を蓄へた人が數人ある。又滑稽諧謔家には適當する。血緣は二三あるが、問題にならない。

交加眉

かくの如く左右二眉が連りて居るものを交加眉、又は連眉、接眉等と呼ぶ。

或は郷里を離れ、或は蹉跌し、或は重傷を受け、若しくは同族相食み、其の他、疾病短命である。

多淫毛

婦人に多いが、余りに細く長く、發言に際して上下彎曲するものは、甚だ多淫でいけない。一寸見ると愛嬌があり、新月眉に似て居るから良い樣に思はれるが、其の實甚だ不良な相である。

反毛

眉頭に當つて正反對の方面に向ひ伸びて居る毛を「反毛」又は「賊毛」と謂ふ。

幼少より孤獨であり、多くは片親がない。性格にもムラのある頑固者が多い。兄弟或は相剋し或は夭亡し、又は東西に遠離して音信杜絶するか、三者其一を出ない。

鬼眉

鬼眉とて毛質が濃く荒く恰針の如くで汚い。觸はるとぢり／＼として氣持が惡い樣な氣がする。眉が大きい割合には兄弟が少く、何れも性行不良で遂に刑務所入りをする人物である。

陰謀眉

眉尾がぴんと反ね上つて居るのは、陰謀を企つるの相とする。必ず終りを全ふしない。例、由井正雪、天一坊、山内伊賀之亮。

立眉

識見、鋭敏、資性勇武に富み、後世に名を成すが險難を免れない相である。例、楠正成、織田信長。

佛眉

眉頭は細く起り、中央稍廣く眉尾は次第に細まり、毛質軟く彩あり、頭尾平均するものを佛眉と言ひ、兄弟甚多く慈悲心に富む。これ佛は四海兄弟、慈悲を以て本體となすからである。成功疑ひない。又後世に名を成す人物である。

片々眉

一方は上り一方は下り、一方長く一方短く、一方濃く一方薄く、一方太く一方細く、發言に際して片々に動搖する癖のあるものは、性格にもムラがあり、血緣者と相容れず必ず片親がない。此の眉は一名左右不同眉とも謂ひ病弱、圭角多く甚しい不吉の相である。

清秀眉

清秀眉は佛眉と共に衆眉中の最たるもので、大ならず小ならず、濃からず淡からず、光彩あり、左右能く揃ひ、緊しく威嚴を持つて居る。本人が成功長壽するは勿論、血緣の成績皆優秀で能く力となる事が出來る。選職の範圍頗る廣く、万職何れも適良である。

第三節　監察官

眼は、觀相學上之を監察官と謂ひ、顏面數百の部位の中でも、最、重要なる能官の一であり、其の人の勢運は大半、眼に依つて決せらるゝと謂つても過言ではない。

眼は細く長く、烏睛は大きくして漆の如く眞黒で光りがあり、白睛は少なくして、玉の如く眞白く澄んで輝き、眼光强く然も愛嬌、魅力に富み、靜かに締つた落ち着きの有るものが良い。此の種の眼を持つて居る者は、子孫が永く絶ゆる事がなく、田宅を百世に傳ふと言はれて居る。

それに反して、或は烏睛が少さくして濁り、白睛は大きくして黒づみ、或は血脈を眼瞳に貫き、若しくは、黒睛を繞つて居るが如きは一生不運、中には刑死を免れないものもある。

昔から最良い眼を持つて居たものは、支那では漢の高祖、我國では徳川家康であるが、兩者共にかの大名を殘して子孫が永く榮へた。それに反して、兩眼に血脈を有して居た天一坊は大岡越前の爲めに「かゝる凶相の者が將軍の落胤である筈がない」とて、遂にその逆謀を觀破せられて刑死し、石田三成、明智光秀、由井正雪共に美貌美聲であつたが、眼周に一條の赤線があり、遂に終りを全ふし得なかつた。又常に眼を閉ぢて發言するものも心に邪陰を藏する事が多い。

兩眼を判ちて左眼を太陽とし父の象とする。又右眼を太陰とし母の象とする。兩眼共に黒目勝ちで光りのあるものは一生產業を失ふ事はない。若し左眼を失ふもの又は異狀のあるものは父に緣薄く、右眼に傷陷あるものは母の恩惠を受け得ない。睛美細長、光威魅力且つ締りのあるものにして能く多衆の長となり、田宅を万世に傳ふる事が出來るのである。（女は左右を反對に見る）

以下各種眼の良否を判り易く圖解に依つて說明する。

眼の區分

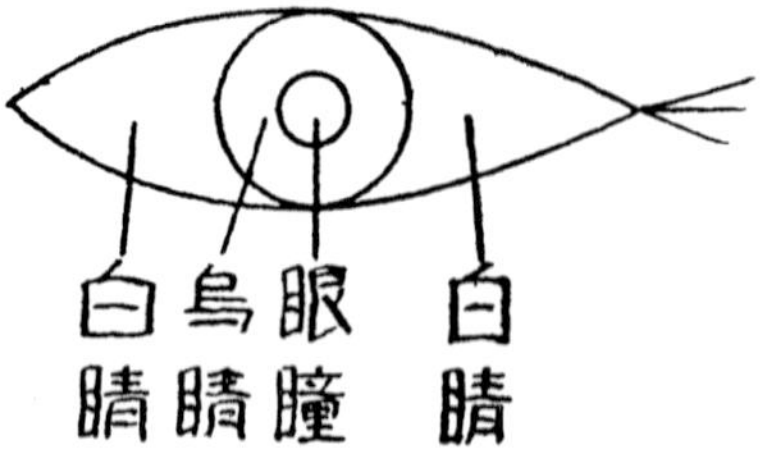

甚だ稀有の相であるが、左右の眼に瞳が二個宛、横に並んで居るものを双瞳と謂ひ、才万人に勝れ、甚だ英雄であるが、子孫は續かない。豊臣秀吉は双瞳であり遂に天下を取つたが、僅か二代で亡んだ。

是れも甚だ稀れな相であるが、眼瞳が縱に二個並んで居る。之を舜眼と謂ふ。必ず大聖人となるの相である。但し此の眼の人も子孫は榮へない。

古今の大聖人孔夫子に此の相があり、その聖教は三千年後の今日、恍として世界を照して居るが、子孫は榮へず、血の後胤は強く零落して漸く草間に糊口して居るに過ぎない。

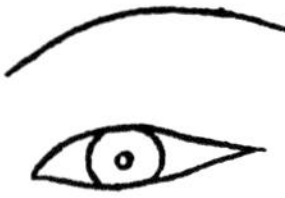

兩眼が非常に小さいものは、小智はあつても、大才がない。故に經國經世の大業は出來難い。性格が兎角、目先慾くで劣策を弄し万事を急ぐ癖があり、又小成功に安んずる斗筲の輩である。

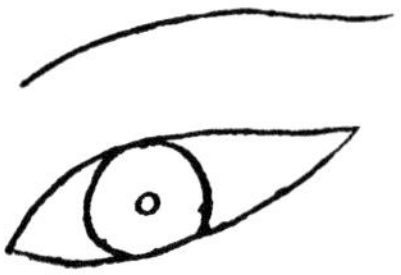

眼尾（めじり）が吊り上つて居るものは、性格頑固で甚しいものになると發狂する事がある。

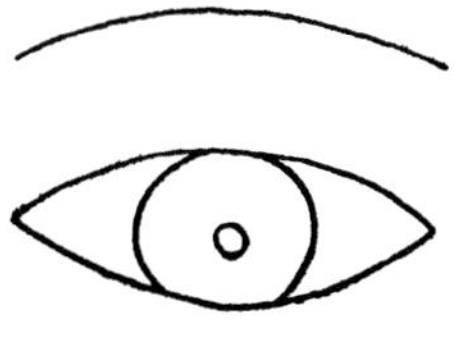

兩眼が余り大き過ぎるのも亦いけない。恰狠の眼の如き大眼の人があるが兎角失敗が多い。たとへ武勇の氣性に富んで居ても敵を醸して自滅する事を免れない。

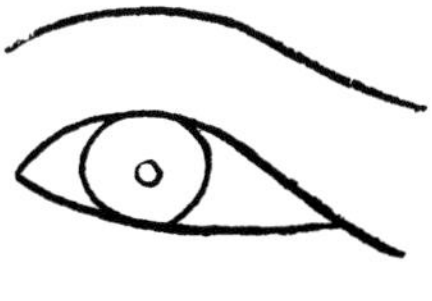

眼尾の下りて居るのも、頑固な点があるが、それよりも此の眼の持主は必ず夫婦別居する事を免れない。その別居の原因が出張、旅行等の爲め夫が不在の塲合等は少く、多くは夫婦の一方が疾病、故障、入獄、逃走、時に或は死別して孤閨を守る事が少くない。

此の種の實例は非常に多く、妻に死別した夫を見るに大概この相に成つて居るから、成る程と首肯する事が出來る。

赤脈

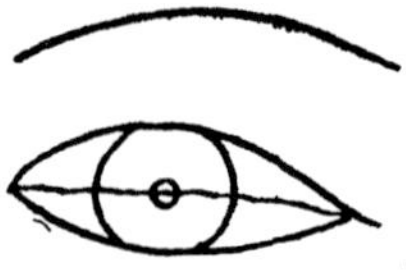

赤脈が眼瞳を貫くものは、必ず非業の最後を遂ぐ。或は自殺、或は人に殺害せられ、或は不慮の天災、地變等に依りて死するを常とする。然かも其の災が、突嗟の場合、一瞬間に起るからこれを豫防する事が出來難い。

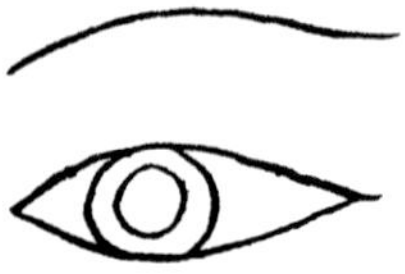

眼瞳散大せるものは、或る種の藥を服用、又は点眼したるか、若しくは神經衰弱、若しくは近時過房に亘りたるの相である。

此の相あるものは、遺忘、失敗等多く、又は疾病にも侵され易きに就き、注意する事が肝心だ。

赤脈

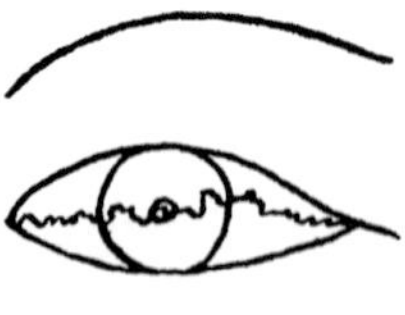

赤脈が徐々に至るものは、其の災害も徐々に至る。自ら求めて刑壁に觸れ或は罪業積つて遂に非業の死を遂ぐるの類である。

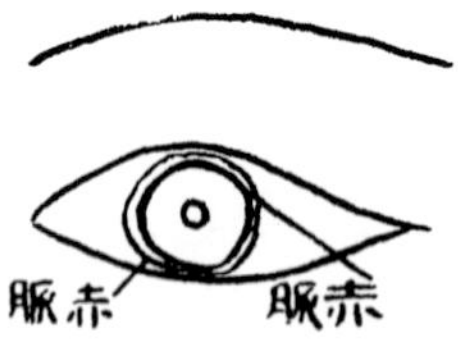

赤脈眼周を繞るものは刑死を免れず。古今刑死せし者には皆此の相があつた。能く其の身を愼み、陰徳を施す事が肝心である。

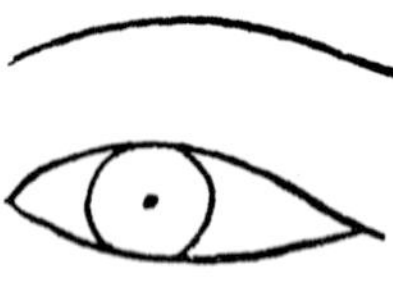

眼瞳過小なるは、或る種の服藥を爲したるか、又は蛔蟲等を生じたるの相。

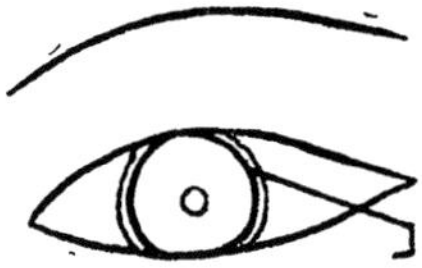

薄黒き帯を廻す。

胃癌になるの相。此の相あるものは、胃壁（胃嚢の内部）に青黒き斑点を生ず。右斑点のある部分は消化作用を爲さず。色、深酷となれば膿汁を出して痛苦を感ずる様になる。

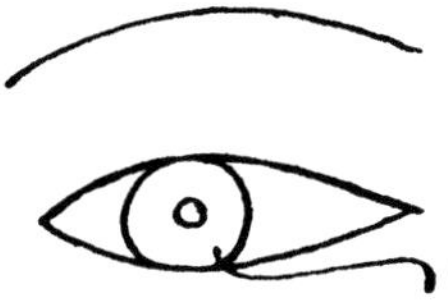

眼睛。

茶色なるものは屢々人を侮る。眼睛は黒漆の如くなるを良しとする。此處が曇るものは頭腦が聰明でない。一尺の處まで接見して顔が恰、寫眞の如く寫るのがよい。かゝる相の人は頭腦緻密にして長命、且つ親切である。

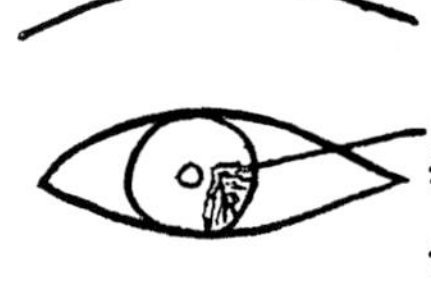

白流と云ふ、轉じて白龍に作る。

多くは他郷に於て死するを常とする。死因は非業死、餓死等である。又他人に損害を與へて何とも思はない者もある。

先年私が宇都宮驛に行つた時、助役某氏が眼に此の相があつた故、注意して置いた處、約二年後に於て右助役は、列車とホームとの間に挾まれて即死した。此の例は私が知つて居るだけでも五十件以上ある。

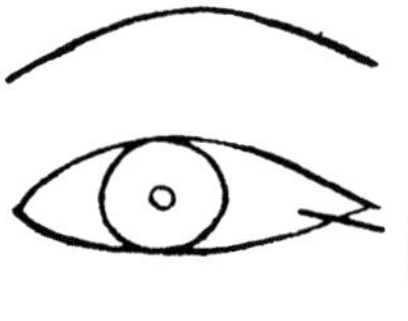

白部。

眞白くして玉の如きは性質淡泊で不正な事をしない。職業は宗敎家に適する。不純の色があるものは災難を招く事が多く、黄色なるものは他人より甚しき怨恨を受けて居るの相である。

或る所に白部が眞黃に成つて居る人物があつた故、私が「これは他人より甚しき怨恨を受け居るの相である」と申しました處、其の人が「實は滿州に居た時、或る事柄からして人を六人殺しました」と云つたのには驚いた。次に或る職業の婦人に、此の相の人があつた故、右の旨を告知して注意した處、其女の言ふには「私は以前某外國に居ました時、一靑年と同棲して居ました處、或る事情からして今の夫と共に內地に歸りました、後で前夫が發狂して、家族を殺し自己も亦自殺した、旨を聞いて驚きました」と自己の罪惡を懺悔した事があつた。兎角此處の色が、汚濁して居るのは罪惡を重ねた凶相である。

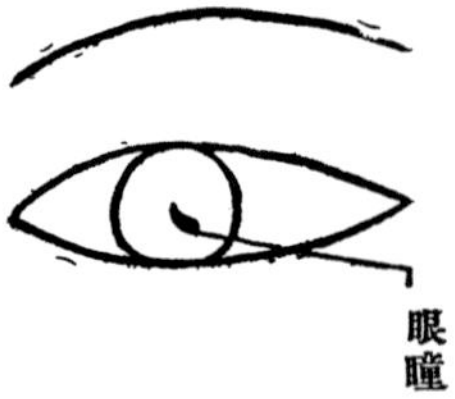

甚だ稀であるが眼瞳が流れて上圖の格好に成つて居るものがある事がある。家庭內に義理合を持つ相であるが、不實を戒しめ、宗敎を信じ身の安泰を祈るが良い。

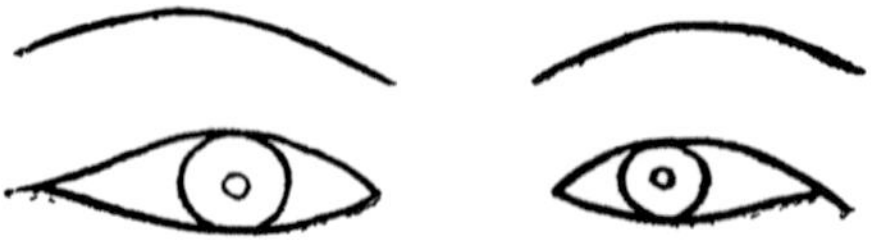

左眼小なる者、男は女難を招くの相。女は義子を育てるの相。又異父母兄弟、姉妹あるの相。又男は妻を恐れ、女は夫を侮るの相とする。

左眼大なる者、男は、異父母、兄弟、姉妹あるの相。女は色難を招くの相である。

凡て眼に大小の差あるものは、たとひ資産を造るとも貧困を裝ひ、清廉ならず、性格にもムラがあつて暗陰に事を企つる癖がある。

眼球が甚しく陷りて居るものは、常に小聲に囁語し、性格奸邪、淫秘の多い人物である、又人に依りては强慾で義理人情を辨へず嫉妬深い。

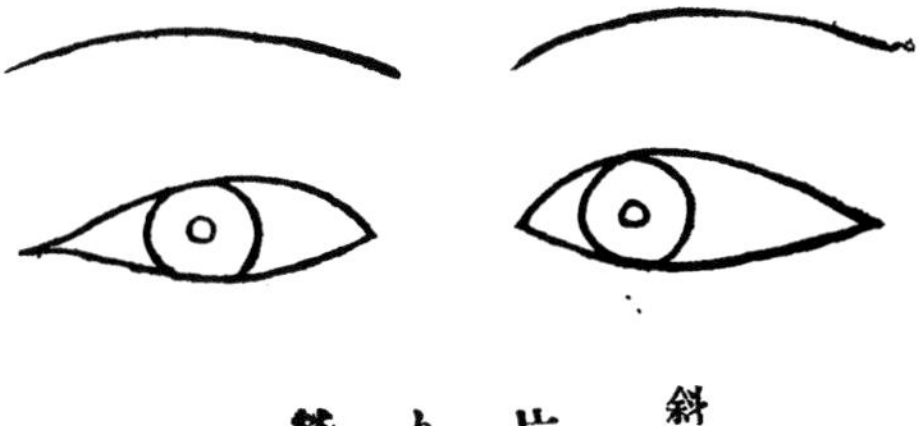

斜眼又は斜視。俗に藪睨みと言ふ。

片親に緣薄く多くは不仕合であり、又好配偶を得ず、子孫も繁榮せぬ事が多い。

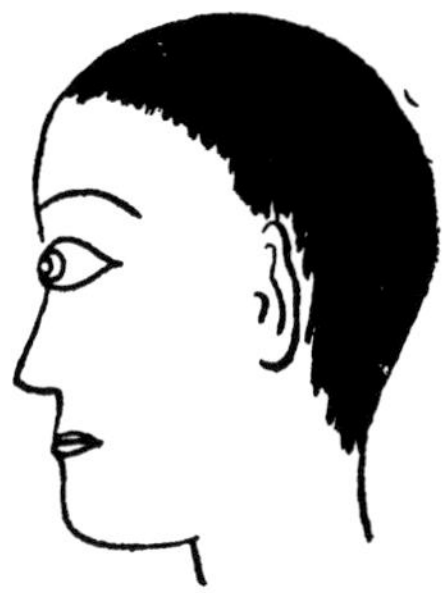

大きな眼が飛び出して居るものは天命である。又頭腦が余り聰明ではない。

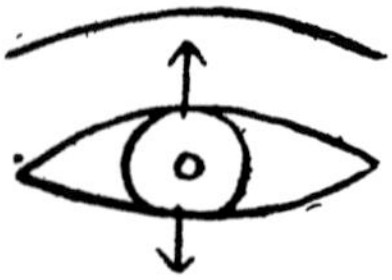

眼瞳が縦に動くものは性急にして一旦成功するも遂に九仞の功を一簣に虧く。織田信長は性急で常に眼瞳が縦に動いたが、將に功ならんとして倒れた。

眼光鋭く下白眼で恰、鷹の眼の如きは必ず逆謀を企つるの相であつて、終りを全ふしない。例、由井正雪、丸橋忠彌。

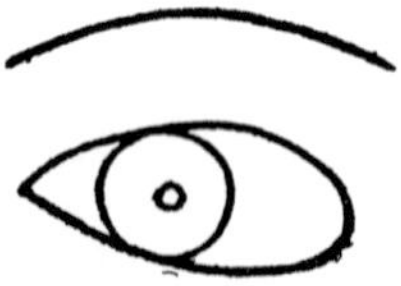

眼尾の丸いものは性格不實である。若し女難を招けば甚しく不良性で生命が危い。

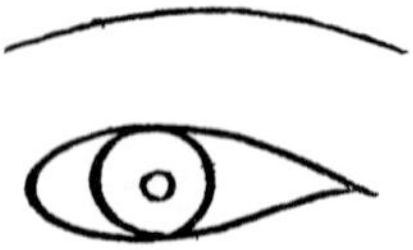

眼頭が圓く眼尾の尖つて居るものは、大言壯語するも、其の實臆病であつて膽力のない虚勢家である。

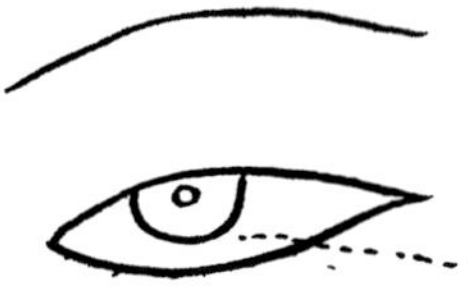

下白眼

眼睛の下側に多く白部を殘すものは下白眼とて、男は獄に入るの相、女は不貞を爲すの相。從つて忠貞報恩の觀念は毫もない。

所がこれに就いておかしい話がある、先年某院展にAと云ふ畫家が出品した「大石内藏之助が、一力樓に登りて遊興して居る圖」を書いたものがあつて内藏之助の眼が下白眼に成つて居るのを見て驚いた。此の相のあるものは、義俠氣骨などは更になく、又後世に美名を殘す事は絕對にないのである。かの書家は、內藏之助を稱美するつもりで、書いたものであろうけれども、書き方が間違つて居るばかりに、却つて此の忠臣を侮辱した事に成つて居た。書の價格は二千五百圓と付けてあつたが、觀相家の眼から見れば全然無價値である。

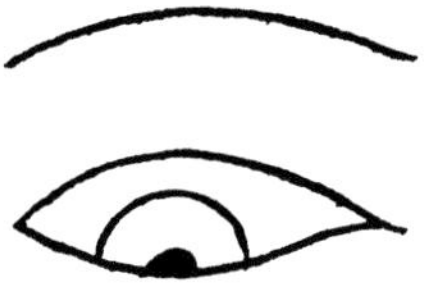

上白眼

眼瞳の上側白部を多く露はすものを上白眼と謂ふ。性格、奸惡邪智、常に苦肉の策を廻らさん事のみ思ふの相である。これに就ても亦、遺憾な話がある。恰前述の某院展に、四五歲から七八歲位の小兒を、五六名書いた書があり、右書の中に例の上白眼の極端なものを一名書いたのがあつた。五六歲前後の小兒に上白眼なごと云ふ事は絕体にあり得ないと言ふ位の事は、素人眼に觀ても、判りそうなものであるのに、此の非常識な書を堂々と掲げてあつた。

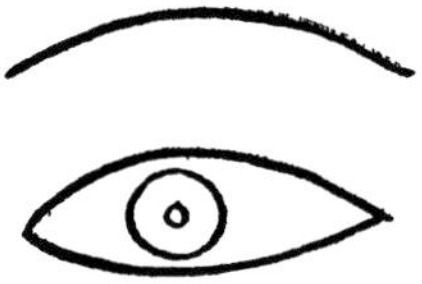

白部が四方に露はれて居るのを、四白眼と謂ふ。前二眼を合したる凶相である。

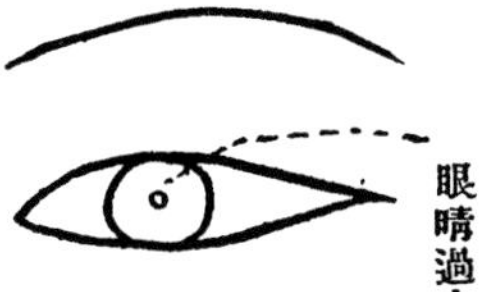

眼睛過小

眼睛の小さいのは、或は頑固或は、刑囚、或は、屢々轉職轉住を爲して東西に流浪するの相である。

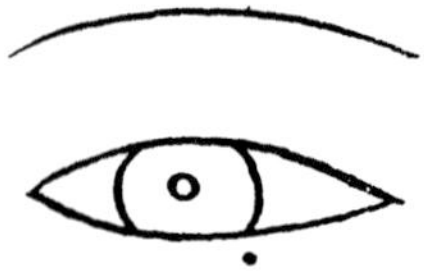

眼は中眼に開き、眼睛大にして黒く光りあるものを良しとする鳥睛廣く、澄んで美しきは一生難を受けず、成功大にして特に晩年が良い。

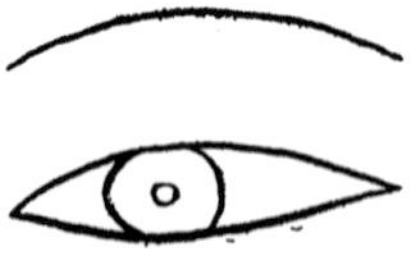

平素は細長く、開けば巨眼の如くなるは、善惡共に大望を企つるの相である、若し血脈があれば、邪望を企てる。難波大助の眼は細長く、眼光物凄く光つて居た。眼としての姿勢は惡くないのであるが何分にも眼に赤脈を藏して居たので、かの結果に陥つた大助の眼が細長かつた事は天下周知の事實である。

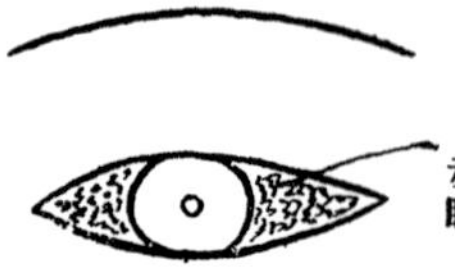

赤眼

眼周が一帶に赤いのは、赤眼とて、これも非業の最後を遂ぐるの相である。私の郷里に清水伊助と云ふ、低能が居て此の相があつたが、赤貧洗ふが如くで、其の日の糧にも困つて居た。處が恰、鐵道が復線になり、下り線路内に立ち、上り列車が通過したのを呆れて見てゐる所に反對側の下り列車が驀進し來りアワヤと云ふ間に跳ね飛ばされ、全身メチャ〱と成りて卽死した。

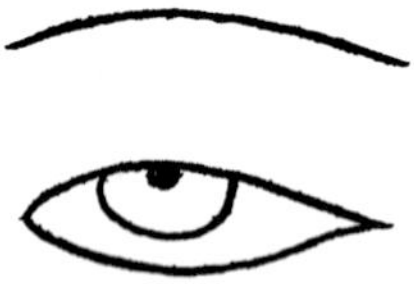

眼瞳の上半、眼瞼内に入り匿れたるは女は夫を剋し必ず不貞を爲し、男は薄情僞辯である。其の甚しきは發狂する事がある。

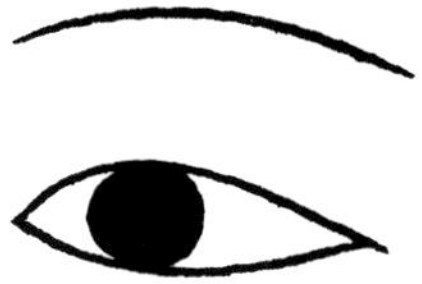

眼瞳烏睛に滿つるものは英雄に似て大奸である。且つ性格が甚しく執拗で、意圖に依て失命する事を辭しない野蓄性に富んで居る。

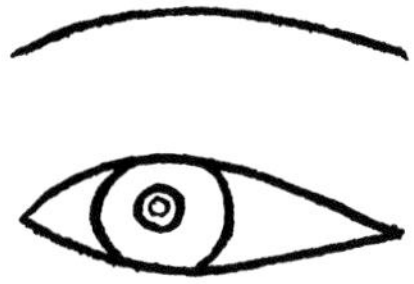

眼瞳中に赤色又は青色の輪あるものは親又は主を殺す。又自殺其他横死を爲す事を免れない。

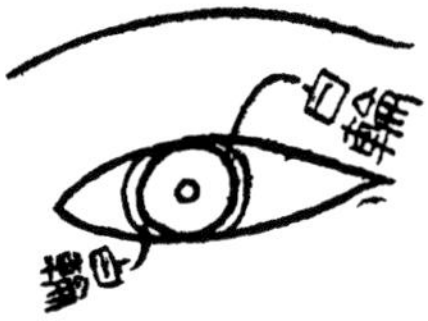

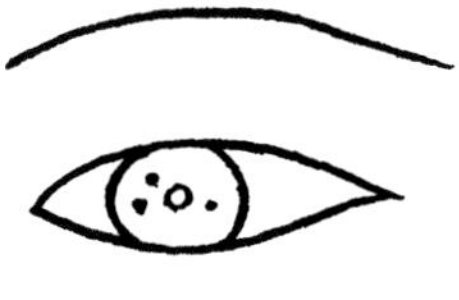

烏睛に黑子あるものは血族者につき難を受く事があり。又或る種の癖を有して居り親の跡目を相續する事は出來難い。

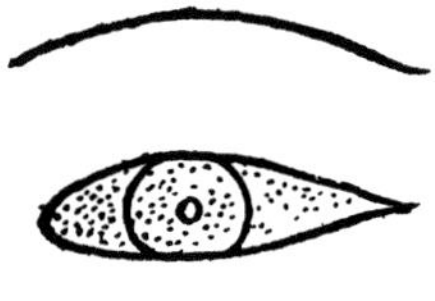

眼中に粟粒の樣なる物が出來るのは運氣凶しく發達が遲い。早く親に死別し、其他災難が多い。

眼睛の内部に白き輪を廻らすものを凍死の相とする。

本年正月に或る紳士が鑑定を乞はれし故、よく眼瞳を見た處、此の相があるので「あなたは雪の中に入つてはいけません。凍死するの恐れがあります。スキー等に行く事は一切斷念しなさい」と申しました處、かの人が驚いて「實は昨年冬、日光に行き、八尺程ある深さの雪の中に約十時間程の間埋り、殆寒死して居た處に救援隊が來て助けてくれましたが、それでは今年はスキーには行つてはいけませんか」と念を入れました故、

「絶体に不可である」と戒めて置いた。又某陸軍少將に此の相があり、後日禮に來られた事がある。

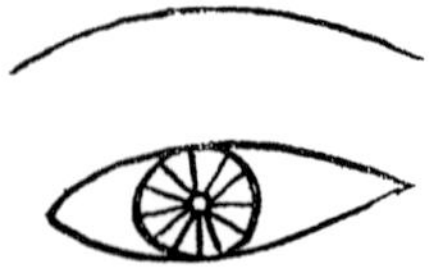

車輪眼又は雞眼と謂ふ。惡眼にして橫死するの相である。常に殺生を好み妻を剋す。子孫の斷絶する事を免れない。

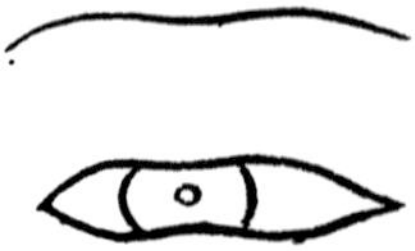

瓢眼は識見あるも、圭角多く一生多難である。又配偶者に死別し、晩年は孤獨に泣く。

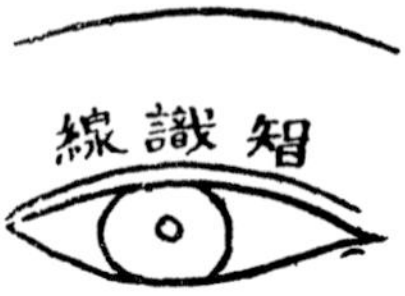

眼のすぐ上にある線を智識線と謂ふ。この線あるものは聰明にして愛嬌あり。又養子に適すと言ふ。

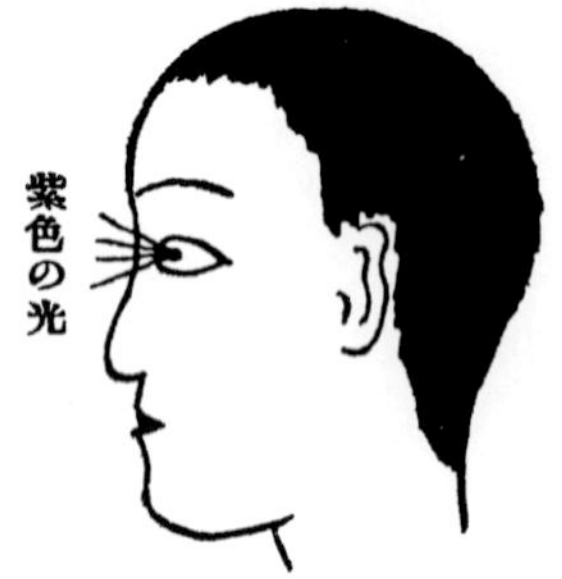

眼に紫色の光あるものは甚だ氣象荒く且つ短氣である。女には殆ないが、若しあれば性質粗暴で夫を剋する。

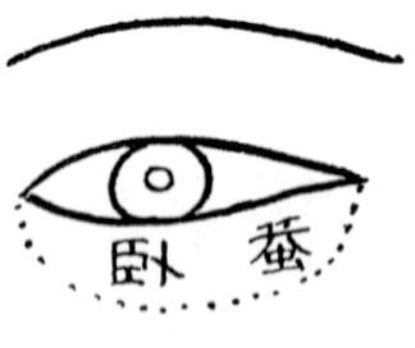

眼下のぷつくりと膨れた處を臥蠶と云ふ。此の處が大きく色が紅潤であれば必ず貴子を生む。

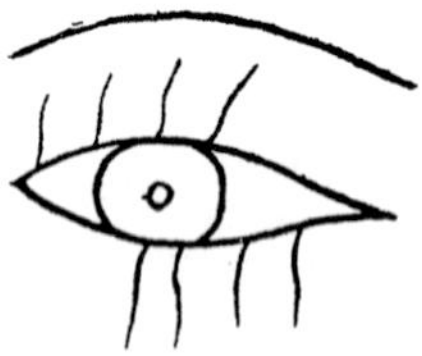

眼上に立線あるものは短慮橫死の相。下に立紋あるは大逆不道にして妻子を剋す。

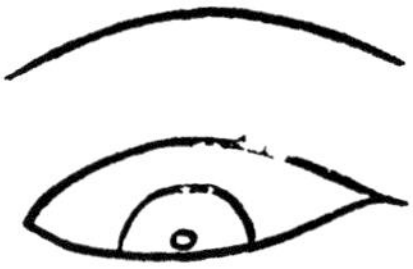

眼瞳が下眼瞼に匿るゝは、親に不孝。學ばずして是とする。又凶圖を謀むの相である。

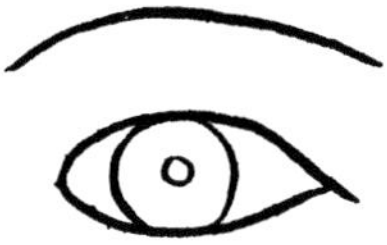

眼短くして丸きは福薄く識見がない。時に依ると發狂する事がある。

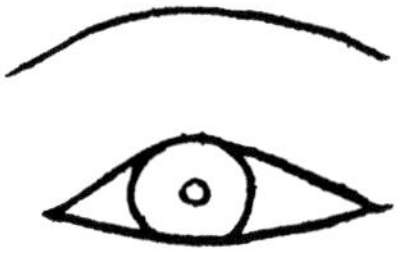

三角眼は邪智深く圭角多くして成功せず。又常に萬事輕卒でいけない。

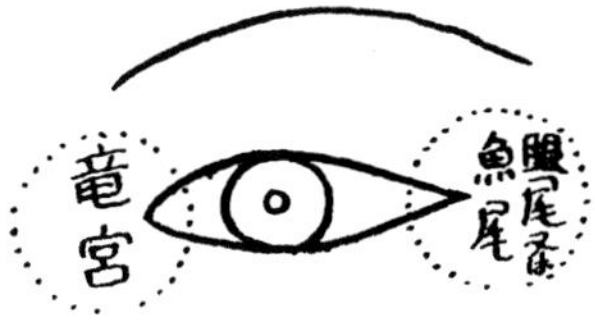

眼頭を龍宮と云ひ、眼尾を魚尾と謂ふ。龍宮に汚色あるものは性疾を受け易く眼尾に傷あるものは邪淫を好む。

未婚者で眼尾の色が非常に好く薄き紅桃色を呈するものは婚期が近く、此の色が良いだけ、其の結婚に依りて受くる幸福が大である。これに反し此處の色が惡い時にはその結婚は、遂に破鏡又は死別する等の不祥を免れない。

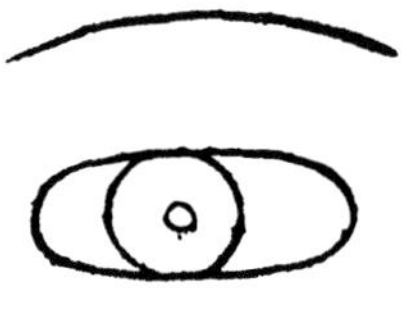

四角眼は三角眼に同じ。性格が不實であつて屢々諸難を招く危眼である。

片眼は眼尾上り、片眼は眼尾下るが如きは、性格に甚しきムラを有し喜怒愛憎常なく、又片親に早く別れ義緣者とも不和にして成功しない。

左右の眼睛に大小の差あるものは二重人格を有し表裏甚しく奸惡であり、邪謀を企て肉親相食むの醜を演じて省みない。

凡て眼は、黒目勝ちで藍の如き色を湛へ、怒る事なく愛嬌魅力のあるものがよい。かくの如きは性格聰明であつて學を好み慈悲心に富んで居る。

眼が濁りて締りのないのは、物事が調ひ難く又無益の事に心を勞する癖があり、黒部に汚色を濁含し、光りのないのは强慾にして無理を言ふ人物。白部に黄線があつて霞の如く變化するものは劍難を受け、眼に青き輪のあるものは智慧あるも短慮にして根氣薄く成功せず。黒部の白けるものは若き時一旦繁昌するも老て苦勞する。又子緣薄きものである。

眼爛れたるは男女共に家を亂して身上が薄くなる。常に淚を流して居るものは心中に締りがなく淫亂である。片眼を失せるものは一生苦勞絕へず、兩眼を失せるものはたとへ本人は名を上ぐる共、子孫の榮へる事は絕体にない。塙保已一、盲にして博學强記能く一世の儒學たるも子孫は繁榮しなかつた。又眼球常に動搖し、怒眼睨むが如きは、或は發狂若しくは非業の死を遂ぐるの相である。

最後に瞼毛に就いて一言せんに、瞼毛は長くして繁多なのが良い。眼に瞼毛のないのは一生他人から愛せられず短命である。能く揃つた瞼毛が濃いのは產を釀して長命。小兒の瞼毛が長く多いのは記憶力が强くして遂に成功する吉相である。

第四節　審辨官

相學上、鼻程異名の多いものはない。先づ五官の上より言へば審辨官であり、三停から取れば中停であり、五星から觀れば土星に屬し、五岳にありては中岳に位し、十二宮に入りては財帛及び疾厄の要部を司り、三主を分てば人位に當り、六曜を定むれば月孛を含み、三柱を立つれば梁柱となり、九州を割りては予州に配し、其他四德を擧げて馬となし、君臣の場合は君に象り、自他を省みて自位となし、四瀆を檢して河瀆を撰し、其他山根、年上、壽上、準頭、蘭廷、光大、香田（光殿）、仙舍（精舍）、伏犀、鼻梁鼻柱、厨竈等二十數個の小部位名がある。かくの如く一個の部位に對して、多數の異名を含んで居るのは、一見煩雜で不便な如く感ぜらるゝが實は然らず、名稱は其の辨ずる用途に依つて異別して置かないと、彼此を混同して其の特長を十分に發揮し得ないからである。以つて此の部位に因り辨ぜらるゝ範圍が如何に廣汎に亘つて居るかが、想像せらるゝであろう。

鼻は卽ち花である。木でも草でも其の最、華麗とする處は花より他にない。つまり鼻は人間の花であり、顏面の華である。花は美しく他から好かれるのみならず、陰れた處に人なる功勞を積んで居る。卽ち花が咲くから實を結ぶ事が出來るのである。未だ曾つて花が開かぬのに實を結んだ例がない。誰でも眼や口の功績には早く氣がつくが、鼻の匿れた功勞には氣のつかぬ人が多い。五官の中、否、顏面凡ての機關の中、晝夜、間斷なく働いて休む事なく、絕へず機能の活動、生息して居るものは鼻を除いて他にない。眼、口、耳などは或る一定の期間中、其の機能を休止して居るが、鼻ばかりは人間一生息のある中は、たとひ一分間たりとも、機能を休止する事は出來ない。それだけ任務も重く重要なる機關だと謂ふ事が出來る。

鼻は肉が厚くて締り、鼻筋は能く通り、鼻全体が過大でなく、過小でなく、長く平く小鼻は稍張つて居り、色は紅黃色なのが良い。

余り大き過ぎるものは强情又は强慾でいけない。と言ふて余り過小なものは、氣力が弱く識見がない。鼻の小さい人は兎角、呼吸器病等に罹り易い。昔佛國の帝王大奈翁は、部下の將士を採用するに當り、常に鼻を觀て其の大小、曲直に依り、採否を決したと謂ふ。鼻はそれだけ實力の表象である譯だ。鼻が左方に曲めば父に薄緣であり、右方に傾けば母に薄緣である。（女は右が父、左が母）又鼻の長いのは長命、短いのは短命、蘭台、廷尉（俗に小鼻と言ふ）が能く張つて居るものは、手先が器用で一技に長ずるの相であり、鼻梁に骨が露はれて居るものは隱忍自重の精神に乏しく、山根が薄く尖つて紙の如くなるものは、自己が正直であり識見がある代り、兎角理屈一方にのみ走るの癖があり、他人の小過を咎めて止まない。古書にも「月孛尖つて中年流落す」とあるは、此の相ある者に限つて他人と相容れないから、彼方でも此方でも衝突を來たし、其の結果失敗しては、此處彼處と轉々するからだ。此處が尖つて高いものは決して惡い事をせぬ。故に他人が少し間違つた事をしても、決して見逃せぬ。それを徹底的に糺彈せねば承知しない。昔から言ふ「水清ければ魚棲まず、人直なれば交り薄し」で、毫も秘密の守れぬ人間では、とても大事な相談や共同事業は出來ぬ。それでは誰も人が相手にせぬ。處が本人は又その反對に、他人と煩雜な關係を結ぶ事を喜ばず、萬事理屈一点張りで押し通す考へで居るが、そんな譯には社會一般が行かぬ故、遂には社會なるものが嫌になり、山に逃げ込んだりする。これが卽ち變体の仙人である。私の知人に此の相の人が二人居る。一人は本年既に六十歳位であるが、或る山の奧に居住し、未だに獨身である。彼は結局一生を獨身で送るつもりで居るらしい。職業は彫刻家で彼が彫つた品は、一個が何十圓も何百圓もする、高價な品ばかりであるが、氣に向けば彫る。氣に向かねば幾日でも寢倒んで居る。性格褊狹奇激で誰も交際する人はない。時々骨董商などが尋ねて來る位のものだ。又某所に某と言ふ官吏が居て、年齡は五十五六歳位であるが、二十二三歳の時に父に死別し、巨万の財産を全部事業の失敗で捨て、五十歳迄二十五六年間日本中を流浪し、今漸く某所に足を止めて官吏(官廳であるが、彼は雇)を奉職して居る。本人の語る處に依ると「わしは少しでも歪んだ事が嫌ひだ故誰と交際しても氣が合はず、親の財産は初年に捨てゝ仕舞ひ、妻も愛想をつかして逃げ出したが、却つてその方が氣樂でよく、今日まで獨身で行り通した。然し私も近來年齡の勢か、少しは我が改まりましたが、これが三十年前に改つて居れば今日の樣に貧乏をせずに濟んだのですが……」と殘念相に言つて居る。

鼻全体に肉があり、鼻先が圓形で伏犀が頂を貫くものは、男女共に美貌の配偶者を得る。凡て財運は財帛とて鼻で鑑るのであるが、財運の盛な人には美人の妻を持つて居る人が多いのは事實である。(財運に關しては財帛の部で詳論する)更に鼻の正しい人は正直な人、鼻の歪んで居る人は不正直な人、鼻先が馬の如く動く人は片時も金の持てぬ人、鼻の色が眞赤なものは常に他人の爲めに勞し、自己は其の報を受けぬ人、又鼻赤きは禿山とて金はどうも出來兼る。鼻は元來土星に屬し、山の形をして居る。然し色が赤いのは禿山で、樹木も繁茂せず、土中にも金、銀、銅、鐵等の寶庫を藏して居ない。雨が降れば忽ち土砂を押し流し、日が照らせば燒けて登れない。そんな山では幾らあつても何にもならぬ。人もその通りで鼻が赤ければ財産が出來ず、他人の爲めにのみ勞して一生椽の下の力持ちをやつて終る人間である。

鼻梁の骨が硬いのは長命、又向ふ行きが强硬であり、柔いのは短命、又向ふ行きが弱い。鼻孔が瓢形であれば財運が厚く、屁下げて居るのは財緣がない。鼻の肉が尖り、長いものは猜疑心が甚だ深く、鼻孔が張つて大鼓の樣に成つて居るものは、常に山氣が止まず、輸贏を好み、表面資産家の如く裝ふて居ても、實は小使錢にも不自由して居る素寒貧である。

凡て鼻の高隆なものは一技に長じ、他人より賞賛を受くる事が多い、故尾上松之助の鼻が高かつた事は世間周知の事實である。何か功績があつて褒められると「あの人は鼻が高い」と謂ふのは鼻の高い人はよく技倆を現はして他人から喝采を受けるからである。若し鼻梁が途中で曲んで居るものは、甚しい奸邪を企む人で道德正義の觀念に乏しく、理非を顧みず自己の慾望を、成し遂げんと努力する人物である。此の相のあるものは前記の大小、硬軟、美醜によらず社會の豫想だにせぬ突飛な行動を、敢てして人を驚かす事が屢々ある。

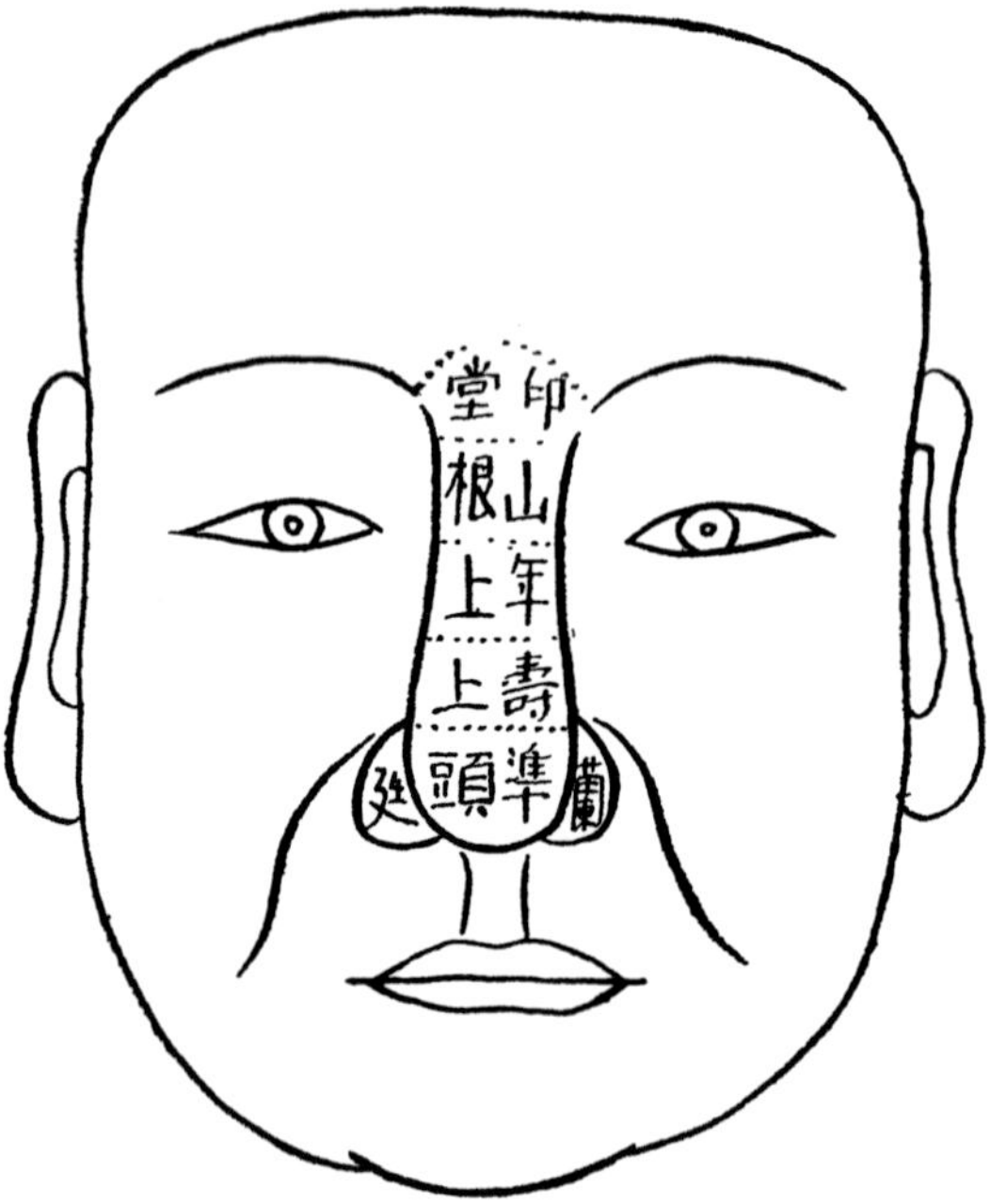

蘭は蘭臺の略、廷は廷尉の略、合して蘭廷と謂ふ。山根は月孛とも稱し、氣色の鋭鈍を見る處である。

蘭廷が大きく堅く締つて出來て居るものは手工が巧みである。又多くは嗣子と同居しない。故に嗣子が結婚すれば別居するを常とする。(若し強いて同居すれば不祥事を見る事が多い)又この蘭廷に大小上下の差あるものは、多くは祖業を嗣がない。若し嗣げば晩年は甚だ病氣勝ちである。

鼻の異名。　一、審辨官。二、中停。三、土星。四、中岳。五、財帛。六、疾厄。七、八位。八、月孛。九、梁柱。十、予洲。十一、馬。十二、君。十三、自己。十四、伏犀。十五、河濆。

其他區分名。山根、年上、壽上、準頭、蘭台、廷尉、又は金匱、甲匱、光大、香殿(又は光殿)、仙舍(又は精舍)、鼻梁、鼻柱、厨竈、鼻孔。

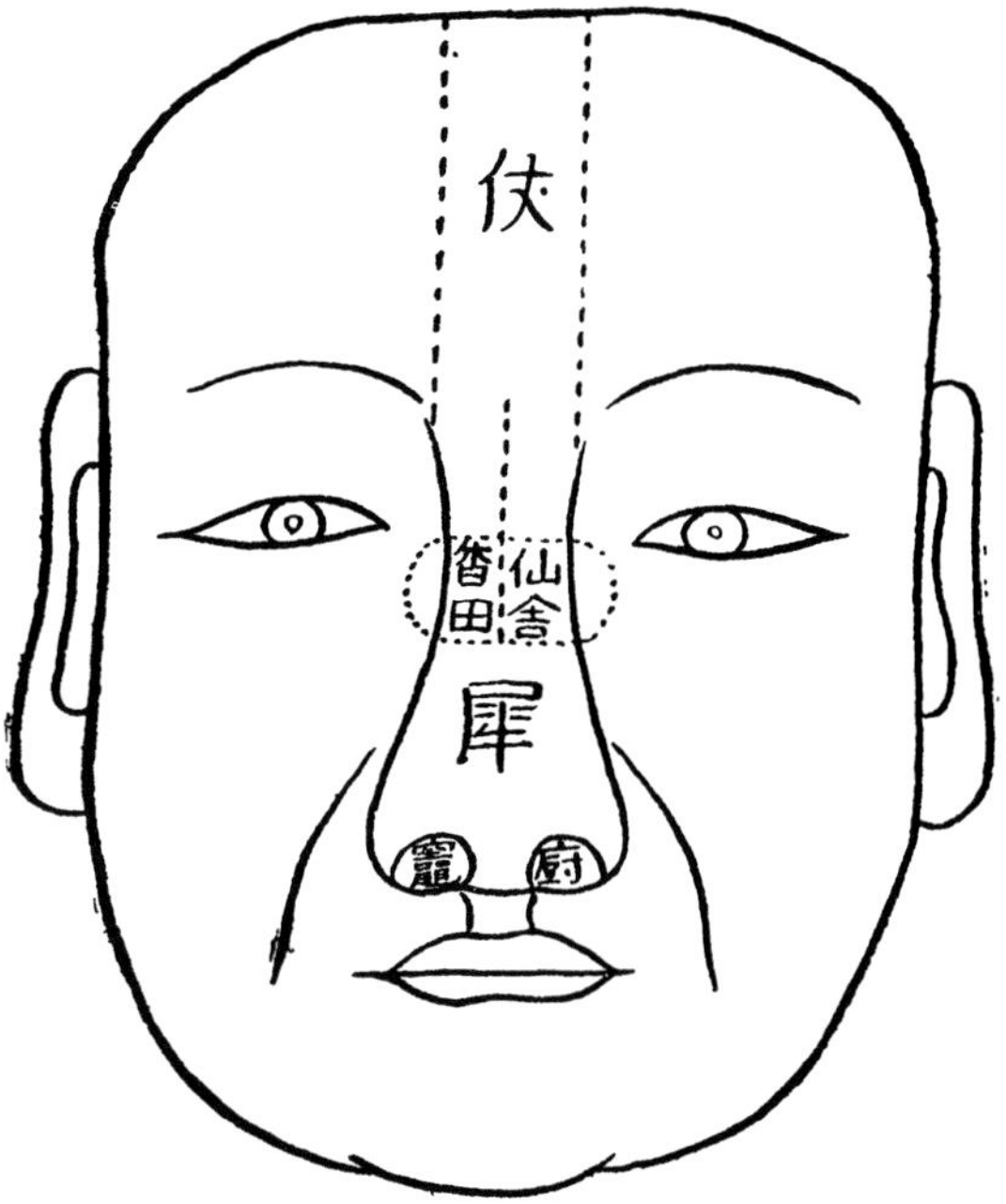

伏犀は其の人の性格、思想、適職、配偶の如何、訴訟の勝敗等を見る處。

香田、仙舍は忠君愛國の精神、及び遺失物、紛失物、盜難品等の行衛、結果等を觀る處である。

厨竈とは鼻孔の內部を指すもので、產の蓄積せらるる程度を見るの謂であり、蘭廷（又は金甲）とは準頭を外部から見た塲合で、性格、境遇、適職、家庭、妻子、財產、交際等を觀るの謂である。

伏犀線が高く印堂を貫いて、頂に達するものは一生訟廷に至らず、準頭に肉があつて圓く美しきものは必ず美貌の妻を得て勢運が強い。

龍鼻

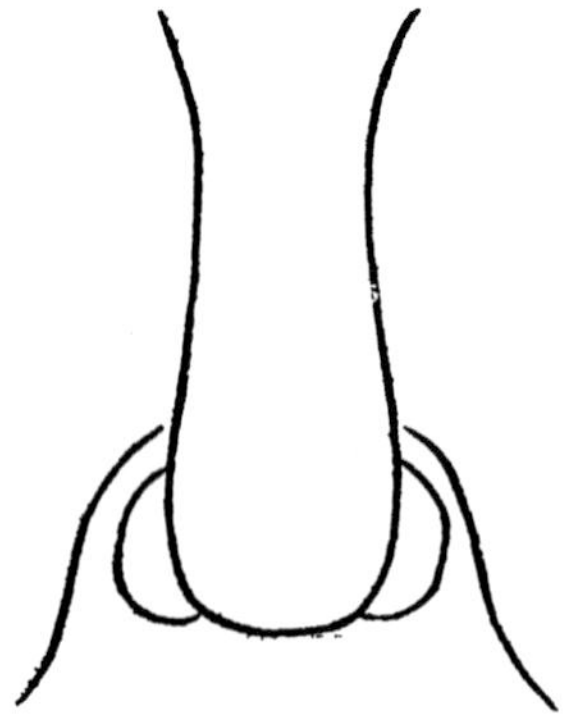

鼻梁高く、鼻骨硬く、肉締り勢がある。多種類の花の中で最優美且つ威嚴がある。元來此の花は帝王の花と言はれ、財運よりも威嚴が優れて居る。職業は、神官、僧侶、官吏、公吏、醫師、敎員、觀相者に適する。（上品であるから下職には向かない）

虎鼻

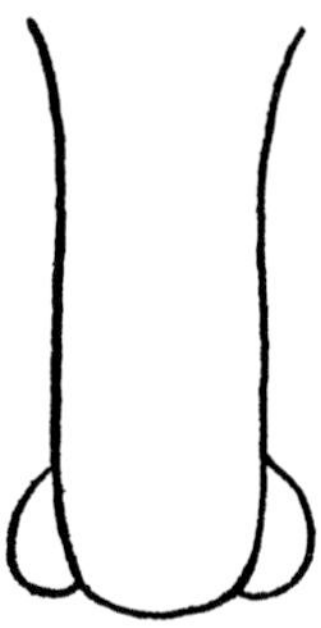

山根が大きい割合に準頭が小さく殊に、蘭廷は殆無い樣に見える。肉締り骨は硬く立つて居る。性格、義俠心に富み、且つ冒險事業を好む。職業。投機業、軍人、飛行家、議員等は皆良い。財産は萬全ではないが、勿論上の部に入る。

盛囊鼻

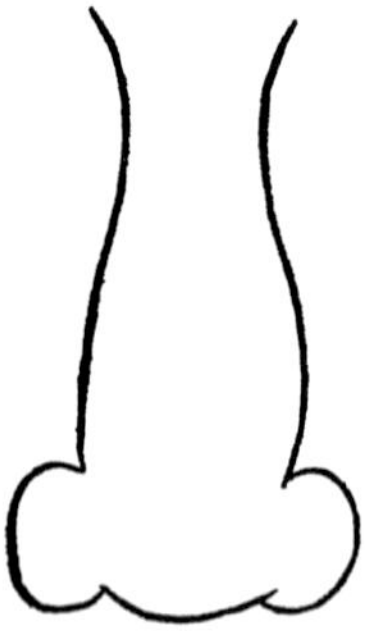

恰、囊に米でも一杯容れて吊した樣な格構に成つて居るから、此の名がある。財運豊隆なる事、衆鼻中第一に位して居る。職業は大商人、實業者、製造工業、土木建築請負業を良しとする。

牛鼻

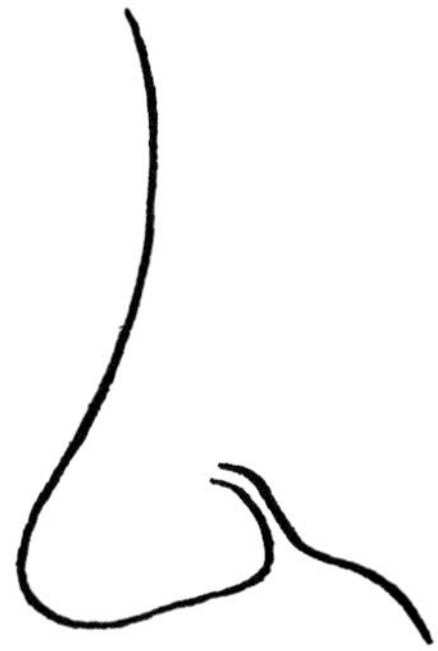

何れかと言へば大きい方であるが、山根は寧ろ低い方である。肉はよく締つて骨は硬く、色も良い。此の花の人は辛抱力が甚だ強く、一度決心すると屈せず撓まず、終に成功の彼岸に達するのが常である。職業は萬職可であるが、製造業が最適する。財運は初年は良くないが、中年から開運し、晩年に入つては頗る良い。

獅鼻

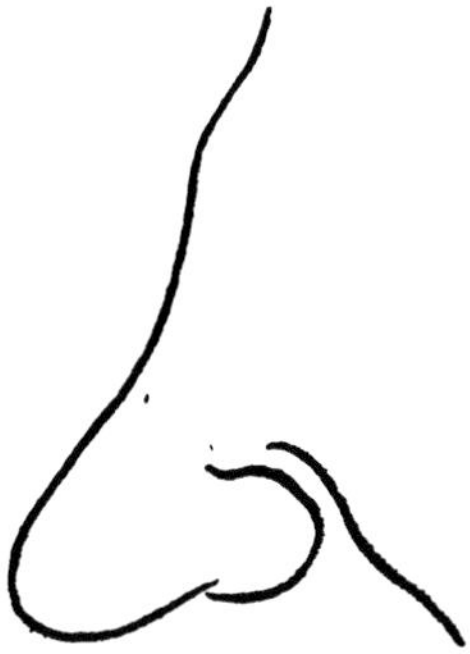

大体に於て、鼻が大きく横にも張つて居る。上半に比して下半部が特に大きい。勢運萬事申分なく、大政治家、大實業家等皆好着である。

伏犀鼻

伏犀線が長く上頂を貫くから此の名がある。此の鼻の人は美貌の妻を得る事に依つて喜ばれる。性格溫厚で人と爭ふ事なく、財運も良く万職に適する。

胡羊鼻

一技に長ずる鼻であるが、嬌愛は殆ない。財は集まるが、慈悲心に乏しく社會の事情には迂遠である。唯技を以つて天下に名を成す事が出來るから、遂に立志傳中に入るの相ではあるが、人に依つては評判の悪い事もある。

截筒鼻

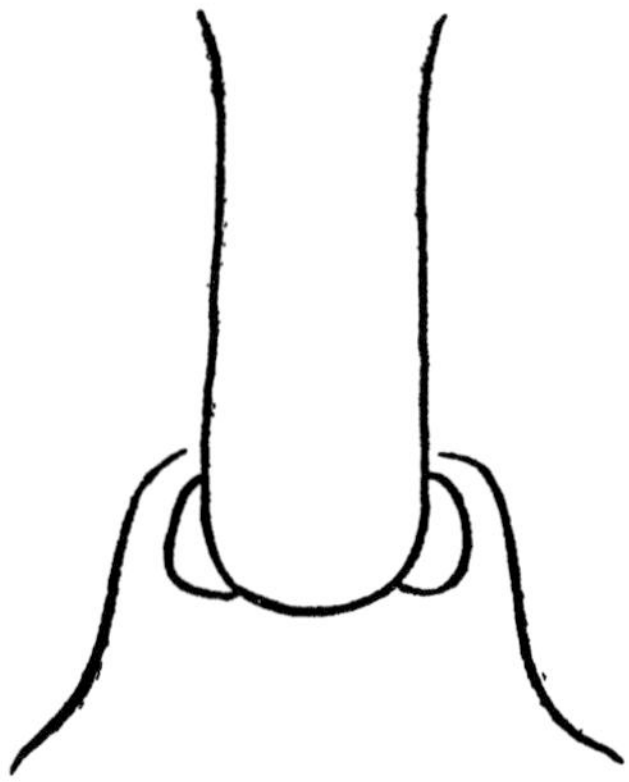

龍鼻に似て龍鼻よりも稍大きく、恰筒を截つた如く、上下の大きさが殆、同じである。職業は先づ龍鼻と同等に見て差支ない。性格甚だ剛直、強硬であつて不正をするが如き事は絶體にない。それだけ高職に縁が深い譯である。

懸膽鼻

虎鼻に似て、虎鼻よりも大きく且つ、蘭廷が張つて居る。恰膽を懸けた如き形をして居るから、此の名がある。財運を盛嚢鼻に比し、万職皆成功する。

以上九種類の鼻は何れも財運よく適職を有し、遂に成功して後世に名を成すものである。

獐鼻

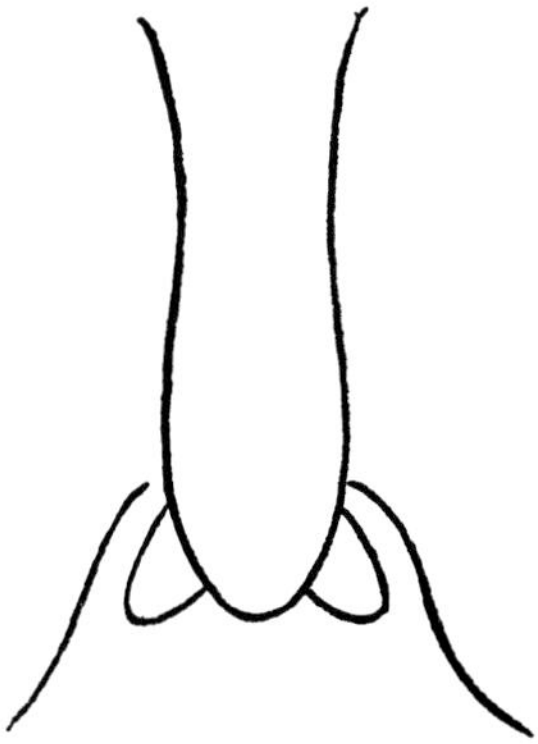

鼻に肉がなく痩せて骨を露はし、鼻頭が尖つて三つに切れて居るが如く見へる、財運凶しく適職がない。

狗鼻

元來に於て小鼻である。上半部は稍大きいが、下半部が甚だ小さく蘭廷は殆認められない。時に幾分の義俠をする事もあるが、窮すれば竊盜を働くの凶鼻である。

孤峰鼻

鼻梁が非常に高く、鼻の大きいのが際立つて見へる。鼻骨甚だ硬く尖つて峯の如く成つて居る。此の鼻の人は其の性格が豪慢、强情であつて人に負くる事を好まず、一切他人の諫言を排して、自己の所信を貫く癖を有して居る。故に自己の思惑が當れば、相當成功するが、多くは失敗する方で、且つ周圍の同情が殆ない。又共同事業などは到底出來ない相である。

鷹嘴鼻

鷹の嘴の如く成つて居る。强慾好惡であつて毫も義理人情を辨へず、近隣からも排斥せられて、交際する人がない。此の鼻の人の常として、勞働を厭ひ、安逸に耽る事を好む。某所に此の鼻の持主(女)があり、横着で强慾で仕事嫌ひで一年の間に十三回親里に泊りに行つたので世人の侮笑を買ふた。又某驛の驛夫に此の種の花の人があつて同僚の排斥を受けて居たが、後他人の下駄を盗んで免職となつた。

左右不同鼻

親の跡目を嗣がず、又祖業を嗣がない。若し祖業を嗣げば晩年頗る病氣勝ちである。

偏凹鼻

前項の花と殆同一で、三十歳前後から財産が消滅し始め、晩年は餓死に近い。

三曲鼻

數回の失敗で鮮に破産するの相である。識見もなく方針もなく、結局は路傍の人となるの外はない。

猜疑鼻

鼻の上端は低く肉も少い方であるが下端に至る程、鼻頭が高く突出し、天狗の鼻に似て居る。私の知人に此の鼻の人が一人あり、多數の人々に多大の迷惑をかけ、恬として省ないので驚いて居る次第である。

偏曲鼻

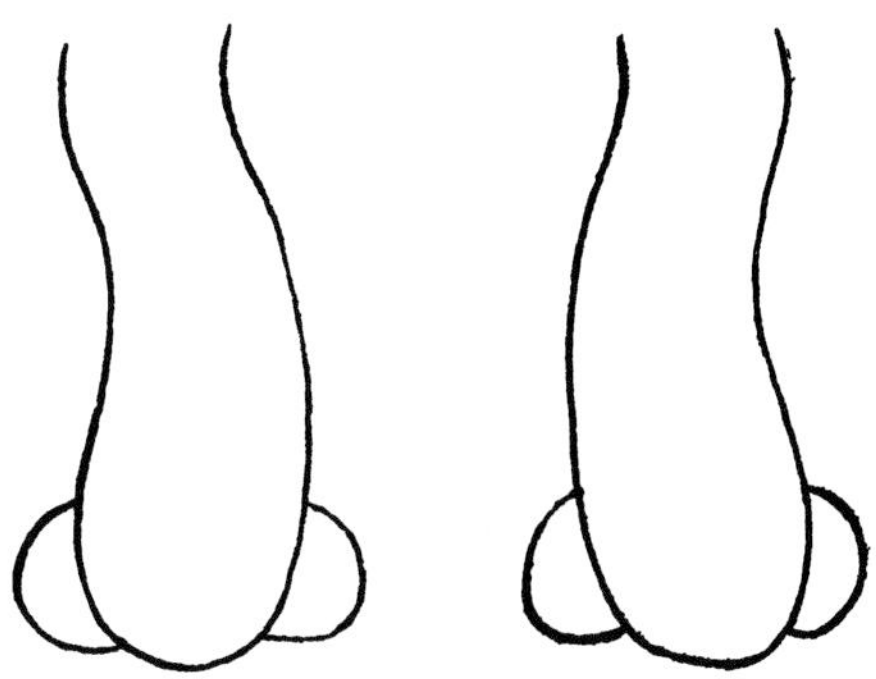

二者何れも鼻梁がくの字形に歪んで居る。此の鼻の人は脊髓が鼻梁と同じ格好に歪んで居る。或は不逞を企て、或は身分不相應の慾望を起す等、社會を騒がす人である。又多く呼吸器を病むものである。又性格も圖々しいものが多い。

以上九種類共に、財運、適職、識見皆無であつて、晩年は草に寢ね菰を纒ふ。且つ子孫の繁榮しない事が能く一致して居る。

第五節　出納官

出納官とは口を指して謂ふ。三停の下停、五星の水星に屬し晩年の勢運を觀る處である。本官が他の諸官に比して異れる点は、本官は能く進取的色彩が濃く、周圍との交渉關係及び直接生理的に深い關係のある点である。それだけ本官の責任が重大であり、度を守るに愼重嚴密を要する所以である。

口は飲食の機、言語の關である。飲食は吾人の身体を養ふ大要素である事は言ふ迄もないが、此の必須なる飲食も其の度を過せば却つて身体の健康を害する事に成り。言語は意思希望を述ぶるの要便上欠ぐべからざるものであるが、其の用途を誤れば遂には身を亡ぼすに至る事さへある。故に古人も嚴に其の縱慾を制し、多言口賊を戒めて居る。諺にも「口は禍の門、舌は禍の根」と言つて居る。禍鬼は舌に因つて生息し、災魔は口から出入する。人の夭壽は其原因が常に口に存し、禍福は必ず言語に因つて起る。故に此の二者さへ愼めば先づ一生に大過はないと言つても良い。

然らば結局、人の成功と否とは(就中、夭命、失敗は)其の原因の大半を口に稟けるのだと言ふ事になる譯だ。豈に愼まざるを得べけんやである。

口は大きく廣く稜があり、中央少し垂れ、左右兩端が稍吊り上り、唇は厚く紅色を呈し、細き縱理を刻し、口全体が正しく偏らず傾かざるものが良い。

又、平素は上下兩唇が能く揃つて居り、一見稍小さく見ゆるが、發言に際して口稜廣く大音を出し得るものは、必ず雄辯家であり、辯舌に依つて成功する。凡て口の廣く大きいものは能く歌樂する事が出來るものだ。諸君、試に少女歌劇に行つて御覽なさい。棧敷から見てかの舞台に居る少女達の口角が甚だ大きく廣いのが目立つて觀へる。此れは卽ちかの少女達がよく歌樂するに適するの證である。例の寶塚の歌劇に有名な一少女が居て、彼は貧なる家に生れ、幼時、學業も漸く小學校を出たばかりで十六歲の時、寶塚の歌劇團に來たのであるが、口唇頗る良く調ひ音聲美亮で藝舞の熟達が速く嶄然頭角を現はして、他の古參の少女達を凌駕し、彼れの優裝は常に衆人歡呼の焦点となり、觀衆の喝采は常に彼の女の上に投せられたが、二十二歲の時該團の劇作家某氏（文學士にして父は大阪屈指の實業家）との婚約成り、中央公會堂で華燭の典を擧げた。其の時、彼の女が過去數ヶ年間に顧客から貰ひ受けた衣裝、幕、幟、樂器、其の他の高價品を自動車三台に滿載し、披露の宴會場に持ち込み、見る者をして驚嘆せしめた。彼の女は所謂玉の輿に乘つた譯で、今日では立派な令夫人として安泰な暮しをして居るが、是れと言ふのも、つまり、口唇、音聲の喨雅、美娟なるお蔭である。

昔から口が甚だ大きくして拳を入るゝものは將相の位に上ると言はれ、反對に口の甚だ小さいものは兎角是も多く、非も多い。然し結局は非の方が余程多い故、一種の劍難の相とする。下關市觀音崎町に某と言ふ材木店があり、そこの女中に口の甚だ小さいのが居たが、後、或る事情があつて、海に投じて自殺した。なか〳〵親切な好い女であつたが、可愛想な事をした。又口が甚しく大きくて耳まで裂けて居る樣なものは夫を剋して却つていけない。口の兩端が下つて居るのは、他人を誹謗して下賤である。更に口が右又は左に偏するものは、性格も偏狹であり（五十二歲前後に）大難がある。兩唇が密着せずして前方に尖り、且つ齒を現はして居るのは、能く他人の事柄に干涉する事を好み、自他の秘密を守らぬ人であり、又俄かに死する事（急病）が多い。古語にも「語るに齒を現はさず」とて、齒牙が露出したり、口の奧が見へる等は甚だ宜敷くない。口の突出して居るのは下賤で德義など眼中にない人物。口が低凹し、發言に際して唇が捲れ込むものは夭折、口、火を吹くが如きものは一生貧、口が偏して頰部にあるものは貧なる上に兒女を得ない。口、螺貝の如きものは、氣分が安樂で、貧乏を意とせず、能く歌唱する。女の唇が紅いのは、精力旺盛で能く夫を遇する。紅くして光を有するものは賢婦、青色は難產、紫色は夫又は胤子に死別し、厚きは寡言にして信、薄きは多辯にして信無く上唇突出し下唇引込み、恰猛鳥の嘴の如きものは輕卒凶勇、上唇陷凹し、下唇突出するものは細理を咎めて人と相容れない。上唇を天とし、下唇を地とする。天は父であり、地は母である。上唇に傷あればば父を剋し、下唇に傷あれば母を剋す。婦人の下唇突出するものは、常に夫を剋して主權を奪ふ。男子は口髭のあるのが良く、反對に婦人は口髭のある事を許さない。若し婦人にして口髭のあるものは其の性格が恰、男子のそれの如く氣性が荒々しく容易に夫の命令に服從せず、爲めに家庭內に紛擾が絶へない。或は婚に破れ、遂には一生を獨身で暮し、事業等を起すものもある。概して識見はあるが、周の諫言を容るの雅量に乏しく一剋なものが多い。臥して口を開くもの、多くは短命、唇の色美しきは剛健長壽、唇の色枯るは多疾短命、殊に色黒く枯渇せるは肛門に疾（痔疾等）を見る事が多い。男女共に發言に際して屢々唇を舐るものは、胸中に或る種の嗜慾を藏し唇に黒子のあるものは毒食を受くる事を避け得ず、更に發言に際して、口を變にキマリ惡く歪める癖あるものは、性格甚しく陰險で暗に事を謀るの危險人物である、其他、凡て口に異狀のあるものは食貧不豊、腹常に空虚を感ず。殊に晩年に至れば勢運俄に衰退し、身邊寂莫、獨り淋しく孤獨を託つ事を免れ難い。

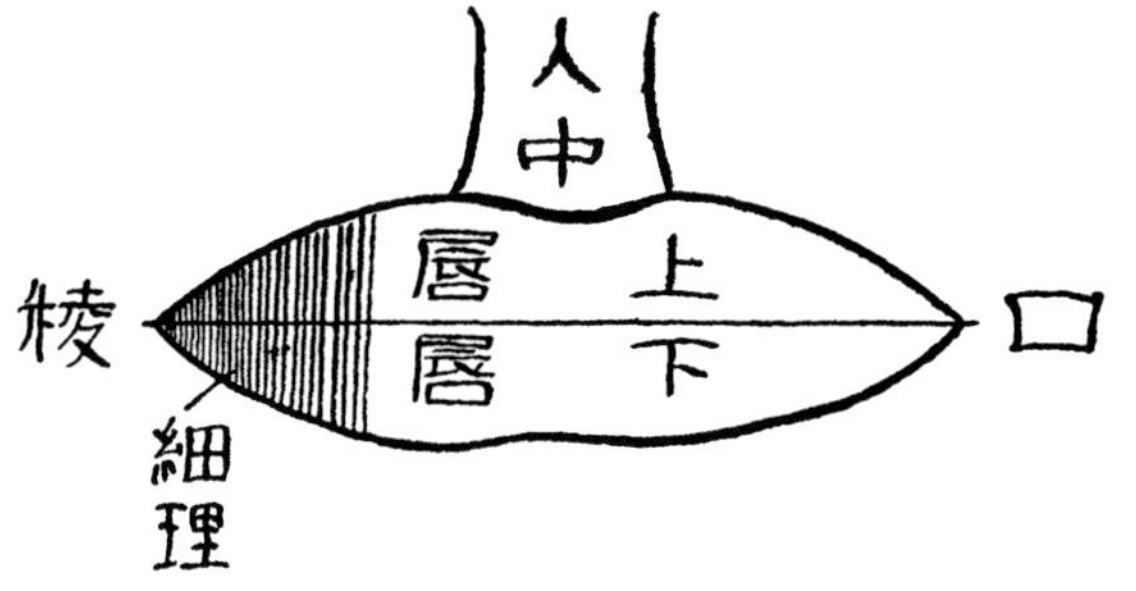

廣く大きく稜があり、閉づれば締りて小さく見へ、開けば能く擴張して特に大きくなるものを海口とて賞美する。

上唇を金覆（又は金府）下唇を金載（又は金才）と稱し、略して覆載とも言ふ。

これは天地の意味であつて、天は父、地は母に象る。

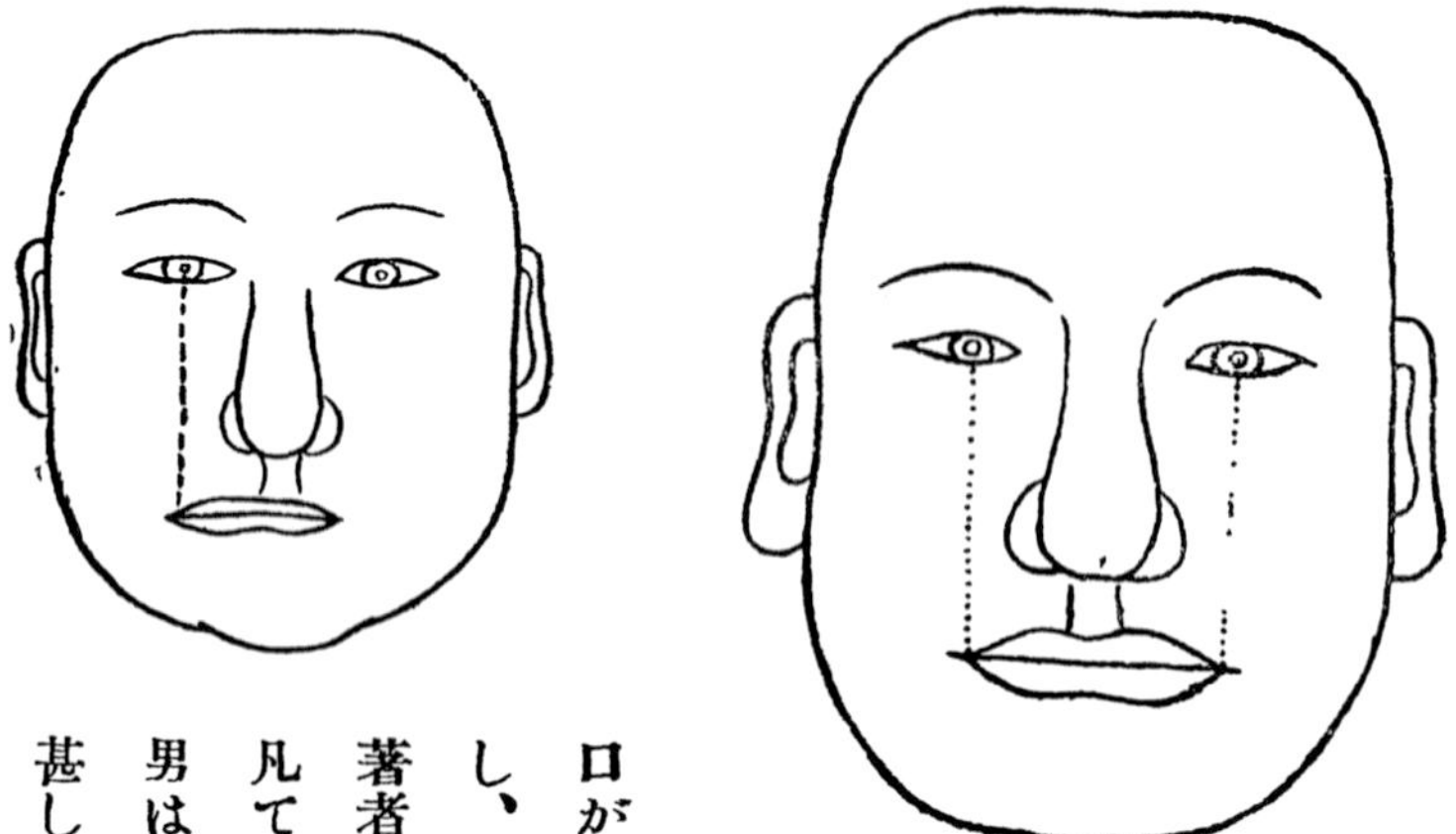

口の横巾は圖の如く、兩眼の瞳から糸を垂れて其の內部に一杯あるもの、換言すれば兩眼瞳の距離と口巾が一致するのが良い。故大隈侯の口は二寸五分で右の規定に合格して居た。但し此の口の人は千万人中に一名の割合、法學博士花井卓藏氏の口は二寸四分で數百万人中に一名、二寸三分は數十萬人に一名、二寸二分は數萬人に一名、二寸一分は數千名に一名二寸は數百名に一名の割合で、成功の程度も右に比例して居る。普通男子は一寸八九分。女子は一寸六七分位である。

口が左右に引き付けて、頰部に至る如きものは必ず性格に一奇を藏し、偏狹であり、下賤にして成功しない。

著者が幼少の頃、郷里に總太郎と呼ぶ唐臼を搗く職業の男が居た。凡て唐臼を搗くのは辛勞なもので、誰でも嫌がるのであるが、此の男は特にこれを職業として廣く唐臼を搗きに雇はれて居た。彼れは甚しい近視眼の上に、口は殆耳の下方に付いて居るので、人がよく眞似をして笑つて居た。處が此の男は大變な奇癖を有し、人の着る

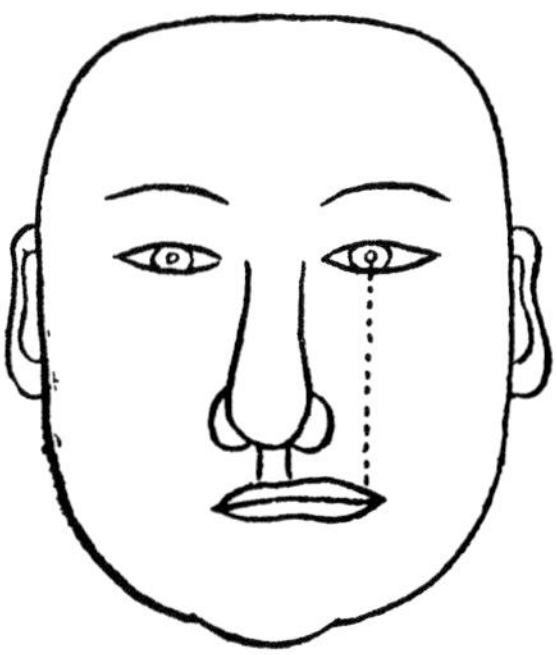

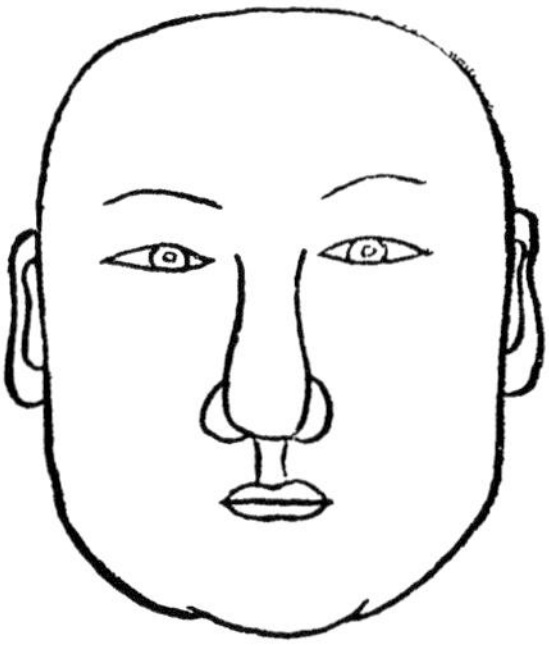

べき服裝は如何なる高價なものでも全部買ひ求めて、休日などに着て歩く。神官僧侶の束帶、冠、履屎を始めとし、軍人の制服、外套、支那人の服裝迄調へ、それを交る〳〵着て歩く事を無上の樂みとして居た。勿論妻子もなく、晩年に成つては、唐臼を搗く事が出來ず從つて衣食に困り、餓死同樣に終つた。又私の家に佐市と言ふ下男が居て、發言すれば口が甚しく橫に曲るので、他の下男等が始終愚弄して居たが、後鄕里に歸り、妻を貰ひ、一家を立てゝ他人の田地を小作して居た處、或る年、甚しい凶作で小作米の納入に困り、遂に縊死を遂げた旨聞いた。東京にもその例があり、祖先の家屋敷を全部賣却して、今、逃走して居る人がある。

口が眼より小さいのは羊口とて、必ず劍難がある。凡て口の小さい者は人の惡口など言ふ事は少く、他人から同情せられる事が多いものだが、劍難は免れない。

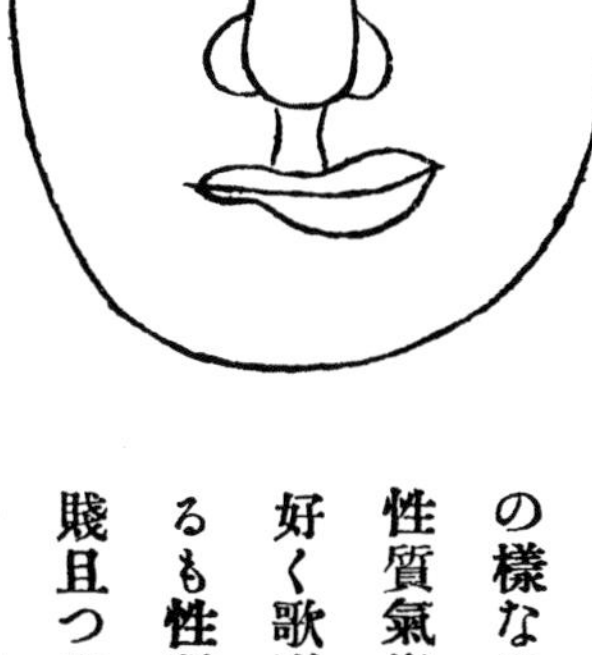

口が法螺貝の樣なのは性質氣樂で好く歌唱するも性質下賤且つ赤貧である。

四字口

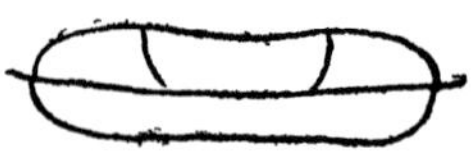

上下の兩唇厚く、兩角稍上り、口全体が廣く大きい。平素は幾分小さく見へるが、開けば普通以上に大きくなつて、大音を出すに都合が良い。晩年の勢運强大であつて、百謀成らざる事なく、子孫百世に繁榮する偉口である。職業は官公吏、軍人、神官、判檢事、観相者等に良い。

尚此の四字口を分類して龍口、虎口、牛口等の數口として觀る法もあるが、殆同一に就き省略する。

仰月口

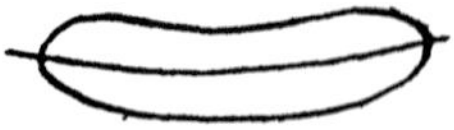

上下の兩唇が稍薄く、幾分多辯の趣はあるが、然し口禍を招くに至らない。口中頗る廣く、兩角少し上り、唇色も美しい。必ず口に依る一技に長じ、天下に名を上ぐるの相である。職業は辯護士、政治家、演說家、敎員、俳優、聲樂、謠曲、浪曲、落語、其の他口聲を使用する職業は皆、適切である。

方口

上下の兩唇が甚厚く、唇色が頗る華麗なのが際立つて見へる。兩唇が厚いだけ歯を露はす事は殆ない。性格甚だ謹嚴寡默、且つ親切丁寧で言行に實があるから、社會の信用が厚い。適業は實業家、學者、醫師、官公吏等である。此の口も子孫が榮へる点に於て四字口に劣らぬ。

彎弓口

両唇堅く結び、色美しく、角張つたしつかりした口である。此の口は女にはないものであるが、若しあれば却つて向かない。職業は軍人、官公吏、其他の高職に良い。辯舌は余り流暢ではなく、口略は絶体に用ひないから、商人等には向かぬかも知れない。性格剛直、謹言であつて意志頗る堅く、従つて辛抱力も強く財運も良い方である。

覆船口

口の両端が甚しく低下し、恰船が覆つた様に成つて居るから此の名がある。此の口の人は一生に一度必ず水難があるから、航海等に注意するは勿論、平素も川、池海等、凡て水には接近しない様にするが良い。又飲酒して魚釣等に赴くは甚だ良くない。必ず不祥を招くの凶相である。

吹火口

火を吹いた時の口に似て居るから、此の名がある。識見適職共になく、小膽下賤である。又實子がない。若し實子があれば兒の爲めに剋せられ決して孝養を受くることは出來ない。従つて晩年の困窮慘状は容易に想像する事が出來る。私の知人の家の抱へ車夫に此の口の人が居たが、顔が滑稽に見へてをかしいものである。

私の知人に此の口の典型とも言ふべき人が一人ある。下谷邊にある某店の妻女で既に六十幾歳の老婆であるが、初め田舍で代々大庄屋を勤めた家柄に生れ、墮落して一旦、洋妾にまで零落し、數回の結婚に皆破れ、三十歳ばかりの時、一男兒を生んだが、該兒は十八歳で死亡し、其後目下の夫に嫁し、兒女なく、老夫婦が漸く其の日〳〵の收入で細々と暮しを立てゝ居る。かの老婆の顏は甚しく泣き顏で、見る度毎にかの口を思ひ出して、相敎の違はないのに感心して

皺紋口

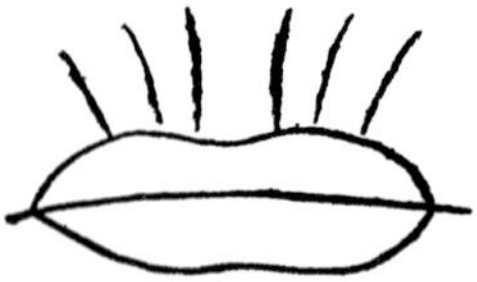

居る。此の口の人は、初年は或は高運であるかも知れぬが、中年以後不遇で殊に晩年が良くない。結婚も一回では定らず、又兒ありとも夭折して育つ事はない。

猪口

甚しく大きな口で兩端が垂下して居る。性質が凶勇無智で屢々暴を振ひ又他人を非謗し、口禍を招く、心量偏狹で周の諫言を容る事が出來ない。

鷹嘴口

上唇が突出して、下唇が引込んで居るのを鷹嘴口と言ふ。平素は溫厚なるが如く見へて居るが、其の實生意氣で俄に憤激して暴を働く。又能く虛言を吐き、陰險で氣分にムラが多いから、交際は甚六ヶ敷い。又余り兒がない。

鮎魚口

鮎魚口は鷹嘴の反對に上唇は陷凹して、下唇がイヤに突出して居る。俗に「サヨリ口」とも「受け口」とも謂ふ。微細なる事柄にも寛なる能はず、徹底的に小理を追究して止まない。之を相學上「細理を押して大を採らず」と謂ふ。眼識低下、度量狹小、頗る圭角の多い斗筲の輩である。

以上六口共に適職に乏しく、晩景甚だ振はず、田宅を後世に置く事は到底望み得ない。

櫻桃口

多く女の口である。歌樂、絃琴に巧にして、所謂玉の輿に乘る口である。晩運大に良く他人の羨望を受ける事が出來る。

凡て口は晩年の勢運を見る處で、口良きは晩運良く、口凶しきは晩運が惡い。又口に異常其の他一癖のあるものは一生に一度、大難を受くる事を免れず、其の誹謗多言を敢てするものは、他人は勿論、肉親に疎まれて其の愛を受け得ないから、甚しく晩景が孤獨貧寒である。口角常に開いて締まらぬものは、万事に収締が出來ず、夫婦常に囁語して相告ぐるものは夫は敵を釀す事が多く、妻は不貞を敢てして世の指彈を招く。

第六節　採聽官

耳を採聽官と謂ふ專ら警戒の機關である。予は耳の事を思ふ時、いつも、太古の事を思ひ出し、之を聯想せずには居られぬ。最初當地球上に人間が發生したのは、今を距る約三十万年の古であつた。當時に於ては龍馬、マンモース等の巨大な動物が横行濶步し、其他獅子、虎等の如き猛獸が夥しく繁生して居つて、人間は此れ等諸動物の爲めに迫害を余儀なくせられる結果、常に戰々恟々として、樹の根、岩蔭等に陰れ、間を見ては、木の實、草花を貪り食し、食滿つれば土穴に入つて偷眠し居たに違いない。所謂水草を逐つて轉々するとは此の謂である。

そんな譯で、此の時代に於ては、人類は敵を防禦するに何等の器具もなく、方法もなかつたから、唯々敵の來ない所に逃げ廻り、之を警戒して消極的に避譲するのみであつた。爲めに警戒機關たる耳は著しく發達して、恰、兎の耳のそれの如く長大であつた。處が人間の方は漸次、智慧が發達して、先づ共同生活を營む樣に成り、其の結果更に人類間にも競爭が生じ、各種の競爭は益々吾人の智能を開發せしめ、遂に今日の文化を見るに及んだのである。

此處に至つて、最初人類が他の動物の爲めに迫害、襲擊せられて居た時代に必要なりし警戒機關たる耳は漸次其の要を薄らめ、從來是れに用らひれたる機能は、更により以上に必要なる智能方面に移動し始め、兎耳にも似たる長大不格好なりし吾人の耳は、自然淘汰の原理に因り、次第に萎縮し其の必要なる程度に於て、今日の形狀を象つたものである。故に耳を解剖して見ると、今でも尙軟骨と稱する數個の骨が傘の骨の如く成つて居て、往古の俤を物語つて居り、其の證跡を偲ぶに十分である。

五官の中、四官までは何れも顏面に存するに拘らず、本官のみが飛び離れて、然かも左右兩面に向け、特立して居るのは、他の機關が何れも其の職分によつて、事物の觀察、飮食の攝取、同族の保護等に努力しつゝあるの間、獨り本官のみ敵を發見し、其の來襲を避け、以つて身を安泰なる地境に置き、他の能官をして十分に其の職責を盡さしめんが爲めである。此の特別官をして十分に其の機能を發揮せしめんと欲せば、他の諸機關と併列雜居せしむる事を得ず、特に其の塲所を選んで、此處に駐坐せしめたるは天工の至妙、實に驚くの外はない。

耳は警戒機關であるだけ、此の機關が發達して居る者は常に敵を恐れて專念警戒を思ふ。それだけ性格も怯懦なるに傾かざるを得ない。かの耳の長大なる馬、兎の如き動物を見よ。就中兎の如きは多數の動物中で最大最長なる耳を有して居り、其の性格も極めて、臆病可憐である。此の理は吾人人類に應用し、決して違ふ事はない。數万年の以前に於て、他動物の爲めに慘虐、凶害を敢てせられたる人類が、其の當時にありて有せし長大高圓なりし耳輪も、漸次周害の薄らぐに連れて、其の發達を止め、正反對に萎縮固定して、遂に今日の現狀を呈するに及びたるは想像に難くはない。而して各人其の勢運の異なれるに連れて、耳の形狀に就いても、大小、圓尖、厚薄、位置、彩色の良否、肉質の硬軟、輪廓の美醜等に甚しい相違がある。昔は耳の事を實々と言つた。これは耳の好いものには多く實のある人が多く、斯くの如き人物は遂に成功し、財を釀し實が實るからである。故に耳の肉が厚く落付きのある格好の良い耳を福耳と稱し、遂に實が實るの吉相なりとする。耳輪が好く落ち着いた格好の好い耳は常に慶信を聞くに反して、耳の落ち着きが惡く飛び散つて居る樣なものには、凶信が絕へない。甚しく前方に向ふ耳は、風を容るとて不吉である。處が某保險會社の重役が、嗣子が生れて慶びの余り、該兒を連れて、某觀相者の宅に至り鑑定を受けた處、耳が甚しく前方に向つて居るので、頗る良い相であると褒めた趣であるが、誤まれるも甚しい。耳の前方に向ふものは、兎角神經過敏で、殊に祖財があれば必ず蕩盡して零落する事を免れない。耳は寧ろ、頭胴に密着して居る樣なのが良い。獅子や虎の耳は甚だ小さい。これは其の性格が頗る勇猛であり、敵を恐れぬからだ。人間も耳が頭に必着いて居る樣な人は、性格が活潑で運動競技などを好み男らしい。耳の肉が硬いものは血緣皆長命達運、軟柔なのは涙脆く、事に感じて俄に落涙するの類。又血緣にも死別等の不祥がある。耳の色が白く光つて居るのは、譽名を天下に上ぐるの相であり、紅いのは活動好きの精力家、黑きは病弱、赤黑は貧賤、紫色は災難、美しい光澤のあるものは遂に成功し、然らざるものは成功覺束ない。耳門の寬潤なのは智謀遠大で、百年の計を樹て、耳內に黑子があれば貴子を生む。廓が反つて

耳葉の圖及び説明

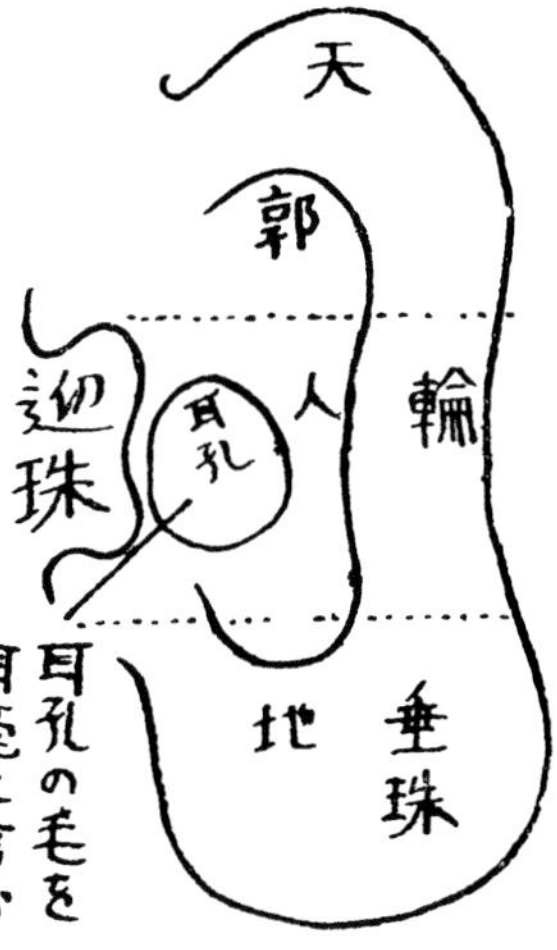

一、外輪を略して輪と謂ひ、内郭を略して郭と謂ふ。耳の**下端**、肉厚く膨れた**部分**を垂珠と**稱し**、適度に**大き**く厚いのが良い。

耳を**三分**して天、人、**地**（天輪、人輪、地輪の略）とし、耳の周圍を外廓、**内部**を内廓、耳全体の輪郭を耳葉と呼ぶ。耳孔は又耳門とも言ひ、**大き**く耳毫を生ずるものを良しとし耳門の前に在る小突起を迎珠と言ふ。この迎珠が**大き**過ぎると却つて聞へ難く、又全然無いと音響を逸し易く聽聞に不便である。

耳の位置

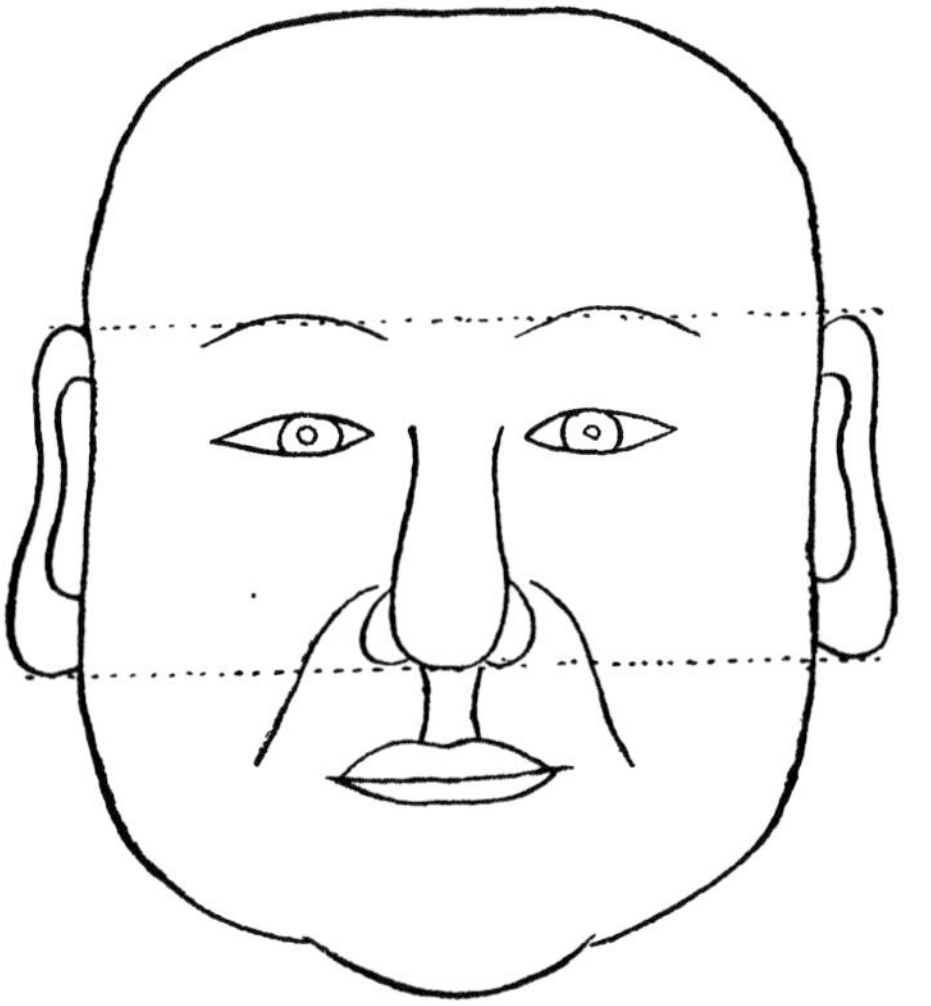

更に耳の位置は、中停に溢るゝとて、**上部**は眉の高さに同じく、**下端**は準頭と並行して居るのが良い。

輪より出づるものは、必ず他郷に住し、輪廓共に流れてぺたりとして居るものは、强慾にしてケチ臭い人。發言又は食事に當つて耳が微動するものは、眞實の友なく、財に對して汚い。耳孔に毛を生ずるは耳毫とて長命の相、耳孔以外に毛を生ずるは獸耳とて甚だ不祥の耳である。某所に大木賢一と言ふのがあり、十五六歲の時、耳の裏面に眞黑く發毛し、氣味惡く、後方より見て「狸、々」と言つて嫌つて居た。性頗る早熟、陰險、獰猛で、屢々他人を毆打鬪爭し、周圍から指彈せられて居たが、十八九歲の時、肺結核で死んだ。かれの家には昔から變な妖化のある家で、現に其の父も身体の或る部に畸形があり、死する數十日前からは每夜、或る種の怪が現じて聞くものをして恐怖せしめた。此の實例は他にも澤山あるが、凡て耳に毛の生へるものは長命は出來難い。

次に識見のある人は耳孔が大きい。能く國家百年の大計を樹立する人を見るに、必ず耳孔が廣く大きく正しい。それに反し、目前の事ばかり考へて居る人は必ず耳孔が小さく狹く、且つ歪んで居る。耳葉が薄く前後から透して見へる樣なのは甚だ薄運、薄情、肉厚く硬く垂珠が豐滿で肩に達するが如きは財運、長壽、情義、共に申分がない。

更に耳の位置に就いて一言せんに、耳は其の上部を眉の高さと同ふし、下端垂珠は準頭と同じ段位つまり、中停に溢れたのが良い。余り位置が高いのは上品ではあるが、兎角消極的で、活動新進の氣象に乏しく、祖先の遺財を守るには良いが、所謂お公卿樣流で不斷の奮鬪を要する事業家には向かない。それに反して余り低下して居るのは、下情に通じ積極的、實質的で、到底、形式的儀禮方面の役柄には適しない。

之を流年の上より觀るに、耳は初年に屬し、其の人の元來の性運を觀るに適する。固着して動かぬ處に先天的の性賦を現はして居るからだ。それで先づ耳を七區分し、上端より一歳、二歳と算へ、最下部を七歳とし、更に右耳をも七區分して、最上位を八歳最下部が十四歳に當る。左耳に傷あるものは父を剋し、右耳に傷あるものは母を剋す。若し流年に當りて、傷、其他の變調があれば其の歳に當つて必ず何かの凶難があり、又はあつた譯である。兩耳共に異狀の無い者は、右の流年期間を無事に通過し、若しくは通過すべき勢運にある事が判る。（左は父を見、右は母を見る。女はこの反對）

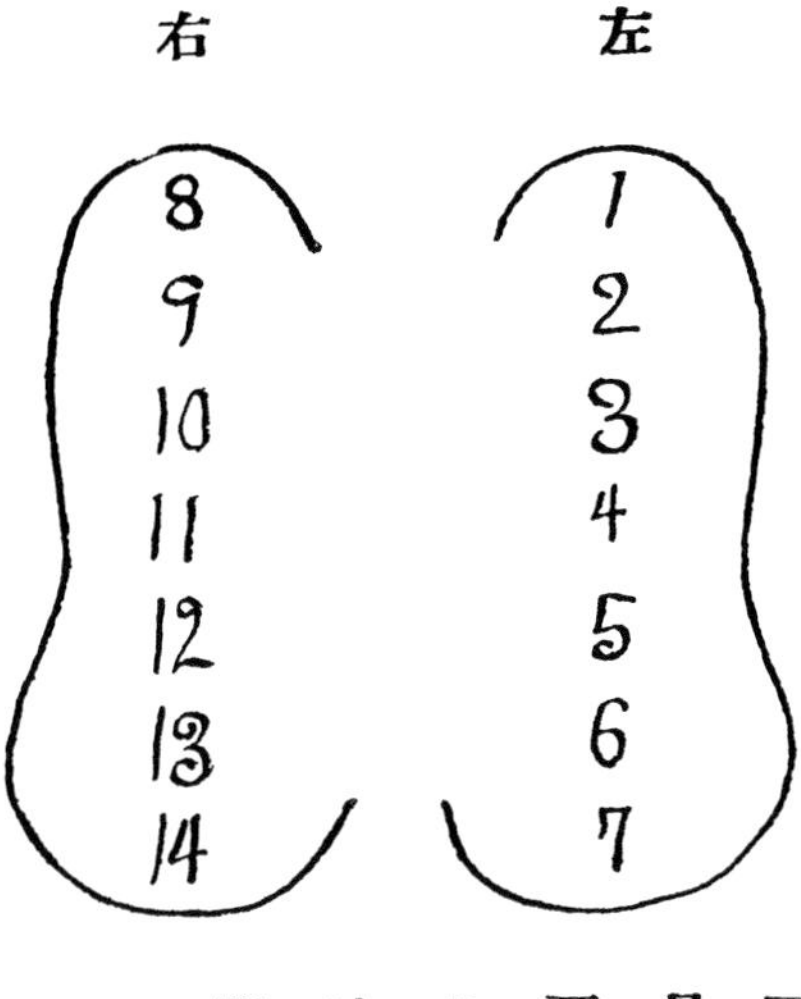

更に面白いのは、耳の廣狹及び起臥の狀況は、顏面の廣狹、長短と常に一致して居る事である。故に左右の耳を根本より切つて合したものと、顏面の格構とは必ず正比例する。これは將來其の人の性格が如何に進展するか、一般の勢運肥瘦の狀態を示すもので、其の人本來の宿命を知る上に於て得る處が多い。

一

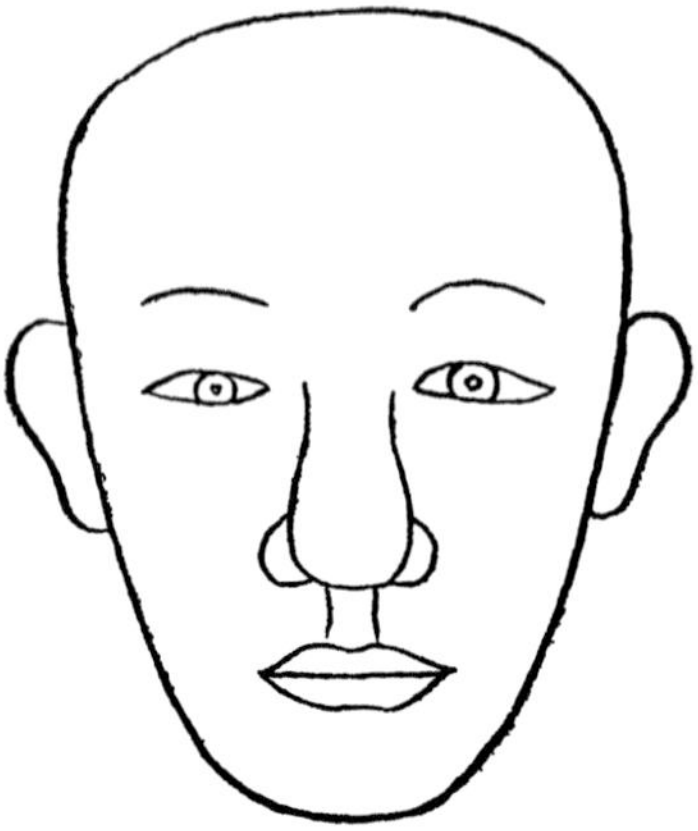

一、耳の上端が廣く下端が尖つて居るものは、顔面も上停が廣く下停が細長く尖つて居る。

二

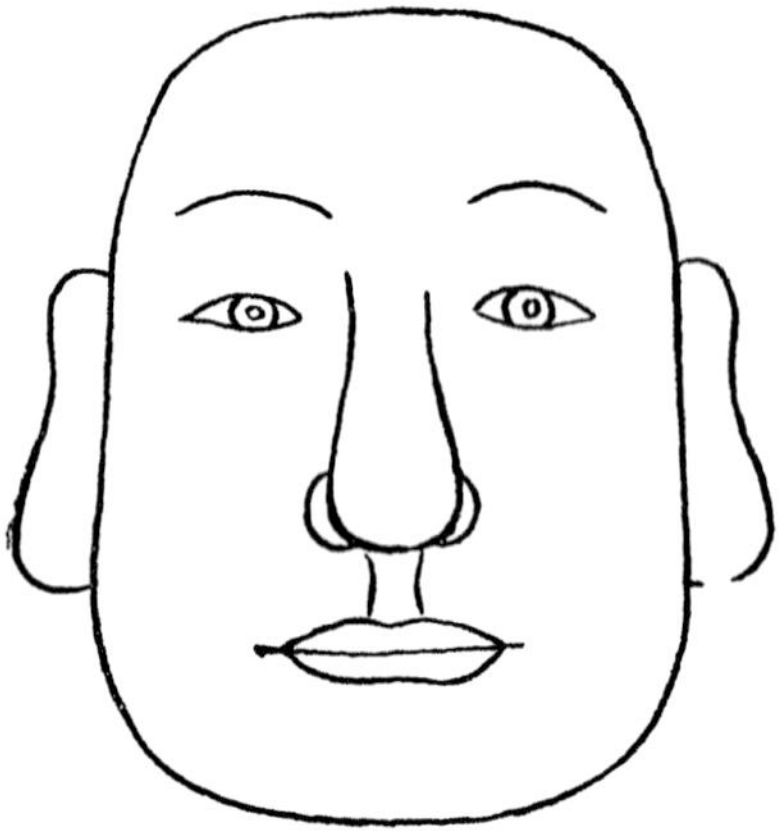

二、耳の肉が厚く、上端よりも垂珠が廣く大きいものは顔面も又肉が厚く顋が豊滿である。

三

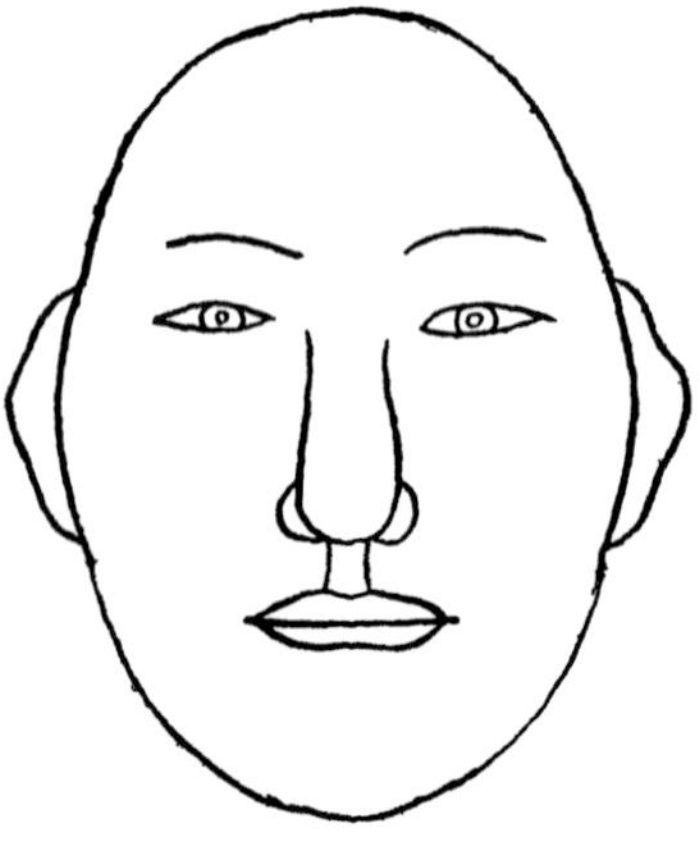

三、顔面の上下が尖り長く、恰棗(なつめ)の實の如くなつて居るものは、耳の格好も亦、それと比例して居る。故に病氣其他一時的の現象で肥瘦、腫落するものがあつても、耳さへ見れば結局の勢運が容易に判る譯である。

水耳

大きく厚く長い。所謂中停に溢れて居る。色は稍黒いが光りがあつて美しい。衆耳中大きさに於て第一たるは勿論、勢運の強大なる点に於ても首位たるを失はぬ。性格は溫容であつて些事にこせ〱せず、萬事汪洋な大きい處がある。

職業は政治家、實業家、貿易業、文章家、請元、仲介業、海員、其他水商賣が可良である。

土耳

水耳に比して、長さは短いが、横に廣く張つて居る。肉質硬く厚く、色は薄黄で且つ微光がある。

職業は土木、建築請負業、土地、山林賣買、土、石、砂利、煉瓦、瓦、セメント等の製造、販賣、農業、開墾事業等が適する。

地位階級に就ては、水耳に一籌を輸するも、財運に至つては、この方が勝つて居る。性格は水耳と殆同樣と見て差支ない。

右兩耳の異同は、水耳は大体に於て長く大きく美しいのに反し、十耳は厚くはあるが、余りに美しくはなく、それに色が異るから、此處で見分ける事が肝心である。

執拗耳

性格、甚だ執拗であつて愚痴深い。私が以前某小學校に奉職して居た時、受持兒童の中に、尋常一年より今日迄（當時五年）一回も讀本を音讀しない兒が居て、何とかして音讀させんものと色々苦心したが、遂に成功しなかつた。何しろ尋常一年生から五年生の今日迄一回も本を音讀しないのであるから、何共致方がなく、遂に斷念した事があつたが、該兒童の耳が恰圖の如く成つて居るのを見て驚いたのを今に覺えて居る。

棋子耳

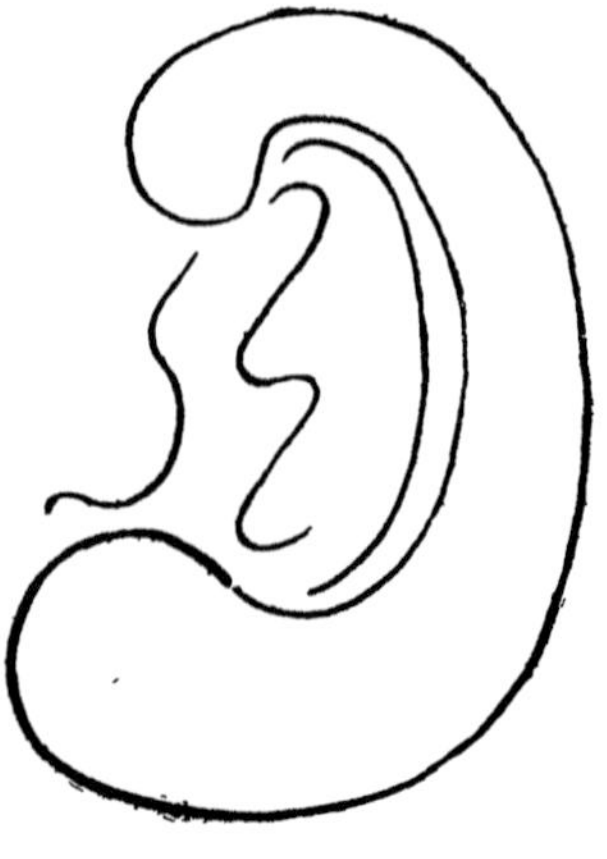

色白く光り、肉質硬く厚い。總体の格構が碁石の如く圓形である。此の耳の人は親の恩惠を受けず、自己獨力にて奮勵努力、遂に立志傳中に入るの人格者である。性格は至極圓滿で決して他人と爭はない。

職業は官公吏、商人、其他万職に適する。

耳の肉が薄く、甚しく軟かで、廣く張つて居り前方から透して見ゆるが如きものは甚しく凶である。初年に財産を滅盡し、血縁に薄く氣が弱く、性格も猜疑心の深いものが多い。

此の耳の人は多くは長男の資格を持たず、又一生の居住地も出生地以外の他境に求むるものが多い。

性格は稍輕卒で愛郷心、團結力に乏しく、中には非謀を企てる人もある。適職は少い方で血縁にも惠まれず、又財運にも縁遠い趣がある。

上下の尖つた耳は勿論良くないが、就中、上端が刀先の如く尖つて居るのは最良くない。常に兎角の噂の絶へない人物で、次の低反耳と殆同様の運命を辿るものである。勿論適職に乏しく、財運枯渇、交際が狹い。

低反耳

低反耳は外輪よりも内廓が反つてイヤに飛び出し、外に現はれて居る。

耳の位置が甚だ低く着いて居るのと、内廓が反つて外部に出て居るのが目立つて見へる。

凡て耳の低小なのは一生福徳を受け得ないのに加へて内廓の反つて刎ね出して居るのは、郷里の地に居住する事が出來ず、一生他郷に往いて暮らすの相であり、又利益のない事に、萬事他人に反對して快とする悪癖を有するものだ。田宅、適職更になく終生を赤貧に泣くの定命にある。

小さく木耳の如く頭胴に喰付いて居るのは、性格勇猛であるが、識見に乏しく、短慮頑愚で他人の諫言を容れず、屢々突飛なる行動に出でゝ人を驚かす。そんな譯で財運にも惠まれないものが多く、又人和を得ないから、他の批難、排斥を受くる事が絶えない。

凡て此の耳の人は人物が小さく、血縁の不良なる事を免れない。

第四章

一、五星。二、六曜。三、三堂。四、四德。五、四瀆。六、九州及び月割。七、四學堂。八、八學堂。

本項は他の項と重復する恐があるから簡單に唯、部位の名と場所とを記載する位の程度に止める。

第一節　五星

五星とは、額を火星、鼻を土星、口を水星、左の耳を木星、右の耳を金星とし、此れを總稱したものである。古書には、「火星須く方なる事を得べし。方なるものは棟梁となる。土星須く厚きを要す。厚きものは長壽を得、水星須く紅なる事を要す。紅なる者は三公となる。木星須く朝する事を要す。朝するものは五福饒なり。金星須く白きを要す。白きものは官爵を進む」とあり。額は火星であるから、火難の有無官職の適否、棟梁の材なるや否や」を見る處、土星は土であり、土、萬物を生ずるの理にて財運の高下、財難の有無を見、口は水であるから、水商賣、其他方圓の器に從ひ得る圓轉潤達なる人物なるや否や、水難の有無」等を觀る處である。此の火難、水難、財難に就ては、後章に於て著者と故田中義一男との問答を掲げて詳論する事にする。尙木、金兩星の長くして肉豊大なるものは五福(子福、財福、住福、壽福、身福)が饒であり、白美なるものは高名を天下に上ぐるの相である。

第二節　六曜

六曜は、左の眉を羅喉、右の眉を計都、左眼を太陽、右眼を太陰、印堂を紫氣、山根を月孛と謂ひ此の六ヶ所を指して六曜と呼ぶ。六曜は五星に對するの名稱で、羅喉長きものは文章が美しく、計都の長いものは兄弟が多く、太陽が光るものは福運が強く、太陰が黑く威のある者は官職に適し、印堂が圓形で傷なき者は一生安泰、月孛の直き者は衣食を得ると云ふのである。

五星六曜之圖

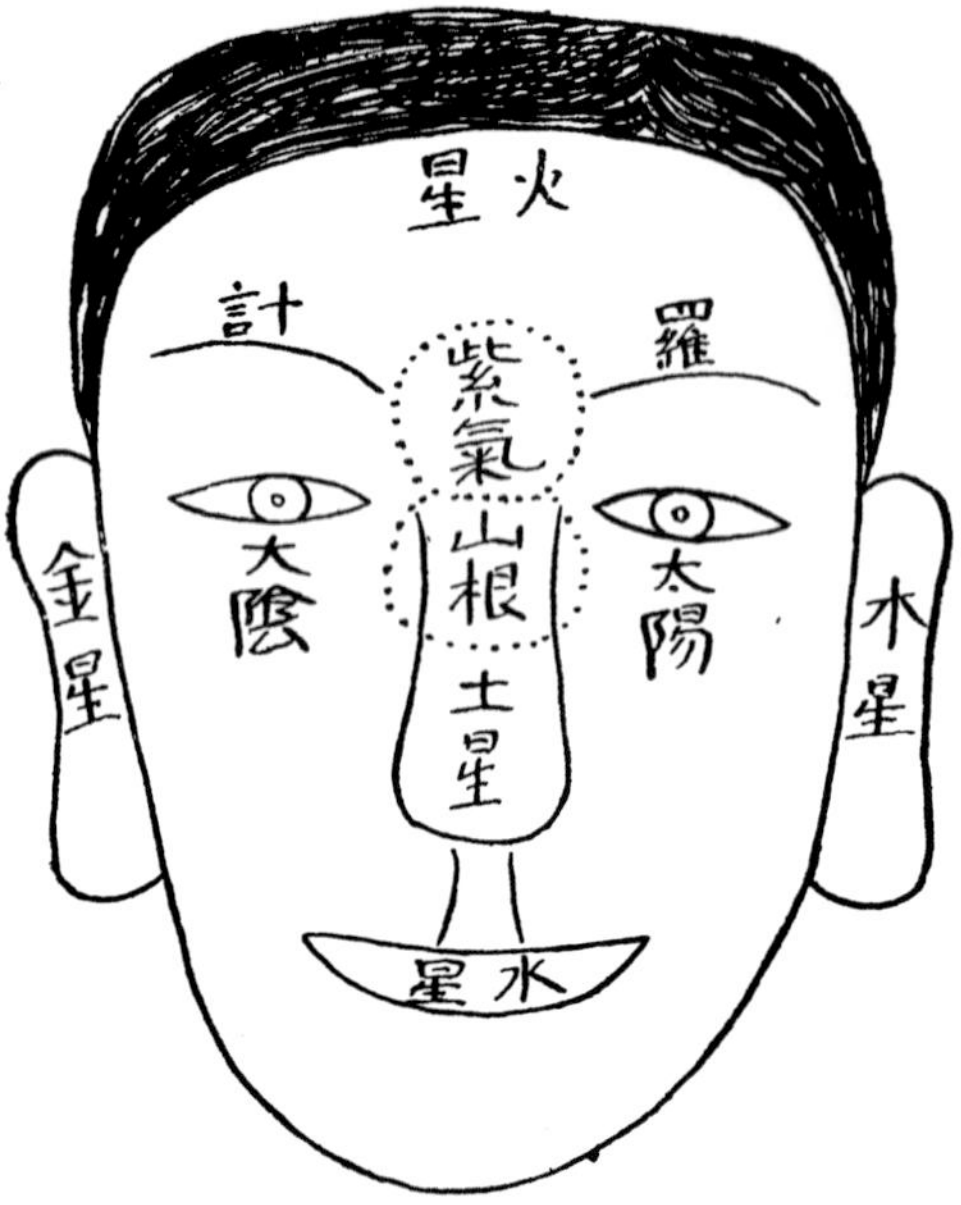

　勿論此の月孛の直き云々は、山根が相當隆く正しい意味で、例之、正しくとも低陷して認められぬものは月孛とは言はれぬ。故に山根が絶へてない様なものに對して、月孛の名稱に依つて云爲するは無理である。つまり山根が相當高隆で、此の意味が認められた時に初めて月孛成ると謂ひ得る譯である。然るに某觀相者

の著述中に、「月孛絶へて無きが如きは」云々と論ぜられたが、稍無理にて名稱の意味を誤解して居る。此の部位が絶へて認められぬ場合には月孛とは言ひ難い。

此の六曜が揃つて美しい人は勢運が强大で、突飛な災難に遭ふ事はないが、此の部が明美を欠いでると、兎角突飛的な災害に遭ふ事が多い。某陸軍少將の令孃は頗る美貌であつたが、此の部が明美を欠いで居た。處が某暴漢に裝はれて遂に非業の死を遂げられた。又先般列車内で自殺した某海軍將校の如きも、此の部に陰慘な氣を浮べて居た。何しろ此の部は顏面中、最重要な部位の集合地であるだけ、其の明暗は勢局に關する事が頗る大である。

第三節　三堂

三堂の圖

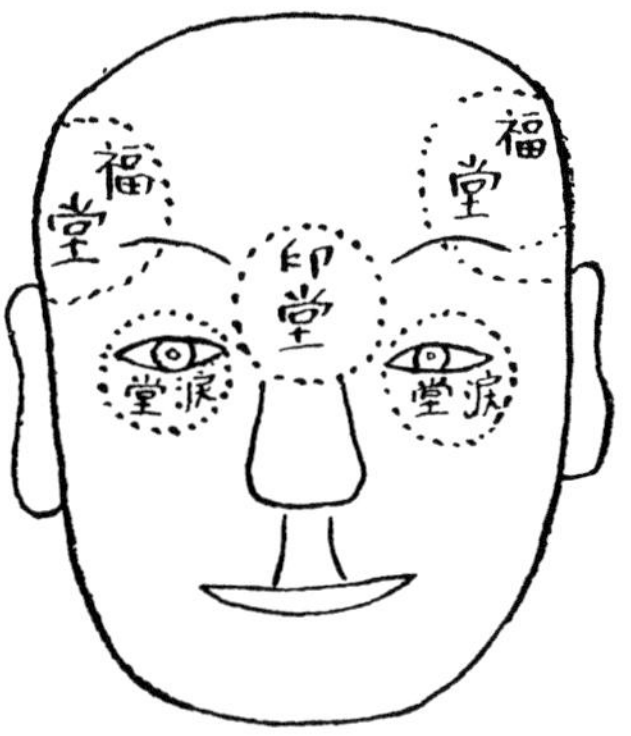

三堂とは、印堂、福堂、涙堂の三点を指して謂ひ、陰德（積極的）の程度を觀る處である。此處が紅潤色を帶びて光つて居れば他の部位の色は惡くとも、必ず陰德の心掛けある人物である。若し肉が豊滿で傷、黑子、凶紋等なく、且つ色彩明美であれば一生の間、秋毫も不德を行はず、人を助け、義俠を恪まぬ人物で、必ず人の頭となる偉材である。それに反し

此處の色が汚穢して居れば、今現に陰德を破りつゝある人、若し傷、黑子、凶紋などがあつて、色甚しく暗黑を呈するものは、絕へず破倫邪曲を敢てし、終生成功しない蛇鼠の徒である。

第四節　四德

四德とは、禾、倉、祿、馬を謂ふ。禾は兩眼、倉は天倉、祿は口、馬は鼻を謂ふ。四德皆調ふものは結婚後家運が大に隆盛である。

尙此の四部位に就ては、各部に於て、それ〳〵詳說してあるから、各部位、本來の作用に就て、綜合、會得せられたし。

四德之圖

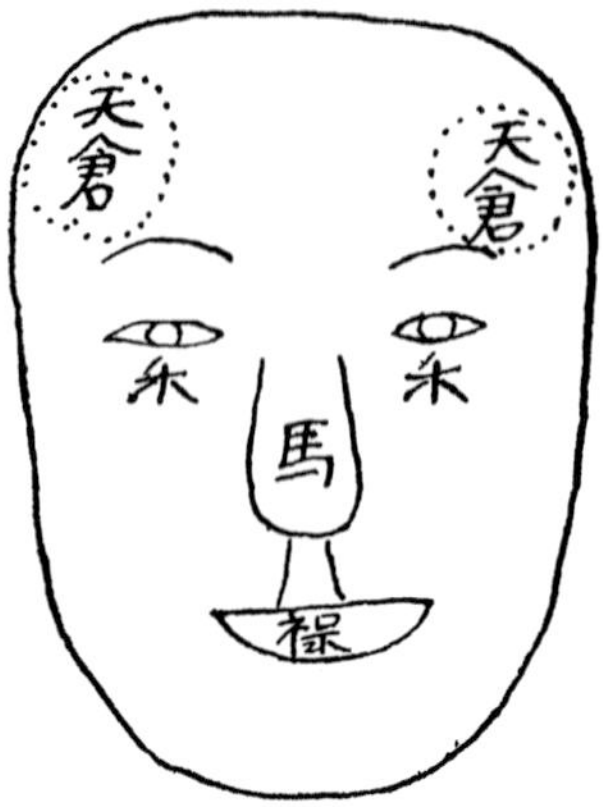

第五節　四瀆

四瀆は、三堂に對して唱ふ語である。三堂は肉豐滿にして、色華麗なるべきに反し、四瀆は何れも低所にありて汚物を出す。眼を江瀆、鼻を河瀆、口を淮瀆、耳を濟瀆と呼ぶ。若し四瀆が常に穢れて汚汁を出すものは、必ず陰德の心掛けが薄く、陽に慈善を裝ふも、暗に不正、惡業を逞ふする醜徒で

四瀆之圖

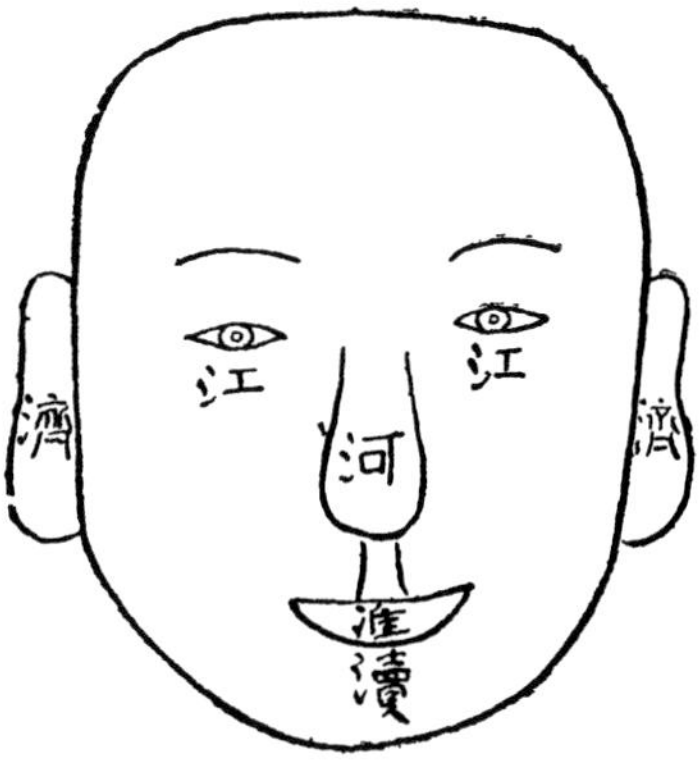

ある。眼は濁り、鼻は汚泥し、口唇は枯れ、耳、黒穢せるも亦同様である。瀆はけがすと訓じ、正しく美しかるべきものを歪め、又は汚辱する意味である。四瀆は又四水とも謂ふ。

右に就いておかしい話がある。某所に某と言ふ人物が居て、著者は偶然の事から、昨年の十月中、某公署に於て、此の人に面會した。尤、此の人の噂は以前から聞いて居たから、凡そ其の相貌も想像しては居たが、會つて見ると兩眼瞳が恰帯の如く眞赤に成つて腫れて居り、其の他四瀆の何れも甚しく汚れて居るのに驚いた。然かも、彼れは著者と約十五分間程の會談中に、見へ透いた僞を吐いて著者を欺かんとした。實に憐れ千萬な僞善者である。私は其の時彼れの將來を斷定し、

一、來年上半期に於て、或る計謀の許に或る種の地位を獲得せんと企て、表面自己の關せざるが如く装ひ、小刀細工をやつて失敗し、それが發れて強く不名譽を招き、且つ知人と衝突する。

二、二ヶ年後に於て、生命にも關する大不祥事件を惹起し、全然、化の皮が露はれて大失墜をする事を免れない。

三、かゝる僞善者の子孫が榮へる事は絕体にない。否、彼れは恐らく子供がないであろう」と斷定して置きましたが、果して本年二月中、或る種の謀計の許に猿智慧を出して大失敗をやり、知人とも衝突し、社會から大に信用を失ふた。（供託金まで沒收）第二項、三項は尙將來に屬する事であるから、相者以外の人々には想像が出來ないでせうが、今に事實と成つて出現する。

凡て此の四瀆の汚れて居る人は、如何に學才があつても、結局は世を欺き、虛僞の生活をなす僞善者であるから、子孫の榮へる事は絕体にない。相學者の眼から彼れの正体を觀れば、恰、年古りたる野狐の美婦人化して醉漢を騙して居るのと同樣で、恐しくもあり、又滑稽でもある。

第六節　九州及び月割

九州の法は、目下では余り用ゆる人がないのであるが、昔は盛んに用ひたものらしい。これは昔、支那の國に九州の地名があり、便宜上之に準（なぞら）へて應用したのが始りである。今我が國に於てはかゝる地理の國名もなし、他に之に代るべき、より以上に便宜な方法が澤山あるから、殆用ひないが、參考の爲めに揭ぐ。（用法は多く方位と傷痕等の關係を觀る。月割は、女は反對に左の方向に廻る）

九州及び月割之圖

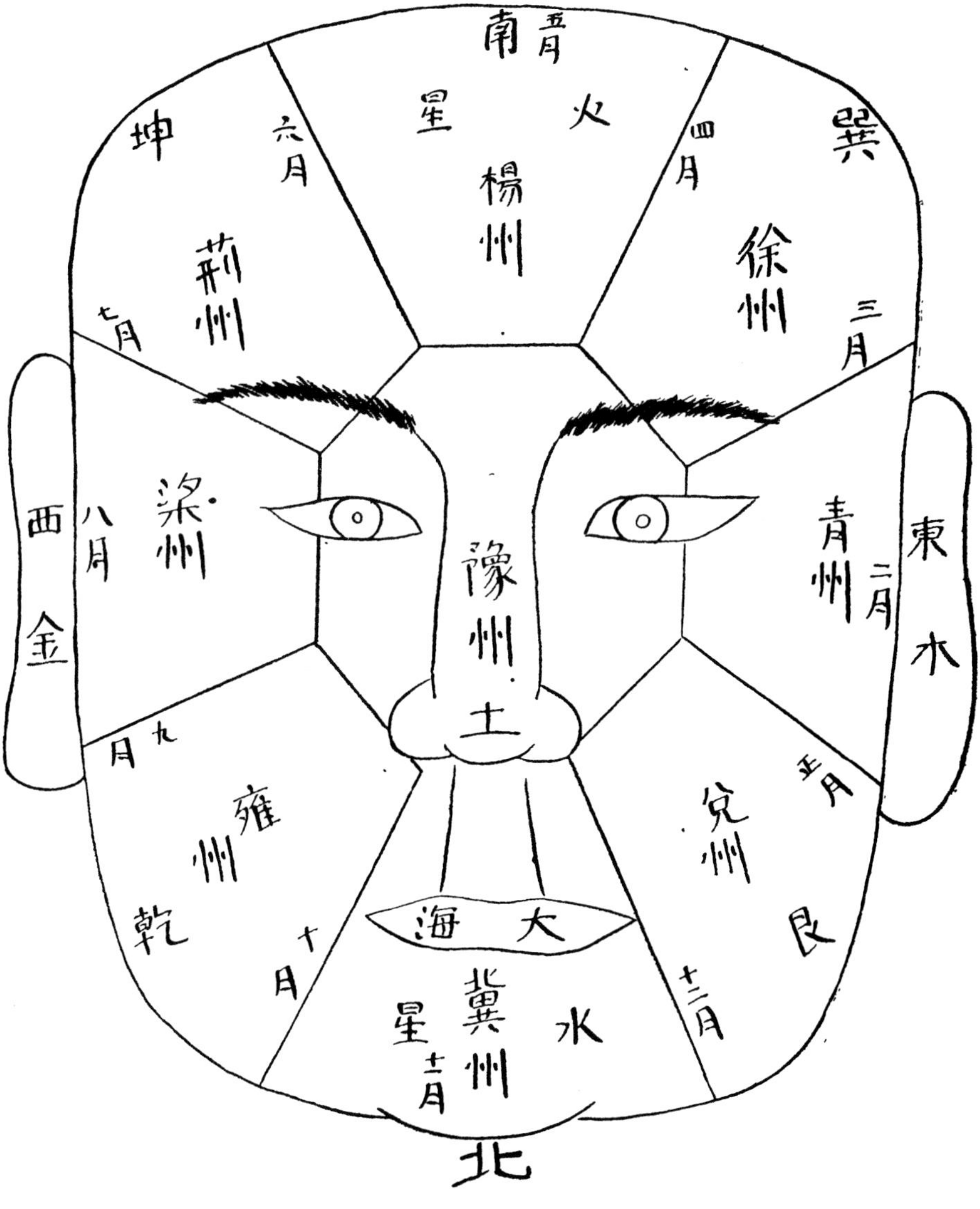
南
五月
火星
楊州
坤
六月
荊州
七月
巽
四月
徐州
三月
西
金
八月
梁州
豫州
土
東
木
青州
二月
九月
雍州
乾
十月
正月
兗州
艮
大海
十二月
冀州
水星
十一月
北

第七節　四學堂

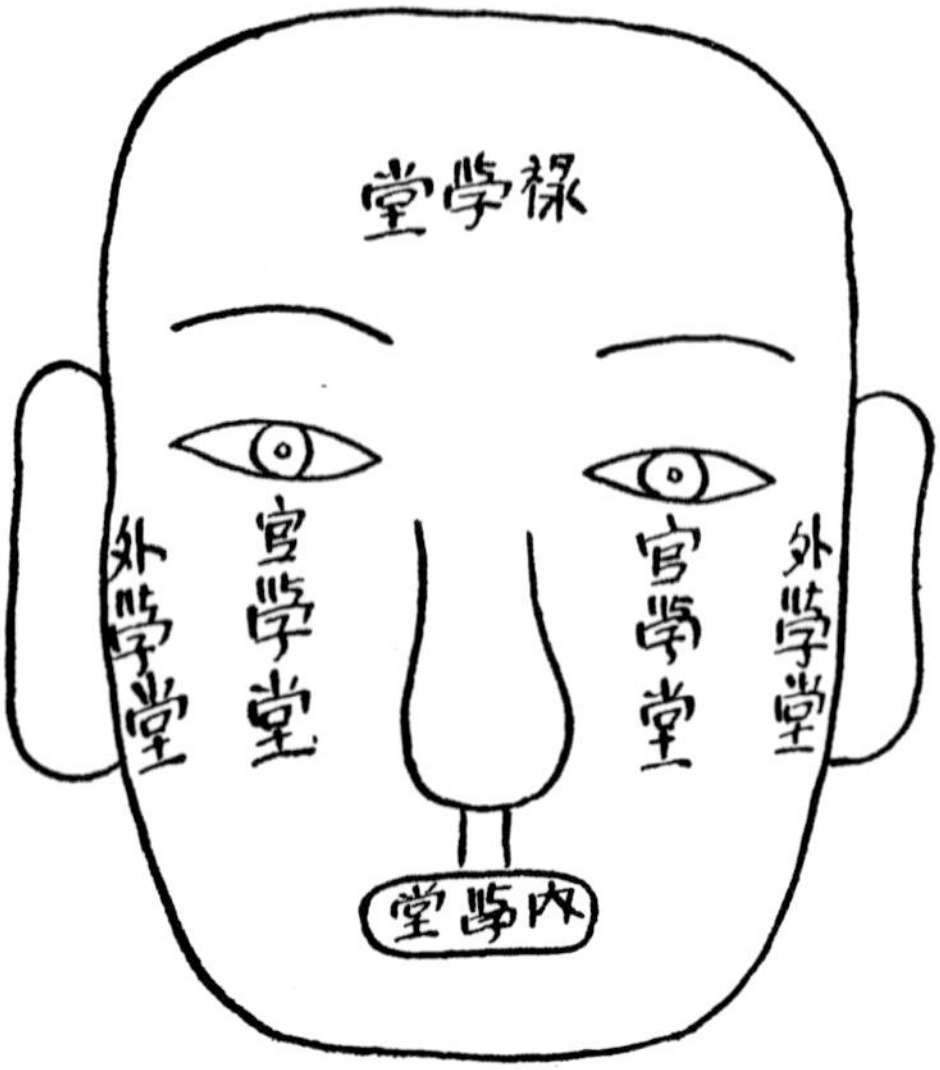

多く學才の有無、學業の成否、智辯の巧拙等を觀る處である。

一、官學堂(眼)が長く清いものは官職に適する。

二、祿學堂(額)が廣く隆んであるものは、官職にも適し、又長命でもある。

三、內學堂(齒、就中向齒二枚)が美しく揃つて光つて居るものは、血緣者皆親愛であり、且つ性質が何れも誠實である。

四、外學堂(命門、耳の前)が豐滿で色美しく傷なきものは、必ず聰明である。

第八節　八學堂

多くは學事の優劣、德操の積否、信用の厚薄、辯才の有無、識見の高下、等を察る處である。

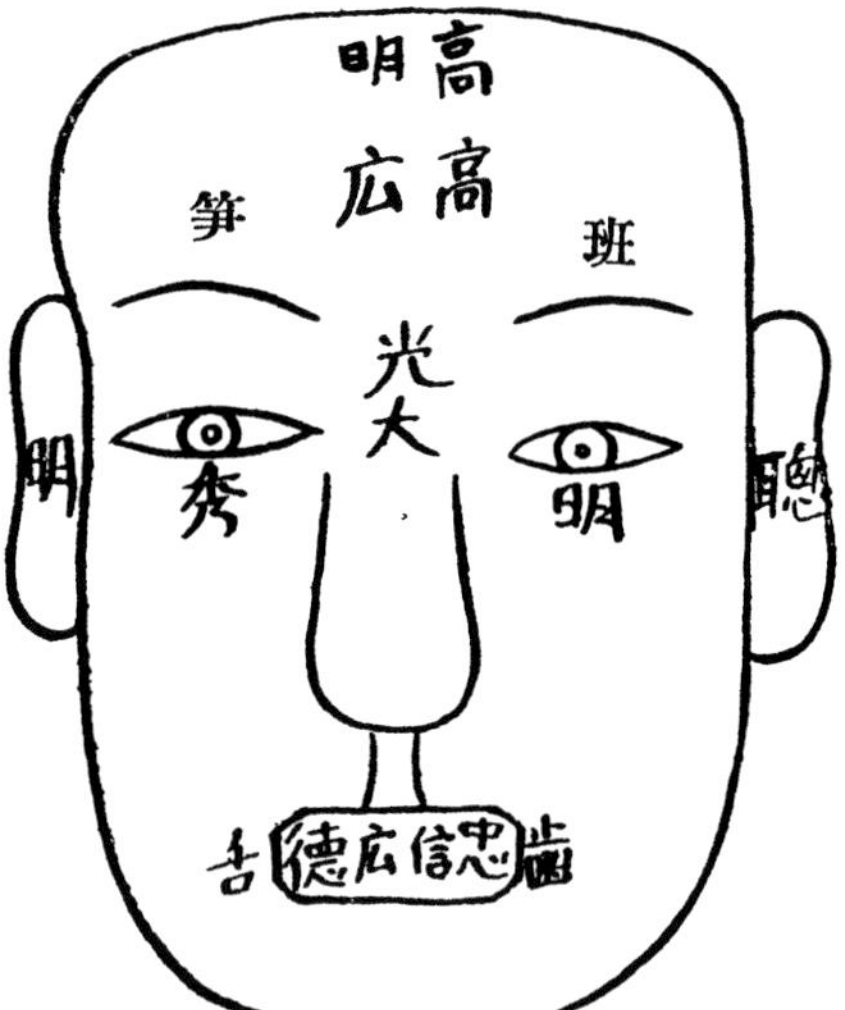

一、高明（頭）が圓形で骨が硬くしつかりして居る。
二、高廣（額）の肉が立壁の如く色が美しく光つて居る。
三、光大（印堂）が肉豊滿で鏡の如く美しく。
四、明秀（眼）が黑漆の如く輝き神を藏して居る。
五、聰明（耳）が輪郭鮮に白光を持つて居る。
六、忠信（齒）が上下共に能く揃ひ周密であつて雪の如く白く瑩る。
七、廣德（舌）が大きく長く口に滿ち鼻頭に達する。
八、班筝（眉）が細く長く秀でゝ恰、虹が天に横つて居る如くである。

右の如く能く調ふて居るものは、學才俊秀、識見高邁、智辯流暢、德操偉大、機略縱横、信用厚重で、人格的には殆申分がない。唯、四學堂、八學堂共に財運には直接關係がない。これは學才のあるものが其の程度に財を有する譯ではなく、又有產者、必ずしも德操家ではないからである。つまり、才、智、德、辯、信、壽等何れも財運とは切り放して考ふべき筋合のものであるから、鼻（財星）は兩學堂の中に入つて居らぬのである。

之に如りて是を觀るに、財運は一種特獨のもので、其の程度は決して他の乘運とは比例しないものだと謂ふ事が判る。

私はこの四學堂に就いて忘るゝ事の出來ぬ事柄が一個ある。それは昭和二年の三月、某政治家（民政黨代議士、目下某省次官）から招かれ、御宅に上つた時、そこの長男（當十五年）が「先日中學の入學試驗を受けたのだが、筆記試驗は可成り出來たが、口述試驗は全然失敗したので、大變心配して居るのだが、どうでせうか」と尋ねられたので、十分鑑定の結果「大丈夫合格して居られます」と言つた處、かの代議士は「慥かですか。若し違つたら大變で、實は今から他の校に入學の手續を取りに行かうかとも思つて居る處なのですが」と押して問はれたから、私は「そんな心配は絶体にありません。相當の成績で合格して居られます」と答へて置いた處、數日の後、試驗の成績が發表せられ、果して相當の成績で合格して居られた。後日再び同氏に會つた時、同氏は丁寧に禮を言はれ、「あれはどうして判るのですか」と尋ねられた故、私は例の四學堂、八學堂の講義を一席辯じて聞かせた處「成る程そうか」と肯かれた事があつた。各部位が揃つて色が良く、鮮かで光明を認める事が出來れば必ず合格して居る。之に反して色が行詰つて居れば、不祥の結果を招くものと斷せざるを得ない。

五星十二宮之圖

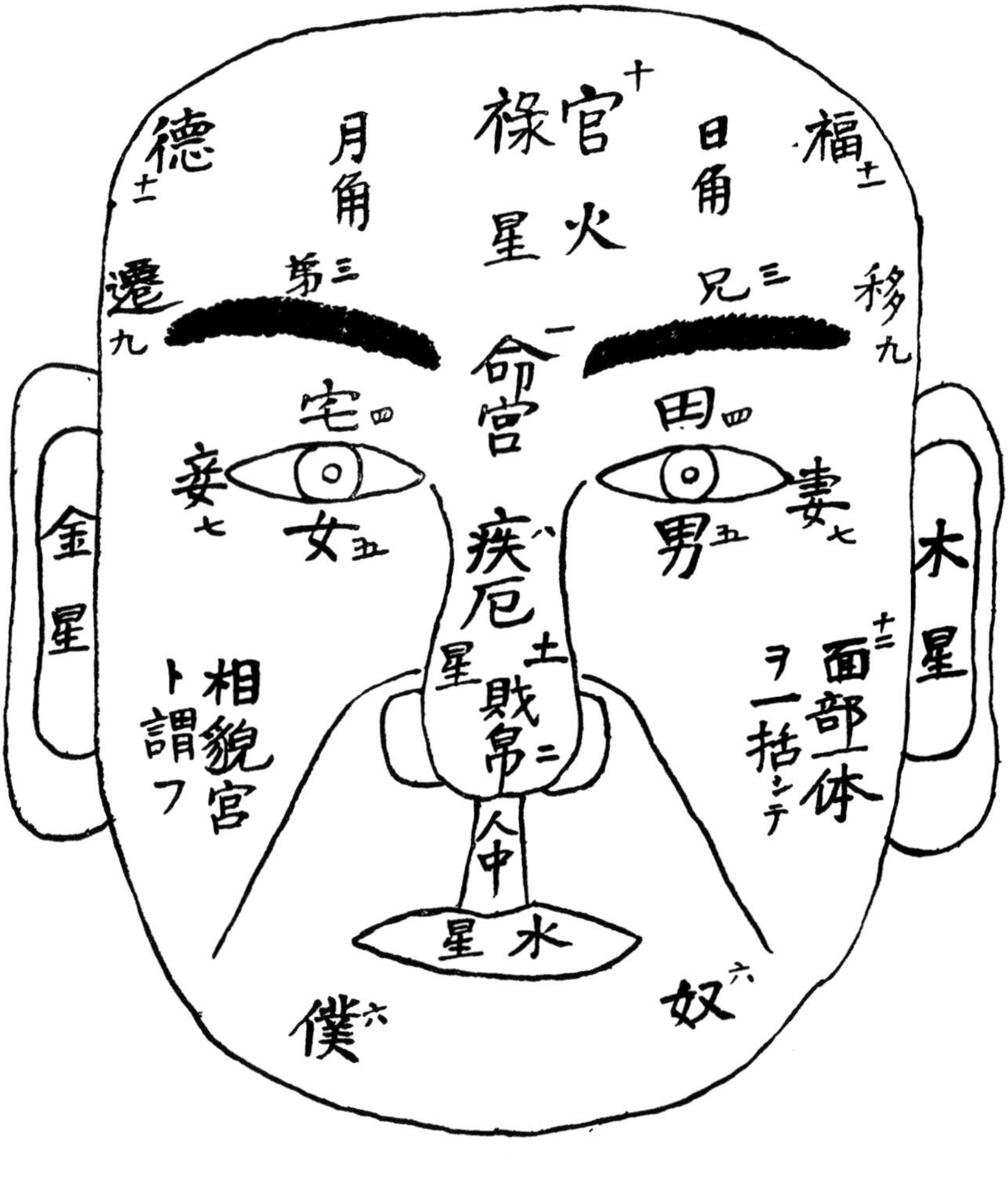
十
官祿
月角
日角
火星
德 十一
福 十一
遷 九
移 九
弟 三
兄 三
一
命宮
宅 四
田 四
妾 七
妻 七
女 五
男 五
疾厄 八
土星
財帛 二
人中
水星
金星
木星
相貌宮
ト謂フ
十二
面部全体
ヲ一括シテ
僕 六
奴 六

第五章　十二宮

一、命宮。二、財帛。三、兄弟。四、田宅。五、男女。六、奴僕。七、妻妾。八、疾厄。九、遷移。十、官祿。十一、福德。十二、相貌。の各宮

第一節　命宮

命宮は、一名、明堂とも謂ひ、又印堂とも謂ふ。左右兩眉の中央……顏面の、中央上部に位して居る重要部位である。

元來、命宮とは、天命の宮と言ふ事で、此の部位を見れば其の人一生の天命が判るから、かく名けたものである。吾人の顏面は自己の勢運を現はすと同時に、血緣、財產、配偶者、兒女、適職、疾病奴僕、方位等自己の周圍に於ける一切の情緖をも現はして居る。即ち命宮は自己であつて、鼻は土であり、財產である。人は生れ落ちると既に財產の上に坐して居る。財がなくては何事も出來ない。だから、吾々は財と呼ぶ馬(鼻の異名)に騎つて活働して居る譯である。此の馬が倒れると、何共働き樣がなくなる。又鼻は土で吾々は土の上に居住して居る。鳥は空中に、魚は水中に居住するが、人間は土の上に生活するから、土なる鼻が美しく發達して土台となつて居る。つまり、命宮の足許には鼻と言ふ土があつて此の土を踏み締めて立つて居る次第だ。又人として生れる以上、兩親があるに定つて

居る。兩親は自己の尊族であり、吾を生んでくれた前身であるから、顔面の上長位たる日角（父に當る）月角（母に當る）に戴き、自己は兩部位の中央下に出生して居るのであり、兄弟は自己の左右に並ぶべきものであるから、一列に眉に位し、兄弟一致して父母を拜して居る。

次に妻は横に抱いて一家を成すものであるから、自己の横手の眼尾に配し、夫妻相倚りて成す家庭は是れ田宅であるから、夫妻の中央に置き、兒女は親の血縁、財產其他の遺託……つまり田宅を受け嗣ぐべきもので、夫妻の仲に生まれるものであるから、夫妻の中央……然かも田宅の下部にあつて、やがて、父母より受くべき此の田宅を頭上に拜し戴いて居る譯である。又何故に疾厄宮を自己と財產との中間に配したかと言ふに、如何に財產があつても、疾厄の爲めに壽命がなくては、根本的に万事休する事を免れないのであるから、此處に疾厄宮を配し、若し疾厄あるものは如何に財產があつても自己と財運とを途中に横つて居る疾厄の爲めに遮斷せらるゝから、遂に世に立つ事の出來ない樣に至る事を證して居るのである。

更に之を流年に照せば、命宮は二十五歲より三十歲迄の間に當つて居る。誰でも二十五六歲から遲く共三十歲頃迄には、獨立なし得るものである。孔子も「三十歲にして立つ」と言はれ、是れより三十歲の事を而立と謂ふに至つた。そこで獨立するには結婚せねばならぬ故、恰此の期間に於て妻を認めて居る。先づ普通人の婚期は二十五六歲より三十歲位迄の間になる。そんな譯で此の期間内に於ては、先づ其の人一生の勢運が定まる。若しくは一生の出發点……成功するや否やの分岐点を此處に發する譯で、古人は是れを天命の宮と呼び、自己を観るの鏡として尊重したのである。此處の肉が豊滿で色彩光明、鏡の如くであり、傷、黑子等の不祥なく明淨、麗美であればその人は一生、災難を招く事がなく、万策百計思ひの儘で長壽富貴なる事正に疑ひない。之に反して此處に傷、黑子などあり、又は汚色を現す時には諸種の災難が降生して、遂には祖先の遺牌にも泥を塗る様な事になるのである。

次に此の部位を明堂と呼ぶのは、聰明、英明、明晰、公明等の意味で、此の部が頗る明かで美しく光つて居るものは、必ず頭腦が緻密、明晰であるから、そこで明と名けたものであり、

更に印堂と稱したる所以は、其の人の使用する印判（檢印）が如何であるか、印判に依る災難は無いか否かを観察出來るからである。印判は其の人の權利、義務の證明にて、印跡一つで身命に拘はる重大なる責任を負はされたり、又逃がれたりする。そんな譯で印判は頗る大切なものであるから、此の印堂に依つて其適否、善惡を知るのである。能く相するものは此の部を一見して其の良否を知る事が出來る、印形の書体を想讀し得るに至らば、先づ相家に於て一流の仙眼と謂ふ事が出來るであろう。

最後に色勢に就いて言へば、此處が黃紅色であれば吉慶絶ゆる事がなく、黑色は身命亡び、白きは悲愁、赤きは刑傷、青黃は盜難、遺忘の難相とする。又目下企畫せる事業が成功するや否や等に就いては、大半を本宮に於て鑑定する事が出來る。

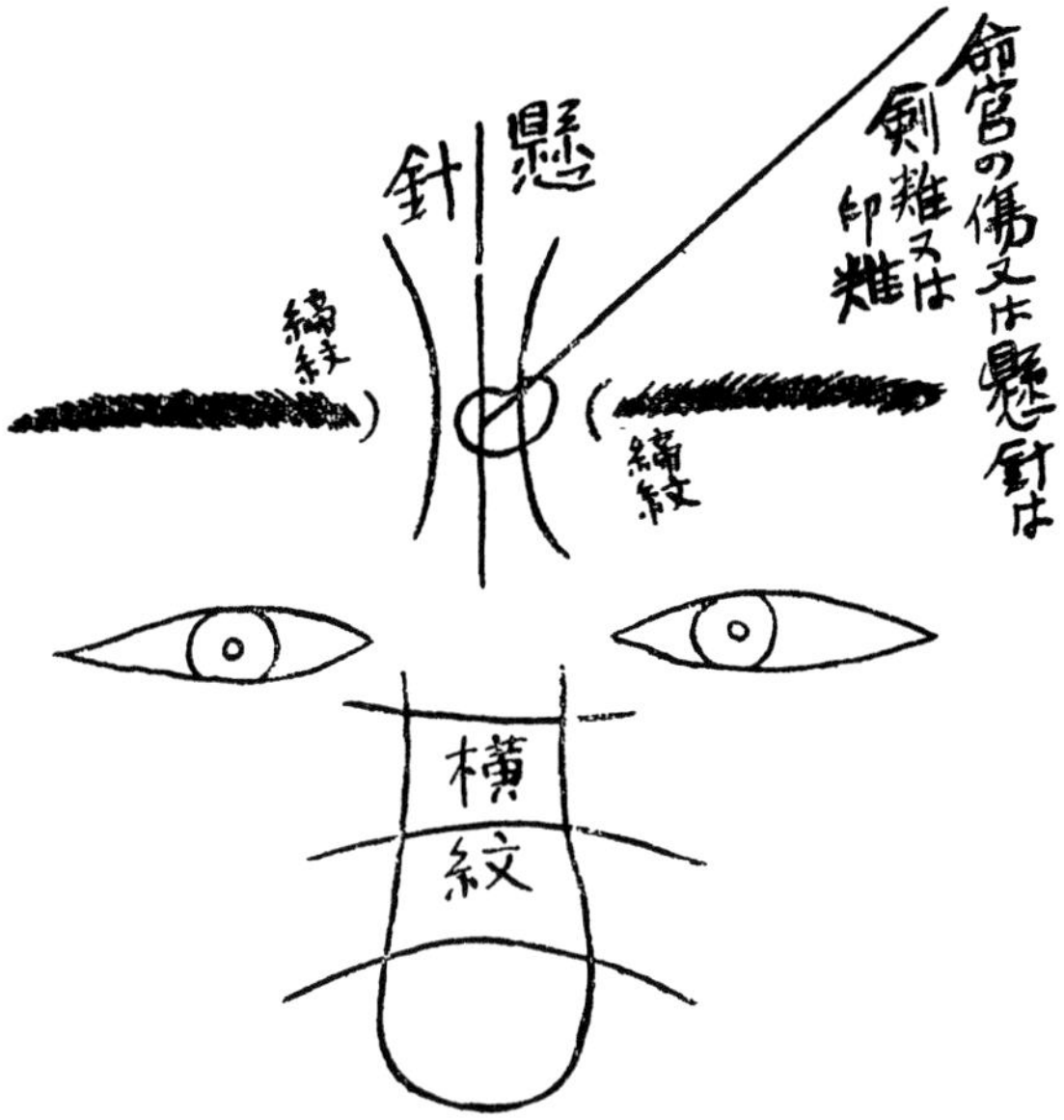

懸針とは、印堂に浮く立線を言ふ。甚だ不吉な紋理であつて、此の相のあるものは、妻子を剋し、家庭を紊り、頑固狭量で、常に憂事の多い事を現はす。又印堂の傷は印難とする。但し晩年に及んで此の部位に小さい細い線が、眉頭を圍ふ如くに浮くものは、締り線とて大に良い。凡て余り此處の部分が廣過ぎ、莫然として締りのないのは反つていけない。中年迄は兎も角、晩年に近く眉頭に締り紋の浮くのは、萬事物事に締め括りある几帳面な相で大に宜しい。若し老年に成つても此れがない人は、何事にもだらしがなくて他人より嫌はれ、交際の薄いものである。又懸針とは反對に鼻に横紋のあるものは旅行中注意せねば、屢々車馬の災難を招くの相である。

第二節　財帛

今では財產と言ふが、昔は財帛と言つた。場所は鼻である。此の鼻が大ならず、小ならず、肉着き格構が良く、色が美しい紅黃色で一種の光澤を持つて居り、ぶつくりと充實した如く鮮に出來て居り、鼻孔は瓢形に、鼻梁は高く、骨は硬く、傷、黑子其他異狀のないものは、財運が自然に良く、初年も惡くはないが、中年以後は特に榮隆で、晚年が最盛運である。三停に於ける。初年、中年、晚年の區分も、亦鼻に應用して考へる事が出來る。卽ち鼻を二分して、初年、晚年とし、上半部の肉が薄く、下半部の肉が充實して居るものは、初年の財運は凶しく共、晚年は良い譯であり、上半部の色は良くとも、下半部に大傷あるものは、初年は財に不自由はなくとも、晚年は兎角、欠乏し勝ちである。若し天地とも揃つて異狀欠陷の無いものは、一生財運高隆で、寳貨珍器が庫に滿つる。又特に蘭廷二櫃が淸明豐滿であるものは、官吏となるに適し、昇進が速く、或は賞を受け、或は俸を增し、職業上の生命が永いと言はれて居る。

鼻は又、配偶者の美醜、家庭內の溫冷にも關係がある。旣に痲衣神仙も「鼻準圓やかに、勢印堂を貫く者は、此の人美貌の妻ある事を主る」云々。又曰く「四德豐隆平滿なるものは、妻を娶つて財帛箱に盈つ」と說き、其他財帛と妻との關係を說いたものが諸所に散見せられる。凡て資產家の妻を觀るに美貌の婦人が多いのは爭はれぬ事實である。又財星の盛んな人物は實業家、大商人等に適する。これは自己が財運が良いから、其の主れる事業も、比較的樂に速く成功するからである。更に資産家の許には能く多數の人が雲集するが、これは鼻が良く……鼻は顔面の中央にあつて自己であり、他の四岳(他人)が取り卷いて、盛り上つて居るから、此の理が自然に現はれて、財を有する吾に向つて寄集するものに外ならぬのである。

色勢。本宮の赤い人には口舌の多い人が多く、青黄は盗相、昏黒は破財を免れず、獨り紅黄色のみ財運を豐にする吉兆である。

第三節　兄弟

兄弟とは血緣の意味であつて、必ずしも、兄弟のみには限らぬのであるが、大体に於て、男は左の眉を兄、右の眉を弟、女は右の眉を姉、左の眉を妹に觀るのである。然し唯單に右の如く狹義に解釋したのでは、男に對する姉妹、女に對する兄弟は判らぬ事になる譯であるが、冐頭にも言つた通り、必ずしも、男の兄弟、女の姉妹にのみに限らず、廣義に解釋して、博く一般血緣として觀るべきが至當なるを信ずる。これは恰、日角、月角の部位で、祖父又は祖母をも想像して差支ないのと同じ理である。

扨て血緣に良い相は、第一眉毛が軟かで、靜に和したものが良い。眉毛がバチ〳〵とした恰、靴刷毛の如き眉毛の人には良い血緣が少い。又眉毛も長く優しく、眉全体も長く伸びたものを必要とする。眉が短くして僅かに指で押した位の長さの人には、決して多數の兄弟はない。又血緣が力にはならぬ。私の郷里に中岡某と言ふのが居て、目下某刑務所の看守を勤めて居るが、彼の眉は甚だ短く、恰も指の先で一寸押した位であるから、友達がいつも「短い眉だ」と言つて居た。彼れは兄弟は一人もなく、唯一人の妹があるのみであるが、それも父親を異にした妹で、遠方に嫁し、自分の父は、離別となり、親類なども殆なく、全くの孤獨だ。それと反對に某所に眉の頗る長い夫婦があり、夫は男の兄弟十一名と女姉妹二名、合計十三名の兄弟を有し、妻は九人兄弟で一人も欠げず、全部揃つて居るとはお芽出度い話だ。

同じ兄弟でも眉毛の優しく柔いものは、力になる事が出來るが、眉毛が捲き込んだり、縮んだり、捩ぢれて反るものは、決して力にならぬのみならず、時に或は、血緣の爲めに損害、迷惑を蒙る事さへある。元來、血緣として眉を見るのは、兄弟の數を觀るのが目的ではなくして、兄弟がよく力になり得るや否や、更に進んで如何にすれば、一層共同成功する事が出來るや否やを究察する點にある。其の意味から兄弟が何人あつて「兄は早くから力になるとか、弟は早くは賴りにならぬが、晩年は力とするに足る」とか、「又何番目の弟は一生力にはならぬのみならず、他の兄弟の顏に泥を塗る人物である」とか云ふ工合に鑑定する必要上、兄弟の數が自然に出て來るのは大に良いが、唯單に眉を観て、兄弟の數を的中せしむる藝當の如く思つて居る人があれば、そは大變な誤りである。其の數を知るよりも「如何にすれば、血緣の長壽、共榮が得らるゝや否や」を察知して其の方途を指導するのが斯道の妙である。此處に於てか相法は說き得るのだ。

例に依り色勢を述ぶれば、眉根の白黑は、兄弟の傷病を意味し、赤いのは口禍多く、靑いのは兄弟鬪爭を事とし、紅黃色はいつも賑華、和樂一家團欒の喜兆である。又眉に美彩を認むるものは機巧とて機會を掴むに巧みであるから、普通人に比して成功が一段と速いのを常とする。

第四節　田宅

田宅とは眼及び眼と眉との中間を指して言ひ、十二宮中、最重要な部位である。眼は、五官の第三節監察官の部に於て、述べた通り、本宮が淸明であるものは、好く子孫が榮えるが、然らざるものは決して子孫が續かない。何故なれば、兩眼の明美なるものは、識見、德操共に兼備り、常に國家百年の大計を樹て得るに反し、田宅、濁暗するものは、短慮、暗愚にして不撓不屈の精神に乏しく、殊に性格が偏狹であつて、覇を後世に定むるの德望を欠ぐ事が甚しいのに依る。元來、眼は身体全部に割當てると兩乳に當つて居る。乳は兒女を哺育し養ふの機關である。若し婦人の乳が出なかつたら、容易に兒女が育つものではない。男の田宅が良いのは覇業を成して子孫が榮え、女の田宅が良いのは、家族宮(眉と眼との間)が廣いのは、人に愛せらて敵が少く、家族も多數で團欒の樂みがある(甲圖)。但し餘り廣過ぎると氣の好いだけの人間になり、機轉が利かぬ故、屢々好機を逸し、爲めに成功が遲れ勝ちである。

甲

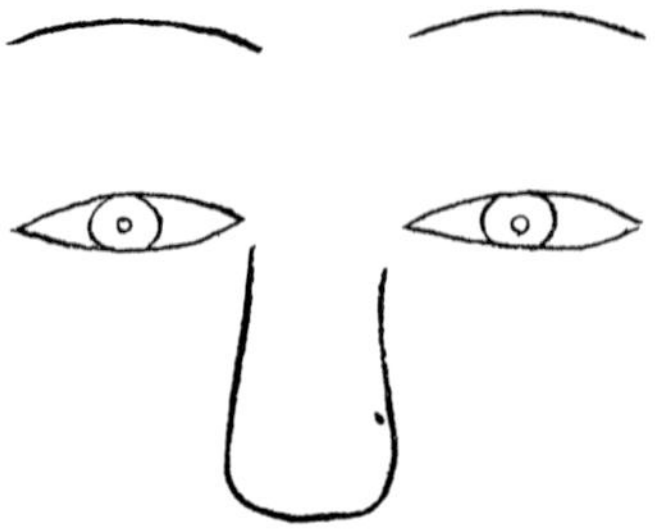

乙

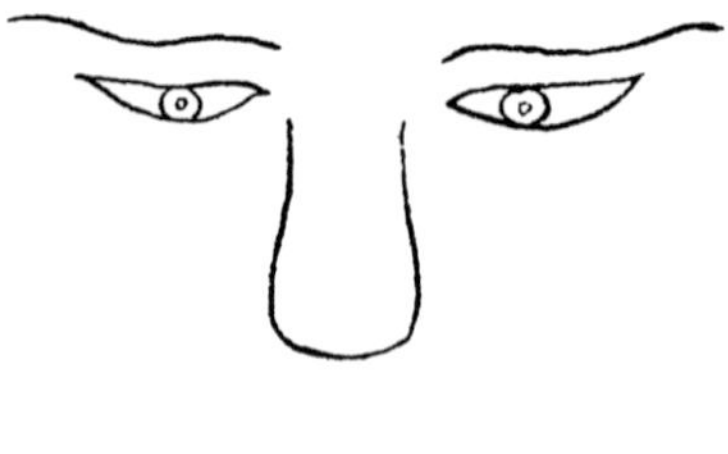

右に反し、此の宮の狹いのは、頗る目先が敏く軍略家ではあるが、性格が兎角狹量で負けぬ氣が強く、勢ひ多くの敵を認めぬ譯には行かぬ。且つ又家族も少數で力にならぬ事が多い。

乳量が豊富で能く兒女を育む。故に男女共に田宅が良であれば後裔が榮えん事、萬々疑ひない。(此處で一寸一言餘事に亘るが、或る説に「男子も太古に於ては婦人と同様、乳房が大きく、乳汁を出して、兒女に對する哺育を爲したのであるが、男子は常に外に出て働く關係上、次第に兒女に哺乳するの機會に乏しく、遂に今日の如く減退枯定したものである」と言ふのがあり、多數の人もこれを信じて居るらしく、又私も幼時、此の説を信じて居たが、然し此の説は未だ〳〵餘程研究の餘地があると思ふ。何故なれば、婦女は姙娠するから、或る種の機能が止り、その代りに或る時機に於て、乳を認むるに至るものであるに反し、男子には平素に於て、婦人と同じ様な機能がないから、妻が姙娠したとて、これに代るべき乳を發する事は困難である。然らば男子は如何なる時機に於て、如何なる機能の許に發乳して居たかが問題となる譯であるが、これは恰、男子には髭鬚があるが、女子には無い如く、父母にあるから、その根跡だけを以て生れ、女子は躰軀の構造上發達するが、男子は女子とその構造を異にする結果、遂に發達せず、唯跡形だけを殘して居るものと思はるゝ点もある)

婦人の眼が大きく明なものは、必ず乳房が大きく乳量も豊富である。若し眼に異狀があると、必ず乳に異狀がある。故に婦人は眼さへ見れば、乳の良否が容易に想像せらるる。

眼は黑白分明なるは勿論、眼瞳が美しく淸く澄んで居る事が必要である。一尺位の所に接近して、こちらの顏が十分、先方の瞳に映じ恰、鏡に向ふが如く鮮に觀えるのが良い。かくの如き人は聰明であるは勿論、必ず長壽を全ふする。眼が濁つて曇つて居る人は兎角多難で、長命は出來難い。

眼はかくの如く大切であるが、眼と眉との間(俗に家族宮と謂ふ所)も大切で、此處に傷、黒子などがあり、若しくは、悪色が浮いて居るものは、萬事高運ではない。本宮が廣く美しく明淨であるものは敵を釀す事がなく、身邊が常に安泰である。又此處に智識線(眼の直ぐ上に當り、横に長き線)あるものは養子に適すると言はれてある。

本宮の色勢は最必要であつて、黒色は刑傷、青いのは官吏に向かず、行き詰んだ如く白いのは悲愁を見る。唯紅黄色のみ田宅を百世に置いて、子孫が長く繁榮するの貴相である。

第五節　男女

此の宮は恰、兩眼の下、笑ふと、ぷつくりと膨れる處……指で押せば引込む骨のない處を指して言つたのである。

男女宮を二分して、臥蠶と涙堂との二つにする。臥蠶は下眼瞼で、涙堂は其の直ぐ下側の稍陷んで居る處である。又此の二部位は一口に涙

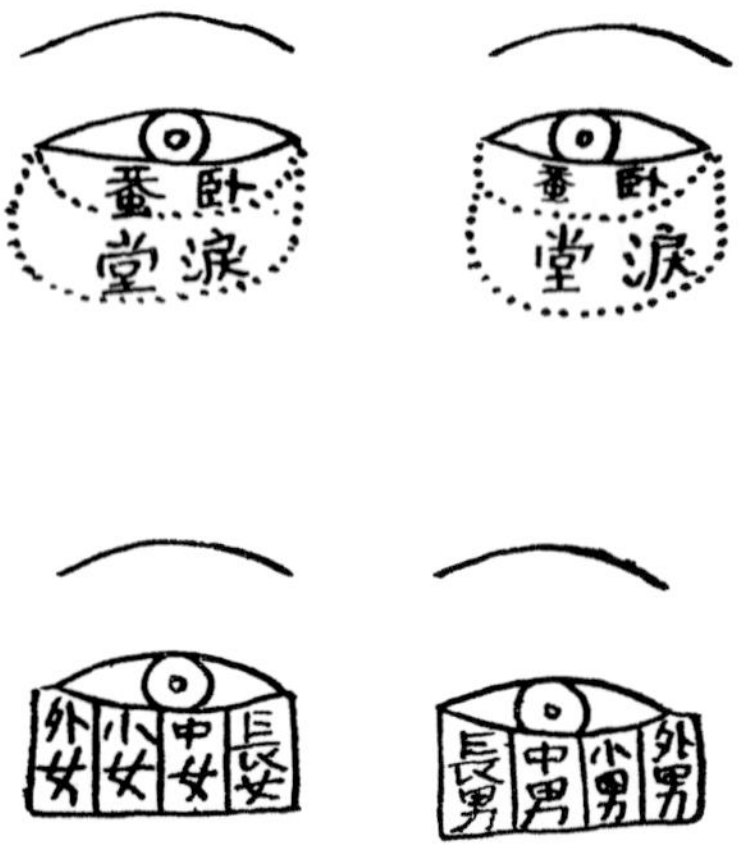

女は左右を反對に觀る。故に自己の左の臥蠶で女兒を、右の臥蠶で男兒を見る。

堂として論ぜられる事もある。男は左の方を三陽と言ひ、右の方を三陰と謂ふ。(女は左右を反對に見る)此の臥蠶がぶつくりと膨れて涙堂が陥つて居らぬものは、性力(敢て性力と言ふ)が絶倫で澤山な兒女を生む。又此處の色が紅潤色で美しい人は、陰德の心掛けの深い精神の充實した人物である証でかくの如き人は、其の夫婦關係が正しく行はれ、其の方面の機關にも不純がなく、屢々姙娠して良い子を生むに反し、此處が甚しく疲衰して居るものは、性力を亂費した結果、又色の惡いのは、屢々此の方面の不德を敢てしたる証、臥蠶涙堂共に陥沒して豊滿ならず、加ふるに色汚きは陰德の心掛等更になく、屢々暗に德操を破つた兆であると言はねばならぬ。能く性疾を患へて居る人を見ると、必ず此處の色が赤黑くなつて居る。若し三陽が枯るれば男子がなく、三陰が枯るれば女兒を生まない。

次に甚だ不思議な事は、夫を觀てその臥蠶が豊滿で恰、水膨れの如く、ぶつくりと膨れて居るものは、其の妻女が必ず姙娠中である事である。何故に妻が姙娠すれば、夫の臥蠶が膨れるかと言ふ事は非常に六ケ敷い問題で、相學者間に於て色々に論議せられ、甲論乙駁で到底盡きる事はないが、結局宇宙の眞理がかく命じ、此處に至つて居るものとするより外はない。これに就て面白い話がある。つい先般の事、三井物產の參事で某と言ふ人物、私が昨年鑑定した時、「あなたは本年内に奥樣が姙娠せられ、來年始めに出產せられます」と言つた處、其の人は首を傾けて暫く考へ、「そんな事はないでせう。實は結婚後十三年になりますが、一回も姙娠せず、もはや到底、兒はない事と信じて居ます」と言はれたから、私は「姙娠は絶体に違ひありません。來年早々、男兒を出產せられますから、そのつもりで準備をして置きなさい」と言つた處、其の人は尙、信用し兼ねて居られた。然るに奧樣は間もなく姙娠せられ、今年二月男兒を出產せられたので、本人が喜んで、私方に禮旁次の鑑定を受けに來られた。此の實例は頗る多く實に不思議に的中する。同じ姙娠でも、男は左の臥蠶が紅色であれば男兒を生み、右の臥蠶が青色であれば女兒を生む。勿論、左右共に紅色であれば男兒、左右共に青色であれば女兒を生む事が疑ひない。處が或る觀相者が、臥蠶の大小で鑑定する法を立てゝ居られるが、そ

男

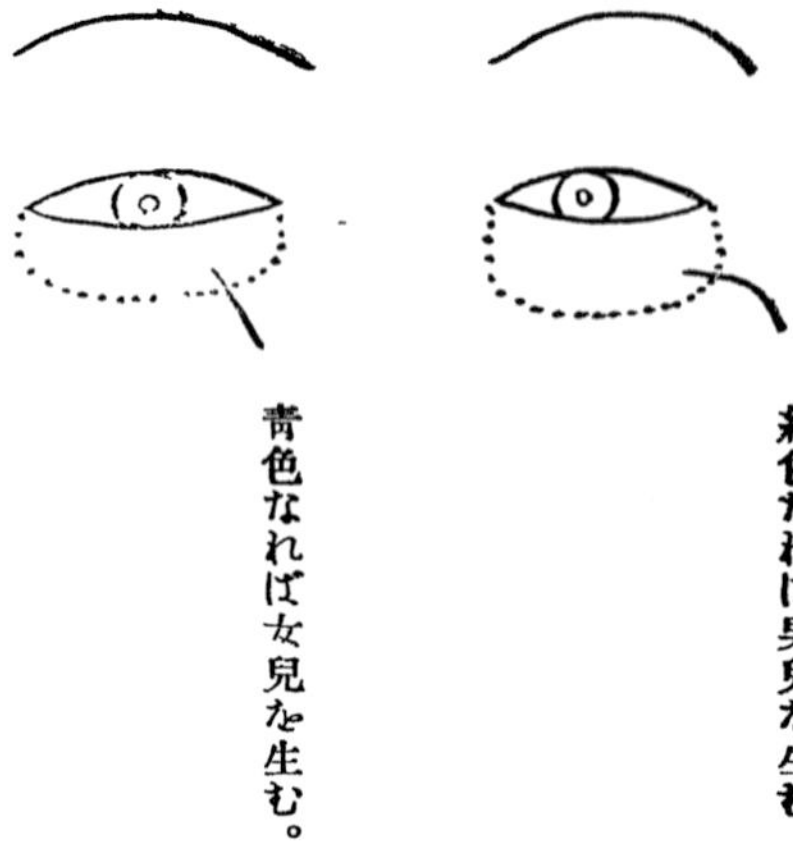
紅色なれば男兒を生む。
青色なれば女兒を生む。

女

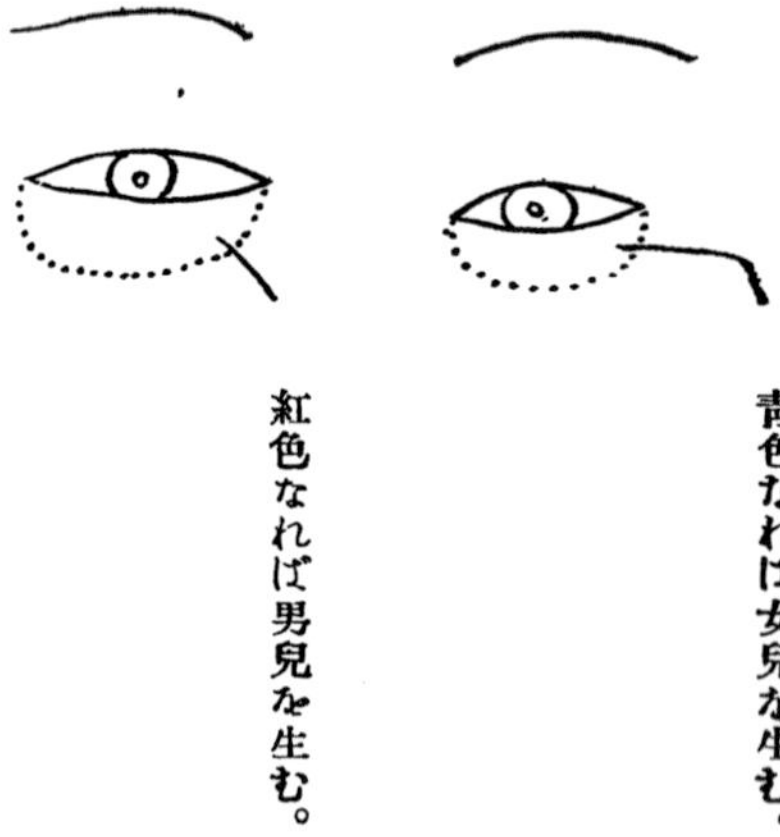
青色なれば女兒を生む。
紅色なれば男兒を生む。

れは左が大きければ男兒、右が膨れて居れば女兒(女は其の反對)だと言ふのであり、一寸理屈が良い樣に聞えるが、然し臥蠶の大小は平素から、平均しては居らぬ。故に平素左の臥蠶が甚しく豊滿である人(男)が姙娠した時に、胎兒が女兒であつた場合、右の臥蠶が少し位膨れても、尙左の臥蠶の大きさに及ばぬ事がある。そんな時には男女別は正反對になるから、結局、的中せぬ事になる。それで此の說は素人を胡麻化すのには都合が良いが、的中率は甚だ低い事に成る。それよりも色彩で觀る方が余程慥かである。

それで此の宮に當つて黑痣、斜線等があれば其の部分に當る兒女を生まぬ。(長男の部に異狀があれば長男を。次女の部に欠陷があれば次女を生まぬ)若し臥蠶、淚堂共に昏暗殘衰であれば、兒女共に得られない。又兒女が多く生れても、其の大半が死亡して育たないものは、臥蠶は豊滿であつても、色が、暗慘色を呈し、淚堂が凹陷して居る。佛像は凡て臥蠶が特に大きく造られてあるが、これは陰德(慈善)の表象で、人間も佛像のそれの如く、臥蠶が大であれば釋迦、孔子にも劣らぬ貴子を生んで、大に兒孝を受くる事が出來る譯である。

更に臥蠶の大小は兒女の數にも關係するが、又兒の成否に影響する事が大きいから、兒數は少く、唯一名を數へるのみにても、其の兒が大成功をする偉人物であれば、兩親の臥蠶は相當大きく光つて居る譯であり、兒數は多くても何れも不肖の兒であれば、臥蠶は唯膨れて居るのみで、色が惡く、且つ圓美でない。

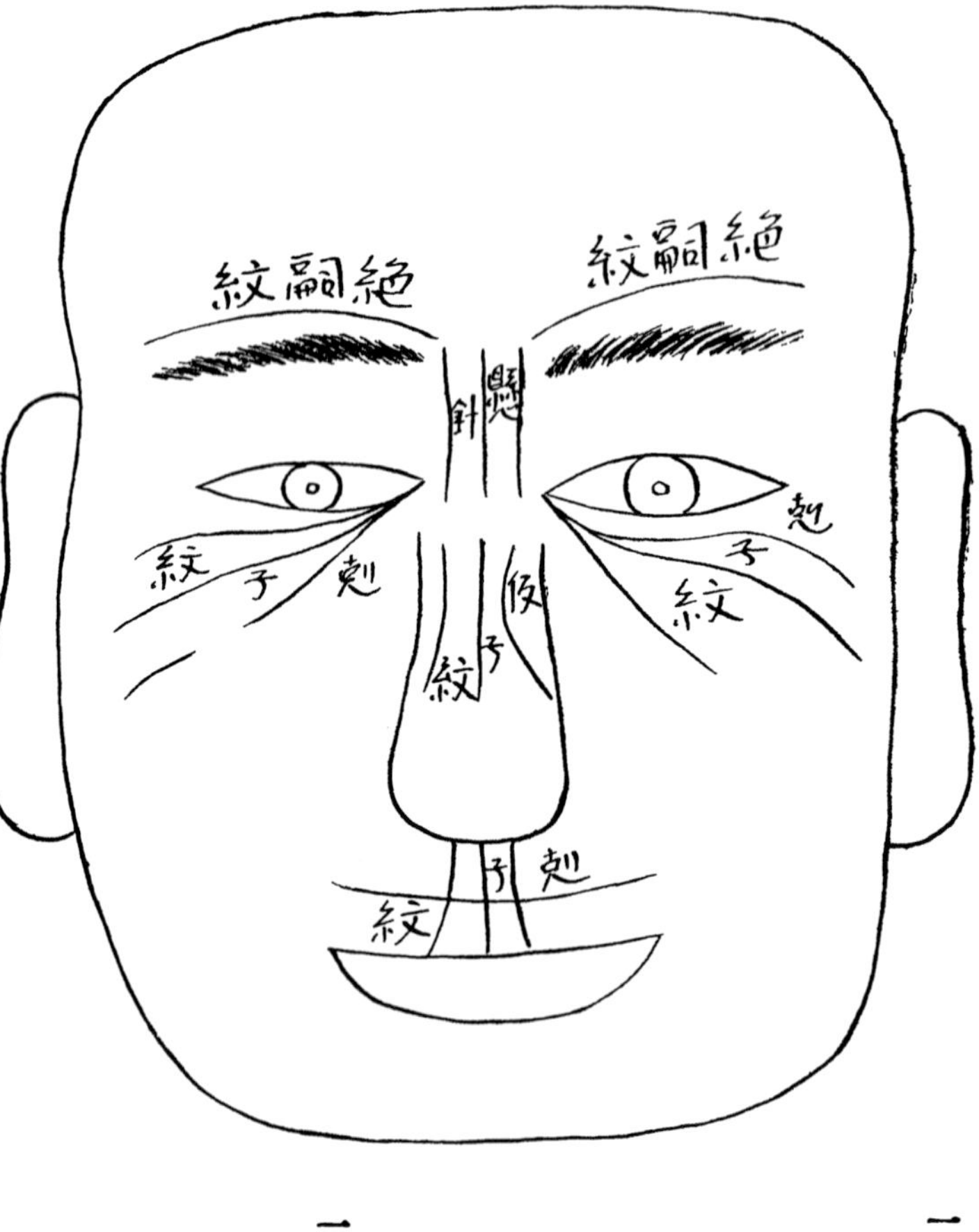

一、兩眉の直ぐ上にある斜紋を絶嗣紋と謂ひ、此の紋あるものは必ず實子がない。(若しあれば或は死亡、或は行衛不明、或は親子絶交し遂に我が子にかゝる事は出來ない。

一、懸針、剋子、假子紋等、あるものは何れも兒女が少く、若しありとも兒孝を受くる事が出來兼る。

第六節　奴僕

本部位は、口の両端から少し下つた處であるが、凡て相學に於ては、一個の部位があれば、周圍の他の部位をも併せて考へる事が必要で、唯單に一部位のみの特定相で、全般を斷定する事は、危險である。故に成るべく廣義に解釋し、或は他の連絡關係のある部位と、合せて勘考する事が肝心である。

本宮の如きも亦然りで、奴僕は自己より地位低く、吾に隷屬する者を指して稱するもの故、寧ろ下停全部を奴僕宮と觀るのが至當である。前にも述べた通り下停は晩年であり、吾人は中年から多く、晩年に入りて奴僕を召し使ふのである。余り若年では奴僕を用使して、事業を行る等は到底出來ぬ事だ。吾々が事業を行るには、其の事業の大さに從つて人を使用せねばならぬ。自己一人のみの勞力では大事業は完成せぬ。識見、技倆、經驗、財貨、共に具備して、此處に初めて大多數の人を雇使する事が出來るのであるが、其の資格が完備するのは、どうしても晩年たらざるを得ない。吾人は多數の助力により、又適材を適所に置きて、初めて各自の希望が達成せらるゝ譯である。故に大多數の人を雇使して大事業を行ふ人にありては、奴僕は下停全部に充滿して居るものと謂つても過言ではない。果して然りとせば、本宮を特に廣義に解釋して下停全部を奴僕宮なりと斷じても良いではないか。私が從來幾万の人を相した經驗に因るに、口の良い人は凡て部下が多く、多數の奴僕を召使つて居る。

これに反し口の悪い人は、どうも奴僕に緣が薄い事は、疑ふべからざる事實である。故に口も亦、廣義に於ける奴僕宮の一半であると斷じ得るのである。

扨て本宮の上相は、どんなのであるかと言ふに、第一肉が豊滿で、色艶が好く、傷其他の異狀のないのが良い。かくの如き條件を全部具備して居れば家康流で、家臣、郎黨が圍繞して援護支持し、尨大なる一大勢力を釀成して天下に號令するに至る。同じ名將でも秀吉は奴僕宮が稍陷つて居り、部下に對する勢運が家康のそれに比して幾分劣つて居た。それが爲め、一二の奸臣をも出すに至り、僅かに二代で倒れたのは惜しい。若し此の点さへ家康以上であつたならば、秀吉は尙より以上の大事業を行つて居るのに違ひない。昔から多數の部下を得て、家運が永く榮えた人を見ると、皆一樣に此處が豊滿である。若し此の部に傷、其他の異狀があれば、或は部下が主命に抗し、或は過失して主人に損害を與へ、其他奴僕の失敗からして其の累をも主人に及ぼす事になる。私は昨年末、錢高組の社長錢高作太郎氏を鑑定したが、氏は溫厚な君子であるが、惜しい事には奴僕宮が欠陷して居る。それで、或る事を注意して置いた。氏の如き人格者にも、尙此の欠点があるとは是非もない事である。

古書には、此の奴僕を左右に分けて、左を僕とし、右を奴としてあるが、それは何れでも同じ事で店員でも下女でも皆、此の部で鑑定して良いのである。色勢は黃色を第一とし、奴僕自然に旺なるの兆、赤色は奴僕の蔭口、青色は部下に傷害あり、旅行不能の相である。

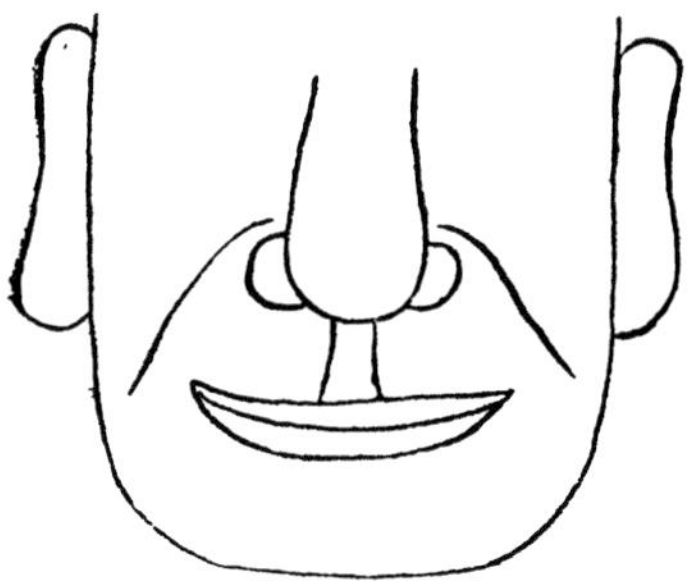

奴僕に縁厚き相

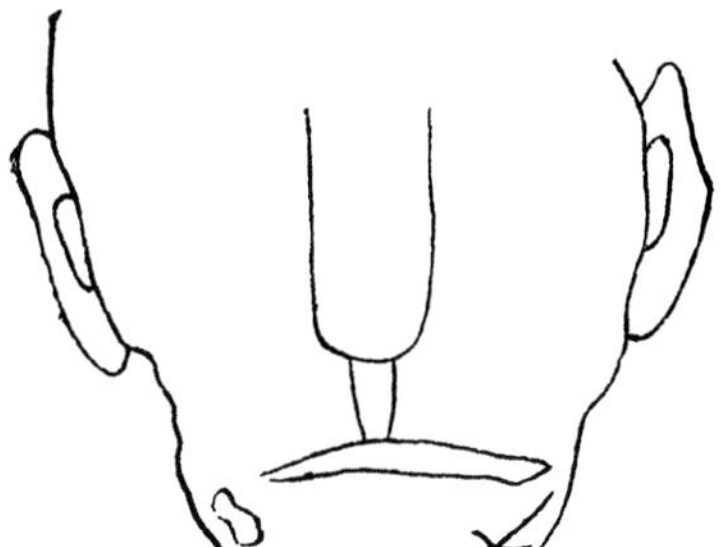

奴僕に縁薄き相

第七節　妻妾宮

妻妾宮は眼尾の凹んだ處に位して居る。此の宮は、自己と配偶者との關係を觀る處であつて、男は左を妻とし、右を妾とする。女は右を夫とし、左を長子とする。此の妻妾宮は寧ろ夫婦宮と言つた方が適當で、一夫一婦論の高唱せらるゝ今日では、此の名稱は既に古く、且つ稍、穩當を欠ぐ嫌ひがないでもない。

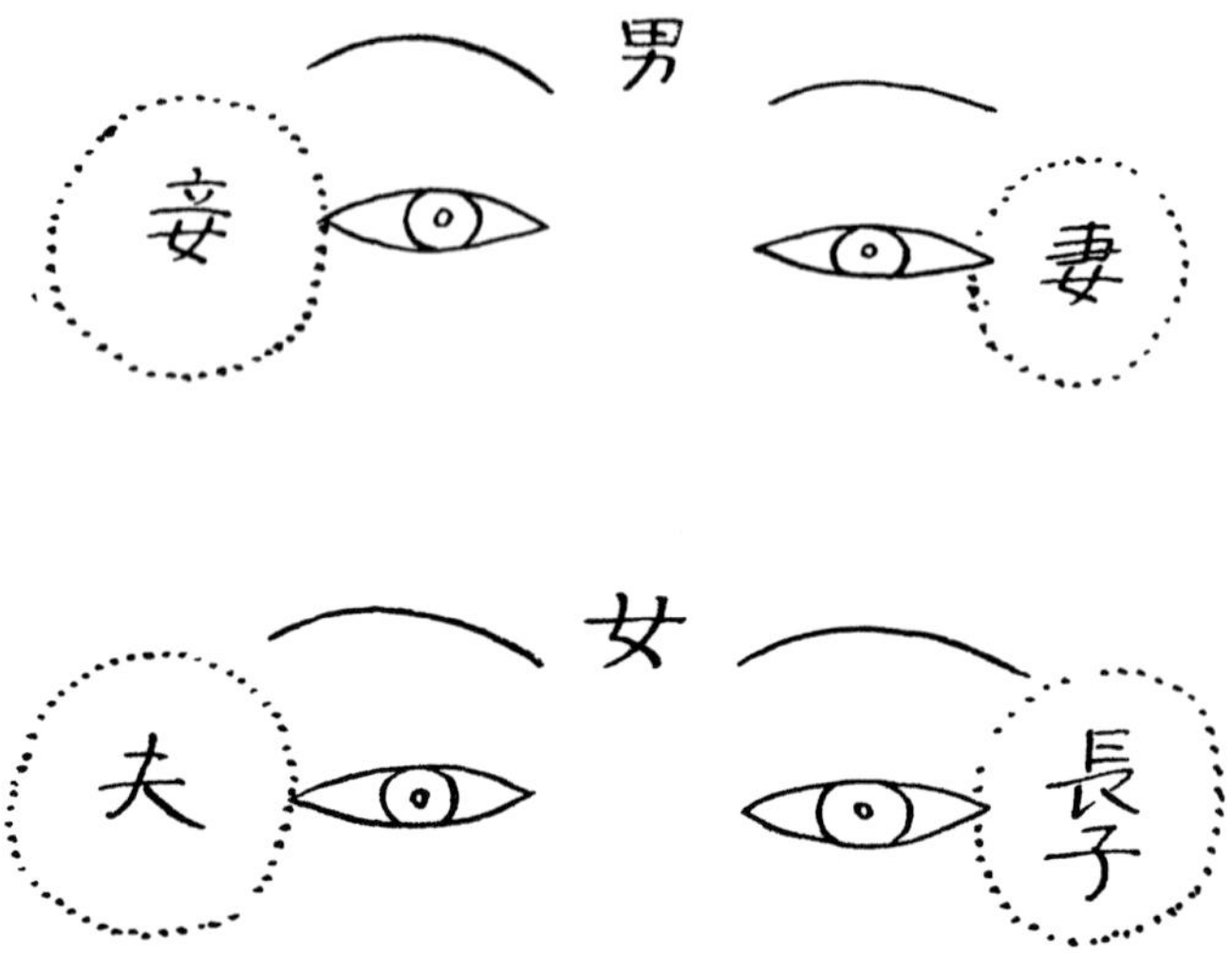

本宮に依つて觀る範圍は、其の人の結婚が早婚であるか、晩婚であるか、一婚で濟むか、多婚であるか、終生、夫妻仲良く互に滿足すべき配偶者を得るや否や、配偶者を得て家庭圓滿に家運益々榮ゆるや否や、夫婦共に長壽を全ふし得るや、又は死別する事ありや否や、若しありとすれば其の時期、原因等で、殊に未婚の男女にありては、將來破鏡、死別等の不祥事なき樣、合性を知る事が最大の目的である。

眼尾は誰でも、幾分陷つて居るものであるが、余り甚しく陷つて居るものは多婚である。從つて此の相ある者は多くは早婚であつて、既に二十歲未滿で結婚する者もある。そして必ず其の結果が不良で、或は離別、或は死別となつて、再三結婚を仕直すの止むを得ない事になる。既に婚期が熟せば、此の處に美しい紅桃色が浮くのであるが、此の色が美しいだけ、結婚の成績が良く、汚濁を加ふに連れて結果が良くない。若し甚しく暗黑色を呈するものは強ひて結婚するも忽ち破鏡の嘆を見る事になる。又男女共に此處が陷つて居る人で、或る關係上絶体に離縁する事が出來ない塲合には、夫妻互に不滿を持ち合ひ夫は夫、妻は妻と云ふ樣に各々自分の都合のみを主張し、配偶者の事に就ては、吾れ關せず焉と言つた風の事が多い。又屢々結婚を繰り返した人で、お互に初婚でなく、双方共に前配偶者との間に出來た子などある塲合、兎角家庭内が圓滿を欠ぎ、終生配偶者に對して不滿を持ち乍ら、氣苦勞が絶えぬものである。眼尾が亂れ刻して居るのは配偶者、長疾を患ひ、死亡するの相、眼尾が下方に垂るゝのも死別、男子左方妻妾宮に傷、黑子其他の異狀あるものは、妻を剋するの相であり、右方に此の趣あるものは、妻の爲めに剋を受くるの相である。凡て眼周の色が暗黑なのは、素行が不良であつて屢々ある種の德操を破る。殊に眼尾に當つて斜紋、黑子、傷痕等あるものは、妄りに淫情を欲するの相であるから色難を招き易い。男女共に本宮の肉が豊滿で色が良く、眼尾線以外の凶紋、傷痕がなく、伏犀線が印堂を貫いて居り、四德(兩眼、天倉、口、鼻)豊隆平滿であれば、夫妻共に榮えて家運益々盛んである。

某所に甲と言ふ小資産家があり、其の家の主人は恐しい程、本宮が陷つて居り、恰顏面が眼尾で結ひ切つた樣に成つて居たが、一生の中に結婚した數は驚く勿れ、四十三回に達した。何しろ昔の事ではあり、且つ少しの資產があつたから、附近の町から或る種の女を連れて來ては妻にしたが、何れも女の方から逃げ出して、前述の如き亂暴極まる罪惡が繰返された。本宮も亦前六宮(奴僕)に關係があり、この宮が甚しく陷つて居るものは兎角、多くの奴僕を召使ふ事が出來ず、又往々奴僕の爲めに付け込まれる事があつて宜敷くない。

配偶者に死別するの相

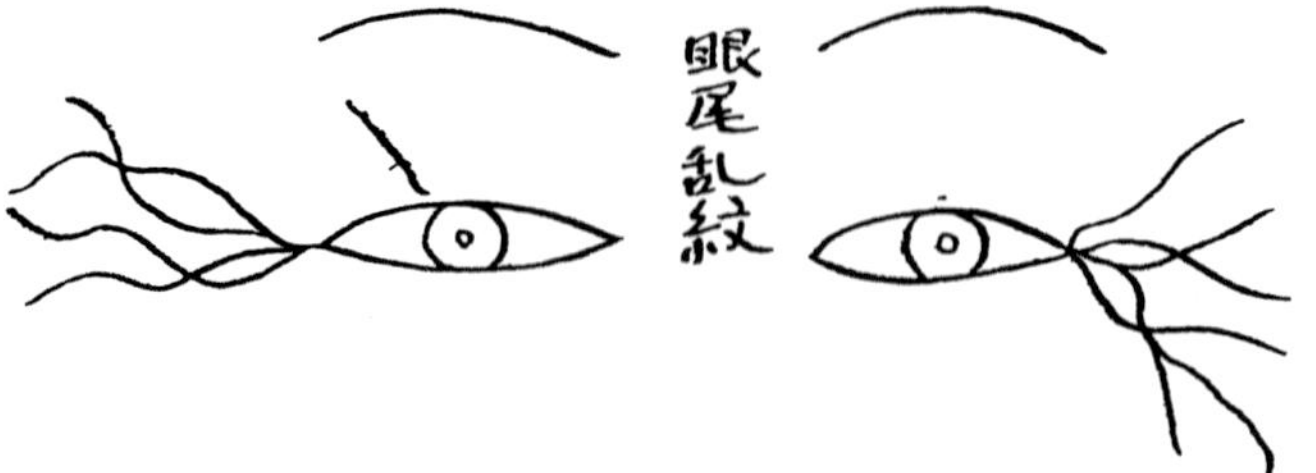

同上

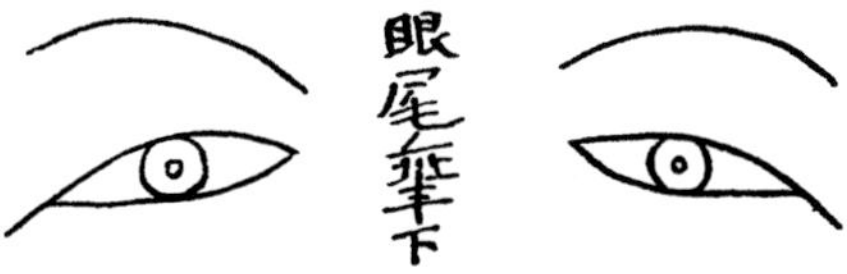

夫妻同棲不能の相

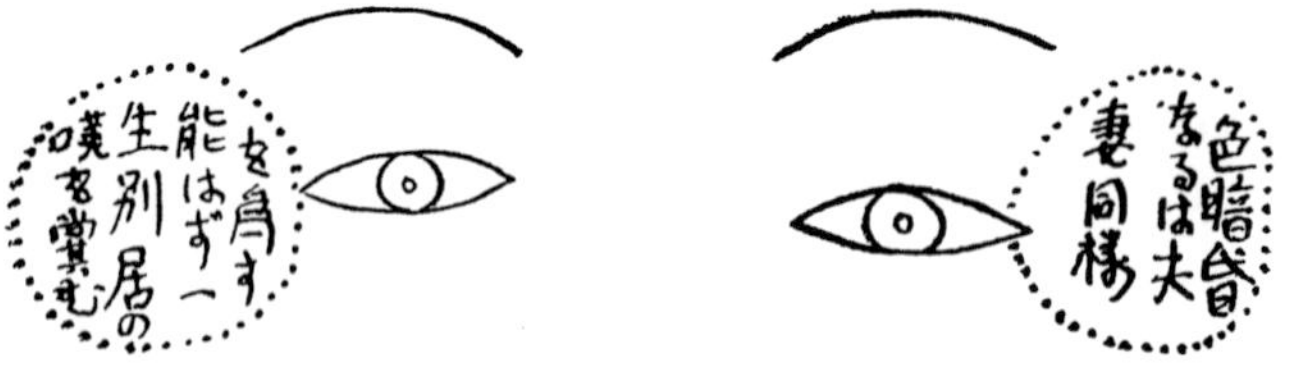

色難

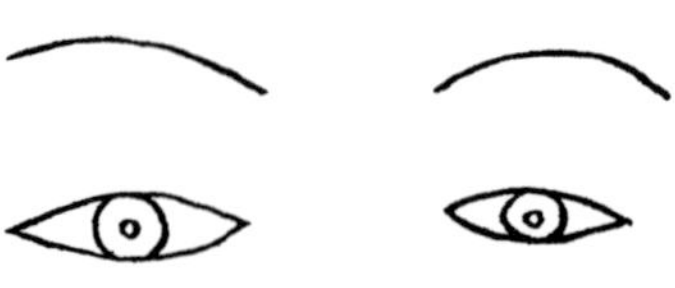

左眼小なるは色難あり。

女は反對に觀る。

不倫の相

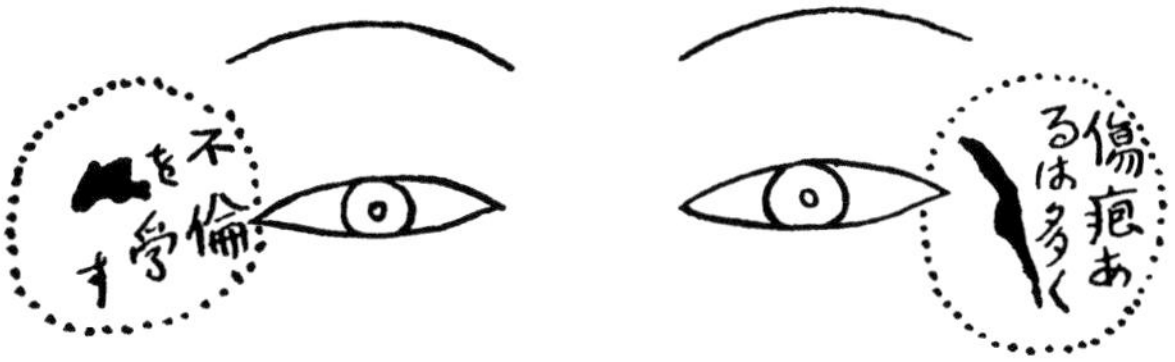

夫妻不運

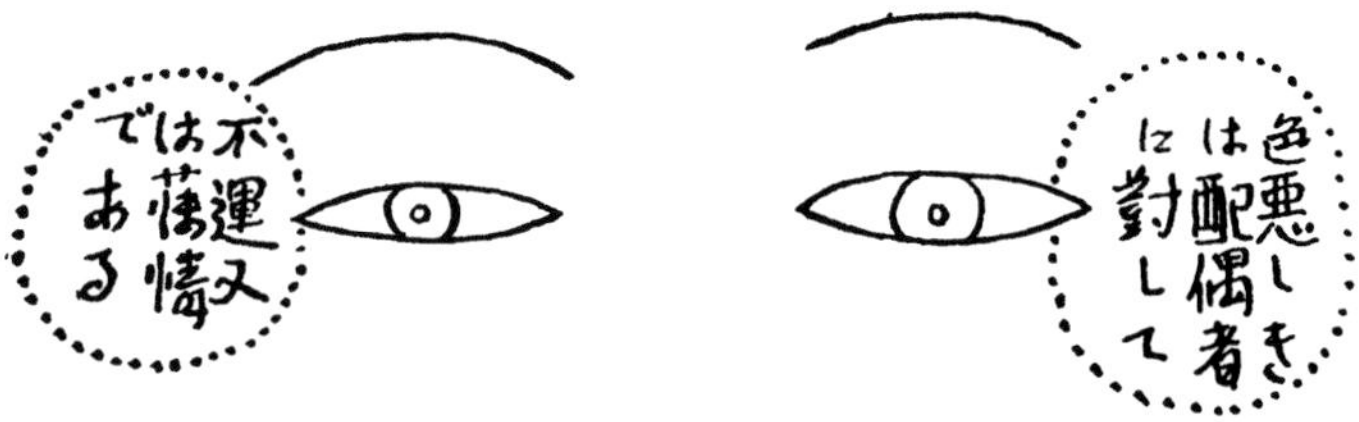

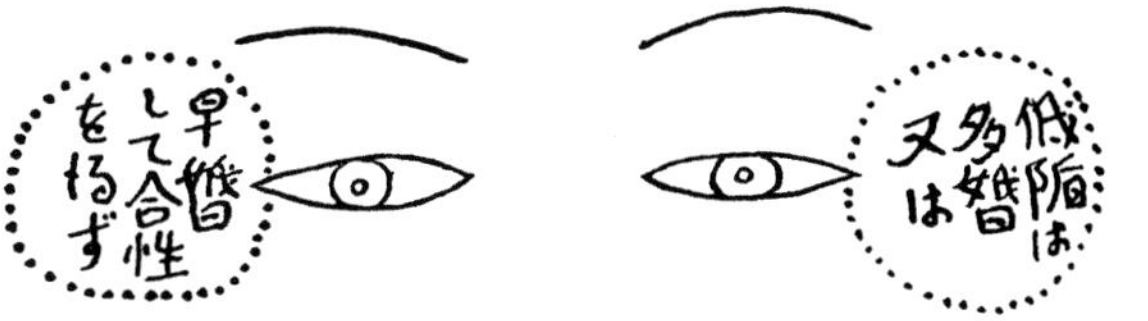

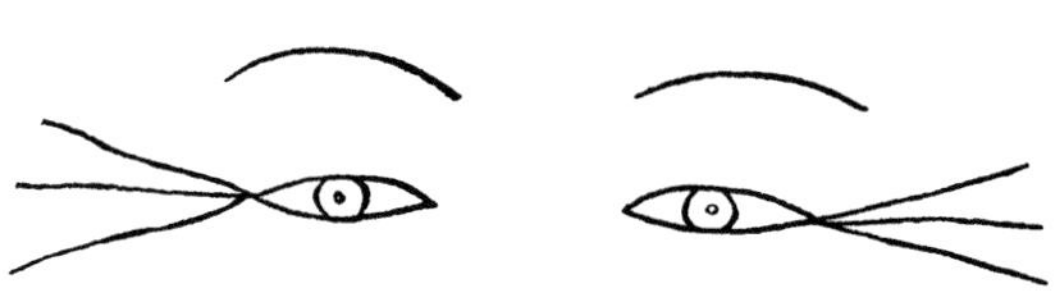

眼尾三線長く正しく美しきは夫婦共に長命にして、大吉である。

色勢は前にも言つた通り、紅桃色が鮮潮すれば婚期將に迫れるの相。婚期迫れるも、暗黒色あれば破鏡の象、靑色は夫妻の憂愁、赤色は夫婦論爭、黒白は夫妻の死別、暗昧色は夫婦長期間に亘りて和合する能はず、唯、紅黄色のみ、夫妻琴瑟相和して歡聲門外に溢るるの相である。

尙序でに一言すべきは、妻は夫と初婚直後、本宮に一個の紅点を發するが、日數を經るに連れて、右紅点は漸次小くなり、一ヶ月の後には全く消えて見えなくなるものである。之を羞紅と謂ふ。

第八節　疾厄

疾病の有無及び治否、壽命の長短、識見、性格等を觀る處である。部位は印堂の下、山根と言ふ場所、此處が紅潤色で光輝があり、肉が高く豐滿で正しくあれば申分はない。一生疾病に罹る事なく、其他の災厄もないが、若し此の部が瘦せて肉が薄く骨が露はれ、或は色が惡しく黝んで居り、或は歪んでくの字形を現はして居る樣なのは、夫妻共に屢々疾病其他の難厄を蒙る。此の部は名が疾厄であるから、病難のみを現はすものと思つてはいけない。一切の厄難を殘らず現はすのである。故に難類を觀る時には、必ず其の難厄に對する特定の部位を觀ると同時に、當部位をも兼ね併せて觀るべきである。

此の處が少し暗黒の色を呈し、それがだん〳〵濃く成るものは、災難を受くる事が近い。就中、疾患を警戒すべきである。某會社の重役に此處の部位が黝んだ人が居た故、注意して置いた處、翌年の十一月頃から、腎臓炎を病んで入院中、二月頃には大小便まで床の中で取つた位であつたが、四月頃から、漸く快色を現はし、六月頃に成つて全快した。其後かの重役は職を辭して、今では或る特種の職業を始めて居られるが、「實にどうも驚きました」と語られた。此の實例は實に多い。次に此の部が瘦せて骨を露はして居る人も、兎角災害が多い。東京の貯金局に某と云ふ會計係りが居られて、右の相であつたから、詳しく説明して「御注意しなさい」と申した處、その人の話に、「實は私は昨年の大震災で丸燒けとなり、其後約一年間病臥し、漸く全快したと思つたら、今度は妻が重患に陷り、約六ケ月間臥床し、それが漸く全快したら、母親が死亡し、其後間もなく、再び近火の爲めに家が全燒しました。(二回目の火災の時には火災保險金一千圓の契約があつた)其後、職務上にも止むを得ぬ變轉があり、慘々な目に合ひましたが、然し將來も未だ災難がありませうか」と問はれた故、「未だ免疫濟ではありません故、警戒が專一です」と注意して置いた。

又此の部が甚しく歪んで骨が張り出し、色の汚いものは甚だ敷い不實家で、野望を敢てし、天下の批難を招くの相である。目下、某郊外に居られる某夫妻の相を觀るに、夫君は鼻の中央が甚しく歪み所謂くの字形を示して居り、色が汚く細君の方は此の部が尖つて、骨張つて居る。かの夫妻は或る事柄からして、大變な嘲罵を受けた人々だ。此處が尖り過ぎると、或は識見が尖鋭に失して豫想外の奇行を敢てし、或は萬事薄運であつて、一生苦しみ通して惠まれる事がない。右の夫妻の現狀も亦、想像の通りである。

更に此の部が何となく肉薄く見え、色青黒きものは蓄膿症等を病む前兆であり、又鼻梁の歪むものは脊髓骨が歪んで居る故、呼吸器病等に罹り易い。（曲り方は鼻梁の曲り方と同一）殊に災難の來襲する前には必ず、此處に煙霧の如きものが覆ひ掛つて、むら〳〵と陽炎が立つ如くに見ゆるものであるから、此の相のあるものは極力警戒に努むべきである。

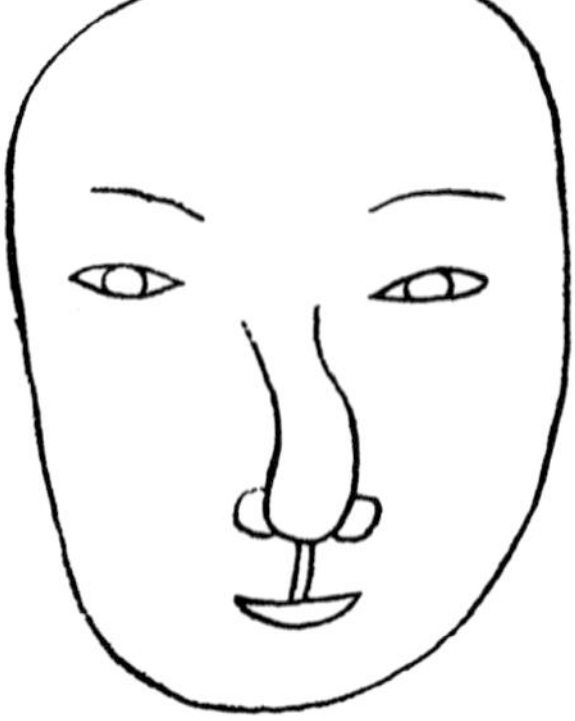

鼻梁歪むは脊髓骨曲む、官吏に宜しからず。或は大難、或は呼吸器病を患ふ。

鼻梁瘦せて薄く尖り高きは、性格寛なる事能はず、抱擁力に乏しく、人と相容れず、中年流落する事多し。

兒女の無い人は此部に立理紋が出來る。元來、本宮は血の上る神路と言はれ、心神が充滿せず常に空虛を心胸に感じて居るものは、此處に立理線が生ずる。兒なき者は其の心神に寂莫を感ずる事が深いからである。其の他何事に依らず、心神に誠實の充實しないものは、其の無信なる相が現はれて相貌が空虛に見える。前にも一寸述べた通り、本宮が余り薄く高過ぎると仙人の相となり、心胸が狹く抱擁力に乏しいから、味方が少く、又余り低く、絕えてない樣なのは與みするに足らぬ鈍物である。

本宮は、十二宮の上から言へば疾厄であり、六曜を分てば月孛であり、又百三十部位を定むれば、山根、年上、壽上の三部位に當つて居る。疾厄と呼ぶ時には災難の有無を觀、月孛と名くる時には性格の如何を觀、山根、年壽の場合には一般の勢運、命脈の長短等を察するに用ゆるのである。

第九節　遷移

出張、旅行、移轉、取引、擴張等の吉凶、禍福を觀る處である。部位は十一宮中、最、廣域を占め横面の全部に亘つて居る。條件は奴僕宮と同じく、傷痕、黑子、凶紋等なく、肉が豊滿で、色が美しく光つて居れば、何時、如何なる方面に出張、旅行、取引擴張するも災難、失敗等なく、豫期の目的を達する事が出來る。それに反して此處が色凶しく、傷痕、黑子などが多く散在し、斑紋点々として居れば、前記の出張、移動は全部不可で、若し强ひて出旅すれば、或は病難、或は傷難、或は挫折で決して希望の成績を擧ぐる事は出來ず、事業は根本的に敗滅して仕舞ふ事を免れない。

本宮は奴僕宮、財帛宮にも關係がある。何故なれば、大なる事業の目的で旅行するには、相當なる奴僕、船車を要し、又それに費す處の財帛を要する。若し此の一宮に一点の異狀なき者は、前記の移動、思ひの儘で、至る處喝采を博し、天下に高名を謳はるゝに反し、この三宮に異狀欠陷あるものは到底、村境を出づる事が出來ない。本宮は顏面を身体全部に割り當つれば、恰兩手に當る。命宮より少し上、中正は首、命宮は胸、眉は肩、鼻は腹部、人中は會陰、口は肛門、法令は兩脚、(金甲は睪丸に當つて居る)故に兩手の良く發達したものは、常に万事が積極的で能く活働する。又何を行つても利巧だ。それと同樣、此處の豐滿、秀麗なるものは絶えず新進計畫し、自己の開運、成績に努力する。そんな譯で本宮の良なるものは交際、趣味も廣く、成功が速い。目下米國に在つて頗る評判の良い某俳優夫妻の如きも、本宮が非常に美艶である。だから、米國にまで押出して、かの人氣を博して居る。それに反して此處に傷あるものは、兎角遠行は出來難い。私の知人に兩頬に一寸位宛の傷のあ

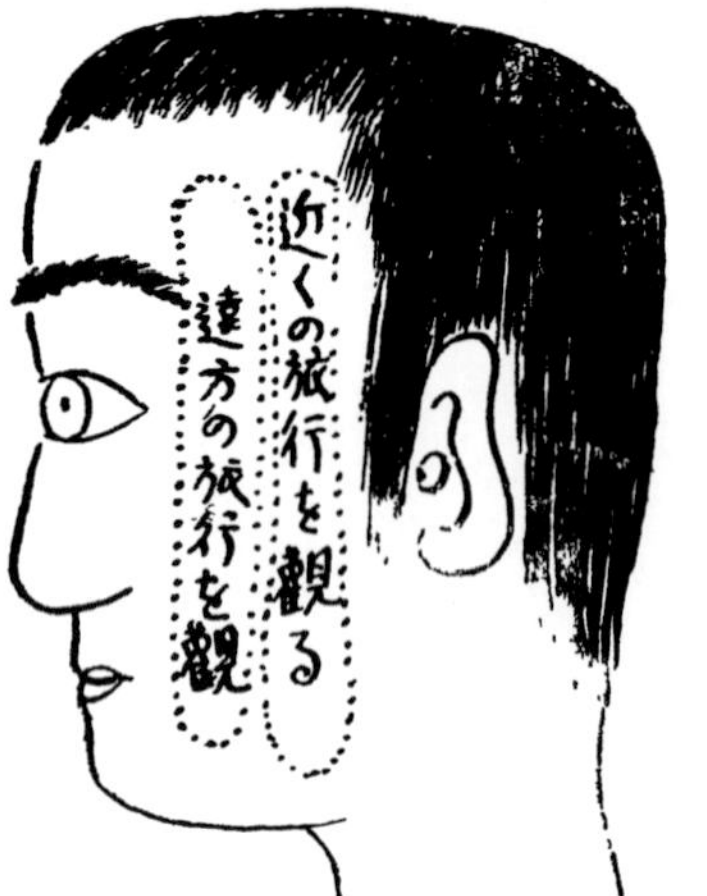

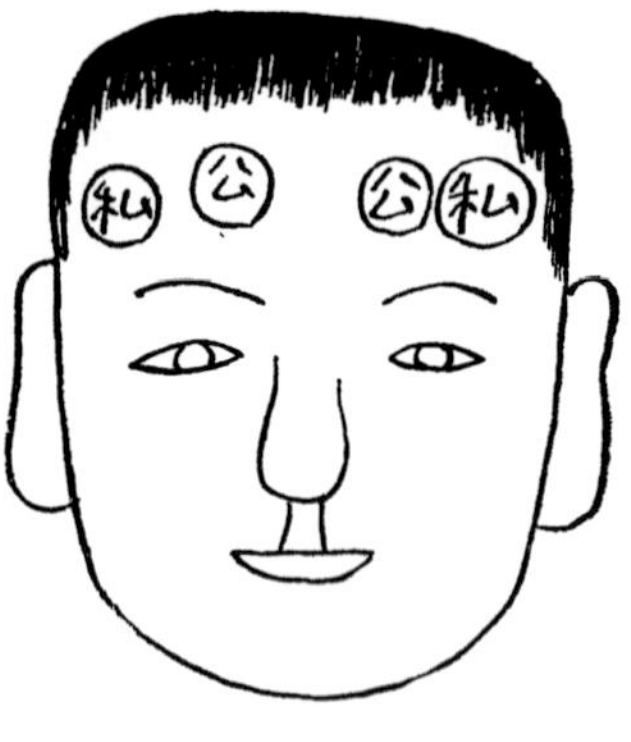

本宮を二分し、顔の正面に近き方を、遠方への行程を觀る處とし、耳に近き方を、近距離の旅行を觀る處とする。

又、公用の旅行と私用の旅行とは、圖の如く、公用は日月角に近く、私用は其の兩邊に浮ぶものである。

る人が二人居て(二人親族)同時に布哇に出稼に行つたが、約半歳程の間に二人共病死した。

色勢は一帶に能く澄んで行き渡つた紅黄色が良く、昏暗にして行詰んだものは、其の色の改むる迄移動する事が出來ない。尙福德宮の部に色勢を說いてある。

第十節　官祿

官祿とは額全部を指して謂ふ。官吏に適するや否や、上長よりの庇護及び天惠の福德の有無、衆人の長となり得るや否や等を觀る處である。額は天停、又上停とも言ひ、共に最上最高の位階を言ふ。人間の階級にすれば帝王、父母、其他の上長尊者に比すべき所である。故に此の部が美しく光澤ありて輝けるものは、萬事上長の恩惠を受くる事が深く、幼時は父母に愛せられ、海山の愛撫を擅にし、長じては帝王、先輩、其の他尊者の信任が厚く拔擢、庇蔭を受け、官位上り、俸祿を增し、自己も遂に四民の上に立つに至るものである。

若しこれに反して此處に惡紋があり、傷痕があり、又は卑色を浮べて居る時には、到底前記の恩惠を受くる事は出來難く、屢々上帝よりの叱責を受けて天災を免れない。

昔から官祿の良い者は官吏に適すると言はれてあるのは、官吏は位四民の上に立つて、萬事其の標準となり、下を指導するの職分にある。官祿は三停、五岳の最上位にあつて、高麗美しく威嚴稟たるは、恰官吏の四民に對すると同じ意味であらねばならぬ。若し官吏にして額が甚だ狹く、鬢際紊れ、或は傷、穢色等あるものは必ず職を傷け、位を潰して、遂に其の地位を保つ能はざるに至るものである。尚額に就ては後欄に詳論するが、色勢は、白色は尊者の死亡、黒色は自己の死病、赤色は爭論、赤黒色にして火煙の如きは、火難近きにあり、靑色は疑憂苦澁、紅黃色は例に依り一身上の慶事至るの前兆である。

第十一節　福德

本宮は前の遷移宮と同一場所の横面であるから、中には本宮と遷移宮とを合併して十二宮を略し、十宮として論じて居る人もある。それで本宮に關しては遷移宮の部を觀れば、大体は判る譯であるが凡て本宮の肉が豊滿な人は、萬事にかけて運强い。他人と掛引き、談判、訴訟、輸贏を爭ふても滅多に負けぬ。處が本宮の凹陷して居る者……就中、眉尾と横鬢との間が、抉り取つた樣に陷つて居るものは、天與の福德などは絶体になく、若し他人と論爭、輸贏を試みば、必ず敗北する事が間違ひない。又此の宮（就中、例の横鬢）が陷つて居るものは、性格が變狹であつて、到底萬人向きではない。一度ひねくれ出すと益々ひねくれて、何共致し方がなくなるものだ。かくの如き人物は、何かの事件で躓き始めると、自ら求めて益々其の災難を大にするから、遂に自分で堪え切れず、終には囹圄の人となる事を免れ得ない。色勢は遷移の塲合と同一で青色は憂疑、赤色は論爭、白色災疾、黒色は自己死病の難、紅黄は諸厄衆難を排して天恵の福徳を受く。

第十二節　相貌宮

本宮は一部位に就て、論じたものではなく、面部一躰を一括して一宮と成し、総体的に評したもので、三停、三堂、五官、五岳、六府、四學堂、八學堂、四德、四瀆、九州、五星、六曜、日月角、人中、法令、十二宮、其他の部位全部の総稱である。

先づ三停は初年、中年、晩年の別を観、五官は勢運を打開するの力、三堂は陰德の有無、五岳は福德の厚薄、六府は父母、其他周圍の關係、四學、八學兩堂は學才、德操の有無、四德は進取の勢力、四瀆は陰德の功、九州は方位、五星は職業關係及び難類の鑑定、六曜は性格、識見の程度、日月角は父母との關係、人中、法令は兒孝の有無及び部下の誠否、十二宮は観相法に於ける中堅で、各種の勢運を殆網羅して居る。

斯くの如く全般に亘つて論説して居り、これで殆余す處はないのであるが、此處に一言すべきは、相學に於ては、あらゆる部位、機關が揃ふて出來上つて居らねばならぬので、其の中の一部位が欠げても宜敷くない。尤、部位に依つて輕重の差があるから、余り重大ではない部位ならば、少し位の傷があつても、大なる變化はないが、然し其の最重要な機關に至つては、一官を欠ぐ毎に其の人の勢運は其の大半を欠ぐ事になる。古人、五官、五岳、六府を論じて「一官（或は一岳、或は一府）成る者は十年の福德」「一官（前記と同じ）成らざる者は十年の凶厄を受く」とあるが、これは一官一府が成るや否やに依つて、非常に重大なる慶厄が至るものである事を例へたもので、必ずしも一官が出來て居るから、十年の福德があるに定つた譯ではなく、又一官が不能の場合に受くる不便、損害は決して十年どころではない、一生である。それで甲の部位と乙の部位との差引勘定は絕体に出來ない。だから一部位に大なる欠陷のある人はそれに依つて、一生苦しまねばならぬ事になる。換言すれば此處に盲目の人が居るとする。彼は監察官が欠げて居るのであるから、古書に所謂「一官の成らざるものは十年の凶厄あり」で十年間の不自由で濟めば良いが、實は十年では濟まない。命のある限り一生不自由をせねばならぬ。此の時、他の機關が如何に丈夫でも、決してこれを救ひ、補助する事は出來ない。（若し他の機關によりて補助し得るものがありとするも、其の程度は頗る微々たるもので問題にならぬ）今一件、例を引けば此處に一名の肺結核の人が居るとする。彼は他の機關は頗る健全であるが、唯、肺のみが惡いと言ふ場合に、彼はその肺結核で倒れるから、他の機關がどんなに健全でも、結局は無意味に歸する譯である。それで結局、相貌諸機關は平均して揃つて出來上つて居るのが最良く、欠陷があつては他の諸機關をも其の程度に引き落す憂があるから、萬機が揃つて出來上つて居らなければならない。

これが小學校の卒業試驗であると、たとへば算術の問題が五題出て、四題までが皆百点であれば、殘り一題は零点でも平均して八十点に成るのであるが、相貌に依る運勢は、そんな譯には行きません。若し或る部位に欠陷のある者は、特に其の部に對する修養を積み、陰德を施して身の幸福を祈らねばならぬものである。

之に反して職業を選擇するには都合が好い。吾人は唯、或る種の一技に長じさへすれば、それで良い。決して萬藝に長ずるの要はない。相貌は平均して可良でなければならぬが、職業に至つては各種多數の職業に平均して、可良でなければならぬ必要は毫もなく、一職に秀でさへすれば其れで天下に名を成す事が出來る。

顏面が尊嚴にして威あるもの、之を「朝霞の面、又は天日の表」とて高貴の相とする。又女は「面、滿月の如く、下頤豊滿なるもの、遂に國母の貴に上る」と言ふ。顏色暗慘で薄いものは萬事に凶、滿面紅黃明潤、充實するものは喜慶重々たるの吉兆である。若し病氣でも無いのに、顏色、塵芥の色を浮ぶるものがあれば、必ず自己の希望を容れられず、轗軻不遇に泣く人物であり、氣色、眼光共に淒味を帶ぶるものは周敵に圍まれ、四面楚歌の裡に居る人物である。

第六章

一、人中。二、額（火星）、鼻（土星）、口（水星）、人中（河川）、火難、水難、財難の原理……故田中首相との問答。三、法令。四、唇。五、齒。六、舌。七、顴。八、顴骨。九、腮骨。十、食祿。十一、眼尾線。十二、蘭台、廷尉。十三、頭髮。十四、鬢際。十五、髭髯。十六、頸項。十七、頭骨。十八、流年法。十九、骨法と血色、氣色。廿、聲音。廿一、陷痕と紋理。廿二、黑子。廿三、山林。廿四、臍。廿五、足型。廿六、畵相。

第一節　人中

鼻と口との間、縱に細長き溝を人中と言ふ。兒孝の有無、子孫の成否、其の他其の人一生に於ける進運の狀態を觀る處である。

正格から言へば上部は稍細く、俗に末廣がりとて下に至るだけ廣くなり、溝は深く正しく、傷、紋理等がなく、美しいのが良い。此の條件を具備して居る者は、第一其の人の勢運が常に潔く進展して澁滯する事がなく、とん〳〵拍子で成功する。又兒女が皆孝悌であつて父母に盡す事が深い。又子孫も繁榮して衰へる事はない。若し此の部が歪んで居たり、傷があつたり、潰れて溝が認められぬものは、勢運が屢々行詰つて、どうしても希望通りに進運せず、俗に言ふ「蘆分け小舟の障多し」で苦しみ通しである。又此の部が壞れて居るものは、多く兒女がないものであるが、若しあれば何れも不孝の兒で、親に孝養を致す事をしない不肖の兒ばかりである。人中左に偏するものは男兒を剋し、右に偏するものは女兒を剋すと言ふ。（女は左右を反對に觀る）

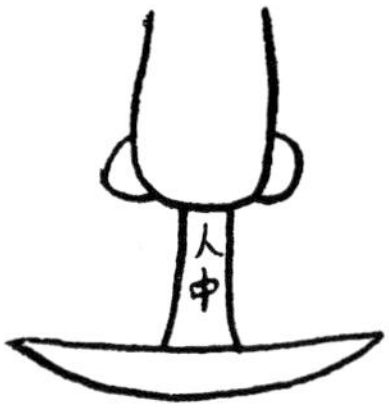

人中長く深く正しく美しいのは長命であり、兒女何れも成功して孝養の念深く、一生、自己の勢運が行詰る事がない。

左に偏せば男兒を損ず。

右に偏せば女兒を損ず。

（女は反對に觀る）

それに就いて、某師は「人中の上部は稍狹く下端に向つて幾分入の字形に開いて居るものは、男兒が多く、この反對に上端は廣く下端の狹いものは、逆人中とて女兒が多い」と論ぜられてあるが、これは必ずしもそうではない。凡て人中は上が廣く、下が狹いのが正格であるのだ。必ずかくあるべきもので、正格に成つて居るから、男兒が多く女兒が少いとの理論は成立せぬ。若し左樣な理論が立つものとすれば、世の中には正格の人中を有する人が九十%以上であるから、生れる兒女も男兒が九十%以上で、女兒は十%以下と言ふ事にならねばならぬ譯であるが、決してそんな事はない。復興局の官吏で、人中が上が廣く、下の狭い所謂、逆人中の人で男兒ばかり六人ある人があり、正反對にこれも某省の官吏で人中の上端が狭く、下が廣く、深く美しい溝を成して居て、女兒のみ四名あり、もはや夫婦共に老年だから、「結局、男の子はない」と嘆息して居る人もある。そんな譯で、人中の上下廣狭狀態で、男兒の多寡を比較する事は、危険であると言はねばならぬ。

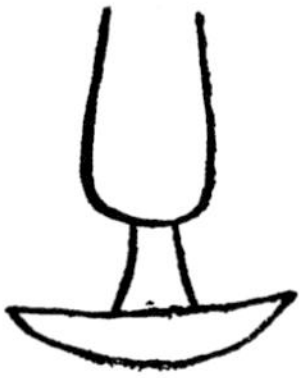

上、狭く、下廣きは男兒多しと言ふも、實は然らず。

人中の上部消えて無きも下端、明確なるものは、中年を過ぎて兒女を生み最晩年に至り、短期間兒孝を受く。

人中の上下狭く、中央廣きものは壯年時、少數の兒女あるのみである。

上、廣く、下狭きは女兒多しと言ふも、これも當らず。

人中の上部あるも、下部消ゆるものは中年の初め頃に於て兒女あるも、中年後に至れば兒を生まない。

中央部狭く、上下廣がるものは、壯年時、兒なし。若し中年迄に兒女あれば育たず、中年後に於て出生したる兒女のみ育ち孝養である。

人中なきものは多くは兒女がない。若しあれば兒女、或は遠地に赴きて歸らず、或は死亡し、孝を致す事が出來ない。又川に依る水難がある。

人中に黒子ある者は、双兒を生むと言ふ説がある。又産が重いとも言ふ。

又男で壯年後、人中に髭の無いのは水難の相である。尚此の人中に就ては、後章に田中前首相との問答を掲げて參考にする。

人中に横紋、又は縱紋ある者は、低能兒、畸形兒又は双兒を生むか、或は兒女長じて、不孝を敢てす。兒孝を受くる不能。

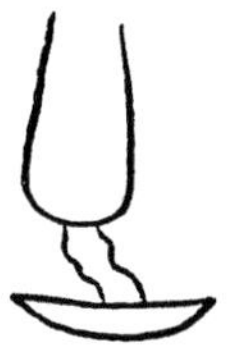

人中が屈曲して居るのは甚だ信用のない人、又性格にも偏狹な癖がある。

人中が尖つて突出して居るのは屢々他人の事に干渉する事を好む人。又不釣合の結婚を爲し、好配偶をない。

人中が後方に引込(凹む)んで居る人は、表面溫厚に見えても腹の底に惡謀を爲す人。又配偶者に對して頭の上らぬ人。

第二節　額と鼻、口、人中――火難、水難、財難の別

故田中首相との問答

私は政友會の幹部、望月氏の紹介で、同本部の幹事室に於て、多數の代議士を鑑定したが、初回は故田中首相が大命を拜する前年の觀菊御宴の催された當日であつた。其後それが緣故となつて、田中、岩崎、望月の三氏共に二回宛、鳩山氏外五十名ばかりの議員連を、各一回宛鑑定した。多數の議員達を朝から鑑定し始め、最後に岩崎氏を鑑定した時には、既に觀菊御宴に上る時間に遲れるので、待たしてある自動車の運轉手が再三來て急(せく)つたのを今に覺えて居る。

第二回目の鑑定は田中氏が首相の印綬を帶びられてから約一年許り經過した時の話で、其の時、田中氏の話に「ある觀相者が乃公の顏を觀て額に水難の相があると言つたが、そんな相が出て居るか」と尋ねられた故、私は次の如く說明して置いた。

「それは何かの間違ひであります。水難の相は口、及び口の周圍に浮くもので、額に現はれる事は絕体にありません。若し額に水難の相が現はれる樣な事があれば、日本中全部水難に侵かされて仕舞ふ事になりますが、そんな水難がある筈がなく、又それにしても額より先に必ず、口邊に猛烈なる水難の相が浮かねばならぬ譯にて、唯單に額にのみ水難の相が浮く事はありません」

「先づ原理から説明せんに、此の地球上、最高いものを山とし、最深いものを海とする。顔面で最高いものは鼻であり、最深いものは口である。山は土で、その土が高く盛り上つて居るものが卽ち山である。故に鼻は土星であり、又財帛である。これは土、金を生ずるの理で、昔から資産家は皆、土地を持つて居る。寸尺の土地をも持たぬ人は未だ以つて、眞の資産家とは言はれない。豊饒なる土地を廣く持つて居れば、そこから、穀類、食物が生じ、深山を多分に有して居れば、良材、良木を出し、又土中からは金、銀、銅、鐵等の寶貨、必需品が現はれる。國家を成すにも、社會を造るにも土地は第一の要素である。如何なる事業を成すにも、先立つものは金である。金が事業の中心である故、財帛(鼻)は顔面の中心に聳立して居る。その鼻より上にある額は山より上だから、上空に當る。上空は空氣、雲である。つまり額は雲である。額に横に三線が長く引いて居るのは、これは瑞雲が靉靆として曳引(たなび)いて居る形である。

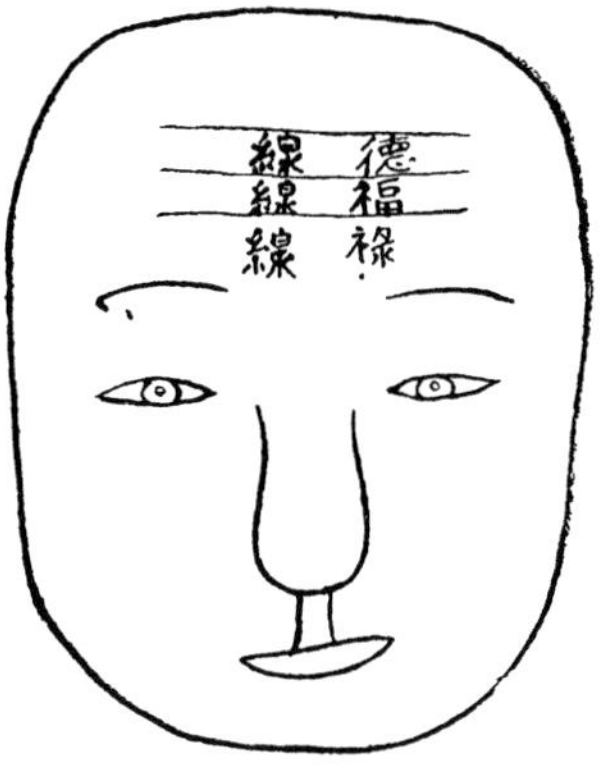

最上の線を德線と言ひ、中央の線を福線と言ひ、下端の線を祿線と呼ぶ。此の三線が揃つて居るものは、一生、德福祿の三慶を欠ぐる事はない。此の線は決して幼少より出來るものではなく、三十歳頃より徐々に生じて、五十、六十となれば深く印刻せらるゝ樣になる。三慶共に、其の人が國家、社會に功勞のあ

つた事を証するもので、此の紋理の美しい人は必ず、忠心愛國の情に富み、多數の人々を救護、指導した人格高潔なる人士である。如何なる偉人物でも生れた時には、此の紋理はない。これは尙社會に功勞がないからである。此の部が高麗尊嚴で美しい人は官吏に適すると言ふのは、官吏は個人的、自己的の利益の爲めに働くにあらず、公人として職を採るものであるから、其の功勞は常に國家又は社會的のものであらねばならぬ。そんな譯で、額が廣く明淨で美しく光って居る人は、特に官吏に良いと言はれる。又額は方位から言へば南である。これは東西の學者が幾千年の古から、肯定して居る處で、何人にも異存のない處だ。そこで南は火である。火は熱い。故に南は常に暖かである。そして或る意味に於て火は官吏と其の性格を等ふして居る点がある。何故かなれば、火は頗る勢の猛烈なもので、一旦是れに觸るれば何物をも同化せしめねば止まない。官吏は其の職權が頗る猛烈であつて、一旦命令したならば、必ず之に服從させねば置かぬ。火は常に上に向つて上るもので、官吏も常に位階を上るべく努めて居る。そんな譯で顏面の中でも、官吏と額……南位と火……とは實に密接な關係がある。

若し此處が支離、滅裂で、惡紋、惡痣、傷痕等あるものは、官吏に不向なるは勿論、多衆の上に立つ事は出來ぬ代物である。かの陽に正義慈善を說くも、陰に邪謀、奸詐を敢てして居る人物を見よ。額は赤黑く爛れた如くなつて居り、惡紋は斜に走下し、傷痕肉を暴き、骨を露はし、凹凸、瘡痕点々として居るではないか。

若し此處に赤黑き怪煙を吐き出して居る如く見ゆるものは、怪火至つて、家を燒く事數日の中にある。前にも言つた通り、額は火であるから、此處に怪しい黑煙を吹き上ぐるのは、遠からず近火の襲來するの凶難相である。又官吏にして此處に瀆色を浮すものは、瀆職遠からず、遂に刑に服するの止むなきに至る。好く相するものは、一見かの黑煙を明に幽想する事が出來、以て火難官災を斷ずる事が出來る。未だ曾つて火星明淨に、瑞雲靉靆たるの士に、火難があつた事がなく、天停（又は上帝、額を指して言ふ）の色鮮に光輝、燦として四邊を照らし、人格高潔、德操清廉なるの材にして、刑に服したる事あるを聞かぬ。色々な疑獄事件で刑務所行きをやる連中は、何れも上停に

火難の相

額に赤黑色の怪煙を幽現して居るのは、火難の相、（家財等を燒失するか、又は身体を、火、湯、藥等で燒く事もある。又官吏は官災を受く事もあるが故、他の部位と觀合はして斷ずべし）

醜惡極まる臭煙を淺間山以上に上げて居る噴火醜類である。

次に山から發して海に入るものは、川である。川は如何なる塲合にも、其の源を山に發し、其の末

を海に注ぐに定つて居る。川の源は常に細く小さく淺く、末になるだけ、深く廣く大きくなるものだ。是れ水の性で自然の理である。川のある處、必ず舟揖の便があり、往復頻繁、人口密集して都會を成すものだ。實に都會のある處川なきはなしで、都會の繁榮するのは川のお蔭である。そんな譯で川に都會は離るべからざる深い關係を持つて居る。此の川の水が美しく淸かで豐富なれば、或は運航の便があり、或は田地を潤ほし、或は飲用となり、或は機械を運轉するの原動力となつて、頗る吾人に利益を與へるが、若し川が狹く淺く濁りて穢い時には、腐泥溢滯して惡臭を發し、不衛生甚しく降雨の度每に氾濫して堤防を破り、田畑、人家等を侵し、人畜を傷け、附近の住民は迷惑至極である。これを顏面に比例すると、川は恰人中に當る。人中は鼻(山)から發して、下、海に注いで居る。上流は稍狹く淺く、下端は廣く深い。此の人中の廣く正しい人は、恰、川の水が汪洋として流れて止まざるが如く、其の人の勢運が日々に進展して止む事はない。往昔、交通の便が未だ開けなかつた頃、山間僻地に棲んで居た人は、此の人中がどうも淺かつた。處が大なる河川、又は河川の海に注ぐ附近に住して居た人は、何れも人中が深く廣く美しかつた。そして此の美しい人中の人が居住する地方が早く文化を味ふて、都會を形成したのである。同じ都會に棲む人でも、人中の良い人は必ず運勢が偉大である事は何等疑ふの余地はない。人は誰でも生れた時には赤ん坊ですから、其の運勢は微々たるものだ。恰、川が其の源を山に發して硯滴の如きと同様である。昔の文にも「泯江濫め泯山より出づ、其の源は以つて觴を浮ぶべく、既に巫山を過ぐるに至れば、怒濤狂湧して渡るべからず。濫觴の起因此處に始まる」とあり。凡て最初は幼稚なものが段々成長して大成をなすのである。川も最初は微々として居ても、後には大船が自由自在に運航出來る樣になる。人一代の運も其の通りであり、事業、宗門皆それに違ひない。これ卽ち川は顏面に於ける人中であり、都に通ずる要路である所以である。

　最後に口である。前にも言つた通り、地球上、最深いのは海であり、顏面で最深いのは口である。故に口は海に當つて居る。海には水が絕えた事はなく、口には液が絕ゆる事がない。川は地球上の溝であつて海に通じて居る。人中は顏面に於ける溝で口に通じて居る。海は平素、風のない時は平穩で浪を立てないが、一朝暴風が至ると、怒濤が逆卷いて船を覆し、家屋、人畜を攫ふ。口は平素、無事な時には温言、口語して居るが、一朝激怒、憤慨すれば、口角泡を飛ばして論戰し、力鬪強要すれば口をへの字形に嚙み締めて咆哮痛罵する。兩端の下つた口を覆船口とて、必ず水難のある相とするのは、斯くの如き理由があるからだ。口の周圍には舟、車、大海、陵池、坑塹、酒池、其の他、水、堤防等に關する部位が幾十個も並んで居る。又人中の兩側を井部と言ふ。井戸に關する吉凶を觀る處である。鼻孔二個は井筒の形を示したものであり、土を掘れば水が出る。つまり土、(鼻)の底には、水(口を水星と言ふ)があるからだ。家があれば必ず、井戸がある。大都會があればそれに水を給する水源池がある。水源池は井戸である。この井部に傷があると、必ず井戸の難がある。妄りに井戸を潰埋して家が倒れた例が澤山ある。そんな人は必ず此の部に穢色をを露はして居る。

之を要するに額は、火であり、鼻は土であり、口は水である。土が中央に居るから、お互に相衝突せずに居られるのだ。若し土が上にあつて火が下にあつたら、火は燃ゆる事が出來ない。どんなに火が燃えんとしても、土で埋めたら決して燃えるものでない。又、水、火、二星が相隣接して居たら、絶えず喧嘩をして仕方がないだらうが、幸ひ土が中央にあつて、火、水は其の上下に距てゝ居るから治つて居る。火は上に上るものであるから上に、水は下に就くものであるから下に、各々其の性格特長を發揮して居る譯だ。だから各部位、機關が相妨ぐる事がなくして、共力一致自己の發展に盡して居られるのである。そんな譯で火難と言へば額に定つて居り、水難は口に定つて居る。古書にも「口水煙を噴くはこれ水難なり」とある。未だ曾つて火に依つて水難があつた例がなく、水に依つて火難があつた例がない。若し水難が甚しく猛烈で、額にまで水煙を及ぼす事があれば、口邊は水煙で眞黒になつて居る筈である。それにしても、額のみを捉へて水難と斷ずるのは大變な誤りだ。事實額に水難の相が浮く事があれば、日本の富士山が、ずんぶり水に浸る譯になるから、大變な水難だが、そんな水難がある筈がなく、又水難は常に下から來るに定つて居る。若し額から水難の相が生じ、上から下に下る樣な事があれば、世界中の人間が全部、手に靴を穿いて歩き、足に箸を持つて飯を食べねばならぬ事になる。そんな馬鹿氣げた事がある筈がない」

右の理由を十分に説明して、最後に「閣下の額を觀て、某觀相者が水難云々と云つたのは、官災の見過りで、閣下には水難の相は絶体になく、唯、或る種(故人に敬意を表し、特に秘す)の災があるかも知れず、又、急病難をも御注意なさる樣に」と申上げ、其他詳細に説明した處、首相は終始、熱心に聞かれたが、最後に唯一言「成る程、それは理屈ぢや。そうであろうのう」と言つて大きく頷かれた。

右田中首相の額を觀て水難云々と言つた觀相者(實は易者)は東京でも、相當に賣り出して居る或る意味に於て有名な人物であるが、首相の額は眉が八字形に成つて居り、或る種の紋理も流れて居て、一寸黝んだ色が浮いて居たから、「水難だ」と見過つたらしいが、それにしても火星に水難がある筈がないのだ故、根本の原理を誤つて居るものと言はねばならぬ。本人の名譽の爲めに姓名だけは秘して置くが、今少し研究する事が肝心である。

水難の相

口より煙を吐くは水難の相である。

第三節　法令

鼻の兩翼、蘭廷の外側から發して斜に下り、口の兩側を廻つて頤に至る細い紋理を法令線と謂ふ。此の線は幼少の頃には、無いものであるが、三十歳前後から初めて現はれ、年齡の進むに連れて段々鮮に成つて行く。効果は兒孝の有無、奴僕の良否、事業の盛衰、家運の榮枯等を觀る處である。

此の線は細く美しく長く、他線の爲めに横斷せらるゝ事等なく、進捗したのが良い。線が鮮かであるのは、早くから家業が繁榮し、線の無いのは家業が繁榮せぬ。又斯紋の美しく能く張つて居るのは我が兒が孝養を盡す事が深いが、此の線の紊れて居るものは、兎角兒孝を受ける事が出來ない。目下我が國で有名な政治家……曾つては內閣を組織して其の首班にあつた事のある某氏も、法令の途中に大きな傷があつて遮斷し絕えて居るが、果して氏の息男は大の放蕩者で、甚だ遺憾な經歷をも持つて居られるらしい。實に氏に對しては氣の毒な事であるが、何とも致し方がない。

又此の線は、身体全部に割當てると恰、兩脚に當る。故に此の線が正しく鮮美であるものは、常に健脚で步行が速かである。又奴僕を多く持ち得る事も、兒孝の意味と同樣である。

此の紋理は左右に一本宛あるのを良しとし、二本以上あるものは却つて不吉である。又婦人には殆必要がない。若し婦人に大なる法令線あるものは、好んで夫の身上や事業上に干涉し、或は夫の命令に抗し、自己の意思に任せて勝手に振舞ひ、兎角專擅の行動が多くていけない。法令は所謂、法律、命令にて、此の線が深く大なる婦人は、自分勝手な法律、命令を作つて發布し、是れを夫や親や周圍の人々に當て箝めんとするから、夫婦、親子、論爭が絶えず、甚だ良くない。故に女に此の線のあるのは、却つて不祥の結果を見るが、男子には是非共、無くてはならぬものである。

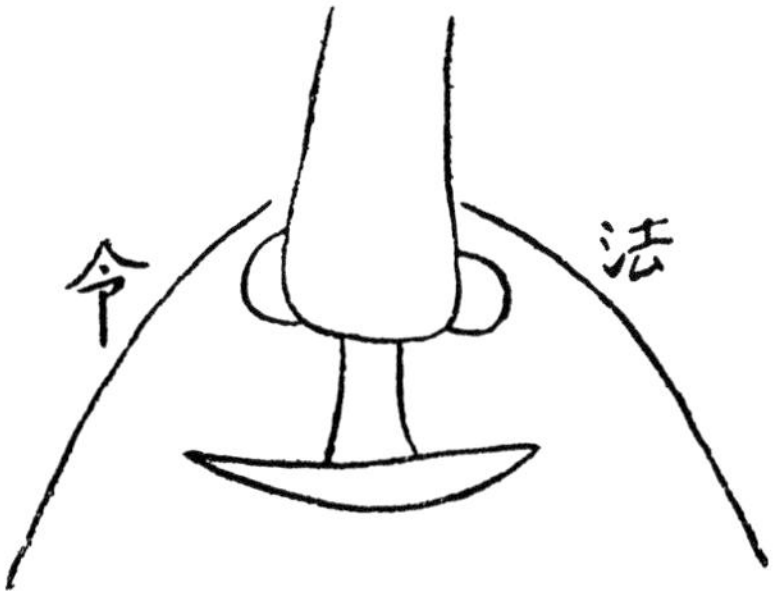

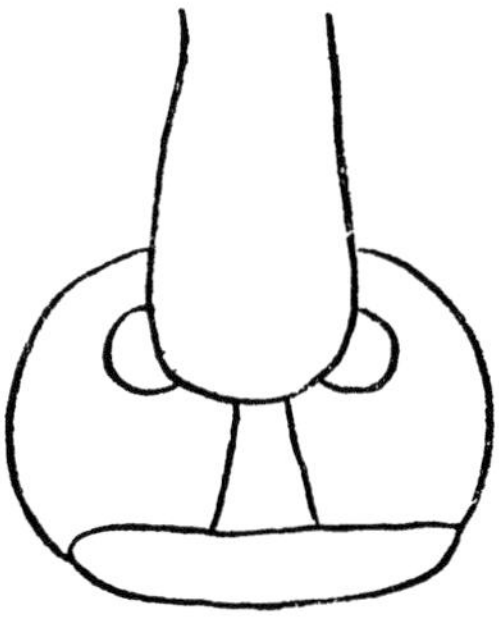

法令線、口に入るを騰蛇と謂ふ。必ず餓死するの相である。

此の線が初年に生ぜずして、中年後に生ずる理由は、誰でも年若くしては大なる事業を興す事を得ないものであり、又奴僕もなく、皃孝を受くべき子女もないから、必要がないが、三十四十となれば一家の主人となり、家業上にも、其他の事業にも責任を持たねばならず、晩年に入れば、又子女も長じて徐々に孝養を致す時期となるから、それで中年後より生じて晩年に至る程、鮮かになるものである。其の下端が八字形に開くは、家運末代迄繁榮するの相、兩端が口を圍繞して閉ぢたるが如きは、子孫がその數を減ずるの相、晩年に及ぶも、尙斯の紋理を生じないものは、一生家運が十分に開けない窮相である。

更に此の法令線が口に入るものは、騰蛇とて晩年、必ず餓死する事を免れない。昔小野小町と言ふ有名な美人が居て頗るの美貌であつたが、此の紋理が口に入つて居たので、時の相者、藤原某が觀て「あなたは晩年、餓死するの相がありますから、御注意しなさい」と言つた處、小町は自己の容色を誇つて居た時であつたから、相者の忠告などは全然耳に入らず、鼻で笑つて濟ました。處が後、俄に腫物を顏面に發し、顏中、膿汁でベチヤ〳〵に成つた。如何に美人でも、顏面に腫物を發して膿汁を吹き出しては、二タ目と見られぬ醜面となり、遂に仕へを辭して漂浪の旅路に上つたのである。

其の後、小町の行衞は杳として判らなかつたが、數年後、江州石山寺の門前にある大きな松の木の根方で、一人の女乞食が聲高らかに一種の歌を詠んで、其の儘死んだ。人々が不思議に思つて死体を檢べて見た處、背中に一個の桐製の箱を負つて居り、其の箱を解いて中を見ると、小野小町の書いた歌、系圖等の書き物が澤山あり、又其の中には高貴の書かれたものなども交つて居て、此れが有名な小野小町の成れの果である事が判つた。一説には小町の死亡地は新潟邊であると言ひ、又房州邊であつたとも謂ひ、色々に成つて居るが、其の晩年が甚だ良くなかつた事だけは相一致して居る。更に今一つ面白い實例を述べる。

昔支那の國に文帝と呼ぶ王者があつて、或る夜天に上る夢を見た。然し今一足と謂ふ所で、どうしても上られない。誰か來て押し上げてくれる者はないかと待つて居ると、そこへ一人の男が來て、下から押し上げてくれたから、文帝は遂に天に上る事が出來た。

文帝は天に上つてから、自分を押し上げてくれたかの男を見ると、身にはぼろ〳〵の袢纒を着た雲助か、船頭の樣な男であつたが、文帝は押し上げて貰つた恩義があるから、「お前は名は何と云ふか」と尋ねた處、かの男は「私は登通と申します」と答へた。そこで文帝は、「それではお前を早速、大臣にしてやろう」と言つた處で眼が醒めた。

翌日に成ると、文帝は數多の臣下を呼んで、「かくの如き人相の男、登通と言ふ者が居たら、直に召し出せ」と命じ、又自己も多數の家來を連れて登通を探しに出た。處が或る川の邊り迄行くと、そこに昨夜、夢に見た登通と寸分違はぬ一人の男が居るのを發見した。そこで「お前は名は何と言ふのか」と尋ねた處、かの男は「私は登通と申します」と答へたので、文帝は大に喜び、直ちに連れ歸つて大臣に採用した。登通は忠義の心の深い人であつたから、鋭意、文帝の爲めに盡しから、數年の後には庶政惟れ上り、國民一般が太平を謳ひ樂んだ。そんな譯で、文帝は恰も天に上つた樣な氣に成つて喜んで居た。

處が或る日、一人の相者（許負とて當時支那第一の相聖）が來て、文帝始め多くの官吏を相した。其の時、文帝が「登をも一度相して貰ひ度い」と謂つて、登を呼んで許負に相せしめた。許負は一目登を見て「此の人は法令線が口に入つて居るから、晩年は異境の地で餓死する人物だ」と言つた。

これを聞いた文帝は大に笑つて、「登には天皇の乃公がついて居るから、登が餓死するが如き事がある筈がない。尙、登には通貨の職權を與へる」とて、蜀の嚴道の銅山を賜り、自ら錢を鑄る事を許されたから、登は一時に大成金に成つて、威勢並ぶ者なきに至つた。

後、文帝が病んで床に入るや、登は丁寧に御見舞して、文帝の背中に出て居た腫物を口で吸ふて、十分に勞り慰めた上辭去した。登が辭して後、文帝は多くの臣下に向ひ、「最も朕を愛する者は誰であるか」と尋ねた。そこで臣下は「それは皇太子であります」と答へた。處が文帝は頭を左右に振つて、「否々、最も朕を愛する者は登である」と言つた。そこへ皇太子が見舞に來られた。文帝は皇太子に向いて「今、登が來て、膿を吸ふてくれた處だ。お前も膿を吸ふてくれ」と言つた處、皇太子は之を嫌ふて應じなかつた故、文帝は大音に「お前の孝養は登に劣つて居る」とて叱り飛したから、皇太子は諸臣下の面前ではあるし、大に赤面して強く登を怨む樣に成つた。

後、文帝死し、皇太子位を嗣ぎて景帝となるや、直ちに登の官を剝奪して國外に追放した。登は止むなく知人の家に匿れて居たが、又登を讒言するものがあつて、「登は在官當時、多くの金を横領、陰匿して居る」と告げた故、景帝は兵を差向けて登を殺さんとしたので、これを聞いた登は驚いて遠く他國に落ち延びたが、何れに行つても使つてくれる者もなく、遂に異郷の空で發病し餓死を遂げた。

第四節　唇

本項に關しては、第三章第五節出納官の部に於て少しく説いて置いた故、重復する事を避け、此處では極く簡單に述べて置く事にする。

唇は肉が厚く、横に長く延び、上下、長短、前後能く揃ひ、色が眞紅で縦に細理を藏し、閉づれば締りて小くなり、開けば張つて能く擴大するものが良い。肉が厚いのは信用が厚く、横に廣いのは大望があり、色の良いのは身体常に健康で疾患に侵さるゝ事がなく、且つ頭腦が聰明で一つの事柄に着手すれば、その一事にのみ精神を集中する事が出來、細理の多いのは平素は能く締つて居て、開けば特に擴大する作用があり、上下の能く揃ふて居るのは、其の人の性格が常に中庸を得て居る事を證して居る。又上唇を金覆と言ひ、下唇を金載と謂ふが、これは天地、覆載の意味で、天は上より地を覆ひ、地は下より上に向つて天に對して居る象である。

故に金覆は父を觀、金載は母を觀るに適する。若し兩唇が揃はず、或は一方が長

く、一方は短く、或は一方は紅美に、一方は汚濁し、若しくは一方は突出し一方は陥凹して居るが如きは、父母の性格、又は勢運に非常な差違のあつた事を示すもので、兎角其の人の性格にムラがあつたり、又は勢運に浮沈の多いものである。上唇の色が惡いのは父に疾病あり、下唇のそれは母、病弱、兩唇共に紫昏色であれば父母共に長命しない。又此處の色が美しいのは男女共に性力旺盛である。婦人が大阪に當つて兩唇の中央一寸程を紅で美化するのは、自己の貞操を示すと同時に、其の精力が夫のそれと恰、匹敵して居る事を表したものである。婦人が老年に至つても尙、唇色の枯れないものは、依然として精力の衰へない證據であり、紫色を呈するものは、多くは配偶者に死別する。又此處の色が急に枯るゝものは、大患を招く前兆と見て好い。黑子あるものは毒食の憂があり、色凶しきは多く短命である。細理が正しく上下通じて居るものは、兒女が多く、之に反するものは兒女が少い。

唇は中央最厚く、兩端に至る程、漸次薄く、且つ幾分上方に吊り上つて居るのが良い。兩端の下るものは、好んで他人を誹謗し、兩唇紙の如きものは、多言を禁じ得ない。上下間隙を生じて齒を露出するものは、水魚の友に乏しく、衆に接して人好きのせぬものである。又紊りに他人の秘密を發いて口禍を招く事が多い。上唇、突出して下唇、陥凹するものは、好んで人を欺き、且つ事に臨んで暴を振ふるの徒であり、反對に下唇突出して上唇陥凹するものは、性格執拗で、常に僅少の利害にも固執する事を辭せぬ。又上唇は左に偏し、下唇は右に偏するが如きものは、往々自分勝手な變な理屈を並べる事を好み、晩年の勢運が甚だ凶逆であるが、中には自殺を敢てするに至るものもある。

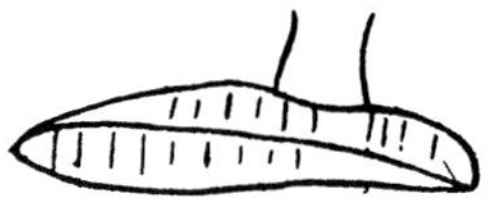

上唇は左に偏し、下唇は右に偏するが如きものは、常に自家撞着の甚しい矛盾したる理屈を言ひ、晩年は餓死するか、又自殺するに至る。

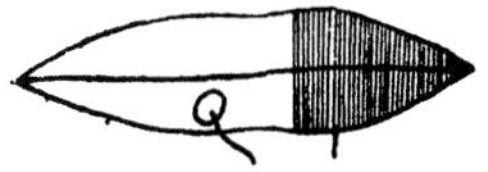

唇に細理多きものは、良兒を得るの相。
唇に黒子あるものは、中毒。
上下兩唇の色、白美にして光れるは必ず、好配偶を得るの相である。

第五節　歯

歯は平素、表面に現はれて居ないものであるから、人の勢運に關係ない如く思つて居る者があるが、大變な誤りで、歯の良否が其の人の勢運に及ぼす影響の大なる事は、到底想像の外である。

歯は第一壽命と密接なる關係があり、歯の良い人は必ず長命であるに反し、歯の惡い人は必ず短命である。年齡の齡と言ふ字は歯に令を加へ「よわひ」と讀んである。歯に依つて年令、つまり、壽命の長短を察知する事が出來るからである。

人は誰でも生れた時には歯がない。滿一年頃から、段々歯を生じ、三四歳頃で一通り揃ふが、十二三歳前後になれば、以前の齒は脱落して再び、新たに一層丈夫な齒が生える。是れは幼時に於ては、乳、其他余り齒を必要とせぬ飲食物を攝る事が多く、從つて余り强靭なる齒牙を蓄ふる必要もなく、又かゝる齒牙を發すべき要素を持たぬのであるが、既に壯年に達せば飲食物の質及び量の關係上、よ り以上に强固なる齒を要するからである。

齒の良いものは、第一消化作用が常に良好に行はれる結果、胃腸の爲めに頗る衛生的にて、これが長命を得るの最大原因である。

扨て齒はどんなのが良いかと言ふに、質は固く、色は白く光り、根を深く齦に藏し、寧ろ現はれて居る部分は短く、曲らぬ樣正しく伸び、齒と齒との間隔は、隙かぬ樣密生し、齒列は凸凹なく半圓形を成し、行儀好く並んだのが良い。質の軟いものは、咀嚼に際して不便であり、又痛みを感じ易く色の黑いのは、血緣弱く、又相和せぬものであり、根の淺いのは拔け易く、又固い物を嚙む事が出來ない。其他齒が曲つたり、齒と齒との間隔が隙いて馬蹄形が參差として紊れて居る等は、其の人の多難なる事を現して居る凶相である。

齒の數は普通の場合、三十二枚(上下共に十六枚宛)を良しとする。但しより以上に多數の齒を有する人もあるが、必ず上下共に同數、且つ偶數である事を必要とするから、三十二枚以上のものでは三十六枚を良しとするのであるが、そんな人は殆ない。若しあれば非常に珍らしい高運な人で長命なる事は勿論、財運、血緣運、共に中分がない。三十歯以下の人は漸く貧寒に近く、食を得るに困むの輩であるが、二十五六歯以下に下れば、殆餓死に近い。

凡て歯は奥歯に至れば上下相銜いて合して居るが、前歯は上側が出て、下側が内に在るのが普通である。若し下歯が出て上歯が内にあるものは、鮎魚口とて甚だ不吉な相とする。晩年孤獨で兇孝を受くる事が出來難い。

又歯列が亂れて歯が參差として居るものは、性質奸獰であつて、能く人を謀るものであり。又歯列が亂れて兩唇が覆はぬものは、晩年に至つて必ず身体に寒冷を覺ゆる事を免れない。前歯甚しく突出するものは多くは急患に依つて暴かに倒れ、歯端が尖つて居るものは性格が凶剛であつて、常に肉食を好み、歯端が廣く臼形を成すものは性格が鄙であつて、穀食を好むものである。

歯が完全に出來上つて居るものは、一生食に不自由する事がなく、歯色、白くして光るものは、能く歌唱し、婦人の歯が透き通つて居る如く、白く美しく小さく、緻密に並んで居る者は、身体の或る部分が巧妙に出來て居り、能く配偶者を歡待する事が出來、歯の完全な婦人は貴子を生む事が多く、從つて兇孝を受け得る事が深い。

年歯若くして歯の脱落するのは、夭折、其他不詳の前兆であり、老齢者の歯を失ふ者は餘命が幾もない、米壽を過ぎて、歯牙堅牢、全數揃ふものは長命無比、若齢常に歯痛を感ずるものは、餘り長命は出來難い。

全歯の中、前の上歯二枚は特に大切であつて、左は父を見、右は母を見る。又此の兩歯の形狀に依つて腦の左半球、右半球をも想像する事が出來る。若し此の兩歯が揃はず、或は歪み、或は偏し、或は落脱するが如きは、必ず片親に緣薄く、且つ性格にも輕卒、粗暴な点の多い人物である。兩歯が美しく並び、間隙なく揃つて居るものは、兩親共に長命し、家族完全であるが、甚しく間隙のあるものは父と母との緣が遠く、父母はあり乍らも、別れて暮す等の事が多い。兩歯良なるものは、學才に富み、百謀殆成るが、之に反するものは、計畫多くは齟齬し勝ちである。又兩歯の間に小さい短歯を生ずるものは、性格甚だ不實であつて、父母姙娠中の素行を疑はざるを得ない。極力、其の身を愼むにあらざれば、大災難を受くる事がある。若し女難を招く事があれば、一身の破滅となる事を免れない。凡て何れの歯に限らず、歯列の悪いものは、血緣に薄く、又甚しく出歯のものは、性格が輕卒であつて、好んで他人の事柄に干渉し、自成の念頗る強く、以つて自ら高しとする癖があり、爲めに周の指彈を受くる事が多く、又我が子より孝養を受くる事が少い。

第六節　舌

人間の身体中で舌程、不思議なものはない。其の形狀、大小、作用、性質、共に他の諸機關と全然其の趣を異にして居る。此處を支那流に大きくやると「夫れ舌の道たる、內、丹元の爲めに號令を爲し、外、重機の輿めに鈴鐸となる。故に善く靈液を性とするや、則ち神の舍體となり、密に志慮を傳ふるや、則ち心の舟楫と爲る。是を以つて性命の樞機、一身の得失、托する所あり。是に由つて古人其の端醜を許し、其の妄動を誡しむる也。云々。」と言ふ處だが、兎に角、舌は其の形狀が常に變轉、動搖して極りなきと同樣に、其の辨ずる處の如きも、賞罰、褒貶、自在であるから、時に或は妄動して口禍を招き易い事とはなるのである。昔から「口は禍の門、舌は禍の根」と言つて、萬禍の原因はこれから起るものとしてある。豈、愼まざるべけんやだ。

昔から能く食言する事を「二枚舌を使ふ」と言ひ、又「不禮なる廣言など」を聞いて「舌長し」と言ふのは、何れも、其の不信が舌に起因するからである。是を善用するものは、忽ち人に譽められ、惡用するものは、直ちに人に忌み嫌はれる。舌の効用も亦、「顯かなるかな」と言はざるを得ない。

舌は長く廣く大きいのが良いのであるが、然し餘り大き過ぎて、口の中に篏まらぬ樣では却つていけないから兎に角、口中に一杯あるのが良い。「舌を出して準頭に達するものは、將相の位に上る」と言はれてある。然し實際に於てそんな長い舌を未だ一度も觀た事がない。短小なものは捷口ではあるが、揚抑が薄く、爲めに對手の心証を促す事が少く、舌の長大なるものは、寬語するも、揚抑が重く能く他の心證を促す事が多い。舌上、中央を貫く縱理あるは、成功の相。紋理深きに失し、舌掘れて斷つが如きは屢々蹉跌す。無紋は尋常の士、紋理亂れ刻めるは、虛言多くして無信の人、舌厚きは信望あり、色美しきは健剛、色枯るゝものは多疾、甚しく薄いものは好んで妄語する。舌に黑子のあるものも亦、同樣である。舌の裏、肉短く引く者は性質不器用で、消極的の人、舌の裏、長く離るゝ者は、手の先は器用であるが、好んで他人の事に干涉したがる癖のある人物である。

舌の色は眞紅なのが良い。かゝる人は一生衣食に不自由せず、暗昏色は疾病至り、枯れて灰色なるは精根盡きたるの証、其他紫、黑、黃色、何れも災難を招く不吉の前兆である。

第七節　額

額は前述、予と故田中首相との問答中にも、說いて置いた通り、三停の上から言へば上停に當り、初年を觀るに適し、五岳を分てば南岳に當り、五星を辨ずれば火星となる。顏面中、最高、最上の廣域を占め、領內には日角、月角を首めとし、福堂、印堂、離宮、伏犀、龍骨、虎骨等の重要なる部位成形が藏せられてある。故に額は、其の人の出生の貴賤、父母より受けし恩惠の程度、上長より受くる庇蔭の厚薄、識見の高下、性格の優劣、壽命の長短、適職の有無、子孫の榮衰等を觀るのに適する。其の領域は廣く、其の伸勢は高く、肉、懸壁の如く、色紅潤し、中央に三紋(壽線)を橫へ、傷、黑子、凶紋、陷凹、突起等なく、高麗美しく光輝あるものを良しとする。若し此處が一帶に狹いものは、性格偏狹で常に感情にのみ走り、冷靜に事を處する事が出來ず、到底人の頭となる事の出來ぬ人物であり、又初年の運も良い方ではない。多く黑子を藏するものは、仇敵多くして浮沈絶えず、凶紋蟠るものは、事業常に蹉跌して成功する事なく、亂紋交錯、四散するものは一生方針が定まる事がない。日角に傷痕、黑子あるものは父を剋し、月角に同樣の欠陷あるものは母を剋する。（女は左右を反對に觀る）三紋の中、上線を德線、中線を福線、下線を祿線と謂ふ。三線共に具はるものを良しとし、欠略するものは、其の線の福德を欠くは勿論、高職に向かない。上線は髮際より五六分位の處にあるを良しとする。直ちに髮際に接するものは、却つて凶にして其の德を發揮し得ない。凡て紋理と紋理との間は四分位あるを可とする。又此處に傷痕あるものは、決して子孫が繁榮せぬ。痕傷の形狀、大小、原因等に依つて其の受くる難災の種類程度は一樣ではないが、何れも子孫が困しみ、又は血線が廢絶する事は能く一致して居る。昔、吉良上野介は淺野內匠頭の爲めに殿中に於て斬りつけられ、額に輕傷を負つた。彼は間もなく內匠頭の家臣、大石良雄他四十余名の襲擊を受け、自己は勿論、子孫も廢絶して、かの醜名を後世に殘した。

尙額の紋理に就ては、色々の說があり、英國のキッチナー元帥は實に七線の多數を藏し、獨國のヒンデンブルグ將軍の五線、コロンブスも五線を有し、其他多紋の人々も數あるが、普通は三線を以つて最上とする。紋理は凡て鮮かに美しく正しく、深からず淺からず、靜かに優しく伸び、左右兩端が稍上つたものが良い。余り深か過ぎて掘り取つた如くなつて居たり、余り淺くて無きが如く、或は曲斜して蛇行の如く、或は紋理と紋理との間隔が離接して、其の當を得ないものなどは、皆不吉の相である。

第八節　顴骨

相學者が能く「顴骨の神氣」と言ふ事を論ずるが、これは恰、畵相と等しく、到底、筆端の及ぶ所ではないのである。然し外容に就て述ぶれば、顴骨の高いものは、識見が高く鋭く、氣色が徹底して居て性格も剛直であり、能く新進の氣象に富み、萬事積極的に活動するものである。此處の肉が豊滿で色美しく、傷、紋理、其他の欠陷の無いものは、一生、元氣旺盛で、不斷の奮鬪努力を續ける事が出來る。婦人の顴骨、肉豊にして色、艶美なるものは、或る部分の肉が豊滿、精鋭であつて、晩年に至るも精力が衰へない。

神氣を藏するとは、鑑定に當つて、暫く乞相者の顔面を冷靜に熟視して居ると、顴骨の邊りから、發する氣色があるのを發見、幽想する事が出來る。此の氣色が清澄、優雅のものであるか、又凶愚淫醜なるものであるかに依つて、其の神氣を斷ずるのであるが、然し神氣と言ふ場合、華麗、尊嚴なるものに限つて居る。卑猥なる氣色は神氣とは言はぬ。神相全編にある十觀の一項に「一に威儀を取る。虎の山を下るが如きは、百獸自ら驚く。鷹の昇騰するが如きは、狐兎自ら戰る、怒らずして威あり。但だ眼に在るにあらず。亦顴骨の神氣を觀て之を取る」云々とあるが卽ちこれである。相者は乞相者に接した場合、少時、彼れの顴骨を熟視冥想して、其の神氣の高下、消長を察し、而して後、萬端を斷ずべきである。

顴骨

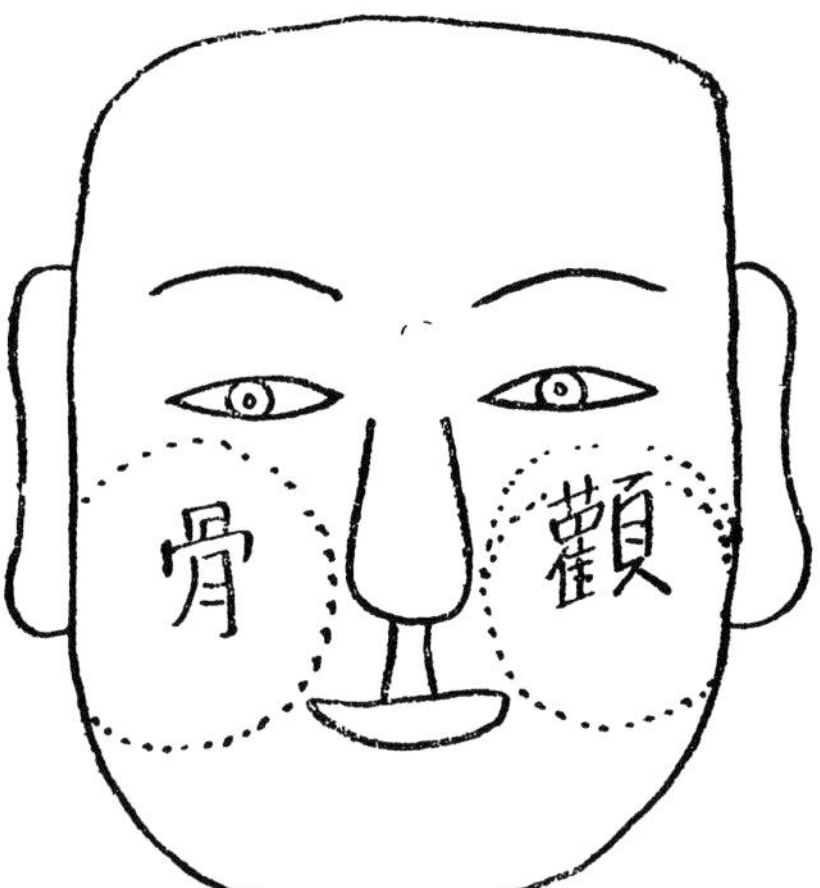

骨は硬く圓滿に張つて居り、肉は能く骨を包んで露はれず、暴せず、裡に温情、尊嚴を含んだものが良い。或は傾奇、粗露し、或は昏暗、醜暴にして骨が飛出し、若しくは甚しく低陷して無きが如きは何れも凶とする。夫の顴骨に赤黑氣を呈するは妻に產難あり。妻に此の色あれば夫に背いて逃走する不貞の相である。

此處の骨が著しく低凹して居るものは、威を持つ事は到底出來難い。故に軍人、官公吏には適當でなく、又新進の氣象にも乏しいから、實業家等にも適しない方である。消極的方面の職業……相學上陰職と謂ふ……宗教家等ならば稍可なりと言ふ事を得んか。又反對に此の骨が甚しく飛び出して居る者は氣色が余り激し過ぎて、衆人と氣が合はず、遂には仙人肌に化して仕舞ふ人さへもある。

第九節　腮骨

耳の下、頤より連れる骨を指して言ふのである。此の骨は重に其の人の晩運の良否、性格の寛嚴等を觀る所である。此の骨が余り小さく、窄んで居るものは、どうも意久地がない。何事も常に消極的又は泣寢入りに終る。又顏が三角形に尖つて見え、貧相である。其の反對に此の骨が過大であるものは、稍義俠心はあるが、復仇心が甚だ強く一度恨を受けると、徹底的に復仇をせねば承知せぬ。凡て昔から有名な俠客?を觀るに皆一樣に此の骨が高い。蝮は体軀の小さい蛇であるが、此の腮骨が甚しく張つて居る。彼れは人間が踏まねば決して咬みつく事はない。踏むと忽ち咬みついて猛毒を注入する。彼に咬まれたらとても堪つたものでない。南洋に棲息して居る青蝮は、日本内地の蝮に比して其の体軀が一層小であるが、腮骨の張つて居る事は更に甚しく、彼れに咬まれると五分間位で悶絶する。

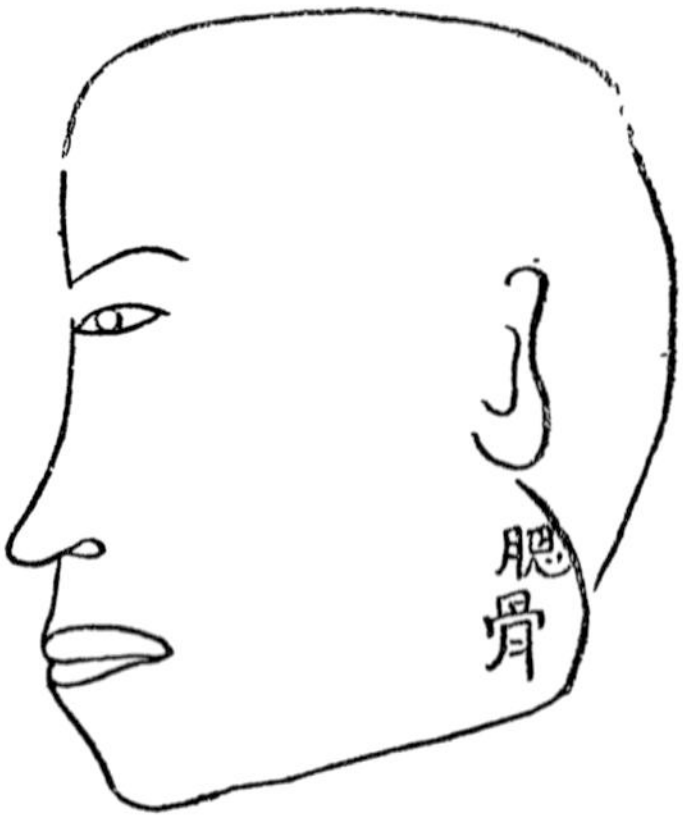

男子の此の骨が甚しく張つて居る人は、或る理由があつて、兎角性格が賤しく決して高尚優美な方面には向かない。是れ或る種の人々に此の相の人が多い所以である。又此の相のある人は愚痴深くして晩年は凶事が多い。獨り腮骨の大ならず、小ならず、露はれず、偏らず、中庸を得て居る者のみ、晩年平穩で凶害を受くる事がない。

第十節　食祿

場所は鼻と口との間、人中の兩側を謂ふ。此の部位に就ては、何故か他の相學者が余り、八釜敷く論議せず、恰忘れられた趣があるが、非常に必要な部位であるから一言して置く。

食祿とは讀んで字の如く、祿を食む事である。此の部が肉が豊滿で色美しく、傷、黑子等の欠陷のないものは、他の祿を食むに適し、又自己、一生、食に窮する事はない。大事業を完成した人を見るに必ず此の部が廣く、平坦である。未だ曾つて此の部が狹く、突屹、陷穴があつて、後世に偉名を殘したものがあつた例がない。

何故に此の部が廣いものが大事業を成すかと言ふに、食祿が廣ければ人中も勢ひ長い譯である。人中が長ければ健康で長命を保ち得る。又此の部の美しい人は不斷の努力を續けて弛まない。大事業を成す人は第一長命で不斷の努力を必要とする。短命では到底、大なる事業は成し遂げられない。次に此の部が平坦で肉豐滿なるものは、食祿に余りがあり、人を養ひ、衆の力を受くる事が出來、又万事自己の周圍のものを應用するの才に富むから、遂には一大勢力を釀成して、自己の希望する所の目的(たとへば事業の完成等)を達する事が出來る譯である。つまり食祿があり余つて居て、且つ健康で長命で不斷の努力を續けて居れば、何人も遂には大成功を見る事が違はない。

若し此の部に穢色のあるものは、食を得ずして巷路に徘徊するの人物であり、傷あるものは必ず死後に菰を冠り、後世に汚名を殘すの逆徒である。其他突奇、異狀のあるもの、何れも衣食住に不自由し、途中屢々蹉跌する事を免れない。

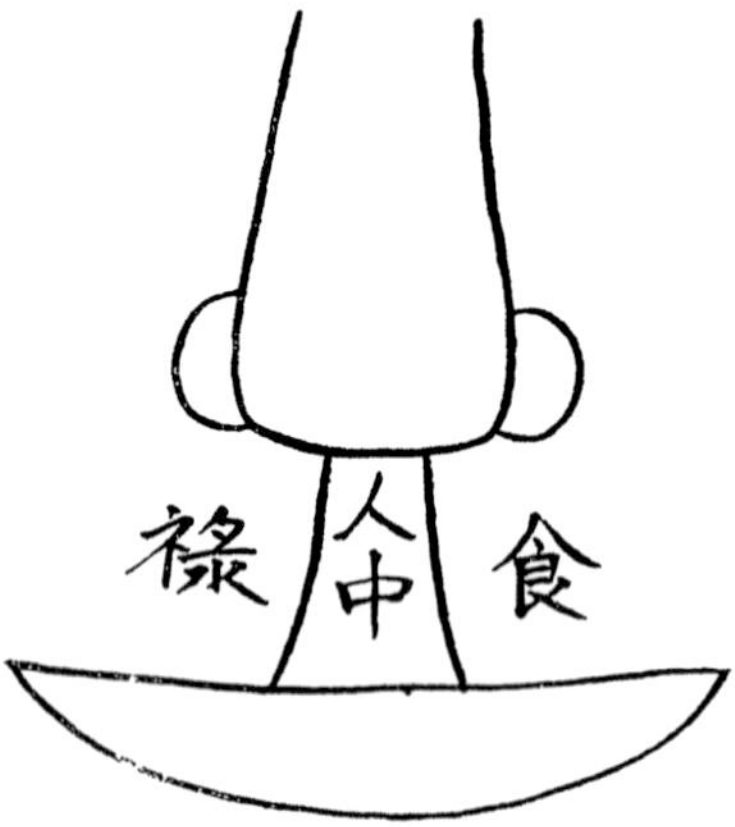

男子は或る年齡に達したる後、此處に髭を生ずるのが良い。無髭は事を行るに澁滯する事が多く、又難が多い。(昔から人中に髭なきは水難、食祿に髭なきは食少くして行路狹しと謂ふ。大事業を完成するの貫祿に乏しい事に例ふ)

その反對に婦人には髭ある事を許さない。若しこれあれば男子の無髭と同樣の難ある上、特に家庭内に於ける夫權に不服從、其他の不祥を見る事が多く、中年後は必ず孤獨に終り死後に孀婦、其他の變名を殘す事になる。又殆、兒女を生まぬものが多い。

色勢に就いて言へば、赤いのは豫期せざる失費のある前兆であり、紫色は蹉跌、叉は傷害、昏暗は疾病、叉は食に窮し、赤黑青は何れも水難、其の他の災難、獨り紅黄色のみ食祿を得、事業達成の吉兆である。

第十一節　眼尾線

眼尾から發して耳の方向に向つて走つて居る線を眼尾線と謂ふ。細く長く淺からず、深からず、歪まず、正しく美しく、三線あるのが良く、叉線と線との間隔も遠からず近からず、同じ間隔を保つて居るものが良い。三線のうち、上線は父母を觀る所、中線は自己、下線は子女を觀る處とする。三線共に前記の條件を具備して居るのが良いが、上線よりも中線が長く美しければ、父母よりも自己の方が成功するの相であり、中線よりも下線の方が正しく細美であれば、兒女は自己よりも尚一層成功して孝養である。

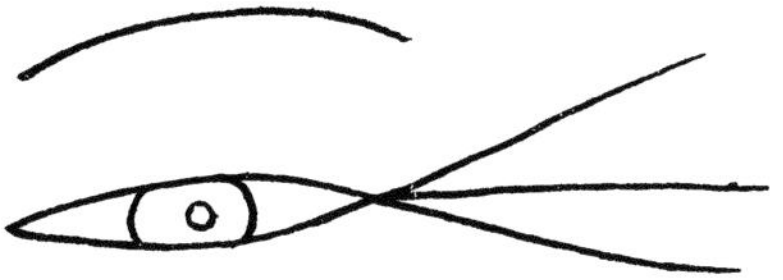

此の線が紊れて居るとか、或は甚しく多岐であるとかするものは、多くは配偶者に死別する。無紋のものは長命する事が出來難く、一線のものは愛嬌に乏しい。

又此の線は、上線を味方、中線を自己、下線を敵として觀る方法もある。上線美しきは味方が多く、上長の爲めに愛せられ、其の庇護を受くる事が深い。それに反して下線の紊れに刻むものは、豫期せざる凶敵を受けて屢々困憊する事を免れない。別に深い原因もなく、怨恨もないのに常に敵のみ釀して困つて居る人を見ると、必ず此の下線が紊れて居る。又兒女にも薄緣である。

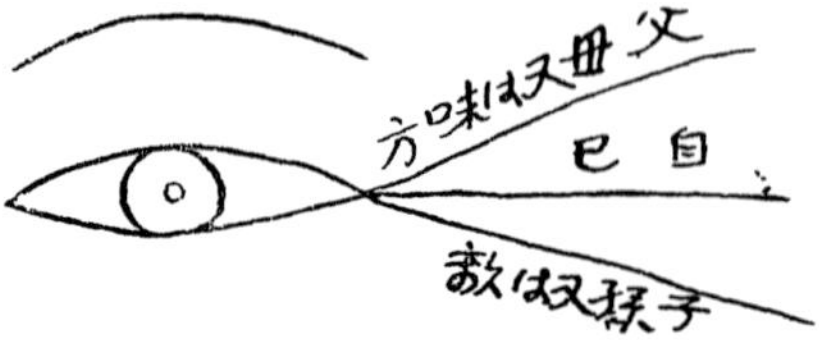

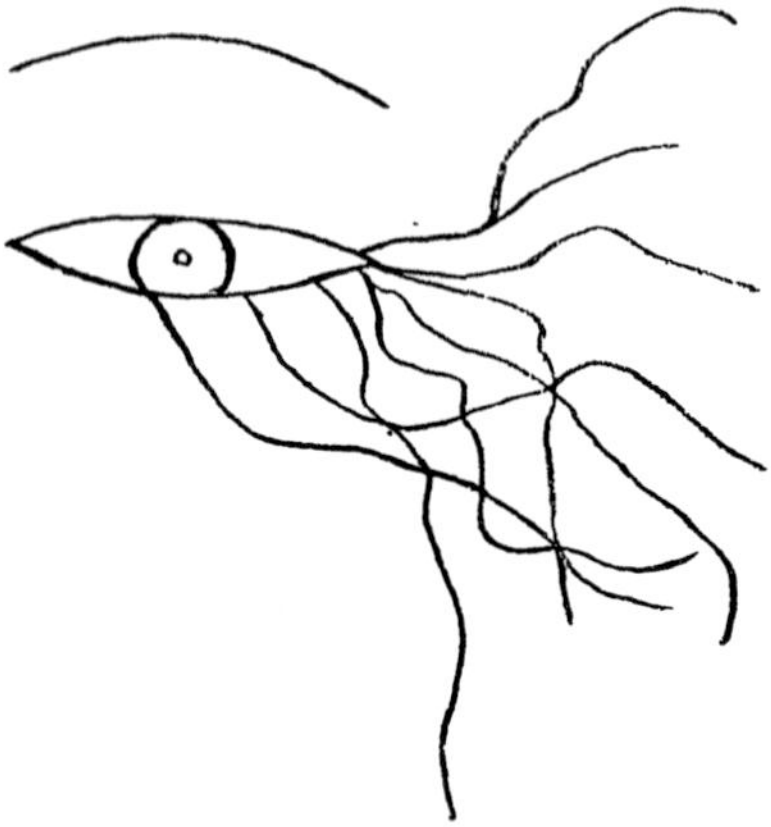

眼尾線亂刻する者は必ず配偶者に死別する。又家庭的に不幸を見る事が多い。

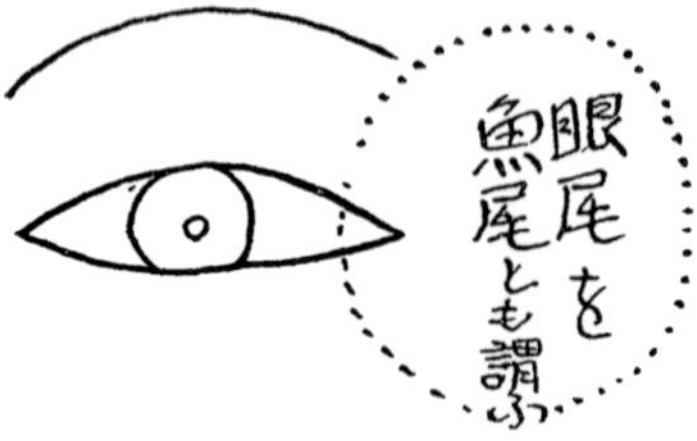

魚尾に紋理のないのは愛嬌に乏しく、交際狹く不可である。但し此の紋理は長じて生ずるもの故、余り幼少の頃既に此の紋理を生ずるものは、長じて亂紋を成す前兆にて却つて不祥の相とする。

又紋理のあるのは良いが、甚しく深刻であつて、掘つて取つた様なのは却つていけない。此の相あるものは、表面温厚を装ふも、氣分が暴んで居り、財を得ない限り、一生勞苦が絶えない。

第十二節　蘭台、廷尉

鼻の兩翼、ぷつくりと膨れた處、俗に言ふ小鼻の事である。左側を蘭台、右側を廷尉と呼び、略して蘭廷と謂ふ。

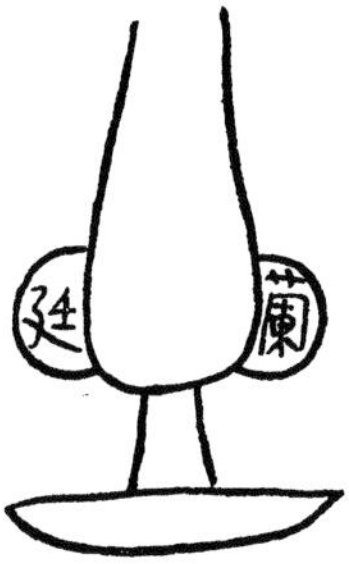

此の蘭廷は一名財帛とも稱し、財運の如何を見る處である事は、十二宮財帛の部に於て詳説した通りであるが、更に此の部が鮮に形成して居るものは、萬事怜悧であつて、技工にも長ずるものであり、又他人との交際も良く、廣く事業を行るのに好都合である。それに反して此の部がない様なものは兎角冒險事業を好み、性格が偏狹であり、交際も狹く、趣味も少いものである。

又蘭台の鮮に出張つて居るものには、早年より、兒女のあるものが多く、兒女長じて結婚すれば、必ず別居生活を成すに至るも、此の部の無い様なものは、兒を生む事が遲く、從つて兒が結婚する機會に遭ふ事が少い。故に別居するに至らぬ事が多い。

蘭廷とは外側から觀た場合の名稱で、內側から指稱する際には、之を厨灶と言ふ、かまどの意である、茲が充實して居るものは財が盛んで常にかまどが繁昌し、賑ふのであるが、此處が空いて財が欠乏すると、竈が賑はない、又、灶が大きく張り出て居るものは、我が子があつた場合、その灶を戸分けをして、更に一戸張り出す事が出來る譯であるが、全然灶の無い樣なものは、兒があつても戸別をするに至らない。鼻孔は大ならず、小ならず、柚子の種の如き形のものが良い、甚しく大孔を成し、或は特に狹少であつて息苦しいなどは勿論いけない、其他三角、四角、圓形等皆不良である。奈良の大佛は、殆欠点のない位、よく出來て居るが唯鼻孔が異圓であるだけは、技術者の手落ちである。

此の圖の如き厨灶を有するも財運強く、又鼻疾に侵さるゝ事が少い、性格は上品であつて高職に適し、人の長となる如き事が出來る。

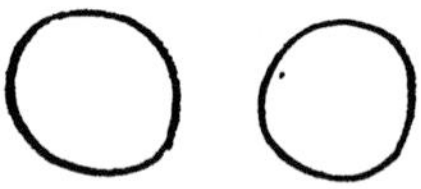

圓形で大きく、上に向ひて大穴を成して居るものは、倉庫に大穴があると同樣、財が積る事がないから、一生貧乏を免れない。凡て鼻孔の大きく張つて居るのは厨灶を包む肉が薄く、性格は常にヤマ師的の事を好むものが多い。

鼻孔が余り小いのは、鼻疾又は呼吸病に侵され易く、氣分が狹小で快豪を欠ぐ事が多く、

三角形の鼻孔は災難を受け易く、又性格も下賤である。

横に甚しく平たく長いのは、多淫である又性格も卑賤で高職に向かない。

第十三節　頭　髪

人の頭に毛髪のあるのは、恰、山に樹木が生へて居るのと同様で、山には樹木があるから、山の價値があるのである、若し山に一本の樹もなく禿山であつたならば、色々な故障を起して直接にも間接にも我々人間に大なる不便を與へるであろう。それと同じ理で若し吾人の頭部に毛髪がなかつたならば見苦しくもあり、非衛生的で諸種の欠陥を生じ強く困難を感ずる事を免れない。

毛髪の生ずるのは、其の目的とする處が色々あるが第一、頭脳を守護する爲めであるから、大体に於て濃密なのが良いのであるが、然し余り多濃過密に失しては却つて宜敷くない、又薄毛で禿頭病に近い様なものも勿論不可である。毛髪の濃淡に就ては、其程度を語るに困難であるが、普通のもの……

……つまり余り濃ゆからず淡からざるものが良く、髪質は、細く艶かであつて、色、黒漆の如く優かに伸んで、縮れる事なく長いのが良い。髪の赤色のものは他人と相容れぬ事が多く、縮毛のものは、財運いつとなく減じ、若齢にして白髪を生ずるものは、片親就中母に薄縁なものである、殊に毛髪が剛く旋虫（げじ）の如きものは性格が頑冥で人にも嫌はれ　生成功する事はない。

世界各國中で髪に關する學術が最進んで居るのは、佛蘭西であるが、例のツンツ博士と言ふのが髪に關する數種の藥を發明した。就中、白髪を治する藥は有名なものであるが、然し遂に社會の歡迎を受くるに至らずして止んだ。何故なれば、元來白髪を早年に生ずる人は血衰症とて、其の人の有する血液は普通人の有する血液に比して、或る種の精分を持つ事が少く、爲めに早く白化するものであるつまりこれは一種の黴菌作用で、此の黴菌を豫防する力が薄いと、黴菌が繁殖して遂に白化を見るに至るのである、誰でも老年に成れば、血液が疲癈して力が減ずるから、白髪になるが、年若くしてこれあるのは、恰老衰者の如く血液が疲衰し居るからで彼のツンツ博士は、其の欠点を補ふべく或る種の精分を有する藥を調製したのであるが、惜しい事には此の藥を多量に用ゆれば、白髪は治せられても其の人の健康に或る障害を與へて、生命を危くする恐れがある。そんな譯で折角の妙劑も遂に實用せらるゝに至らずして終つた。

白髪を治するに最、良い法は、胡麻を食用するにある。胡麻は、壽命を延長して且つ、白髪を治する事が出來る。但し短期間ではいけない、十代の人は一年間位、二十代の人は、三年位、三十代の人は五六年以上も食用せねばならぬ。

四十歳以上に至れば、遂に効果を認むる事が出來なくなる、然し四十歳以上の人々も常に胡麻を用ひて居れば、白髮を減せざるも、より以上に繁殖する事を防止するの効力はあるから、尙用ひざるに勝る事、万々である。胡麻の用ひ方は炮烙で煎つて、胡麻鹽とし、飯、又は副食物の上に振り掛けて用ひて良い。

胡麻の成分を分析して見ると大体に於て四種類から成つて居る、そして其の内の一種類を又分ちて三種類とする、各種成分の中、何れが白髮を治するに、効果があるのであるかは、今尙、明瞭には判明せぬのであるが、その内に少量の硫黄分を含んで居る。其の硫黄分が利くのであるらしいと言ふ事に各專門家の意見が一致して居る。

近來、美しい優かな頭髮に態々燒鏝を當てゝ、之を縮らす人がある、過れるも甚しいと言はねばならぬ、黃色人種は、其の頭髮の美しく優美な点で他人種に誇つて居るのである。其の他人種が羨望する程の美毛髮に態々燒鏝迄も當てゝ縮らすとは何と言ふ不心得な事であろう。頭髮の縮れる者は、晩年いつとはなく財を減じて、終晩は困窮する人が多い、然かも、先天的よりも後天的の情狀か重いとすれぱ、此の輩は殊更に自己の資産を滅燼して自ら困ずるの徒である。私は此の種の人を見る時實に氣の毒でならない。

第十四節　髮際

髮際と書いてはへぎわと讀む、勿論、額、頸筋と頭部毛髮のある部分との境目を指して言ふのであるが、此の髮際も前記頭髮と同じく余り濃密に失してはいけないが、さりとて余り淡くてもいけない又髮際が甚しく下つて顏面を蔽ふものは甚だ宜敷くない、長男は多く兩角が入るものであるが、若し長男で兩角の下るものがあれば多くは長男の德を持たず、又は祖業を嗣がず、或は、故鄕に住する事を得ない。若し髮際が强く下つて額が非常に狹い人があれば、髮際を拔き取つて形貌を造り直すのも一法であらう。よく世間に「自然に生へたものを、人工に依つて直しても駄目だ」と言ふ人があるがそれは大變な間違ひで、あるべからざる處に發毛したと言ふ事が、既に不自然な事柄であるから、此の不自然を除いて自然に引戾す事は當然の事である。若し自然に出來たものであるから、除き得ないとすれば吾人は散髮にも行かれぬし、垢が着いても入浴にも行かれぬ。又顏面に腫物が出來ても、之を治療する事は出來ぬ事になる、然し誰でも顏面に、腫物や瘤が出來た場合、之を痛まぬ樣に、跡が傷痕とならぬ樣に、切り取つて治するに定つて居る、これは、不自然に對する自然の征服である。「必要のない瘤が出來る」と言ふ事が、既に大きな不自然である以上之を取り除く方法を講ずるのは當然ではないか。故に若し髮際の甚しく紊れて居る人があれば、之に人工を加へても直して置く方が良い、凡て髪際が余り下つて、顔面に迫つて居るものは、性格が偏狭で兎角長命者が少い、耳の後方俗に襟足と言ふ處の如きも廣い方が良く、狹いものは前記の不吉があり易い。

昔から「髪際參差なるものは、刑壁に觸る」とて、遂に刑務所の御厄介になる人物である。此の意味から言つても、大に修養を積むと同時に屢々鏡に向つて自ら姿貌を改め、其の都度修養の念慮に精進すべきである。

それに反して女の髪際は富士額とて下つて居るのが良い。若し婦人の髪際が男の如く禿げ上つて居るものがあれば、そは幼少から親に縁薄く甚しい苦勞性の人である。

男子の髪際が格好よく、兩角が頂に入るものは、兩親共に榮へて祖蔭を受くる事が出來るに反し、此處が下るものは、或は早く片親を失し、又は幼にして郷里を離れ、若しくは祖業を捨て宗廟を守る事が出來ない浮浪の徒である。

男

女

第十五節　髭鬚

髭鬚は一名、祿官とも言ふ。鼻の下に生へる八字髭を祿と言ひ、顋に生へる鬚を官と言ふ。能く相學に官祿と言ふ事がある故、上のを官と思ひ、下を祿とする人があるが過りである、官祿にはあらずして祿官である。元來祿のある場所、(卽ち髭の生へて居る部分)を食祿と言ひ、(前述せる通り)此處が能く出來て居るものは、食祿に窮する事はないのだから、……況んや此處により以上の美髭(つまり豐祿)を有する者は財運が自然に好く食祿一層豊であるべき事は明である。又鬚を有するものは官に入りて、高運を見る、此の鬚のあるものは官公吏、神官等に限るのであつて、官の事務を取るに都合が良い。但し祿なくして官位のみあるのは、官吏の體面を保つ事が出來なくなる恐れがあるから鬚を欲するものは、祿官共に蓄ふるを良しとする、若し無祿にして官のみあるは窮苦の相とて不吉である。又、髭の兩端をピンと左右に刎ね上げるのは、一寸格好は良いが、必ずしも强いて高く刎ね上げねばならぬ必要はない、元、獨國の皇帝カイゼル陛下はカイゼル髭とて左右兩端を高く刎ね上げて居るので、有名であつたが、不自然を敢てした結果であるか、かの運命に陷つた。又近來、チヤプリン髭とて、鼻の下に少しばかり、髭を殘した滑稽な形が流行する樣であるが、チヤプリンは、それで良かつたであろうが、滑稽家でもない官公吏などが、それを眞似るのは、正に褒姒を眞似る醜婦の顰とでも言ふべきであろう。

髭鬚共に長く垂るゝものは祿ありて長命無比、祿官共に生せざるものは、夭折短命、然らざれば一生貧にして他人の頤使に甘んぜざるを得ざる小輩である。

第十六節　頸項

上、頭首を支へ、下、四體を率ひ、超然として特立するものは、頸項である。頸とは前方から見た塲合、項とは後方から見た塲合を言ふ。勿論、四肢五體と相比例して大小、長短、圓方等、中庸を得るものが良い。凡て男子の頸は大きく、婦人の項は細いものであるが、若し男子の頸が甚だ大きくして樽の如き者は、性格が下賤愚痴であり、他人の指彈を受くる事が絶へず、又余り細くして手頸の如き者は情勢邪淫であつて、他人の虚を窺ふ人物である。又甚だ長くして轆轤首に似て居るものは病弱夭命、頗る短くして、猪首をして居るものは凶暴短慮、頸は圓形を最上とし、平かにして篦形を成して居るものは、執拗にして淫毒を含み、常に怨を思ふの徒である。頸に傷痕のあるものは自ら縊るの相、結喉の骨が高いのも性格が萬人向きでなく、一度失敗する時は甚しく悲觀して遂に自殺を企てるに至る凶相である。又、余り頸が細小に失する者は暗殺せらるゝ事がある。

常に頭部を傾け、頸部をくの字に折つて居るものは多くは長命せず、若し長命すれば晩年、万事不如意であつて孤獨に泣く事を免れない。

第十七節　頭骨

頭骨は內部に腦漿を藏し、之を守護する重い職責を負ふものであるから、堅く密なるものでなければならない事は何人も容易に首肯し得る處である。其の圓形であるのは、全身の中央政府として四方に號令する腦漿を包藏し、絕大なる主權を行使する關係上、天の德に象つたものである。その上部に向つて高いのは、宗敎、道德等の觀念が盛んであり、又人の頭となり得るの貴相である。橫に廣く發達して居るのは生命、財產、愛情等の觀念が强い。

頭部は何れかと言へば、大きい方が良い。頭骨正しくして大なるものは福壽、圓滿なるものは一生安樂であるが、極端に大きいのは長命が出來難く、又最晚年に成つて急に勢運が逆轉する事がある。昔菅原道眞公は、頭が大きい点で有名であり、源賴朝公も菅公に劣らぬ大頭であつた。川柳にも「拜領の頭巾、梶原縫ひ直し」と言ふのがある。又近くは故桂公が大頭であつた。三公共に偉人物ではあるが、揃ひも揃つて最晚終が余り良くない。又どうも子孫が榮えて居らぬ。それに反して頭の小さいのは一生貧寒で財運の至る事がない。頭の中央、上部が尖つて居るものは、性頗る强硬であつて、一度言ひ出したら、決して後に引かぬ人物である。小兒の此の處が尖るのは狂愚であり、長じて後、尖る者は一得一失で、識見もあり、意思強硬で良いが、何分他人の忠告などは、絶体に容れぬ故、隨分危険性を有する譯である。又頭上中央が一帶に高い人は宗教、正義の觀念が深く、能く奉教の念を養ひ、又道德を守るの人物である。性相學に所謂、強硬、正義、宗教、靈妙などと謂ふ部位のあるのは此處である。昔しから名僧智識は、皆此の部位が高かつた。元來大古の人々の頭は何れも此の所が低く、余り發達して居なかつた。それが漸次近代に及んで(完全なる人間が出來上るに及びて)段々上頂部が豊滿になり、遂に今日に及んだものと斷定し得べき確たる證跡がある。

若し此の点が低陷して凹穴を成すが如き人物があれば、それは宗教、道德等の觀念は殆なく、唯々物質にのみ走る問題ならにぬ人間である。

耳の直ぐ上、牛や鹿の如き動物の角の生えて居る部位を性相學で破壞性と言ふ。此の部の甚しく張つて居るものは、性格が剛勇で、自己に不利益なる器物、言論は徹底的に破壞せねば承知せぬ。角は敵を突き倒し、突き破り、屠り殺す凶器である。從つて此の部が甚しく發達して居るものは、前後を考へずに敵を倒さん事のみ焦るの輩である。大阪邊に某と言ふ碁客が居て、頗る此の部が張つて居たが、彼れは碁の對局に臨んで、自己の陣地を守る事をなさず、敵陣を打破るに妙を得て居た。既に此の棋風が能く彼の性格を現はして居る。後かの碁客は、自己の業務たる圍碁の教授を事とせず、撞球に耽り、金に窮した結果、或る處で強盜殺人をやつて、死刑に處せられた。彼が死の數分前に書いた遺書の如きは頗る徹底したもので、人が皆其の技倆を惜んだが、止むを得なかつた。又東京でも、某省の技師が或る動機から殺人犯を行つて、死刑に處せられた。彼れは相當教養もあり、又義俠のある青年紳士で、衆から前途を囑望せられて居たが、惜しい事をした。彼れの生存中、彼と共に職を執つて居た人の話に、彼の頭は相當大きく、殊に横面が廣く、破壞性は極端に張つて居たのが際立つて見えて居た趣である。

更に後頭部に持續性と言ふのがある。これは或る一つの事業に志した際、これを最後迄行り遂げて完成せしむるの觀念を藏する處で、此處が切り取つた如く陷つて居るものは熱し易く、又冷め易く、辛抱心がないから、大事業、又は長期間に亘る緻密なる事業を完成する事は到底出來ない。職業の如きも飽心を生じて屢々轉職する。私の知人に一人、此の處が甚しく陷つて居る人が居て、十五六歳の時から、四十歳頃迄に轉職した事、勿驚、無慮二十三回に及んだ。其の最短きは半日、最勤續し得たものでも僅かに半歳に過ぎぬ。何と驚くべき轉職振りではないか。

耳の直ぐ後方に一段高くなつて居る骨を生命骨と言ふ。壽命の長短を知るに便である。此の骨の高いものは、普通人以上に長壽を願ふの念が厚く、能く衛生を守り、飲食を愼み、攝養に努め、且つ人を助け救ふの念慮に富んで居る。故に危險に近づく事をせず、万事に警戒する故、遂に能く長壽を完ふし得るのである。昔から此の骨が高隆なものは醫師に適良であると言ふのは、以上の如き理由に依るもので、若し此の骨が凹んで居るものは、此處に藏する腦漿が貧弱變調で長命、攝養、自愛の觀念を養ふの量に乏しい。以上は唯、單に頭骨と題して、二三の事柄を拔萃したに過ぎぬが、何れ、後日改めて性相學と題し、一冊を著述する者である。願くば愛讀を給へ。

第十八節　流年法

人間の勢運は其の端を耳から發して居る。耳は其の人の自然を觀る處であるから、生れた儘の勢運を察るに適する。それで男子は左の耳から（女は右の耳から）始める。先づ男子に就いて言へば左右の耳を各七段に割り、左耳の最上端を一歲、次を二歲、次を三歲と順次に七歲まで算へ、更に右方の耳に移り、同じく上端より八歲、九歲、十歲と算定し、十四歲に至り、今度は額の中央、最上部から十五、十六と讀んで下り、印堂（命宮）は二十五歲より三十歲までに相當し、更に山根、年上、壽上を垂下し、準頭が恰四十歲に當る。次に四十一歲は左方の蘭台、四十二歲は右方の廷尉に寄り、四十三歲は蘭台の左り隣り、四十四歲は廷尉の右方に進み、四十五歲は人中の中央部、四十六歲は左方食祿に四十七歲は右方同部、四十八歲は左方食祿の外側、四十九歲は右方食祿の外側、五十歲は上唇の中央五十一歲は口の左角、五十二歲は同右角、五十三歲は口左角の外側、五十四歲は同右角の外側、五十五歲は下唇。五十六歲は承漿に下り、五十七歲は承漿の左側、五十八歲は同右側、五十九歲と六十歲

流年の圖

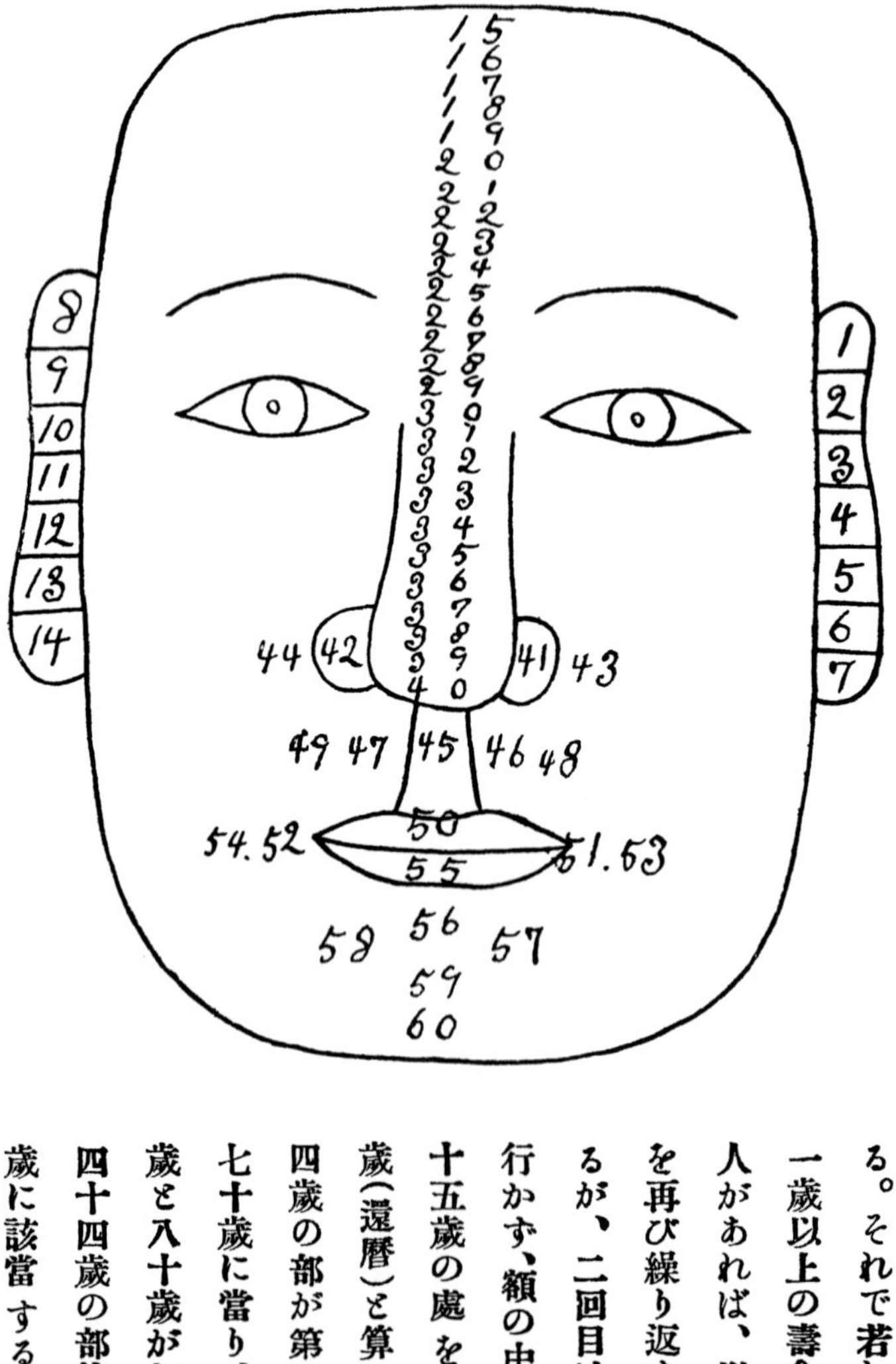

とは地閣に終るのである。それで若し、六十一歳以上の壽命を保つ人があれば、以前の順を再び繰り返すのであるが、二回目は耳には行かず、額の中央上部、十五歳の處を六十一歳(還曆)と算へ、二十四歳の部が第二回目の七十歳に當り、三十四歳と八十歳が相當し、四十四歳の部位が九十歳に該當する事になる。尙より以上に長命

する人があれば、右の順序で進んで何百歳でも算へらるる譯である。
右の他二、三種の異りたる流年法を、唱ふるものがあるが、何れも間違つた方法にて、本法が最正しい。

第十九節　骨法と血色との關係

相學上、骨法の事を陽と言ひ、血色の事を陰と言ふ。故に骨法と血色とは、陰陽夫婦の關係にある。例へば陽は器の如く、血色は器に盛る水の如きものである。器が大きく廣ければ能く澤山な水を盛る事が出來、水が器に一杯あれば豐富で申分はない。故に陰陽共に万全であれば、成功、長壽は疑ひないが、なか〳〵そんなに揃つて居る人は滅多にない。

陰陽は常に夫婦の關係であるから、陽は陰を引立てゝ成功せんとし、陰は陽を助けて相共に希望の達成に努めて居る。つまり陽は主人役で、陰は女房役である。

陰陽は共に父母より受くるものに相違ないが、陰は陽に因つて左右せらるゝ性質のものであるから、幼時、頗る陰の良い人があれば、そは父母の恩惠の厚きに依るものである。故に幼時、余り親惠を受けず、自己獨力で成功した、所謂、立志傳中に入るの士は、凡て幼時骨組はしつかりして居るが、どうも痩せ形で血色は良くない。然し中年後に至れば身体も肥滿し、又血色も良くなるものである。これに反して親のお蔭で成長した鈍物で、先祖の遺託を壞す人物は幼時、血色は大變良いが、兎角、骨組が弱い。（大小に拘らず不均當で、骨法が行渡つて居ない。）此の種の人物が長じて大失敗をやり、祖先傳來の田宅を沒して、一生流浪を續けるのである。

陰陽共に揃つて調ふものは、親惠、努力二つながら行はれ、褒名を万世に垂るゝ釋迦流の偉人物であり、陰陽共にないものは成功は勿論、壽命が幾もない。

第二十節　聲音

聲音は吾人の勢運中、眼神と並び稱せらるゝ程、貴重な機能である。古書にも（前略）求レ全在レ聲。士農工商、聲亮必成、不レ亮無レ終。上相不レ出二此五法一拘二于口耳眉額手足背腹之間一者凡庸相士也。相是雖二大業一其要在二五法一學者熟二於玆一受用終不レ乏。云々と說き、又（前略）觀二聲音一知レ爲二相之根本一、觀二陰隲一知レ爲二相之元神一、云々と述べ、以つて如何に聲音の勢運に關する事が重大であるかを示して居る。

聲音に就て詳論すれば、本題だけでも優に一册の著述が出來るのであるが、そは後日に讓ることゝして今左に其の概略を說いて見よう。

聲音を分ちて威聲、魅聲、大聲、小聲、剛聲、病聲、陽聲、陰聲、淫聲、泣聲、怒聲、笑聲、歌聲、濁聲、枯聲、澄聲等の數十種とする。

威聲は堂々たる大音で聲裡に威嚴を藏する事が多いから、軍人其他の官公吏、判檢事等の官職にある人、又は大聲に號令を發する職責ある人に適し、魅聲は人を魅するの魔力を持つて居るから、俳優藝人、商人等に適し、大聲は普通の塲合好いのであるが、濁聲を帶びたものは宜敷くない。疳走つた高聲の者は、性格が短氣勇猛であるから、何か氣に入らぬと、面と向つて大音にドナル事がある。それに反して小聲の者は、性格が陰險であつて、陰に事を謀む事が多い。立腹しても、早くは顏色に顯はさない代りに、後日必ず復仇を企てる。

剛聲の者は正々堂々事を斷じ、毫も陰曲な點はないが、性格が剛情で讓る事がないから、時に或は他人と衝突する事がある。蓋し竹を破つた樣な快活な氣分故、怨を後日に思ふ事はない。

病聲は患者の弱々しき聲を謂ふ。身體常に不健であつて、到底、長命は出來ない。常に病聲である人物にして未だ曾つて長壽を保ち得た例がない。陽聲は男性的のしつかりした聲、陰聲は女の聲、又幽靈の聲の如き淋しき聲を謂ふ。（死亡した人を陰人と謂ひ、現に生存して居る人を陽人と云ふ）淫聲は淫らな聲にて、花柳界などでよく聞く聲である。又泣聲は悲しい時に、涙と共に出る聲にて涙聲とも謂ひ、怒聲、笑聲、枯聲は說明するまでもないが、濁聲は其の人の性格が濁りて居るか、又は痼疾を藏して居るかの相、ひとり澄聲は偏する事のない、好い聲で成功長壽の相とする。

美しい好く透る銀鈴の樣な聲、清く澄んで人を魅する金鑾の如き聲、共に名を不朽に傳ふるの聲相であり、それに反して恰も物の裂けたるが如き聲、其他弱々しくして今にも息の絕へ相な聲の人で長命大成した實例がない。傍に居る者を壓倒するが如き聲音の人物にして、初めて成功し得るのである。

昔から威聲、剛聲、澄聲の者は皆忠心の人である。有名な菅公は、甚だしく大音にて、雷公と言ふ仇名を取つた。公が廳に座して政を聽き、令を發する時には何人も眞向きに向いては居られなかつたと云ふ。餘りに大音で耳が聾する如くであるからである。又和氣清麿も有名な大音にて或る會議の席上、弓削道鏡を相手に大聲に論議叱咤したのは歷史上有名な話である。

其他、秀吉は威聲、家康は威聲と魅聲とを兼ね、正成は剛聲であつた。

私が以前敎員奉職中、職員會の席上で端なくも聲音に就て、職員間に大激論が始つた。それは或る敎員が「美音の先生が敎へると兒童の會得が敏く又記憶が良い」と云つた處、他の聲の惡い敎員が之を聞いて承知せず、立腹して反駁したからである。處が多衆の敎員が色々に討議した結果、成る程、聲の良い敎員は皆優秀な成績を示して居るに反し、枯れ聲や吃音癖のある先生は、努力して居るにも拘らず、頗る成績の惡い事を發見した。從來成績の良かつた組も、聲の惡い先生が受持つと、漸次、成績が惡く成るに反し、旣往に於て不成績なる組も、聲の良い敎員が受持つと、次第に良好な成績を示して居るのは慥に事實だ。私は其れ以前から相學を少し宛、研究して居たのであるが、本件に就ては大に感動する所があり、それより益々趣味を感じて更に深く研究する樣に成つた。後、幾もなくこれと同じ樣な事柄を動物の身の上にも發見して驚いた事がある。

それは外でもない、九官鳥や鸚鵡の如き、語鳥に歌などを敎へるのに、少女が敎へると早く覺へて摸唱するが、老人が歌つたのでは、なかなかに覺へない、又同じ少女でも風邪でも引いて聲の枯れて居る時敎へたのでは、決して鳥が覺へるものではない、故に結局聲の若い美しい澄き透つた、所謂魅聲のものが歌つて聞かせば、彼、語鳥の悟了、記憶が甚だ敏く、苦しい濁つた嫌聲では無心な語鳥も、嫌がつて習はぬのだと云ふ事が判つた。これは長く語鳥を飼養した經驗のある人は容易に首肯し得る事である、(前記若い云々と言つたのは聲の若いものは年も少く、それだけ語鳥との年齡に多くの差がないから、勢も頭も近い事になる)

更に滑稽なのは、數年前、或地に一疋の巨大なる獅子が到着したが、かの獅子は一日數回宛、大音に所謂、獅子吼するので、附近の家に飼養してある馬が、その聲を聞いて恐怖の餘り、其の度每にぶる〳〵と戰慄し、瞬く暇に瘦せ衰へ、約一ヶ月後に恐死した。又私の親戚に保險會社の重役をして居る者が居るが、彼れの話に、保險會社には、澤山、外交員を使つて居るが、聲の好い、抑揚の巧みなものは必ず成功するが、聲の惡いものは、どうしても成功せぬ。故に最初外交志願に來た時、既に此の人物はどの位の外交が、出來るかと云ふ事が判るとの事、これも成程と肯かれる事柄である。次に品物を賣るにも、例へば商店内にあつて、來たお客を相手に商賣するにも聲が必要であるが、かの街路を呼んで歩く商賣人は特に美音が大切である。若し聲の惡い男か變な調子で賣つて歩いても、容易に賣れぬ。錦魚屋には、錦魚屋の賣聲があり、豆腐屋には豆腐屋の賣聲がある。つまり錦魚屋は、かの錦魚が悠揚として迫らざる態度で泳いで居るその優姿を連想せしむるに足るべき、優長温雅なる美音なる事が必要であり、又豆腐屋は、かの豆腐が淡泊洒然たる一種獨特の禪味を有する事を、思慕せしむるに足るべき魅聲なる事を必要とする。既に其の賣聲を聞いた刹那、顧客が情然として之れに對する嗜好愛欲の念を發して止まざるべき情音でなければならぬ。

或る處に頗る美音の一少女が居たが、或る時、田の中に入つて、田の草を取りつつ、例の美音で歌つて居るのを、視察に來た縣廳の技手が聞いて嘆賞し、遂に彼の女を娶り、其後累進して今では立派な課長となり、かの名もない一少女は、今では立派な課長夫人として暮して居る。又これも予が知人であるが、先般南洋から歸つて來た一領事の話に、聲の惡い抑揚の下手な人物で、外交官として成功した人は未だ曾つて無いとの事、又或る家では兒女が六名あつて、他の兒女は皆聲が好く成功したのに反し、中の二名のみが不成績で、且つ頗る枯聲であるのに不審を抱き、色々調べて見た處、右二兒は母親が該兒を妊娠中、或種の疾患の爲めに、甚だしい枯聲と成り、出產當時は殊に激しかつた事例を發見した。一寸考へて見ても健康なる人の聲は元氣で勢があるが、僅か數日間病床に入つたならば、忽ち聲態一變して力ない所謂病聲に化して仕舞ふではないか。是を如つて之を觀るに聲も亦遺傳性を有し、系統を引くものである事が知らるゝと同時に、如何に聲音が吾人の成功に大關係を有するかが容易に首肯し得らるゝのである。

尙ほ聲に就いても改めて近く「音聲と勢運」なる題下に別に一冊の著述をする考へである。

第二十一節　痕陷と紋理

痕は斬傷、疾病の殘跡を謂ひ、陷は元來、痘瘡の跡に殘る穴を謂ふのであるが何れも、良くない事は今更説明する迄もない。前にも言つた通り、先天的のものよりも後天的のものゝ方が、余程情狀が重いのであるから注意すべきである。旣に孔子も「身体八膚を父母に受く敢て毀傷せざるは、是れ孝の始めなり」と戒められた。傷痕、陷沒は何れにありても全部不良なもので、其の、場所部位に依りそれに該當する結果を觀るものである、たとへば「初年額に傷があれば、父母の恩惠を受けず、晩年此の部に痕を受くれば子孫繁榮せず、鼻に傷があれば、中年凶運で又一生財に惠まれない、三陽に陷沒を認むれば男子を、三陰に同斷なれば女兒を得難い」等の如くである。

又紋理には、壽線、眼尾線、法令線、智識線、締り紋等の如く吉線もあるが其の他は全部凶紋で絕嗣紋、假子紋、孤獨紋、剋子紋、立理、懸針、水災紋等皆良くないのみならず、前記の吉線の如きも、其の形狀、深淺、長短、大小、場所曲直等に依つては却つて、吉兆を沒却して凶兆となる事さへあるから、一々其の條件に就いて鑑察考定すべきである。

紋理の圖

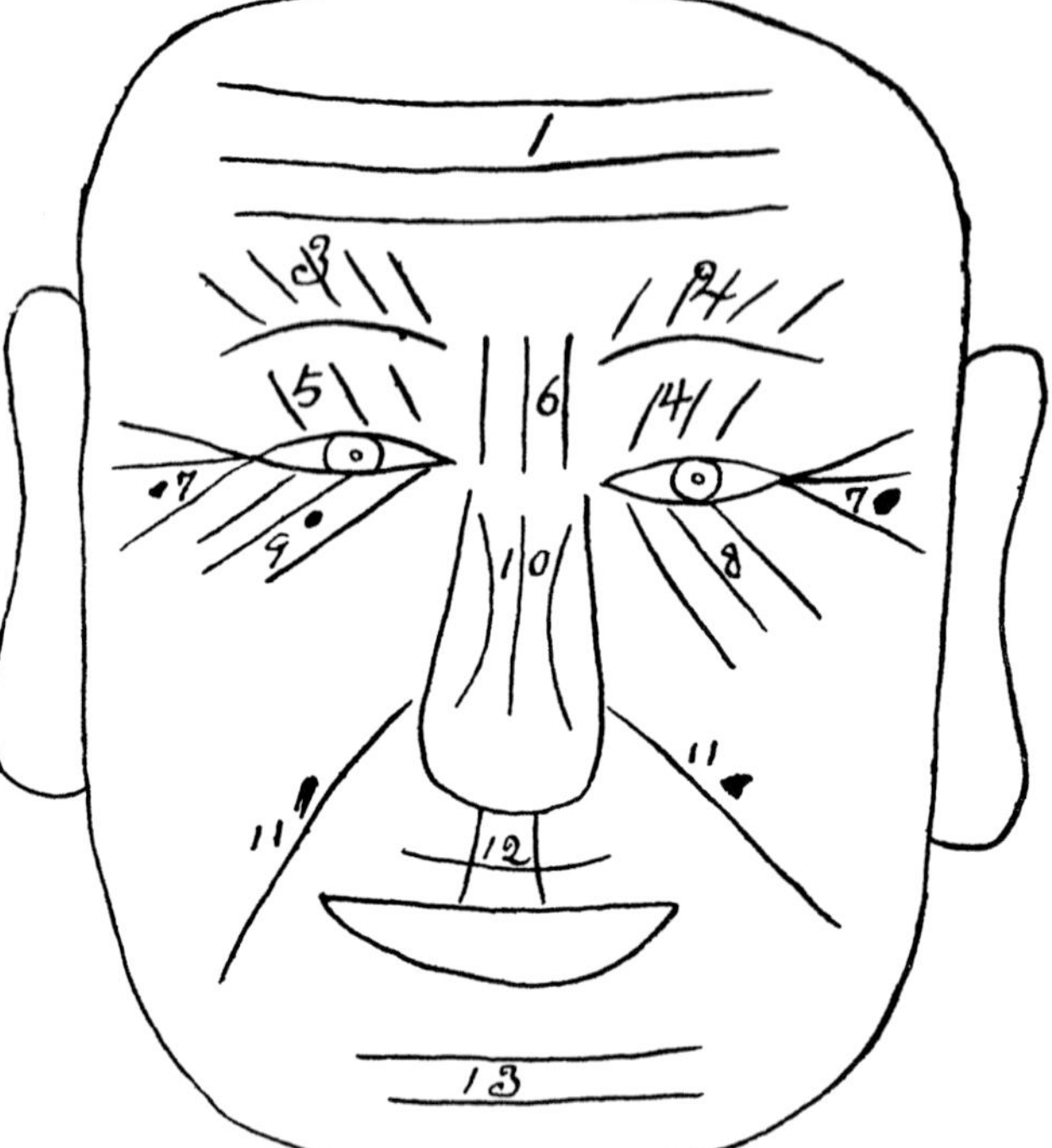

一、壽紋とてこれあるものは長命。

二、兄を廢して家產を奪ふ。

三、弟を剋す。

四、父の死亡を顯はす。

五、母の死亡を顯はす。

六、懸針、これあるものは常に多難にして憂事絕へず。

七、眼尾線とて、これあるものは長命。これなきものは天命する。

八、兒を剋す。多くは兒を得な

いものであるが、若しあれば兒、幼時病弱、長じて親と意見合はず不孝である。

九、女兒を觀る、前項に同じ。

十、假子を養ふの相とする。山根、年上、壽上は血の登る神路とて、此處に紋理のあるのは、常に氣分が充實せず心胸に空虛を感ずるの相で、必ず實子がなく、假子を得て嗣とする。

十一、法令線とて、これあるものは長命、且つ兒孝を受け、多數の人を召使ひ、家業も繁榮する。

十二、八、九兩項と同じ條件を持つ。但し此處に紋理あるものは、或は畸形、或は双子を生む事がある。

十三、水難の相である。多くは海によるもので、酒を得て海に入れば最危險である。

（次の圖解）

一、輔骨高く秀づるものは、多くは生れが良く、父母の恩惠も受け得た相である。

二、龍骨が高く、上下に長く走つて居るものは上長に愛せられ、又自己も多衆の長たるに適する。

三、虎骨前項に同じ。

四、伏犀線が印堂から上つて高く、頭頂を貫くものは識見があり、上品温厚で妄りに人と爭はず、又潔白、親切である。

五、孤獨紋とて、晩年、配偶者に死別するの相である。

六、旅行中に盜難、傷難等があり、又部下を連行すれば、部下に過失があつて、迷惑、損害を來すの相である。

七、法令、口に入るは螣蛇とて遂に餓死するの相。

八、人中に立理あるもの、兒と意見が合はず、不孝である。

九、顴骨赤黒色なるものは、妻必ず難産す。女は夫を捨てゝ逃走する。

十、承漿に傷あるものは實印に就て、印堂に傷あるものは、檢印に就て、各印難がある。又人中、口の附近に傷あるものは、凡て家相に注意し、殊に井戸の方位に注意する事が肝心である。

紋理成形の圖

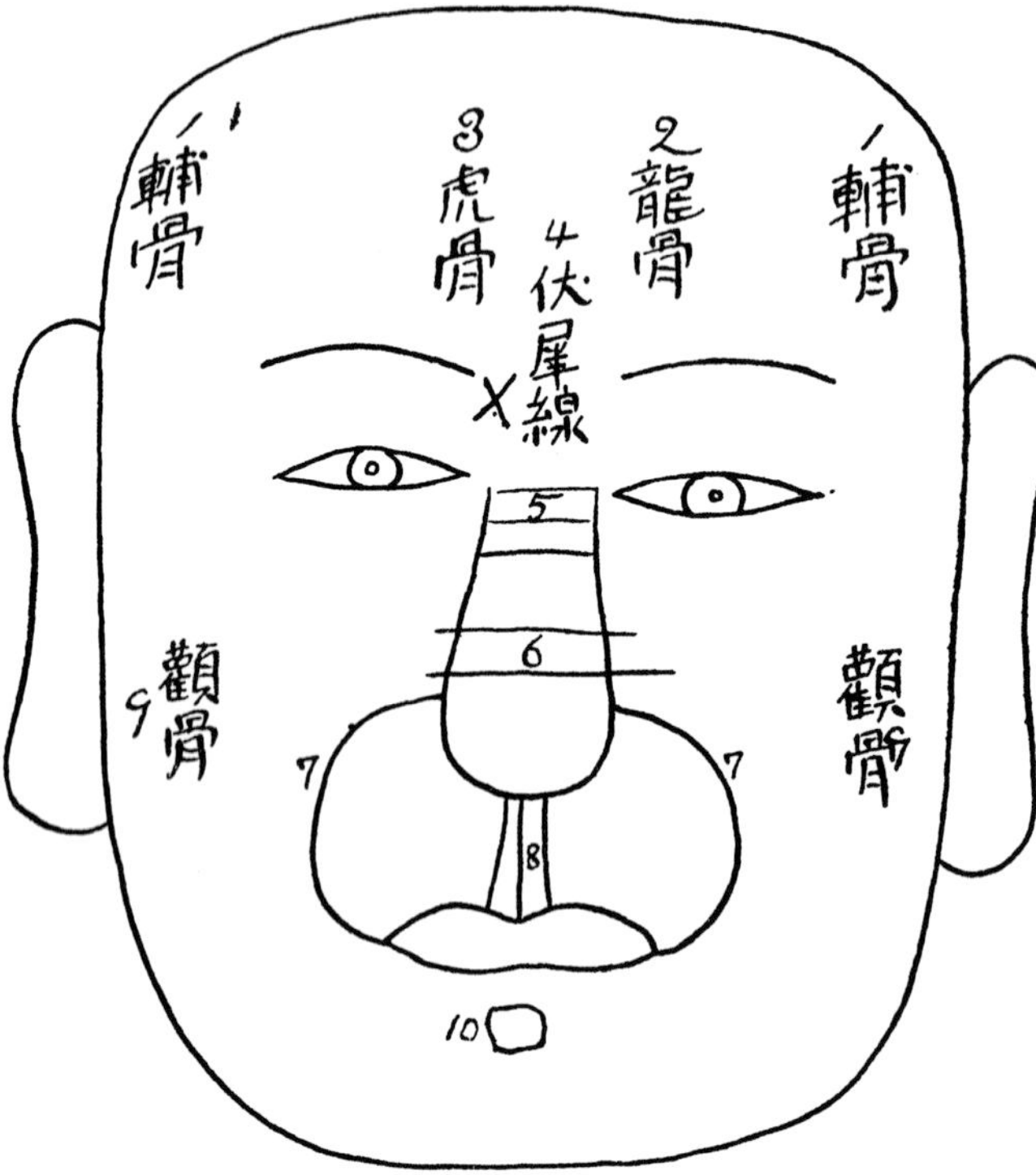

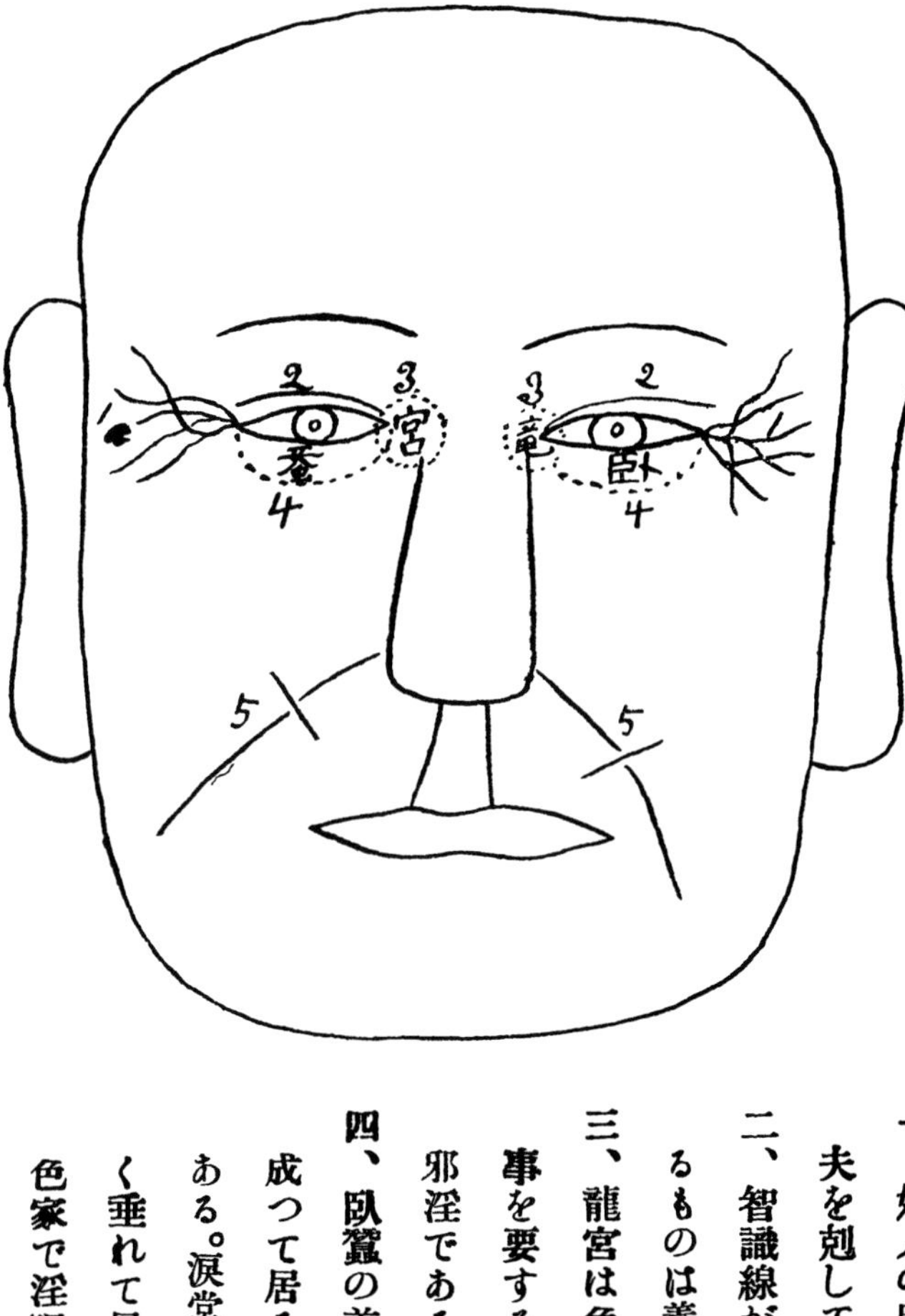

一、婦人の眼尾線紊るるものは、夫を剋して不貞である。

二、智識線が美しく刻せられて居るものは養子に良い。

三、龍宮は色美しく、肉豊滿なる事を要する。陷るものは性格、邪淫である。

四、臥蠶の美しく、水膨れの如く成つて居る者は、妻姙娠の兆である。涙堂、甚しく腫れて袋の如く垂れて居るものは、非常な好色家で淫猥な思念が絶へない。

五、法令線が途中で他線の爲めに絶へて居るのは甚しい不吉である。一生に一度大失敗をやるか、又は老年に至らずして頓死するの類である。又激憤すれば人を殺すとも言ふ。

第二十二節　黑　子

黑子は何故に出來るものか、醫學上にも好くは判らないのであるが、大体に於て、或る種の肉質が有り、其處に或る種の性分を有する血液が流れて來て、其處で化合作用を起し、凝結滯留して、遂に黑子を生ずるのであると言ふ事に學說が一致して居る。何にしても、顏面其の他に黑子が点々として居るのは、不愉快千萬な事である。

黑子は傷痕と同樣、何れも不良なるものゝみである。あらゆる黑子に吉祥なるものは一個もない。たとひ、名はどんなに良くても其の實質は必ず善くない。昔、漢の高祖は左の股に七十二個の黑子があり、それを時の相者が觀て、「これは七十余回の戰に打敗けるが、最後の一戰に打勝つて、遂に帝王の尊貴に上る瑞祥である」と言つた。後、果して彼れはかの相者の言つた通り、七十余回の戰に敗れ大に苦勞したが、項羽の一戰に打勝つて遂に漢の高祖となつたのである。然し高祖は、かの七十二の黑子があつたから、帝王に成り得たのではなく、黑子は無くとも、高祖たるに至る瑞運を持つて生れて居たのである。若し黑子があるから帝王に成るのであれば、各國歷代の帝王は皆黑子が七十二個宛なければならぬ事になるが、決して左樣ではない。黑子はなくとも帝王は帝王に違ひない。能く世間に「此れは非常に良い黑子だ」などゝ譽めて貰つて喜んで居る人があるが、それは結局、煽てら

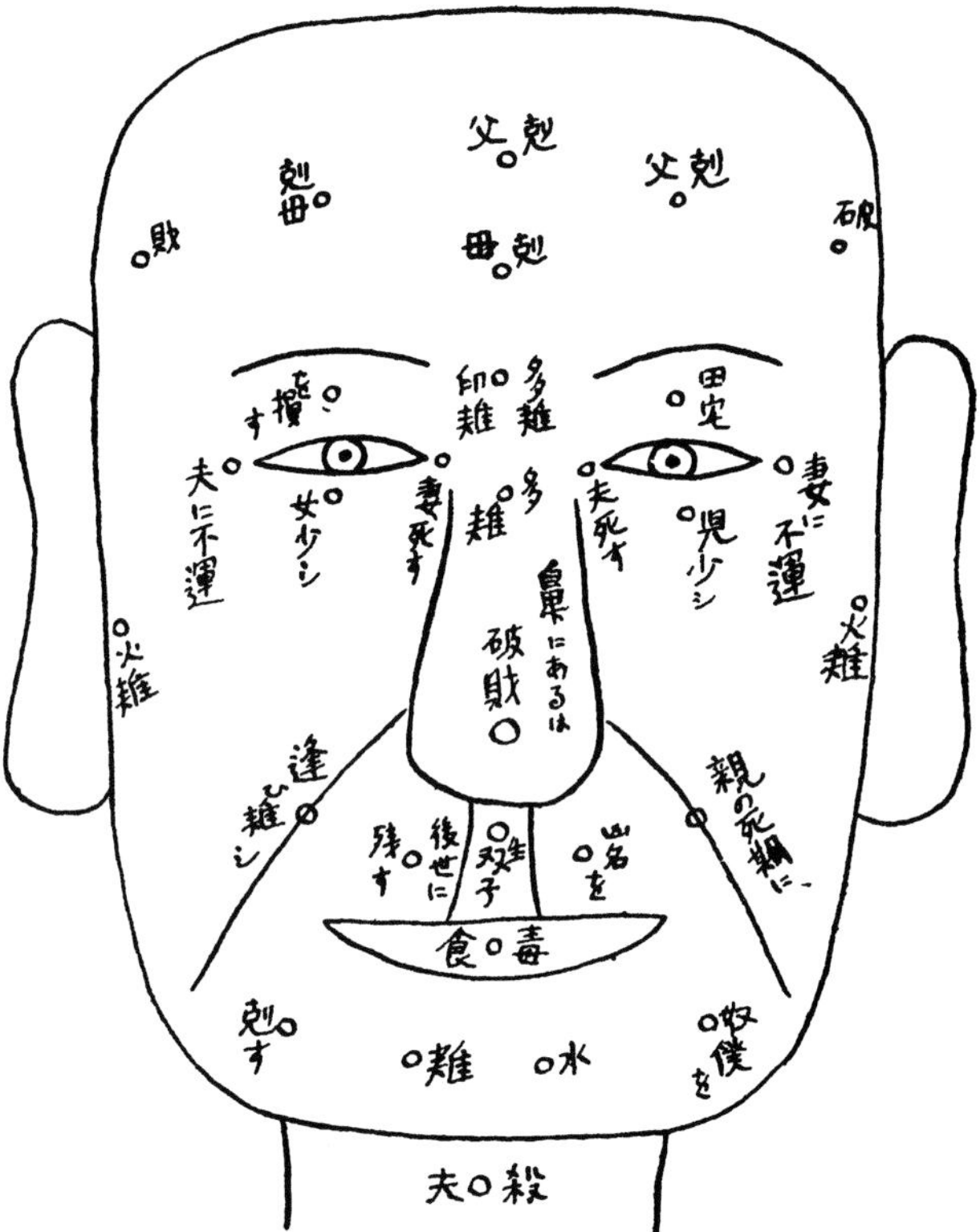

れての氣休めに過ぎない。然かも其の所在に依つては、相當惡影響を及ぼすものであるから、大に警戒せねばならぬ。

但し如何に不吉の黒子も、其の人が極力修養を積み、陰德を施し、宗教を信じ、一般社會の爲めに盡したならば、黒子も自然に消へて無くなるとか、色が佳くなるとかして、遂に其の凶害を免るゝ事が出來るものである。

黒子の効果に就ては、種々論ぜられてあるが、第一、其の人に敵が多く、第二、身上に浮沈滋く、其他結婚等も一回で修まらないのが普通である。

人の顔面には百三十個の部位がある。此の部位の名を全部覺へる事は、頗る困難な事であるが、大体に於て前記の傷痕と同樣、其の所在によつて効果を發するもの故、部位に依る凶災があるものと思へば、間違ひない。(たとへば日角に黑子あるものは父を剋し、月角にあるものは母を剋し、疾厄の部にあるものは疾病は勿論、圭角多くして屢々災難を招き、田宅にあるものは田宅を損ずるが如き等である。他は準知すべし)

又黑豆(俗にこちとも謂ふ。大形の赤黑點)そばかすの二種も右黑子と、殆同樣の効果を持つものにて、何れも多婚を免れず、黑子よりも一層不吉の結果を見るものである。

第二十三節　山林

眉尾より少し上方、日月角の外側に隣接し、俗に小額と言ふ處である。豊厚圓滿であつて色美しく肉盛るを良しとする。この部位は食祿、地閣等と關係が深く、從つて死後に於ける名醜に影響する事が大きい。

若し此の部が前記の如き上相を有する時は、生前にも美名を得、又死後にも賛評湧くが如しであるが、これに反し、當部が肉削り薄く甚だ欠陷し、傷などある時は生前は勿論、死後に於ても惡評を免れない。

此の部位は最低陷する事を恐れる。必ず高隆でなければならぬ。故に此の部が高美であつて頭骨

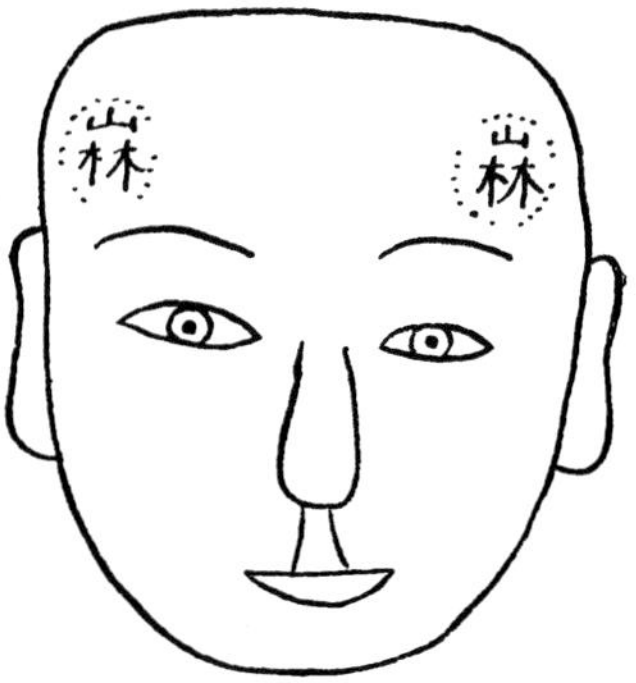

の美しいものは、生前には他人より憎まれ、怨まれても、死後には必ず賛辭の至るものがあるに反し、この部位低くして名譽あるものは眞の名聲ではないから、本人の死後には必ず惡評を受ける。若しこの處低く、口角締らず、及び眼を閉ぢて發言するものは、生前に汚名あるは勿論、自重を欠げば刑死する事を免れない。

又常に他人に接して損害を與へ、恬として省みず、口に好言あるも內心奸惡なる人物である。

第二十四節　臍

臍は身体の中心にあつて、何等の要用もない如くであるが、實はそうでなく、人は出生前、母の胎內に居て、臍に依つて營養を受け、出生後は之に依つて丹田を定める大切な要津である。故に臍の良否は出生前に溯りて其の原因を認めねばならぬ。母胎が兒を孕んで攝養度に適ひ、修養を怠らねば則ち可、若し之に反する時は、臍の方向が或は上、或は下、或は橫、或は曲り、其の甚しきは產厄に苦しむに至る事がある。

臍は古書にもある通り、落ち陷つて孔を成して居り、李を容るゝだけの餘裕のあるのが良い。場所は勿論、腹の中央にあるのを良しとし、余り上つたり下つたり、又横側に寄つて居る等はいけない。又臍の向き方は、眞直ぐに正面に向ひて居るか、少し上方に向ひて居るのが良い。臍の下向きなのは性格頑固で成功せず、或は配偶者に死別し、若しくは短命である。横向きのものは稀であるが、若しあれば夭折する事を免れない。

又臍が正面、又は上向きであつても、甚しく飛び出て居り、臍頭が衣服に擦れて痛みを感じ、或は甚しく陷つて居り、孔内に皺が溢れて臍の奥が見へず、常に垢が溜つて居り、又は孔内から毛を出して居るなどは甚だ不可である。凡て臍の周圍に側毛の生じて居るのは、下賤であつて宜敷くない。普通男女共に臍と陰毛との間隔は三寸以上離れて居るのが良い。

第二十五節　顔面と足型との比例

吾人の顔面と足型とは其の長短が常に相一致して居るものがある。故に其の人の顔さへ見れば、足の格好は大凡想像する事が出來る。

圖の如く頭の長さと足型の長さとは常に相一致して居る。故に頭の長さが八寸五分あれば、足型の長さも八寸五分、頭の方が九寸あれば足の方も九寸ある。（但し成人に就いて言ふ。小兒は別）

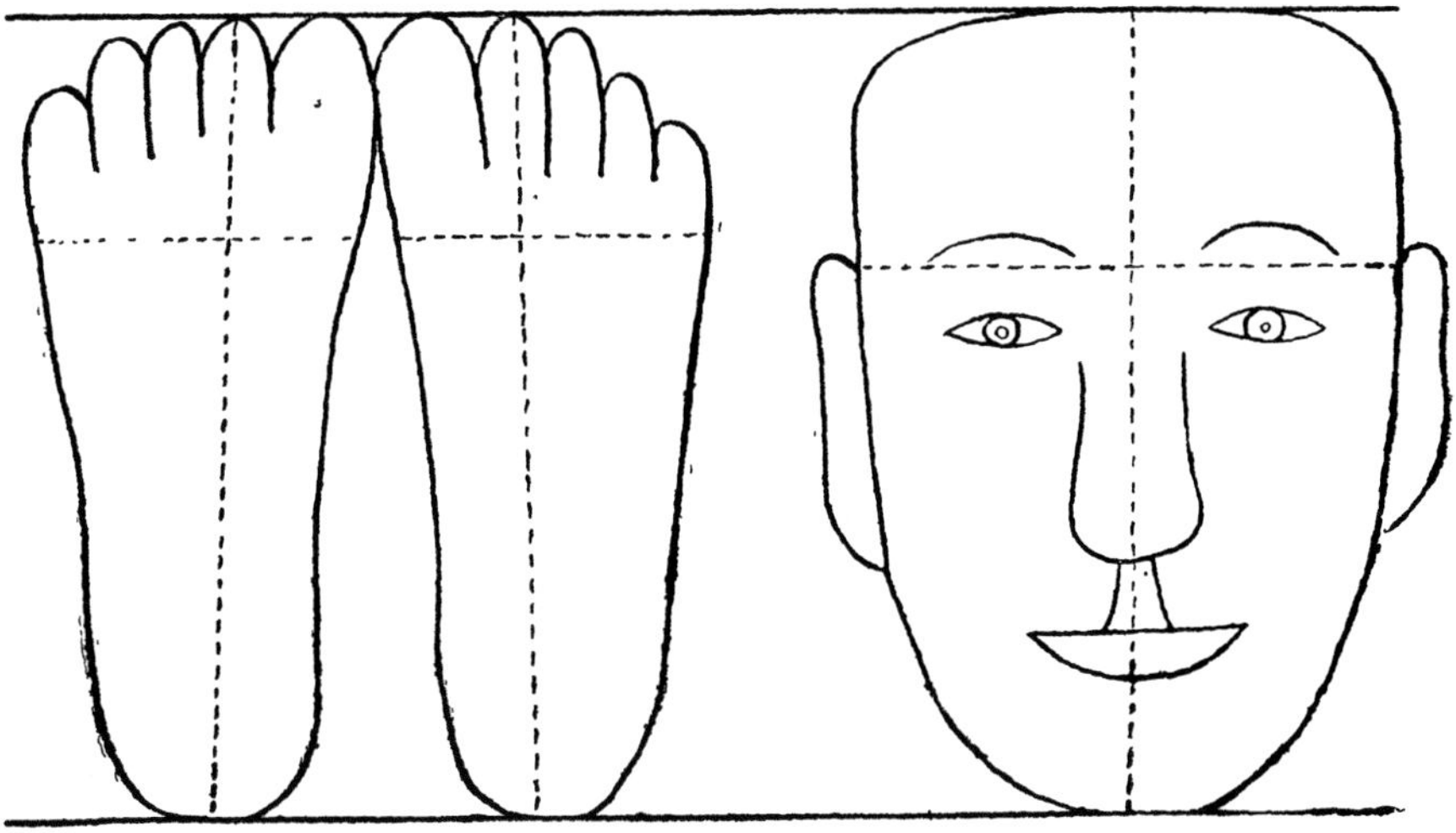

次に顏面の面積と足型の面積とは常に一致するものである。又眼と眉との間を横に髮際まで計つた長さと兩足の足型（最廣い處を計る）の長さも殆一致して居る。

次に顏面がペタ顏の人は足型もベタリと印し、五岳端嚴で高低のよく調つて居るものは足型も美しく、高低が調ふて出來て居る。

顏面が圓形に肥へ、就中、顋の圓大な人は蹱も肥へて圓大であり、顋が瘦せて尖つて居る人は、蹱も瘦せて尖つて居る。

顏面が細長い人は足型も細長く、顏面が短く橫に張つて居るものは、足型も亦短く橫に張つて居る。

更におかしいのは、鼻の高大な人は足の甲が高大であり、鼻の低小な人は足の甲が低平で、殆高凸を成して居ないものがある。これに就いてこんな話がある。

或る處に一軒の靴屋があつて、私は其の靴屋に屢々靴を誂へた。或る時、話の序に足の甲の高い人の噂が出て、私が「鼻の高い人は足の甲が高く、反對に鼻の低い人は足の甲が低い」と言つた處、靴屋の主人が暫く考へて居たが、「成る程、それに違ひありません。私の處に靴を誂へに來て下さる人の中に一人の官吏がありまして、其の人は有名な鼻の大きい人ですが、足の甲がイヤに高い爲め、長靴を造るのに仕事が仕難く、穿き易い様にすれば、穿いてからがぶ〳〵して困りますし、がぶ〳〵しない様にすれば、穿き難くて困りますし、全く仕事が六ヶ敷いので閉口致しました」と言つて笑つた事がある。

又私の近親者にも非常に鼻の高く大きいのが居り、中學時代に靴を靴屋に造らせた處、足の甲が特別に高い爲め、どんなにしても足に合はず、叔父がその靴屋と喧嘩をしたのを覺へて居る。

又或る處の足袋屋の主人に前述の話をした處、該主人が「全くその通りであります。顏の縱長い人は、どうしても大きい足袋を穿きますし、又非常に足の甲の高い人は甲の處が先に裂けて破れます」云々と語つた。

第二十六節　畵　相

本章の最後に當つて、畵相を略説して以つて前編を終る事にする。

本項は顴骨の部に於て、一寸述べた通り、書相と謂ふ相があるのではなく、能く相する者が乞相者と相對して坐した時、對手の相貌を熟視、冥想した際、彼れの相貌中に或る種の幽影ある事を心眼に認むる事が出來る。是れが即ち書相である。

たとへば對手の印堂を觀て、彼れは如何なる認印を所持、使用して居るかを、心眼に依り幽想し、其の認印の良否、これに依りて起る吉凶を斷じ、如何に改印すれば良いかを神察するのである。又彼れの父の身の上を相した場合、父は今急患を發して病院のベットの上に横はり、白衣の看護婦が右往左往して居る圖を想望したとする、果して彼は數刻の後、父危篤の報に接した塲合の如き、これを書相と謂ふ。此の法は勿論、將來にも及ぼす事が出來るもので、たとへば今此處に一婦人が、此の結婚の結果は如何と言ふ質問を爲したとする。其の時、相者は彼の女の結婚から新妻として、又將來遠久に家庭の主婦としての資格、適否を書相して其の吉凶を告知せねばならぬ、又火難のある人があつた際、彼が火災に際して周章狼狽して居る處を書相したならば、嚴に是れを戒めねばならぬものである。前例と後例とは、現實と未來との差異があるが、心眼に望む處は同じ事であるから、何人を鑑定するにも、此の人の有する勢運は押せば凹むが如きものか、それとも、押せばより以上に刎ね反して尨大するが如きものであるかを、書相に依つて望想し、斷定すれば萬個の中一失もある事はない。

凡て相者は乞相者と相對した際、雜念を去り、冷靜に氣を丹田に落着けて、無念無想となり、然して後、靜に心の相眼を開いて心胸に畫相を想像し觀るべきである。修養に依つて鍛錬せられたる自己の心靈がこの神境に達した時、此處に初めて畫相を認むる事が出來ると同時に將來を斷定する事が出來る譯である。此處を古書に「雖レ因二以心傳心一猶不能。況レ以微々筆端一。要唯在三悟了二宇宙眞理一」云々と說き、以つて相法の明暗は一に神氣の充實するや否やに依つて決せらるゝものなる事を敎へて居る。相術も此の畫相を自由自在に認むる事が出來る樣になれば、先づ相家に於て一流の仙眸であると謂ふ事が出來よう。

（尙此の外に四扇の法逆人形等種々の相法があるが、前述のものと重復し、且つ利益少きにつき略す。）

觀相學の實地應用（前編）終

觀相學の實地應用（後篇）

中司哲巖篇

本篇は多數の古書中、其の良い處を其の儘拔萃したもので、勢ひ其の文辭が固苦しく執拗の嫌があり、現代的文章と相去る事が甚しいから、讀者の讀み易い樣、添削せんかとも思つたが、然し、古の聖賢が書き遺された格言に、吾々が妄りに筆を加へるのは、非禮の至りであり、且つ或る意味から言ふて、この種の筆削は兎角、自分勝手な營業政策を、加へるやの感がある事を辭し得ないので全部、原文の儘掲載する事にした。爲めに讀者の中には讀難で困る人があるかも知れないが、通讀一回すれば足る小說の如き面白味を主眼としたものとは、大にその趣を異にし、恰、吾々觀相者の規範とも稱すべき字句ばかりで、收穫を目的としたものであるから、そのつもり愛讀を乞ふ。

後篇　第一章

第一節　一、相法極傳

人生未辨、萬物不分、空々寂々たる所、是太極也、釋尊之所謂、天上天下唯我獨尊も宜哉、相法に於ても亦如是、父母の養育に成長し、夫妻を語らふも此の太極より始まる、陰陽と分り、兩儀備り、萬物生成し、則ち萬有を具足したる所、小天地を全ふす、男神之曰く、我に陽の餘る物あり、女神答へて曰く、我に陰の缺くる所あり、是を合せ見んとて、鶺鴒に習ひ、天之逆鉾を以て青海原を探り給ふ。太極混沌一より一に始る、相法家の謂れ是也、依つて人正直なる時は善惡其の前に顯る、（中略）佛道にても、知足之道、不知足之道とて戒めたり、唯今日の無事と、足る事を知る感謝の念とに生くべき也（後略）

第一節　二、太極の一元氣を論ず　「神相幽玄之卷より採る」

夫れ、氣色の事は、漢の諸先哲、論ずる所明かならずと雖も、唯古相書に「絲縷の如し」と云ひたるは、定めて氣色の事なるべけれども、是は相法に於て、此上も無き神秘の事なれば、其の運用を說かざる事宜也。

本朝の諸先哲も、其の著書に於ては、明かに之れ載せず、其中水野南北先生著す所の、南北相法に始めて氣色を說き、其の圖を載せて委曲を示すに似たりと雖ども、後の學者之を見て千萬の苦辛を費せども、其の妙に至る事能はざるものは、實に其眞を傳へざるが故也、南北も亦、其の天機を泄さん事を恐る事此の如し、予、今、天機を洩すに似たれども、門生の爲に是を詳說せん。

夫れ古人の所謂、氣色と云ふは多くは血色也。或は皮肉に在るものを氣色となし、皮外に在るものを血色となすと云ふ説あれ共、皆僞にして眞訣に非らず、其故如何となれば皮肉にある者は、顯微鏡を以て照すと雖ども見透す事能はず、矧んや肉眼を以てするに於てをや、予刀圭の餘暇二十年來經驗する所、人を相する事數萬人に及び、其の氣色のある所を尋ぬるに、悉く皮上に在て千變萬化一定の象無しと雖、其の體は恰も蠶の糸の如く、肉色にして其の過る所、少し際立つて見ゆるもの也、膄理細かに色白き婦人の如きは至つて見易し、其の現はるゝ所、或は竪、或は横、或は昇り、或は降り、或は相交互し、或は輪をなし、或は監察を渡り、或は大海を超へ、其の象、百端にして人間百事の吉凶、此の氣色の運用に因らざるはなし、故に相法に於て其の功最も偉大なりとす、予、此を名けて太極の一元氣と云ふ、千萬の榮枯皆是より起るが故也、乃ち一元氣觀法は左に其の梗概を示す。

第一節　三、相法三昧耶

神相の三昧は全く此の一元氣を認め得るに在り、其法釋迦の觀念法に出づ、相師先づ看相を請ふ者に對し向ひ、兩眼を閉ぢ、心を氣海に沈め、雜念を一掃し、全く無念無想の境に入り、暫くありて眼を開き、百三十部位を一目に見通し、稍其の一元氣に似たりと思ふものあらば、夫より見起し、精神を凝らし、眸子を定めて歷覽すべし。

夫れ一元氣の起る所は、地閣の邊、或は大海に出入する事多し、常に此の穴所の邊に就て習熟する時は、月を累ね日を經て、終に其の奥妙に至る事を得べし。

第一節　四、觀自在境

經に云く、一元氣を觀ずる事自在なるを得るに至る時は、大にしては天の運氣を達觀し、小にしては人事の吉凶を印證す、亦軍中に臨む時は伏兵の在る所及び、戰の勝敗を豫知して其の誤る所、無からしむるを得ん、其の功實に枚擧するに暇あらず。（後略）

第一節　五、部位之格

十三部位横列凡て二百四十餘官は古昔、痲衣仙翁の定め置きたる所也、是を以て部位格々其の豐滿缺陷の差別により吉凶あり、詳に之を考へ斷ずべし、其の部位の名稱、形似に因り、或は位置に因るあり、何れも古人の定る所なれば、後世議すべきにあらず。其名一所に二つ三つも重るもあり、卽ち臥蠶、龍宮、涙堂、陰隲の類、此れに因て知るべし（後略）

第一節　六、人相家宅割の傳

顔面	家宅
鼻	柱
眼目	窗
眉	屋根
家族宮	座敷
口	大戸
地閣	地面庭園
奸門より害骨の邊	無名の處

暗慘の色浮ぶ處に、凶を認む、たとへば、口、開きて閉ぢざるは大戸惡しくして締らず、爲めに盗難、又は流財あり、鼻梁、曲むものは家の柱梁歪み爲めに家屋倒るゝ事、遠からざるが如し、余は萬事此の順に因り準知すべし。

第一節　七、印形の有無并に善惡を相す

表印は承漿に現れ、裏印は命宮に現す、其の象は天帝一元氣を以て之を書く、印形に付て事起らんとする時は、天倉に地荒れを出す、若し其人印形を所持せざれば、命承の二穴に其象を現せず。

印形の文字を讀み得るに至らば相家に於て第一等の仙眸と稱する事を得べし。

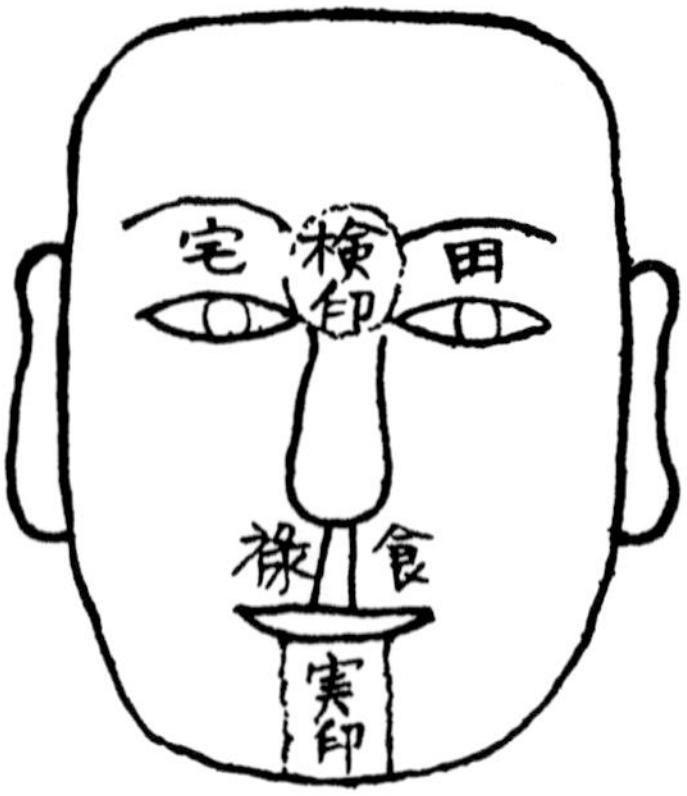

一、命宮は檢印(認印)を見る所
二、承漿は實印(表印)を見る所
三、雅號印は食祿、田宅二宮を考察して斷定すべし

尚、古書に於ける、印形の相法は、初學者には判り難いものが多いから、左の通り文辭を改め、説明する。

一、認印は楕圓形、實印は正方形を良しとする。餘程有德の人、又は神社佛閣等に用ゆるものは、認印、實印共に眞圓とする事が出來るが、普通の人が之を用ひば、勢ひ負けて、運が衰ふるに至る。

二、字體は常に鮮明なる事を要し、必ず姓又は名(多くは姓)を刻するが良い。特種のものを除いては姓を刻せずして名のみ刻するは大に不可である。

三、二字以上の名を有する人にして、姓の下に名を一字付刻するが如きは不吉の相である。又、二字以上の姓を有する場合、その一字のみを刻し、又は姓一字に名一字を並刻するも不可である。

四、實印は花文字、劃字、崩し字として差支なきも、認印は成るべく楷書又は行書とすべし。
五、字劃の外に多くの空地を存する事は不吉である、必ず圈内に一杯ある樣、字配りに注意するが良い。
六、周線の厚みと字線の厚みとは常に同一なるを可とする、厚薄の差あるものは不可である。
七、雅印にあらざるものにして、浮刻、半浮刻、巴形、瓢形、斜列、二重椽等皆凶である。又字體若しくは周椽の中斷、缺損せるもの皆不可である。
八、特に小なる劃内に押捺する必要上、細印を使用するは差支ないが、然らざる限り印劃が籂入する程度に、印判を普通の大いさとするが良い、餘り細印を使用するのはいけない。
九、字體の尖端が周椽に到達して居るのは大に良である。字の上半は上に反り、下半は下に反り橫線を四方に配するのは良い。
十、雅印は、格好字體等、前記に依らない事を得るも、特別の事情がない限り、字線又は周椽が斷續缺損せぬものを使用するが吉である。
十一、命宮に傷あるものは一生に一度認印の難、同承漿は實印に因る難がある、難の大小、難易は傷の大小、難易に準ずる。又急に色凶しく其他小蒼等を出す時はその難が近い。故に他人より責任を生ずべき申込依賴等ありたる時は穩に拒絕するが良い、若し承諾すれば、必ず損をさせられる。

十二、田宅、食祿に傷のあるものは、雅印を使用する事を避くるが良い、後世に汚名を殘す事がある。凡て命宮、承漿、田宅、食祿等に傷あるものは、突飛なる印判を用ゆる事を禁じ、其他印判を使用するに當りて自重する事が肝心である。

第一節　小兒觀相養育法

八、小兒壽夭成否の相

聲、絕ゆる樣に泣く兒は育たず、臍の中に血の無き兒は長命せず、枕骨（後頭部の骨）無き樣に見ゆる子は、五歲前後にて死す、額に骨無き樣に見ゆる子は、步まんとする時死す、兩股の間に肉なき兒は夭相である、陰囊の下白き兒は早死するものと知るべし。

兒、生れて三十日以內に首を動かすものは、長じて大成功を成す、たとひ浮沈ありとも、遂に萬難を排して人の頭となる、同三十日內に微笑する兒は、成人の後成功する事もあるが、必ず色難を受け困しむ事を免れない。

小兒の睫毛潤はしく、又長きは記憶力强し、耳の輪廓が全きは無病息災なり、小兒の耳輪薄くして無きが如く、缺陷あれば其の流年に病難あり、臍淺くして締りなく飛び出るが如きは短命也、又、尿、濁るは成長し難し。小兒の頭、上に向つて尖れるは凶愚にして成功せず。

小兒、面色よく聲大なるは息災なり、明宮闇く、眼大にして神無ければ短命、肉厚く聲好きは息災、眼大にして睛出るは短命、小兒頭骨の無きが如きも消然として歿す。（尙小兒の相に就ては詳細記傳あるも初學者には煩雜に就き略す）

第二節　一、小兒の夜泣を治す

小兒の中には毎夜、夜泣きをして困るものがあるが、周圍の者も迷惑であり、又泣く子も辛い事でせう、幼時、夜泣をする子は、大きく成つても餘り成功せず、又元來長命せぬ故、兒を持つ親は注意して早く直さねばならぬ、其の攝養方法は左の通りである。

一、晝間はなるべく眠らさぬ様にし、日沒時から後は一切乳を與へてはいけない。殊に湯水等の如き水分を多量に與へる事は甚だ好くない。

二、晝間は成るべく靜かな場所に置き、決して騷喧な場所に至らしめない様にし、又吃驚恐怖する事のない様に注意すべきである。

三、該兒を抱く時には、抱く者が自己の兩手を兒の腹部に當てるか、又は兒の腹部に自己の腹部を當てる様に抱き、餘り兒を搖さぬ様、抱き締めてやるべきである。

四、寢衣は成るべく柔で且つ廣寛なるものを用ひ、帶は巾の廣い薄いものを選び、結ひ目が脊部又は腹部にあつて兒に痛みを感じさせぬ樣、横側に柔かく垂れしむるがよい。
五、朝は成るべく早く起して乳を與へ玩具は一切音響の出づるものを與へぬ樣にせよ。
六、睡眠中腹臥をする兒は決して長命しない故、此の癖をつけない樣にせねばならぬ、（夜泣をし、其他病弱な兒にはよくこの癖がある）右は腹部に痼疾などがあるの兆であるから、醫師の診察を受け、其他該兒の健康を嚴戒し且つ睡眠中該兒の腹部に小さい坐蒲團の如きものを掛けてやるが良い。

第二節　二、育兒十法

一、背、煖なる事を要す。
二、肚　煖なる事を要す。
三、足　煖かなる事を要す。
四、頭　涼なる事を要す。
五、心胸　涼なる事を要す。
六、怪物を見せしむる事勿れ、又怪音を聞かしむる事勿れ。
七、脾、胃、常に温なるを要す。
八、啼いて未だ定らざるに乳を與ふる勿れ。

九、輕粉、末砂を與ふる勿れ。
十、洗浴する事少きを要す。

第二節　三、口を開いて眠る癖

一、小兒就寢時に際して、枕を深くする時は、(頸の所に枕を當つる時は)口を開いて眠る癖を生ずる、枕は比較的大きなものが良いのであるが、必ず柔く廣いものを用ひ、頭の中央を載せ決して頸に至らない樣にするが良い。

常に口を開いて眠る癖のある兒は、成長の後、呼吸器病に侵され易く、長命しない、たとひ長命しても不運で成功は出來難い。

第二節　四、長壽の秘訣

一、軟飯。毎日食べる飯を極く軟に焚いて食べる事。固い飯を好む人は兎角急に逝き易い。

二、爛肉。肉類を十分に煮て食べる事。生肉を好む人は、疾病に罹り易く長命する事が六ケ敷い。

三、少酒。酒を極く少量用ゆるのは良いが、多量に用ゆるのは百害があつて一益もない、其の程度は食前に一勺、食後に一勺、一日に六勺位は良い。若し一日に一合以上も飲めば却つて有害である。

（勿論上酒に限り、下等のものは絕體にいけない）

四、獨宿。餘り過房に失せぬ樣にする事が肝心である。昔から過房に亙つた人は皆短命に終つた。それに反して能く節した人は皆長命を全ふして居る、英國の一水夫は十七歲の時に軍艦に乘り込み、九十六歲迄實に八十年間異性を知らず、更に軍艦を退いてからも、殆異性を知らなかつたが、遂に百四十九歲の長壽を全ふした。

第二節　五、長壽藥

一、黑豆、黑胡麻、糯米、薏の實、以上四種類を等分に混ぜ合せ、石臼にて粉末とし、茶壺に入れ置き、食後に一匙づゝ白湯にて用ゆ。甘味を好む者は少量の砂糖を入れて食するも妨げなし。

第二節　六、姙娠法

一、結婚後三年を一期、次の三年を二期、次の四年を三期とし、右三期（十年）を經過して兒なきものは、特別の方法（たとへば手術を受くるが如し）を講ぜざれば、到底兒なきものである。故に兒を欲する者は、期の如何を問はず、專門醫の診察を受けて其の指示に從ふを可とする。

一、作業に當りては、從來採り來りたる方式を捨て、他の新なる方法を試み、且つ其の都度方法を異

（以下姙娠法及び避姙法に就て或る種の事柄を述ぶるつもりで、印刷までしたのであるが、製本數日前、突然或る種の靈感？に依つて省略する事にした。甚だ殘念であるが、どうも止むを得ぬ。讀者憐察せよ。）

後篇第二章

第一節　看相用意

夫れ看相を請ふ人あらば、暫く別席に休息せしめ、堅く言語の高聲を禁じ、然して徐々に相者の膝前に招き寄せ、先づ其の人の起居動作、身体の姿勢、態度を見て大抵に貴賤を察し、次に言語に據つて都鄙の遠近を別ち、一身の骨格、五行、三停、鬚髮、面部、流年、紋痕、欠陷、氣色の吉凶、手紋の良否等に及び、悉く見果して後、斷ずべし。

凡て諸部位、倶に兼せ見る事を要し、就中、眼の明暗、聲音の澄濁を認めて、其の將來を指すを相法の要とす。

官貴高祿之人、或は俗僧婦女等の看相、各々分ニ言談ㇾ幷に疑慮思惑之輩、看相可ㇾ有ニ心得ㇾ事
先づ疑慮思惑の人、若し急死等の相ありて心に此を斷ずるとも、妄に其人に告ぐ可からず。心惑に偏て必ず其の厄を免るゝ事能はず、譬へば急死の相あらば急に病の相ありと言を緩むもよし、直に口外して却て其人を損ずる事間々あり、猶ほ醫藥或は攝生等の事を勸めて、漸く善道に誘ふを要す、是等の事能く辨ぜざれば、反て相者の罪となるもの也、凡て此意を以て覽るべし。
若し官位高祿の人を相せば、如何にも禮を正し、言語、進退、敬慕、以て麁略なるべからず、唯、古書に載する所の語を以て、詳に看る所を告ぐるも妨げなし、或は歷代名師の古例を引いて語り、辯ずるも亦可なり。
出家、道人、諸隱等を看相するに、先づ其の法脅、師弟を分て俗緣血屬の結起等を述べ詳に告げ知らすべし。僧は元俗を離れ家を出たる身なれば、薙髮の師を親とし、師を同じふする者を兄弟となし、法脅、法類を親屬として、考へ看るべし。位階の高下遲速、又堂塔造立等の事より、財貨の聚散、遠遊の吉凶、其人に應じて、俗語を以て詳に說示する事を要す。

第二節　八成相　「載爲初學」

大凡、人の相は一身五體を以て看相すと雖ども、先づ頭を以て主となす、頭は即ち諸陽の會、面は

則ち五臟の神路に通じ、上に居て圓かなるは之即ち天の德に象るなり、亦三才の象を成す故に、壽夭、富貴、貧賤等皆頭面に於て觀る。人身を十分に分ちては、面六部、身四分と觀るべし、依て頭面を相して其人の八九を知る。

猶ほ聲音の響亮、淸濁を聞き、心田の好歹を觀る。心田は則ち眼中也、眸子は其惡を掩ふ事不能。故に書云「眼は即ち心の門戶也」と倶に部位流年に依るべし、尤も面部、耳、眼、鼻、倶に、相、好しと雖ども、唯々心の好きには若かず、故に先づ心田を觀るべし、即ち相有て心無き時は、相は心に隨て滅す、心有て相無き時は、相は心に隨て生ず、縱然相貌は堂々たれども、心事奸險なれば不レ日して善も凶に變ず。故に孟子の曰く、胸中正しければ則ち眸子瞭焉、胸中不レ正則眸子眊焉、聽ニ其言一也觀ニ其眸子一人焉ぞ瘦さんや。然らば則ち相學者玆に最其の重きを置き看るべし。

凡て面部を十分に分てば、眼は五分、眉、口、鼻、耳は二分と見るべし。婦女を相するには、先づ既嫁と未婚との差別、緣と不緣、始終の吉凶、或は重婚、或は寡婦、死別生別、又は父母兄弟等の疾病、戀愛密夫の類、子孫の有無、姙娠男女に至る迄を專らとし、禍福の兆を雜へて斷り告ぐべし。

凡そ商賈の人は、先づ交易の損毛利益、氣運の旺衰より、官府の所願、居宅變移の善惡、方角、旅行等の吉凶、或は子孫の斷續、財貨の聚散、是等を主として、特に當分の氣色を具に察して、其の由を告ぐべし、凡そ願望は、十に七八は不成、又は利なきものと識るべし、福兆を具する人は安んじて天命を俟つを是とす。

八成相
1、口常に不レ開締る。
2、歯細密にして美光あるもの。
3、小鼻怒る者。
4、耳、前より見て少し見ゆる者。
5、耳の肉堅き者。
6、額の皮堅き者。
7、顴骨滿つる者。
8、鼻豐に長き者。

右之内
一相あるものは一生困窮する事無し。
二三個揃ふは福分あり。
七八以上揃ふは立身發達之士也。

第三節　方位吉凶色の事

南に幸あれば、離宮に紅紫色を顯す。災あるときは、此處に憂色を現はす。

北に幸あるときは、坎宮に吉色、災あれば凶色。

東は震宮、西は兌宮、南は離宮、北は坎宮、丑寅は艮宮、辰巳は巽宮、戌亥は乾宮、未申は坤宮、以下面上八卦を詳論すれば左の如し。

第三節　一、坎　宮

正北に位し、冀洲に屬す。此位豐滿なるは田宅多し、缺陷なるは災害多く、青色ある人、官に進み或は財物を得る。黃氣は家宅安く、赤氣は他人の缺陷を算へんとす。白色は陰司の事を司り助力を得る。黑氣は牢獄を恐るべし。紅色は福祿進む。又は奴婢を得る、或は良馬を求むる事を主る。承漿の青氣は、酒に因て病を爲す、黑氣出れば酒に因て死する事を主る。黃色出れば家宅に喜あり、黑氣出れば、田宅を爭ひ訟訴起る事を主る。黃色出れば、遠行の商賣大に利あり。若くは一點の青氣を見すものは、大なる愛を主る。地閣地庫の間に紅色相兼ぬれば、財祿其の年の末に應ず、地閣承漿に赤氣子細に分る者は、奴僕奔走を主る、頤頷に煙霧の如きを帶ぶれば、刑囚の災あり獄中に死す、黑氣口邊に侵せば二旬内に病災あり。口角に紅黃紫の色を現す者は、自然安樂に至る、人中に白氣あるは食毒及び產厄を主る。火色あるは物を失ひ、口の上下を圍みたるは口舌の爭あり。

第三節　二、艮　宮

東北、外院、艮に屬して、兗洲とす。此の位豐滿なるは長く安泰を主る。缺陷あるは多く貧賤なるべし。青氣は非理橫逆の事を相干す、尤も刑獄を恐るべし、黃氣春時に見るれば則ち吉なり、秋夏に見れば則ち父母の疾患を主る。紅赤の氣は倶に歡樂に因り却て口舌の爭を主り。白色は官に進む事を主る、小人は財を得る也、黑氣は盜難に逢ふ事を主り、紫黃色は婚を主る、酒肉の供有り、又事を求むるに宜し。

第三節　三、震　宮

正東、太陽、震に屬し、青洲とす、此の位豐滿なるは金帛足る、缺陷なるは破敗多し、青色分限を以て宜し、黃氣は旬日を出ずして喪服の事あり、或は愁傷を主る、白色は出入動作に禍多く必ず財を得る、黑氣は家宅安かなるべし、紫氣は重病を主る、奸門の白色は其妻私に通ずる事あり、黑色は盜賊に逢ふ事を主る、左の妻位に黑氣起れば妻の病と知るべし。妻若し姙娠なれば、四季を論ぜず必ず難產の兆たり、左魚尾に青氣出れば道路にて驚恐を主る、黑氣は牛馬死すとす、秋に至りて出れば、水厄の憂あり、命門に白色出れば口舌の爭あり、其色深く散らざるは、定まつて三年内に死亡する。

又黑點あるものも死を主る、耳朱の如き者は財穀耗散を主る、耳輪の黑き者は不レ久して病あり、耳の邊より眼に至て黑氣を侵せば六十日內に死を主る、三陽に紅黃の光彩、潤澤なる者は子孫の喜あり、男兒出生近き事を主る、若し黑氣の侵せる婦人は產厄、男は必ず殃を受く、田宅に紅黃紫色を見す者は百事に宜し、若し白色を侵せば父母を妨げ、又厄近きにあり、父母なければ兄弟を妨ぐ、黑色出れば孝服を主る。

第三節　四、巽　宮

東南、驛馬、巽に屬して、徐洲とす、此の位豐滿なるは兒女多く、缺陷あれば悲傷多し、青色は陰人より口舌の妨げあり、黃色は百事心に協はず、紅赤は倶に事を作すに必ず宜し、白氣は遠行に利あらず、或は兄弟の孝服を主る、黑氣は病を主る「若し事を起さんと欲せば速に爲すべし」驛馬の上に紅色を顯す者は官を加ふ、天倉邊地に黑氣を侵す者は財を破る事を主る。

第三節　五、離　宮

正南、印堂、離に屬して、揚洲とす、此の位豐滿なれば衣食足る、缺陷なれば進退多し、青氣は離別を主る、妻子に別る、或は刑獄を受く、黃色は大人は官を加へ、小人は吉慶を主る、青色は聖人は吉、小人は凶、白色は道術の人のみ吉祥、其他皆凶、黑氣は災患を生じ、紅紫にして潤あるは倶に吉祥を主る、印堂に青色を顯すは疾病近し、或は孝服の患あり、又は錢財を損す、黄明なるは富貴を主り、又は官を加ふ、白氣起れば孝服悲哀を主る、紅色起れば喜事至り、婚家縁組の慶事を主り、或は田宅を進む、黑氣は災を主る、紫黄色は官職を加へ進む、青色常に點々たる者は短命なり、五六歳に滿たずして死す。印堂の下、山根の間に赤色起る者は牢獄を主る、或は起つて錢の大さの如くなる者は百日の内に火厄を主る、又は官災あり、天中に白氣ある者は貧財を主る、黑氣頭より垂るゝ者は死期近し、又珠の如く一點の赤き者は住宅火厄に逢ふ事を戒むべし、天中、天庭に一點の白氣を顯す者は果然として父母危厄に逢ふ、天庭に赤色を侵す者は定つて公事來る事あり、多くは杖責の恐れなるべし、司空常に青氣を侵す者は餓死を主る、又黑氣を帶れば窮阨の至る事を免れず。

第三節　六、坤　宮

西南、邊地、坤に屬して、荊洲とす。此の位豐滿なるは文章の才多し、缺陷なるは知見少し、青色は憂疑を主る、黄色相次で梁洲に入るものは吉慶を主る、赤氣は官災、刀血の患あり、白色は人の爲めに恥を受く、黑氣は心腹に疾あり、又烟霧の如き者は刑責を見る、紫色は女子私に通ずる事を主り、男子は人と爭ふ事を主る、右の眉上に赤色ある者は公事の妨あり、或は黄光ある者は喜樂を主る、山林常に白光を顯す者は聰明にして、福堂、凌雲、驛馬、山林是等の宮に黄色を顯す者は財を得べし、又官祿進み、或は遠行するに利あり。

第三節　七、兌　宮

正西、太陰、兌に屬して、梁洲とす。此の位豐滿なるは信義倶に足る、缺陷あれば人情少し、青色は他人の女子を謀る事を主り、黄色は横財を得る事を主る、赤氣は文書、契劵相犯す事あり、又病患を主る、白色は子孫等の災あり、或は飲宴を主る、奸門に青氣を侵す者は疾病至り、白氣は妻の疾病不幸を主る。

顴骨、左右共に黄色を顯すは、大に吉慶を主る、赤色一點、豆の大さの如く顯せば、毒蛇の傷を受く、或は竹木金鏃等の刺傷に逢ふべし、命門に赤氣を顯す者は病患の至る近しとす。

第三節　八、乾　宮

西北、林苑、乾に屬して、雍洲とす。此の位豐滿なるは官祿足る、缺陷なれば憂多し、青氣は病を主る、黄色は官に進み財を得る、赤氣は財を損失す、若し火の燃ゆるが如くなるは死を主る、赤氣道路に下り、又坑塹に下る時は不仁の心、若し疾厄の上邊に滯色ある時は疾患を主る、白色は遠行を主る、平吉。黒氣は不仁の事を行はんと欲す、及び病患を見る、紅紫黄色は倶に天祿自ら下るべし。

第三節　九、土宮

中央、山根、土に屬して、豫洲とす、此の位豐滿にして肉あるは富貴を主る、肉無くして低きは貧賤を主る、青色は憂患に遭ひて驚き、黄色常に滿つれば吉慶多く、黄色左右に滿つれば、君子は官に進み、小人は財を得る事あり、赤色は煩勞止む事無く、白色は吉慶を主る、黒氣は骨肉和らかず、或は其身に疾病を主る、山根黄色を顯すは田宅を增す、或は船楫の利を見る、青氣は心に憂あり、白氣は哭泣を司る、青白の氣を兼れば家宅を敗る、黄紫色は官を加へて昇る。印堂、年上、及び山根に黒氣を侵せば、名目倶に亡び、常に疾病多し。年上の白色は散財を主る、山根の黒色は週歳にして死す、年上、壽上の黒氣は死を主る、壽上より金匱に至りて赤氣を侵せば災禍家に臨みて子孫に及ぶ、壽上より兩眼に至て、白氣を侵せば七年の内に凶禍悲泣を入る、準頭に紅黄紫の三色倶に百事吉昌なり、且つ田宅を加へ身も又安康を主る、五十日内に喜あり、青氣は子孫の厄、若し子孫なければ水火の驚厄あり、白色は年内に水厄を主る、青色は官に災あり、或は父母災に遭ふ、黒色は業を破ると知るべし、人中に白色横に過ぐる者は藥毒に逢ふて死す、又赤色を侵せば、物を失ひ災及ぶ、準頭に黒白の色を兼ぬれば孝服を主る、幷に災を生ず、金匱に青色を顯すは、三旬の中に財物を失ふ事あり、蘭臺紫色を見せば、貴人臨レ門相訪ふ事あり、蘭臺法令に、光なければ在位の者は官を失ふ、無官の者は家を破り餓寒を受く。

第四節　察二人之癖一法

大凡士農工商の四民より、官祿貴位の人に至る迄、其人に應じて癖あらざるはなし、其の所より分別し、其所レ好に隨て其相の吉凶を告ぐれば、其人即坐に歸伏し益々相術の行れて盛なるに至るべし。先づ、當時貴權の人は自然の威儀を具へて、身の動作高く、聲音清亮にして不レ賤、幷に手足の樣子、總身に心をつけて看るべし。

文學幷に翰墨の人は、坐定れば先づ額書或は桂聯の類、床前の懸軸等を看るの容態より、言語の漢和の隔など有りて、尤も能書の人は面を垂れて手を動す有り、十に八九は違ふ事なし。

小鼓幷に太鼓等を習ふ人は、常に其指を見、又、竊に扇管等にて拍子を打つの姿をなす、頭髮より手足に至る迄外を飾るの心あり。

三絃は元來淫聲なれば、是を好む人其容態に至る迄、靜かならざる所ありて、起坐自然とさわがしき意あり、尤も左手の指爪に疵ある者多し。

茶事數奇道を嗜む人は、起居自ら靜にして、其座の調度を看るに、或は手に觸れ持ち、或は首を傾て看、其の雅器、古物を好む所、自ら眼中に顯る、又茶を飲み、烟を喫する振舞等に子細ありて、是等に心をつくれば看誤る事なし。

工匠より傭作の輩は、常に外に在て面に風日を受け、四體力を盡す者なれば、手足より皮膚に至るまで、粗く、日に焦げ、面部も黒く、席上に坐するに必ず腰落ち着かず。肩を聳かし、且家内の造りより、天井、柱、楣、に至るまで目を配り看るもの多し、尤、手を出すに肘高くして、應諾甚速、常に人の指圖を受け事を爲すの様あり。

左官、葺工の類は多くは匠人に類す、然れども其常業とする所なるにより、或は壁を看、又棟瓦、板屋等を看るの癖あり、尤、坐起と言語とは大工と大凡變らず。

鍜冶、鑄匠等は常に火に傍ふ者なるにより總身に少々の火傷など止時なく、容態も多くは痩せて、腰など屈曲する者多し、(鍜冶と云ふべきを、世人讀誤て「かぢ」と云ふ、通諺今改め難し)

商賈の人は、其の心賤に買ひ、貴に賣るを以て、本とする者なるに因り、言語自ら阿諛の意多く、其間、米價の貴賤より、世の窮通を談ずるもの多し。

農耕の人は尤も知易き者なり、其談多くは天象の陰晴、風雨の變より、其の年豊耗の事に及ぶ、然して素封の人は、其志、優潤にして不ㇾ迫、富貴の様自然に具ふ、賤農は色黒く日に焦げ、坐起聳ち、其の手足尤も知易し。

鴇兒幷に人の妾たる者は、其樣遊冶にして、或は眉を畫き、或は唇紅尤も濃にして、袖を以て口を掩ふ者多し、只、妾は面に白光有て耳に輪無きを以て證とす。

凡、人の水土に因つて、起居言語より、容態風俗の變る事、古人も種々に論あり、一々爰に說示し難し、其國、其所、方角を辨じて、類推する時は、其不違〻事掌を指すが如し。

其他演劇、乞人、屠者、是等は假令衣服言語を飾り習ひ、其風俗全く、市民の姿をうつすとも、見分つ事百に一も違ふべからず、此れ口傳に依りて明なり。

第五節　一、三停

上中下の三停相應じて齊ひたるは、一家衣食の事缺る事なし、婦人は尤も貴夫に緣あり、上停は天中より印堂に至り、眉の左右に連り、貴を主り、父母を主り、幷に早年を主る、中停は山根より準頭に至り、顴骨、耳前に連り、幷に壽を主り、財を主り、妻子兄弟を主り、中年を主る。

下停は、人中より地閣に至り、口の上下、左右の腮頤に連り、並に祿を主り、田宅を主り、奴僕畜類を主り、末年を主る。

第五節　二、上府之部

肉滿ちて骨高く、疵、黑痣なく、豐なりとも今現に氣色惡しき人來りたる時は、年割、月割を見合せて、當時は何事も思ふ望み叶はず、故に萬事不足たりとも、何歳(年割を見合せ)より立身するものと斷定すべし、氣色少し惡き時は、月割を見て、何月迄は凶しく、何月より幸來ると斷ずべし、前書の如く豐滿なる人は、忠君愛國の情に富み、人にも取立てられ立身す、尙、眼、顴骨、地閣、眉、耳等を見合せて斷すべし。商人は家業の緣厚く、家繁昌すべし、殊に遠地他國の取引吉也、初年運氣良し、又目上の人に交際するは皆良なり、出家比丘にして、前書の如く豐滿なる者は、一生佛緣深く、高名を得。ロ、顴骨、耳を見合すべし、婦人にして前書の如きは、商人の妻となる事凶し、官吏の妻となるは吉也、男子同樣官祿あり、町人其他何れも下々の者には却て不レ良、前書の相なる婦女、商人の妻となる時は、夫の命に從はず、夫を尅し、我儘にして且再緣す、又元來に於て右の如きの相の者は、夫に緣薄しとす、故に此の相ある婦人は、殊に夫を大切にして仕ふべし、さるときは、自然と天地の道德に契ひ、幸を享けて、夫緣變る事なく、安泰なるに至るべし。上府豐滿なる者は、初年の運良にして一生德多しと知るべし、官吏は、上府惡しき時は、例へ中府、下府良なりども宜しからず、商人等は上府凶しく共、中府、下府、良き時は吉也。

第五節　三、上庭之部

額廣く豐に所々肉骨起り、疵、黑痣、凶紋等なく、髮際低からず、濃からず、淡ならず、此の如き相を玉光と云ふ、右の場所、肉高く潤あるものは、高位高官に上り、多くの部下を得て君王を補佐し、能く國家を治む、右に反する者は、遂に官を保つ能はず。

玉光、肉骨滿つる者は、當時心に任せずとも、色、漸次紅潤すれば遂に立身するに至る。

立骨、官錄、妻妾、地閣に赤を現すものは、目上に背き、夫婦仲惡しく、家內治らざるの相なり、陰に女あり、以て口舌多し、よく〳〵愼むべし。

商人體、其他下々なる者は、上庭惡しく共、中庭良なるは吉也、勝れて上停良き者は、返つて其身を破る、商人には不ㇾ向。

上庭良なるは出家に良し、貴人に近付きて用ひらる。

主骨に黑痣ありて、印堂に竪紋あり、家續に至りて氣色まはり、且つ妻妾と家續と紅潤を現はし、家出はしたれども、土星中央に竪紋あるは、紅も有る故離別にならず、人の和談を得て本の姿となるべし、主骨黑ある故に目上に背き、印堂竪紋ある故心焦き、土星竪紋ある故、子に緣薄し、故に必定らず迷あり、物事崩れ易しと斷ずべし。

上停正しく、眼見えざる者は檢校、校頭にも進み業によりては人の頭となる事あり。

上停惡しき者は、官吏となりて人の上に立つも、長く其官位を保つ事能はず。

上停の白氣は、里方に當りて、人の恨あるべし、佛神の障りにて、子孫災ありと知るべし。

額上に武臣紋あらば、武孫の人か、武勇の譽ある人、又は仕官する人ならん。

額上に、一字紋あるは、高貴にして能く衆を齊へ、人を憫み、職位自ら高きに遷るべし。

又横紋にして曲屈著しきものは之を蛇行紋と云ふ、甚しき凶相にして客となりて道路に死すると云ふ。

眉頭より上、竪紋あつて、其の勢、末廣く開きたるを吉とす、狹きは凶なり、是れを龍虎紋と云ふ、左龍、右虎、其の勢は龍は虎に勝り、威權を主る、然れども左右相反せば萬事滯多し。

髮際濃く生へ下りたるときは、一生滯多し、或は事を爲すとも、意に破る事多し。

額に竹を割りたる如き横紋あるは、貧困にして萬事滯在す、（額の中央陷りて絞りたるが如きを云ふ）額に横紋有て、眉を押ふるものは萬事滯運多し、貧苦を主る。

第五節　四、中府之部

中府豐滿にして肉締りあり、又疵、黑痣なく、美しき者は中年運あり、自然威勢も強し、中府豐滿ならず、又は疵黑子ある者は官吏となり親の惠又は上司の取立にて、一旦出世するも中年に至り其身を破り失敗する事あり、眉、眼、鼻、口等を、見合せて斷ずべし。商人にして、農體、殊に疵黑子ある時は、世間融通等、心に任せず、家業も不繁昌なり、又富貴なる人たりとも、世間の評判悪しきもの也、豊滿にあらずして、肉薄く、こけたる如き人は、例へ疵黒子等なくとも、親より、株、家督を讓り受け、遂には其家亡ぶに至る、五官並に地閣を見合すべし。

婦人中府豊滿にして締りあり、疵黒子なき者は、良き夫を持ち、一生安樂なり、又召使も多く使ふ事を得、婦人上府凶しく、中府のみ良なる者は夫を剋す。

第五節　五、中庭之部

中庭横さまに暗色を催し、子孫宮の邊、皮の底に赤氣を生じたる人、必ず定めて劍難の相なり、印堂、妻妾、大海の邊に紅潤の色を浮べ、採聽に光澤美しく、唇色紅粉を含みたる如くなるもの、吉慶滿つるの相なり、商人にして、中停吉きは、家業を手廣くして、交際も廣く世評良し、中庭に、疵、黒子ある時は、親より多く財を讓り受くるとも、中年に至り其家衰ふ。命宮の少し下に當り光澤なく、出赤の形を現はしたる人、果して水腫鼓脹の煩あり、或は瘡瘍の煩ひあるべし、足の痛は法令の出赤にて斷ず、中停良なるものは、商人たりとも權威强く、人にも用ひられ、又人の上に立つに至る、命宮の出赤は、五日を待たずして、心勞來る。

主骨の邊の出赤、顴骨の出赤、奸門に當りて、毛の中に出赤、合せて是を考ふるに、一旦目上に對し不實ありて、其目上より日々に、恨を受くる象と斷ず、此の相は世間の爭より事初り、物の破れとなる、愼むべし。

第五節　六、下府之部

下府豐滿にして肉厚く、疵、黑子なき人は晩年運良し、下府に、疵黑疵あるか、又は肉薄く汚き人は、一旦上官となるとも、遂に身分の變動來り、逆境に陷るものなり、又親の代よりも家運凶しきを常とす、又家内に奸邪を生じて、家を破る事あり、必ず五官を見るべし。商人にして下府良なる者は、奴僕多く、召使の爲めに、家業繁昌す、又海上通路凡て、進んで吉なり。疵、黑子あるものは、凶と知るべし。下府肉なく、骨、現れ、疵、黑子あるものは、晩年に至りて、勢運急に逆轉す、故に四十歲より四十五歲迄の間に、將來の安定方針を樹立し、豫てより定め置く事肝要なり。

第五節　七、下庭之部

下停豐滿なるは、吉にして住所の緣厚く、家に付きたる、臣下の緣も濃し、心氣丈夫にして、晩年良く地所に緣深し、疵黑子あるか、又は肉薄くして、骨露はるゝ如きは、末年に至りて、運衰ふ、良き奴僕ありても、死亡するか退身す、田地等の事に就きても、不作其他種々の不詳事ありて凶なり。

下停良なるは多くの奴婢を召使ひ、海上、通路、地所、田畑の緣廣く、池沼其他水邊に利德あるの相なり、田舍なれば田地に緣厚く、地方の役名を取る、舟車の緣良し、髭多きは、生涯水難なし、髭赤きは一生の中に必ず水難至る、親より資產を受くるも、晩年に至りて破る、宜敷五官を見合せて斷ずべし。

第五節　八、官祿之部

官祿及び男女宮晴になり、睫毛の內に泡を吹きたる人は難產の相なり。官祿に疵黑子あるは最も官吏に凶し。官祿惡しき者、親より讓りを受くるとも、永く保つ事能はず、一時官に進むも永續せず、出家の人も此部に疵黑子あるものは適せず、商人、農工は差支なし、但し、自己より上長を、相手とする家業皆凶し、婦女の官祿に疵黑子あるものは、良き夫を持つ事能はず。又子孫、榮へ難しとす。

第五節　九、山林

山林は先祖より隨ひ來る、分家親類の事を云ふ、疱瘡、腫物等の跡あるは、親類大破に及ぶと云ふ。左右男女の親類を分つ、光澤好く、肉豐滿なる者は、好き親類あり、山林の黑色なるは山の驚なり、紫黃色は山の事に就き悅あり。

左……………男の親類
右……………女の親類

第五節　十、髮　際

髮際は凡て髮の生へ際を云ふ、太く生へたる者は力强し、細くこまやかに生ゆる者は、心和にして直也、縮髮は子孫繁昌ならず、早速潰るゝにあらず、次第に衰微するものなり。髮色、黄なる者多くは妨尅、髮色赤き者は、災害多し、粗硬にして、索の如き者、性剛にして孤獨なり、鬚無きもの水難水厄を主る。

第五節　十一、髮際之傳

髮際は相法の奥儀の要たり、毛髮は血氣の徐生なれば、之を以て家督の成不成を論ずべきなり、高位高官に於ては、髮際一失なし、毛並奇麗にして濃ならず、偏せず、端正にして、黒く細く潤澤なるものなり。貴賤共に髮際宜敷き者は、親の家を保つなるべし、髮際亂るゝは法に觸るゝ災あり、但し此の相あるものも養子に行けば其の厄を免ると云ふ。

第五節　十二、福堂之部

福堂良なるは、金錢の融通良にして、財產生ず、印堂、福堂、人中、地閣に潤色を帶び、主骨、山林に出肉現れたる人、長上に取立らる、又田畑住所にありつく吉兆と知るべし。福堂、食祿、地閣に、紅潤の色を現す人、金銀、衣食、家督に付き、福を得る象也、又福堂に、順の輪程、高く光澤あるも同斷なり。

命宮と、命宮の少し下、脇の方に出赤有りて、福堂にも、出赤、現はれたる人は、腹の痛む事あるべし、其上身內の世話をなさゞるべからざる事柄も來る事あるべし。

第五節　十三、一旦の損失と開運

顴骨、福堂に出赤現れ、山林に暗色を催したる人、田畑に付き、金錢の理分ありと決斷すべし。涙堂に、紅潤を生じたる故、地面に付き、一旦損失あれども、福を得て思ひの儘に運を開くなり、能く〳〵信心あるべし。

第五節　十四、福を得るの相

福堂に潤色現はれ、食祿、地閣に紅潤の色を現す人、金銀、衣食、家督等に就き福を得て慶ぶの象也、又福堂に順の輪程高く成り、光澤あるも同斷なり。印堂、福堂に潤色を催し、家族紅潤、食祿、地閣紅潤す、如此き人、金銀、米穀、商賣、家督に就き、福を得たる形也。

第五節　十五、天祿を受くるの相

採聽潤色、食祿紅潤、頂きに出肉、官祿に出肉現はる人、天の福を蒙り、生涯の運命爰に開き、目上の恩澤を受け、福祿充滿の慶を得る吉相なり。福堂廣く潤澤あるは萬事滯りなし、又福德あり、若し缺陷暗氣あるは、貨財に滯有つて且つ心勞止む事なし。

第五節　十六、交友之部

交友の肉むつくりと、高くして疵、黑子なきは親友多し、友人皆力となる、又朋友の世話する事良し、又他人より世話して呉れるもの也。玆に疵黑子ある人は、他人の世話を爲すべからず、又他人の世話に成る事も凶し、唯自己一身を守るに良し、例へば親切らしくする人ありとも、決して心を許すべからず、十全の味方に非ず。

諸友疵あるは朋友の交り薄し、且つ難多し、交友宮（眉の中間すぐ上）に靑氣出るものは、友と交りて損毛あり、消ゆる迄愼むべし。

交友と、福堂と、顴骨とに、出赤ある人、財貨に付き、朋友と交りを絶つの象なり。

第五節　十七、女の世話事

交友、魚尾、顴骨、涙堂に赤を現し、髮の生際に黑子ある人は、一旦女の世話事來りて、朋友と交りを絶つの象也、つまり右の世話事に付き損失ありと知るべし。

第五節　十八、明　堂

赤氣出れば子孫の事に付て公訴するの類なり、白氣出れば子に離るゝか、黑色、白點交れば子を勘當するか、不正の事ありて奴僕に暇を與ふ。未婚者、此の邊に血色好きは、近々の中に緣定まる、妻は安產するの兆なり。

明宮に紅氣出るは大に宜し、財を得るか、志願叶ふの類なり、黑滯氣は横合に物障りありて諸事遲滯す、潤無く暗色か白氣の如きは、皆心身の愁苦を主る、黃潤は吉なれども、紫氣は宜しからず、大抵病か愁あり。病相に紫氣是は稀なり、薄紅は大吉、桃花色は色情の吉事ある前兆なり。

印堂に懸針紋あるは、母に孝ならず、妻縁尤も遅くして子を害し、幷に諸事成就し難し。

印堂の左邊に黒子ある者は、上たる者に向て爭ふ事勿れ、爭ふ時は必ず杖責を蒙り、又は牢獄の難に逢ふべし。

第五節　十九、驛馬之部

驛馬骨高く、肉滿ちて奇麗に、並の所より、よくむつくりと高き樣に見ゆるは吉。右の如き相を有する人は、何事に因らず、思ふ事成就して立身する也。遠國に掛はりたる役義等に良し、凡て何事に依らず滯る事少し、又山林の緣良し、疵、黒子あるか、又は肉薄きは、萬事思ひ望む事叶はず、運滯る事多し。故に祖先よりの官祿、田園を保つ事能はず。右の如き相貌の人、一時運に因りて官位進む事ありとも永く保つ能はず、其の身を愼むを第一とす、晩年に入りては、早く自己より退官して餘生を樂しむべし、永く在官する時は、却て難多く、結果凶し、右の如き人來る時は、流年の割當、又月割を試みて、愼重に斷ずべし。又遠國に行く事も凶也。其他高山、々林に入るべからず、例ひ高官たりとも、他國にて死する事あり、愼むべし、萬事驛馬の吉凶は附隨す、出家にて、驛馬の良なるは大成功を爲す、寺の事を上山と云へばなり、疵、黒子等あらば、例ひ博學にして、道德あり共、遂に、社會より認めらるゝに至らずして朽つ、邊地の黒子は、旅に出て危しと心得べし。

第五節　二十、驛馬邊地

旅立運勢の所也、光澤良くして肉高きは運勢大に吉、廣きも良し、子額（眉の横額）と云つて、少しにても滯りあるは、住所の運に滯りあり、魚尾より驛馬、邊地の間に、何の痕ありても出世の妨と知るべし、又疾あれば、旅立の妨げあり、驛馬、邊地光澤良きは旅立良し、光澤惡ければ延引すべし、邊地の黒子は、他所にて死す、驛馬の黒子は運勢滯りあり、邊地赤氣は田地の苦勞、紅氣は田地の事に就きて吉なり、驛馬に青氣あるは旅に出づる志あり、又爭氣もあり、赤きは爭ふ事あり、黒氣は不仕合、驛馬肉高く、起りたるときは、旅に出づるの相なり、男は左、女は右に出づ、又内證の旅は反對に右方に出づるものなり、表向の旅は常に左に出づ。

驛馬の青氣は旅立あり、婦人、驛馬より邊地に及び、青筋出るもの離縁となり、男は妻を尅す、驛馬に缺陥あるか、又肉なく、低く汚しき様に見ゆるは、遠國他郷の取引等に損あり、官位ある人は、知行に不足あるか、公邊不首尾なるべし、農家は田畑を損ず。

第五節　二十一、旅行の善惡を相す

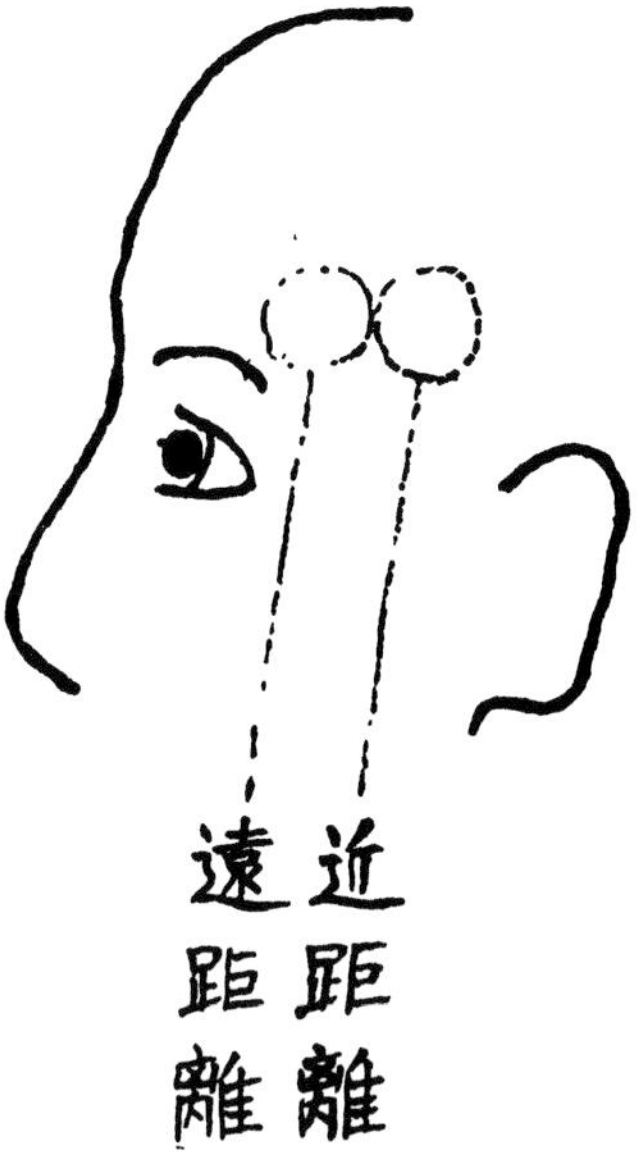

近きは此の如く
遠きは此の如し

氣色、黒子、缺陷、疵、惡しき小瘡等を貫く時は途中にて災難あり、行く事を禁ず、又諸々の惡星氣色を侵す時は往返に滯りあり、且つ先方の景氣善惡は、邊地高所の血色に因つて吉凶を斷ずべし。

第五節　二十二、遷移宮

遷移宮は眉尾の横上。一寸程の間を云ふ、惣じて此の邊を天倉とも、福堂とも云ふ、上府の所なり、肉薄くして低きは、十居九變の相とす、住居不安心の姿なり、缺陷あれば、親の跡を破り、他國に走る、肉厚く血色潤しきは福分ありて、永久に豐なる相なり、遷移宮陷るか、又は疾あるか、紋あれば一生の內、我が居所に付辛苦あり。

第五節　二十三、顴骨之部

不格好に正面ばかり高きは、權威を外に用ひられず、又肉を離れ、荒れて見ゆるは、親類に離れ我儘多し、又正面なくして、橫斗り高きは邪心あり、女は夫を妨げて宜しからず、顴骨低く、額狹く地閣尖れるものは、味方に乏し、又人望薄く、議員の候補等には立ち得ず、常に人和を心掛くべし。

顴骨は世間の事、主人の權威、心事、家業、藝道等の事を主る。顴骨は高くして、龍骨を成し、天に朝するを吉とす。必ず立身す。

顴骨と男女、魚尾、眉頭に、赤色を出したる人は、何事にも兄たる人に背きたるなり、元來子孫より起りたる事なり、又妻女は心淺くして口舌多し、顴骨に赤色を出し、其上文の字の形を顯すもの、古筆か證文かに依りて、他より殃を受くるの相なり、但し山林に赤色出づるは田畑の事に就ての損失ならん。

顴骨に赤色出て、其の廻り針の先にて、突きたる如く赤氣を催し、印堂にも右の通り血氣立ち、妻妾赤氣を顯はし、又官祿にも赤氣立たるもの、女色に因て、人に取籠られし形也、又爭ひ災難多し。

藝人にして、顴骨高く良なるは、人の師範となる、若し顴骨低き人は、藝道に通じ名人たりとも、世に名を顯はす事能はず遂に朽つ、社人又同じ、顴骨、土星、妻妾、家續に暗氣を呈する人、不緣の血色なれども、不縁にも成らず、何故なれば、顴骨と男女と魚尾とに、ニキビ現るゝ故也。然し中年凶し、愼むべし、愼めば却て吉となる、唯當時は離緣の形也世間八方塞りと知るべし。

顴骨、龍骨を成す者は、家業も世間も廣し、凡て物の頭となる、顴骨に、順の輪現はれたる人、物事時節を得て、人に用ひられ成就するの象也。

鼻と額と地閣と釣合て高きは吉也、權骨斗り高きは、內心高慢にして心高く、我意強く人に用ひらる事少し、つまり己れ獨り高ぶるなり、疵、黑子あれば、人の頭に成る事六ケ敷し、何藝に依らず、權骨のみ獨り高きは味方なし、又愛嬌なくして、却て貧乏なり、愛嬌は一種の福分なり、權骨低き人親の讓を受くるとも永く保つ事能はず、又物の支配、頭に成るとも暫くして破る、下々の者にして龍骨をなす者は親の讓を受けず、又親の職を嗣がず、注意せざれば其身を破る、權骨低きは、愛嬌に富む、官吏は愛嬌を要せず、故に官吏にして權骨低きは不可なり、下々の者は、權骨餘り高からざるを良とす、斯骨餘り高きは愛嬌なく、人和薄く、味方なくして成功せず、士農工商共に、斯骨甚だ低きは、出世立身する事能はず、乞食非人たりとも、斯骨良なるは、遂に或る程度の成功を爲すものなり。

鼻と權骨とは高低の結果が殆ど同じ樣なる事多し、一方のみ高きは我意強く、遂ぐる事能はず、人と共同事業等皆凶し、身分を守るべし、大家に生れたる人たりとも、權骨甚だ低き人は、何事業に限らず家人又は臣下に任せて事を爲すべし、斯骨の上に向ふは必ず中年に發達あるのみ、又初年末年の良否は其部位、流年を察して斷るべし、斯骨下に向ふは萬事宜しからず、若し此骨無きが如きものは、威儀無くして家を治むるに嚴ならず、自ら獨居となる、斯骨の上、眼尾正面に血筋、皮肉に見ゆるものは心事安からず、必ず口舌の事あり。

權骨高きは獨之儀也。

同無きが如きは柔弱未練也。

權骨、此の儀世界の人種の上に見る。

斯骨上りて、耳に入るを玉梁骨と云ふ、壽を主る、耳より上に聳へたるを龍骨と云ふ、人の長となる、垂珠の方に至るを虎骨と云ふ、人の臣となる、不格好に高く、正面斗り高きは、外に權を用ひられず、肉を離れて見れたるは肉縁に離る、又我意多くして宜しからず、正面無くして横ばかり高きは邪を好むの心あり、婦人は夫を妨げて宜しからず、當時の色彩は吉凶を見る。

權骨は勢の所なり、左を青龍と云ひ、右を白虎と云ふ、龍は虎を呑んとし、虎は龍を喰はんとす、故に斯骨高く尖る人は爭を好む、人を目下にするなり、女は夫を剋す。

斯骨高く、黑子、疱瘡、疾ある人は、剛凶の氣あり、理屈を云へば必ず荒し、婦人此處に甚だ惡しき色を現はすときは、不慮の難ありて横死す。

男勝りの女、食傷の難あり、赤きは目下（めした）の事に付き苦勞多し、當座の腫物は短氣、剛氣、爭論等愼むべし、權骨の無き者は、人に侮辱せらる、黑色は爭ひ、青色は驚虚あり、掛合、談判は非也、必ず損至る。

顴骨に目紋⊙アルは養子紋なり　（古書にある古人の筆績）

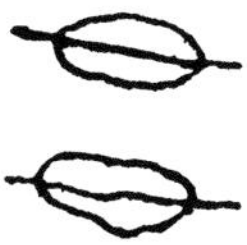

養子に行き後年破緣　同上

第五節　二十四、智官才官（主に權骨にて云ふ）

男子は左、女子は右を智官と云ふ、黑子あれば智慧あり、痕傷ある者は己が智慧にて損あり。

男子は右、女子は左を才官と云ふ、婦人左に、疾痕あるは苦勞あるか、夫に死別す、男子右に傷あれば妻女に別るゝか、病氣勝なり、當座の腫物は當座の難溢と知るべし。

後篇第三章

第一節　採聽官之部

耳に晤滯濛氣の如きは、皆宜しからず、遲滯して故障あり、耳に黑痣あるは、凡て吉なりとす、採聽無きが如くなれば（前方より見へざるを言ふ）心廣し、大海大なるも又同じ。

第二節　命門と耳

命門の骨高く、結喉出でゝ、齒大なるは終に人を殺害す、命門は耳の前生へ下りの處一寸程の處なり此に疱瘡腫痕あるは流年の凶なり、破財す、耳の上廣くして何の障りもなきは、生れも良く、我家に居て樂み居る人なり、且つ福分あり、耳の中に黑痣あれば、良き子供を得、耳狹きは家庭内にて八釜敷く、又世話多く苦む人なり、多くは見聞狹くして屢々人を疑ひ、小なる自我を張る、故に交際常に圓滿なり難し、左耳に疾あれば父を剋す、耳薄くして輪に肉無きは福無し、耳輪より耳廓の出たるは產地を離れ、又養子に行くべし、必ず生家を出て一生の住居地は鄉里にあらず。耳大なるは身上安泰にして財あり、小さきは之に反す、耳孤立するが如きは欲深し、末には破財す、耳の穴に毛を生ずるは長命にして吉き事を聞く、福祿共にあり。耳薄く柔なるは、凶にして苦勞世話多し、大きく前方に向ふもの同斷、中邊位が大切なり、軌無き者は孤獨にして住所不定、身上苦勞多し、耳に赤氣あるは小心にして苦勞絕へず、赤、黑、白く共光り有りて潤あるは吉、命門の黑氣は散財を主る、婦人此の處に白氣出る者は、必ず邪淫にして私通す、灰色は財を破る、武人は浪人す、尤も驛馬、山林を見合すべし、耳の廓出たるものは、親の讓を受け難し、（若し受くれば必ず破財す）耳堅く色白きは大に吉、大小に依らず肉ありとも、柔にして色黑きは貧、軟きは神經質、血緣運惡く皆倒る故涙脆し、耳の反るは凶にして物事定まらず、或は放蕩をなす、耳、青氣を發し、垢つきしが如きは、他人の爲めに計られ損失するか、又は氣變りの事ありて、驚き危き事あるべし。

垂珠の甚敷く大なるもの、薄くして色惡く、耳前に向く、如斯は人を殺す大惡相也、世話になりたる人をも仇にす、交際すべからず、主人を怨敵となす。

耳黑氣は水難あり、青筋は恨める人あり、赤きは財に就き苦勞あり、又口論を生ず、農夫は田畑の事に關して心勞あり、萬事愼むべし。

氣骨

場所、耳前やゝ下

後方の壽骨と對峙す

氣骨長きは丈夫也。

短きは貧相、又孤獨也。

中邊は半吉にして良し。

第三節　妓堂

妓堂（懸壁の横、顴骨の下、俗にゑくぼと云ふ所）此の邊に欠陷ある人は衣類、諸道具に不自由する者也、惣じて心淋しく生涯を暮らす、妓堂は奴僕の一部分なり、故に妓堂、奴僕の邊に欠陷あるものは必ず部下に縁薄し。

第四節　魚尾之部　（眼尾、妻妾の位を謂ふ）

魚尾の上下に筋多き者は、人に勝れ利を得、上の筋は味方を見、下の筋は敵を見る、目の廻り鼠色なるは、財に差し詰り、住所を離る、魚尾に黒子、疱瘡、痕、腫物、疵あれば、妻に患を見る、諸事に就て損失多し、赤色は妻と爭ふ、青色は夫妻六十日間に難あり、白氣は夫妻死す、紋亂るれば一生苦勞多し、黑氣は夫妻色情にて爭ふ、青筋は家內住所の難、苦勞あり、魚尾に傷あれば愁多し、亂れ通ずる紋あれば愁にて怒る、腫物は近き愁あり、黑子あれば妻に就き一生辛苦あり、疵あれば妻病身なり、以上載する所の欠陷ある者は必ず再婚する事を免れず、男子は左を妻とし、右を妾とす、婦人は右を夫とし左方を子女に見る。

眼周紋理、色、痕、黑子等、皆色情及び妻を見る、左右の眼尾に、紋皺多くあれば、妻を尅す、疾痕あるも同じ、紋皺多くあれば、外情とて性質不良の相なり、魚尾の黑子は、何れも夫妻の難、妻座に黑子ありて、妻を尅したる人あり、又尅して後出來たる人もあり、妾座に傷あるときは、外情に就て難澁多し、然れども人に因りては、右に黑子ありて、妻を尅するものあり、右、眼頭を妾座とて、又外情を見る、何れ左右共、紋皺、黑子等の、跡、並に色惡ければ、夫妻に何か事情ありと知るべし、山根卑きも（良妻持ち得ずの故に）妻變る、口形惡く、色惡きも妻に就て難あり。

左は妻座也、魚尾に痕あるは妻を尅す、魚尾陷り、肉無く暗昧なるも同じ、魚尾の紋上るは外情、下るは妻に離る、右は妾座也、是も外情を主る、左右紋痕多きは、何れ婦女に內情ありと知るべし、相尅の色（暗昧色）現るれば妻に離る。山根、水星を見合せて斷定すべし。

奸門に亂紋あるは、此れ妻を尅する事を主る、平常にも呵爭する事多し、奸門に井字紋あるは、色情に依りて身を亡す。

魚尾、奸門、太陽、太陰等、疵あるは何れも再縁の相なり、奸門の内疵は生涯の内に、不義抔するの相たり。

第五節　兄弟宮之部

兄弟宮より、皮下に蜘蛛の糸の如き、赤脉立たる人、必ず劍難あり、然し乍ら赤脉の出所によりて其の難を異にす、例へば妻妾宮に見合せあらば（之と相呼應する色あらば）妻妾に掛りて劍難あり、眉頭八九筋毛立、印堂に竪紋あり、齒臼骨の如くなるもの、萬事物事調ひ難しとす、又惡謀を爲すの相なり、眉と眼との間一寸位あるを吉とす。

眉太くして毛荒く、眼より長く尻の方上る、是の如く見ゆるは官吏に宜し、商人には宜しからず、兄弟宮の上岸通りに、暗色を催す人は、必ず身内に病者ありと知るべし、本宮の頭毛の中に白氣を現はしたる人は、兄弟に別るの兆、半上半下の眉は、兄弟仲睦しからず、（眉毛が二分して上方と下方に別るものを言ふ）又立身心に應せず、眉毛太く荒きは壽短く、細長く柔なるは壽命も長し、眉骨大に高きは刑死する事多し、婦人眉の剃跡青きは夫を尅す、眉骨稜高きも同斷なり、眉頭を定規と云ふ、勝れて廣き人は、心大きくして締りなく愚なり、黒子、疵等ある人は浮沈多く六七分の成功を天とす、此の宮に疵欠陷あれば、上長と合はず、又商人は高位高官に近付く能はず、家業も目下（めした）を相手にするもの良し、又右の相あるものを使用する時は、主人立身せず、此處に欠陥ある者は、家に關係なき突飛なる、願望を起すべからず、成功する共却て災あり、交眉の人は、根氣薄く短氣狹量にして成功せず、又短命也、眉及び命宮良なるは總て天運良なりとす。

眉頭毛中に、白氣を顯したる人、兄弟に別るの象也、眉周、自然に黑きも同斷、兄弟宮黃色に成り、眉頭に白氣生じ、命宮の下、土星の脇に當りて赤を現はすもの、兄たる人に別るゝの象なり、弟も亦是に準ず、白氣眉尻に生ずるもの身内子孫に緣なし。

眉頭相交り、形、蜻蛉の如く（眉と眉とが接近して居るものを遠方より見れば、眉、眼、鼻の形が恰、蜻蛉が止りて居るが如くに見ゆる故、言ふたのである）其毛印堂を侵すは短壽を主る、又心胸頑固にして萬事成り難し、眉短くして、眼を覆はざるは、親しき者に疎遠なり、又孤貧を主る、眉中に旋毛あるは、兄弟蛇鼠の如く爭ひを主る、且つ物を貪り不孝なるべし、眉長くして鬢に至るものは、福壽共に全し、尤も毛軟なるに宜し、光彩あるは聰明の人なり、且つ兄弟多し、素より和順を主る、眉を保壽官とし、又兄弟の宮とす、眉尾垂れ下り眼を押ふは、萬事滯り多し、眉毛中斷したるは兄弟分離する事を主る。

眉毛濃き人、兄弟緣厚し、薄きは兄弟緣薄し、打切りたる如きは、國を隔てゝ兄弟あり、長短高下の人、別腹の兄弟あり、眉の途中中斷し、眉毛の生へ方異れるは、密夫の子なり、眉の頭尾下に垂るゝ者を、婚、成、福、の三遲と云ふ、眉毛交加するは心毒の相也、薄情にして常に不正多し、子孫と同居する事最も凶しとす、眉頭の毛分るゝ者は、短慮にして常に事を破る、然れども氣丈なる所あり一度は發達す、又養子に宜し、凡て養子は人と爭はざるもの多きによる、他人と爭ふ事を禁ず、右の如き逆毛は、不自然のもの故之を取除くを可とす。

眉毛の先、上に曲り枯るゝは、他人の爲に欺かれ損をなし、又災難に逢ふ、何れ家內目下の者と心合はず、卑族我に背く事多し。

後篇第四章

第一節　監察官之部

書に云く「交を選ぶは眼に在り」と眼に小毒あるは心に小毒あり、眼に大毒あるは心に大毒あり、凡て心中を察する第一の門なり、眼は平に付たるを吉とす、眼尾下るは愚也、上るは短氣を主る、凶惡なる者、人を殺すの類は火輪、眼尾上るは短氣なるも多淫にあらず、寧ろ下れるは多淫なり、甚しく上るは發狂の相なりとす。

眼光紫色にして、光り激しきは氣性惡く凶暴なり、此の相は女には稀なるも若しあれば甚しく夫を尅す。

車輪眼は一に雞眼とも云ふ、是れ惡眼にして橫死す、常に殺生を好み、妻を尅す、子孫斷絕の相なり、必ず隣家となるべからず。

眼尾圓く眼尾線なきは、邪智深くして、是非を轉倒す、又大に女難あり、又且陰謀を企て或は心腹惡し。

たとひ奸門豐滿なりとも眼尾線なきは妻緣惡し。

眼中粟粒の樣なる物出るは運氣惡く發達成り難し、早年にして親に別る、一生數個の大難あり。

白部に黃線ありて、霞の如く變化するものは、劍難、黃線の場合は、人の恨によるもの多し、眼に青き軌あるは、智慧あれども短氣なり、黃血症の如き疾を見る事多し、又は根氣薄しとす。赤きは難遊、身上亂る、白きは若き時に繁昌すれども老て苦勞す、又子に緣薄くして死す、火輪眼は盜賊の相なり、眼中の赤脉は他より災難至り、赤氣點々たるは火難近しとす、火輪眼は火難多し。

眼瞳茶色の如くなる者、人を侮る、黑眼にして藍の如きもの、利口にして學を好み慈悲の心深し。

眼濁りて黑白分明ならず、眼に締りなきは、物事調ひ難し、又無益の事柄に心を勞す。

眼上匡（知識線）あるもの人に敬せられ、貴人の助けを得るものなり。

白部黑色を濁含し光なきは、無理を云ふか、盜賊かなり、聰明ならず、且短命なるもの多し。

眼中黑痣あるは祖業を破り、一旦事を成すとも遂に衰ふ、眼瞳中赤色、又は青色の輪ある者は、親又は主を殺す、又自殺横死の相とす。

眼潤れたるは男女共に家を亂し、身上を薄くす、泪多くしたゝるは心に締りなし、又水難あり、又淫亂なり、男左眼大なるは妻を打つ、右眼大なるは妻を恐る、女右眼大なるは夫を侮る、左眼大なるは男を恐る、一眼の者は一生苦勞多し。

眼、物を見るに春氣溢るゝは男女共に色難あり、眼に赤脉を發し、顴骨にもあれば火難劍難あるべし、命危し、火輪眼は火に爭あり、劍難火難共に注意すべし、凶惡にして人を害すの相也、薄黑き細線眼尾にあるか、又は烏睛赤色に腫れて爛るゝものは表に慈善を飾り内に奸險を包む、一時衆を欺瞞するも、遂に馬脚を露はして、晩年は強く零落す、又刑を免れず、子孫榮ゆる事なし。

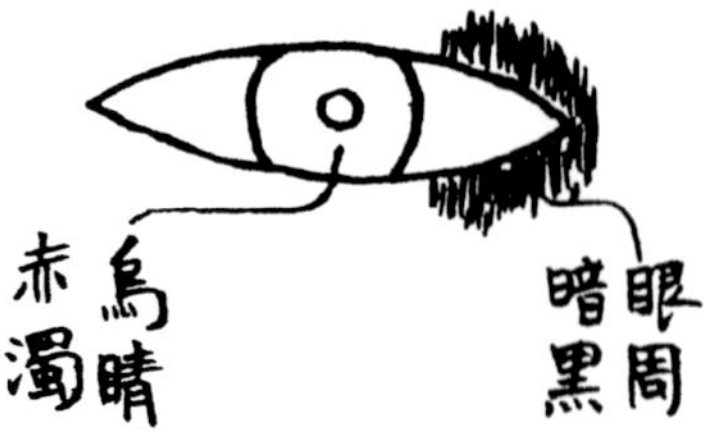

赤脉は凡て難を免れ難し、黄脉は他人の怨恨を買ふ、睫毛下つて愚頑、上るは短氣、龍宮に睫毛あるものは凶なり、無きを良しとす。婦人に之れあらば、頑固にして氣性荒く夫を尅す、眼は水平なるを吉とす。

眼の周圍常に薄赤く、眼睛四方を離るゝを白眼と云ふ、(又羊眼とも云ひ)多淫を好む、婦人眼上陷るもの夫に縁なし、有る時は夫の住所變る、寡婦となるの相なり、田宅宮高く腫れたる如きものは多淫なり、眼は中眼に開きたるを最上とす。

眼中に赤脈あるは、自己の慾望を全ふせんとする願望あるの相なり、其勢急なれば願も又急なり、內眥より赤脈起れば自己より起る願なり、外眥より起るは他人より、事を賴み來りて、倶に是を謀らんとするなり、赤脈瞳子を貫きたるは、內に惡心を懷く、若し他人と爭ひ起らば必ず牢獄の恐れあり。眼の浪長きは聰明にして功名を遂ぐ、尤も眼は神ありて細長きを宜とす。眼正しき者は心も亦正し、百事順調に進運して滯る事なし。

眼之八卦

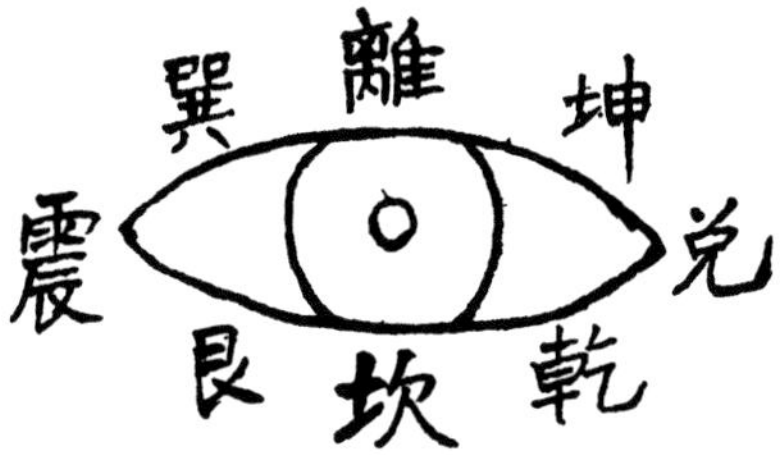

離宮青氣は夫の別れ、或は官祿の障あり、坤宮、家內親族間に何か事を含む、兌宮青黑は妻を尅す、口舌あり、又不幸にして多病なり、乾宮より青黑き色出づるは、財に就き爭起る、女は密夫あり、坎宮青輪は夫妻の別れ、青黑は口舌、艮宮と龍宮に、赤肉多きは損あり、膿出づるは狂氣か女難あり、震宮より赤氣貫くは爭ふ事あるか、或は色難あり、是は我より招く、女子は住所に就て難あり、巽宮に此の色あるは家內の事に就て變動あり。

眼

- 擇レ交在レ眼
- 問レ貴在レ神
- 問レ壽在レ神

神主レ眼　有二七相一

- 秀而正｛秀者、論二其光一／正者、論二其躰一
- 細而長｛細而不レ長少巧之人／長而不レ細則惡矣
- 定而出｛定則不レ露。若不レ出愚人也。出者謂二神出一
- 出而入｛出則有レ神、然不レ入則蕩子也
- 上下不レ白｛上白多必奸／下白多必刑
- 視久不レ脱｛是神足也
- 遇レ變不レ眊｛是有レ養也

達磨五法

- 擇レ交在レ眼——眼惡者情必薄交レ之有レ害
- 問レ貴在レ神——未レ有下眼無レ神而貴且壽者上
- 問レ富在レ鼻——鼻爲レ土、土生レ金、厚豐隆者富
- 問レ壽在レ神——未レ有下神不足而壽且貴者上縱貴亦夭
- 求レ全在レ聲——士農工商聲朗必成。不レ亮無レ終

後篇第五章

第一節　田宅宮

田宅廣きは智慧あり、又田地も廣し、色惡く、又疵ありて狭き人は短氣にして、人と爭ひ易く、又愚痴にして智慧淺し、且つ田地少し。

田宅（眼）の落付たるものは發明也、文學に達す、田宅赤氣は家內に舌爭あり、夫婦仲に氣を付くべし　田宅に腫物あるは腕に痛所あり、又兄弟に死別するの兆たり、青筋出る時は、胸腹の痛む病に罹り易く、又人と爭ふ心あり、白氣は虫の病、親に不幸を爲す、黑氣は田地又は家を破る、眉と眼との間に黑痣疵等あれば祖田を破る、親の讓を全ふする事能はず、親の讓を受けたる後に、疵を生ぜば財を失ふ、右の如き人あらば、身を愼み行を正ふすべき事を諭すべし、生れ乍らにして、疵黑子ある人は、親の勢運盛ならざる時に、生れし人なり、婦人眉眼の間、肉汚く黑狀有るは、賤婦なり。故に身を愼まざれば重緣するに至るべし。

惣領にして田宅に疾あるか、又至つて狭きは親の讓を受けず、妻變るか、故鄉を離れ他國に住す、且心狭くして短氣なり、又極めて狭きか、横筋あるか、肉無き人は官吏に適せず、農工商等には差支なし、如是の人は量狭く、氣短く、偏屈なるものなり、故に他人との關係調ふ事も、自己より之を破るに至る事多し、但し偏屈なるだけ物堅き處もあり、田宅狹きは、善惡共に、大事を爲す事能はず、但し神官、僧侶、藝人等は田宅に關係せず、其身高名を取る事を得。

眉と眼との間、顏に應じて廣く疵、黑痣、等なく如何にも、奇麗に見ゆるは、田宅の緣厚し。顏、見苦しく廣く締りなきは心に締りなし、故に一生發達薄し、又極めて廣きは愚鈍なり、心に締りなきを以てなり、凡て不相應に廣きは、心愚にして却て凶し。

田宅赤氣は人と爭ふ、紅色は大吉、家族宮と地閣に暗色を生ずるもの、常に家內修らず、又家に離る。

第二節　涙　堂

臥蠶の垂れて流れたるが如きは、餘命幾もなし、老人などに多きものなり、疱瘡痕、腫痕ある人は患多く損毛多し、但し親、師匠などの讓物を受け得る事あり、目下の者の爲めには兎角損をなす事多し、亦子を尅し、目下を尅す、目の下赤き女は難產、涙堂の黑痣は一生の患、涙堂の下、子孫宮、紅色にして光澤あるもの、子供に就て喜あり、此宮に白色出るは、子女の不幸を見る前兆なり。臥蠶、涙堂に深く皺あるもの子を尅す。

第三節　子　緣

人中、左右、食祿に、立紋生ずるときは、糧に乏し、左右に於ける、此の紋揃へば養子を迎ふ、子孫全き人は、臥蠶、陰陽、其他、命宮、山根、年壽、人中、此の所に氣滿ちて、紋理なく光艶あり、老人財帛に立筋あるは養子を迎ふるの相なり。

常に口を開き居る人、眼中常に眠を催す人、若年より歯落ちし人、印堂の十字紋、掌中、紋少く、唇薄く物を言へばひら／＼と飄ふ様に見ゆる人、舌上に黒痣ありて、累年口瘡を愁ふ人、項太く又口、眼、傾斜せる人、當門前に出て、青色あるもの、之、皆、家嗣、死して、他人の子を養ひ之にかかるものなり、當門、黒色にして恰鐵漿を含みたる如きは、實子を捨つるの象、甚しく出歯のものは一生孤獨にして、死後に家督定まる。

年上に縱紋を生ずるは、是れ血の滿たざるの相なり、此處は血の上る神路なり、故に此の部位に立理あるのみ神氣滿たずして子なし。又印堂に立紋を生ぜば多くは子なし、憂ふる時は愁容甚し、又人中左右食祿の所より、大海にかけて立紋を生ず、是れ糧に乏しき故也、此の紋揃へば必ず他人の子を養ふ、男女宮の肉緜らずして、黒痣あるは必ず子孫に縁なし、此宮の出赤は子孫の殃たり、故に年若くしては此事なし流年の欠陷は其年に於て出たるものならん。

土星に竪紋有つて、人中に横紋を生じ、地閣にも横紋あり、此の人子孫に縁なしとす。

臥蠶、三陰三陽の位を子宮と定む、其他印堂、疾厄、年上、壽上、人中、皆其宮也、子孫全き人は血滿て紋皺無くして艶あり、陰陽の堺をなすを以つて子宮とは云ふ也。男女宮、暗に成りたる人、必ず子孫の病氣と指すべし、治すと雖も、長病にして心使ひ甚し、男女宮の出赤も、子孫の病氣と知るべし、暗中赤を顯せば必ず死す。

子孫宮に、枯血あつまりたる人（臥蠶赤黑く光りなきを云ふ）必ず子孫を尅す、又世話のかゝる人家內に絕へず、故に苦勞多し。

第四節　山　根

山根は胸先又は肝臟なり、幼年より十三才迄は、色白くして青筋あれば肝の虫也、十五才より上は、色黑くして皮厚く固く見ゆるは病也、靑く見ゆるか、又は瘡か疾かあるもの病絕へず、肉無き人は運勢弱し。

山根は兄弟の根なり、狹きは血緣厚くして、吉事現れず、又廣きは血緣薄くして、旅立を好み、能事見はる、立筋眞中に出たるは凶、左右に筋あるは兄弟の緣薄し、妻は必ず再緣也、傷痕は兄弟に就き劍難、腫疾は兄弟に就き損毛有り、財帛の筋通りたるは大吉也。

山根を疾厄宮と云ふ、此の邊は一生疾の障りありや、否やを見る所なり、山根年上の邊に、縱橫の紋亂れたるは妻は尅す。

山根─┬─竪筋……………假子を養ふ。
　　　├─横筋……………車馬の傷れあり。
　　　└─竪横に紋走るは…妻再縁也

第五節　年上、壽上

山根、準頭間に、紋理欠陷あるは、一生の内に大難あり、男は劍難、女は產難、年上より、壽上準頭迄赤氣あれば、官災か、又は家を破り身を亡す、年壽、骨、高きもの、親の讓を破る、又鼻歪むものも變骨にして親の讓を破る、年上、赤氣出るは腫物の憂あり、年上は貲財の所なり、赤きは盜賊に就き苦勞あり、此の所の張出でたるは色慾深し、鼻高く横紋は劍難、青氣は食傷なり、鼻の周圍に青色出たるも同斷、年上は中央にして大切なり、住所の所又腹なり、疱瘡痕或は疾ある人は住所其他何事に限らず損あり、肉澤山なる人は運好し、又餘りに肉多く厚きは運却て弱し、及疾ある人は、色情を愼むべし、又私に結婚する事大に不可なり、赤氣出たるは住所難又は腹の痛か、若しくは財產の事に就ひて爭起るか、曲りたるものは大小便につまり痳病を患ふ、壽上長き人は神官長袖の類に適す、金甲の無きが如きは不器用、金甲豐隆なるものは、何事に限らず、器用にして重寶なり、鼻の先尖るは盜心あり、壽上、年上、山根の紅氣は財星の悅び、青色は違算を來たす。

小鼻の上、青黑色出る時は、慳邪にして人を侵し不義なるものと知るべし、鼻の穴より準頭に掛けて、赤き脉現はるゝ時は、百日の內に血災あり、鼻至て高く醜きは、孤獨又は夫を剋す、顏面美しと雖ども鼻至つて小さき婦人は一度妾となる、鼻仰向くは孤獨又夫に緣なし。

第六節　鼻之部

土星に竪紋ありて、人中橫紋を生じ、地閣にも橫紋あるは果して子孫なし、土星暗を催し、暗中に出赤現はれ、人中にも赤色出たる人、必ず食傷あり、腹下痢の病注意すべし、尤も腹は常に痛み易し、持病多く心勞絕えず、鼻は吾也、又主君にも見る、兩顴骨、額、地閣、右四箇所を四臣と云ふ、故に四臣より主人を慕ふ如く、出來たるは大に良し、離れ〳〵に出來たるは凶し。

金甲大に怒り力ある樣に見ゆる人は一生運强し、士農工商共に大なる成功あり、例へ災難來るとも多くは免る、鼻の穴見ゆるは心に取締りなし、又心に寬なるもの多し、財寶集りても散じ易し、進む事も早く退く事も斂し、善惡共に大なる事は成し難し、又物に飽易しとす、又甚だ敷く鼻孔が上に向ひたる人は、慾深く却つて貧乏す。

鼻は倉なり、倉の穴大なれば物を逸失す、鼻は天人地の人(じん)に當る、故に禍福は鼻にあり、鼻大きく穴見ゑず、摑みて和に見ゆる人は其の心和也、但し大事業は成し難し、冒險を爲さゞればなり、鼻小さく共、如何にも堅く見ゆる人は、心の堅く取締ありて良く、又此故に發達あり、向ひて穴見ゆるとも小鼻に力ある者は一旦發達す、締りよく如何にも堅く見ゆるは、形にかゝはらず良也、鼻の締り惡く、柔にして綿の如きは、形よりも實質凶し、鼻締りよく穴見へぬ人は、禮義正しくして疎惡非禮を爲さず、締り凶く穴の見ゆる人は禮義を思はず非禮多し、鼻締り良なるは心にも締りありて良なるも、甚しく固く見ゆるものは、幾分片意地にして我慢强き者なり、獅子鼻は商人に適當す、但し下相なり、心必ず賤し、鼻堅きは壽長し、柔なるは壽短し、婦人にして鼻の穴見ゆるは、家内不取締にして散財多し、婦人鼻筋餘り通りたるは却つて凶し、又鼻筋曲りたる女は浮沈多し、右二相共に夫に緣薄し、金甲怒り堅くして、力ある樣見ゆる婦人は夫又は我子と相容れず。顏面相應に見ゑて優しく見ゆるは吉也、稍小なるは吉に近きも餘り大なるは凶し、婦人の獅子鼻は大凶也、赤鼻は散財多し、赤鼻に非ざる人、急に赤く成るは、三四箇月の中に腫物の煩あり、下々の者には餘り高き鼻は却つて凶し、低くして和なるは愛敬ありて吉、「愛嬌は下々たる者の一つの福分である」但し此の鼻の持主は一生人の上に立つ事能はず、大なる發達成り難し。

鼻梁細く尖り、山根より糸を懸下する如くなるは大に破敗を主る、準頭豐かに大なるは心に邪毒なし、此人友として交り益あり、準頭の上に、横紋あるは車馬の傷れを主る、故に馬上の恐れあるべし、鼻、三曲を成すものは恩ある人にも仇をなす、尤も其身に辛勞止む事なし。

金甲匱ある者は立身す、一生災なく財寶家庫に滿つ、鼻甚だ大にして盛り上りたるが如く高く、準頭下に下りて、かぎ形の如く曲るが如きは一時盛なるも終に衰ふ、貴賤男女に限らず、老いて辛勞孤獨となる、金甲に大小あるか變異あるは、事成らずして多く敗を主る、準頭丸く肉あれば福あり、尖るもの福少く且慾深き人也、又人に憎まるゝもの也、或は丸く疾無く艶あるは四十才にして大福運來る、準頭に赤味さすは酒を好むか、度々失業浪人したるか也、青筋は爭ひあり、腫物は疝氣か痳病の類也、鼻筋印堂迄通れるは萬石の主となる、黑氣は死兆也、輔弼の所（香田•仙舍）に肉あれば厚福を主る、準頭高きは氣心強し、人に勝れんとする氣あり、識見一方に偏す、故に暗愚なる人は甚しく偏屈なり、人に接して可酷に過ぐ、山根卑く、準頭計り高きも、氣分強く貧、且下賤也、鼻の穴上に向ひ居るものは心に的なし、貧に暮す、祿ある人と雖、兎角損毛多し、又心狹しとす、金甲の着根赤黑くして汚きは大難あり謹むべし、其色の種々に變るは天災也、鼻自然に黑きは身上段々凶く成る、金甲の青氣は下疳、瘡毒なり、尤も山根と見合すべし。

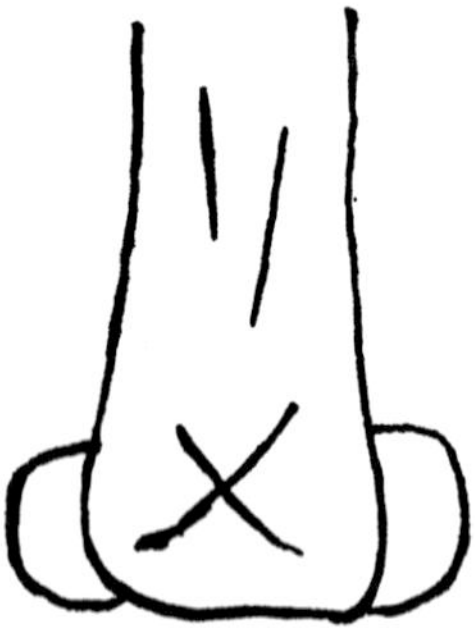

圖の如き紋理あれば災難に逢ふ、男女共に再緣す。凡て鼻に傷あるものは、萬事、難厄多く、又好配偶を得る事が出來ない。

穴大にして開くものは山奸的の人物なり、表面財有る樣に見ゆるも其の實空穴也。

鼻赤氣出れば妻と爭ふか、母の緣家に愁離あるべし、同黑氣出づれば、婦人より欺き恥かしめらるゝ事（女難）あり、暗滯、濛氣、共に女難を主る、潤ひ、枯るゝは妻長病なるか、又は死す事あり（鼻によりて妻を見る事珍しからざるも本項の如きは稀なり）白氣出れば親類緣者の中に損失愁事あり、此の邊俄に肉起り紅潤の色出るは妻定まるか、又は色情に心動く、然も其の結果多くは良にして終世の溫契を成すに至るもの多し。

第七節　人中之部

人中は子孫の所なり、三節上より下に向ひ開きたるは子孫多し、又男兒多しとす（但し臥蠶を參照せよ）又辯舌勝れたり（人中に依て辯舌を知るはこの一箇あるのみ但し口唇は別也）人中曲る者は子なし、たとひ子あるとも我爲ならず、人中巾上下同樣なれば男女當分なり。人中に疵あるもの男は性疾を辭する能はず、女は產に就て故障あり、共に素行を謹み將來を祈るべし。

鼻は、山、口は海也、されば人中は山海の通路溝洫なり、人中溝深きは財錢に不自由なし、赤氣は食少し、病人、食進まず、油氣なく白氣又は黑氣なるは死す。人中の赤色は人と爭ふ、準頭まで赤きは一旦の善事又忽ちに却るの貌なり、人中黑痣は双生を主る、若し双生せざれば、一生病身なり、人中に赤色出る時は一ヶ月の中夫婦爭ふか、又離別あり、夫妻なき身は賴る人に別る。

上廣く深く肉締り勢有る如く見へ、疵黒痣其他の立紋筋なきを上相とす、例之鼻は都なり口は大海なり、故に人中は大海より都に通ずるの通路也、深くして障りなければ滯りなし、疵、黒痣、或は筋又は上下狹く障りあれば、つまり大海より都に通ふ通路塞る譯にて、萬事勢運滯り心に任せず、此故に運凶し。人中正しく吉なれば金錢融通も良し、故に商人は家業繁昌す、士にて人中正しきは人信用し人氣集る、又衆人其の言を聞き又其言を守る、人中正しきは實子相續孝養あり、（臥蠶其他見合すべし）但し人中正しく黒子一個ある人は、實子はなくとも良き養子を持つ事あり、人中歪み曲るは、例ひ溝深く共思ふに任せず、多く滯り勝なり、人中溝無く平に見ゆる人は心氣締らず、心迷ひ望事萬事心に任せず、又、子孫の緣薄し、人中長きは壽命長く、短きは夭す、人中短くして上唇上に向く如く見ゆるは短氣の象也、此故に大なる發達を成す事を得ず、小智あるも却つて心配多し。人中は四十四五才より五十才迄の間に當る、年流に照して吉凶を見定むべし。人中に廓なきが如くにして不格好に長きは、心に締りなく物の定りの着かぬ人物なり、人中廓然たるは、物事に度ありて締る、人中に欠陷なくして倘子供無き人あり、右は養子を貰ひ、子孫繁榮す、（但し臥蠶には必ず欠陷ある故、見合すべし）人中に欠陷ある人、子供多數あるときは老て子の爲に難儀す、兒女、自己の力にならず、又繁榮せず。

凡そ人中に横紋有る人 啞聾の子あり、同じく十字紋ある人、支離（カタワ）二人あり、同じく疵有るは双胎の相なり、又双兒あるの相、右何れも一相あれば子縁薄し、且つ苦勞多し。

第八節　法令線之部

法令深く切り入り鋭き者は心も鋭し、法令二筋宛ありて父と母と再婚なるもあり、又他名を繼ぐもあり、但し左は父方にて近親の便り多きを現し、右は母方又遠類多きを現す、又左右深く地閣を圍る者は壽を主る、偏無くして重頤なるは富貴を主り壽全し、（法令の頤を廻るは水難と混同せざる樣すべし）法令の筋三十才前に深く見ゆる婦人は子を尅す、婦人は年を加ふも法令線の付かざるを可とす。法令ある婦人には氣儘なる者多く且つ氣色激しくて却つて不可なり。もしあれば獨立を可とす、家の妻としては不向なり。法令口に入るは餓死を主る、前漢の鄧通に此の紋あり、文帝、許負をして之を相せしむ、許負其口を指て曰く「他日當ニ餓死ニ」と帝曰「使鄧富者在レ朕」と遂に蜀の嚴道の銅山を賜ひて、自ら錢を鑄る事を得せしめたり、後景帝に至て鑄る事を罷めしむ、於是鄧通覓に餓死す。

法令の筋より内側を食倉と云ふ、故に法令線内肉多きを吉とす、肉卷かざるは寵の破れたるが如く、心凶にして短命也。

法令口に入るもの修業者となれば餓死を免るゝ事あり、但し修業者と言へ共餓死する事珍しからず有德の人は自己の運命を知つて難を免る、鄧通は元、是れ一賤夫なり、一旦文帝に用ひられて立身すると雖遂に餓死せり、之に反し、張良は法令口に入るを見て、山に入り仙と化し、修を執る、遂に全きを得たり、法令なきは家業、盛へず、婦人法令あれば夫に干渉す、法令肉こけたるは末運凶し、豊なるは末運良し、法令の青色は兩親の內、病人あるか、又は損失あり、或は虛驚を主る、法令に黒痣あるは道の歩行達者なれども親の死期に逢はず、又水難を受け易し、法令に疱瘡か腫物痕あるもの好んで他人と論爭す、法令線二重に成るものは先祖の業を變ゆるか、又は近親者に別るゝかなり、又は親の讓を受けず、別に家を與すか養子に行くの相なり。法令の痕は家業を妨ぐ、或は自己の一了簡にて事を破るか、何れ一度は身上破敗する事を免れず、又親と同居なり難し、法令二筋以上あるものは長子と意見合ひ難し。

第九節　髭　鬚

食祿に生ずるものを髭とし、頤に生ずるものを鬚とす、軟にして細く長きは貴を主る、若し粗くして硬きは賤なり、其色赤く光りなきは子孫少く、且つ水難あり其色黒く光りを生ずるは大に貴し、

第十節　水星之部

口の偏曲なるは大に凶し、晩年に難あり、五十才前後より身を退くに宜し、權門役名ある人は豫て心得るにあらざれば遂に祿に障り家名を失ふ。上唇を父とし、下唇を母とす、唇餘り厚きは愚痴にして慾深し、唇枯れたる人は病崇じて死す、壯なる者も急に唇枯るれば自殺する事あり、黑唇のもの酒を過飮すれば發狂する事あり、狂人は凡て黑し、黑がゝる者は精神病になるの兆、又唇黑きは頭腦透明を缺く、又水難あり、鼠色、靑色、黑色亦然り、口の小なる者身上從て小なり、口の曲るは晩年破財、口角なきは孤獨相、其上貧也　口の曲りたるものは親子の緣薄し、又子に苦勞多し、上唇の出たるは쳐忽、下唇の出たるは理屈張る奴也、齒肉黑きは淫亂なり、又貧にして財錢に不自由す、紅色は吉也、心氣の疲れある者は唇白し、赤筋あるは血の道を病む、食祿の黃色は近日酒色の悅に逢ふ、口の廻り赤く爛るゝ者は母妊娠中、又は姙娠前より摑み喰ひをなしたる形跡なり、口を開いて居る人は、心に取締りなく、萬事希望成就せず、口を結んで居る人は當時、心氣旺んにして取締あり、口を結び居る人は時に、惡事にも成功する事あり、但しよく〳〵愼むべし。

上唇、下唇共に厚く結びたる所、如何にも堅く締りたるを吉とす、右の如き者は忠君親養の念深く虛言を吐かず、且又立身出世す、口に欠陥なく常に締めて居る人は多辯せず、高位高官に上り食に困る事なし、口能く締るは秘事を洩す事無し。口常に開き居る人には、例へ入魂の間柄なり共心を許すべからず、必ずしも味方に非ず、口は五常の中にては信を主る、口大にして唇薄き人は多辯にして心愚なり、或は人の失を說く、口常に開ひて齒の見ゆる人は運凶し、例へ一旦盛なりとも衰ふる事あり愼むべし、婦人にして口を開き齒を見するは、夫の緣度々替る、又かゝる女には心を許すべからず、口丹を含むが如きは大に佳良なり、上唇下唇を覆ふが如きは孤獨相也、口の形四字の如く、唇厚く紅なるは、穩にして萬事宜し、又富貴を主る、仰月の如くなる者又、富貴あり、又は文章ある人とす、尤も唇紅潤なるを吉とす、婦人は、必ず夫の憐を得る事を主る、口覆舟の如くなるは、奸詐の人なりとす、よく人を譏し、人を罵る、出納官高きは短氣也、同底きは氣長し。

海閣厚くして締り惡しきは、俗言のしだらなし。

第十一節　奴僕格

地閣の左右を奴僕の宮とす、此位豐滿なるものは、僕婢常に左右に任役し、若し尖削なるは、僕婢の仕ふる者無し、或は缺陷するものは、有れども心にゝ不叶、白色起りて粟粒の如くなる者は、奴僕に付て損失あり、或は物を持出し走る事あり、青色出れば損失を主る、赤氣あれば口舌の怒あり、白色又は黑色等あれば、奴僕の病と知るべし、或は馬より墜墮する事を主る、紅黃の氣色は奴僕普くして、自己の心意に叶ふ。

第十二節　奴僕之相

額、窄尖、眼神濁り、耳薄くして色黒し、面を伏て背を露し、人中に横紋を成し、眉濃く髪厚し、胸凸く臀を露し、背に坑を成し、腹小く臀尖り無きが如く、指節粗し、足心粗く硬くして紋無し、坐して膝を動し身定まらず、是等は皆一度奴僕となるの相なり。

第十三節　奴僕主を犯すの相

奴僕、涙堂、邊地に赤色出て、其上家續より邊地に掛けて血色立ちたる人、目下家來の類、主人の物を奪ひ取りて、他所に去るの象也。

第十四節　承漿地閣

承漿に青氣あるは、酒氣の爲めに疾病を發す、黑氣は酒に酔て死す、地閣に鼠色出づる時は住所の苦勞、奴僕に掛けて出づるは臣下に就て損あり、地閣廣きは地面廣し、腫物は地所又は家に就て難あり、家又は田地を破る、地閣に黑痣あるは水難、水厄、水死を主る、頤、口の引入りたるは家を破る、又田地を捨つ、刀傷ある者災難あり、火傷は火難を注意せよ、頤向ひ出たる人は恩ある人に無理を云ふ、必ず我儘者也、桃色の如き色、光澤良きときは、家屋敷或は田地に就て喜來る、光澤悪ければ家に難事來る、赤氣は爭ふ事あり。

第十五節　頤

頤の格好、後へ引入たるが如きは、發達なく疎忽也、頤の肉豊に厚く、ムックリとしたる人は大に吉也、俗に鎗頤と云ふ者は住所に辛勞多し、壽あるとも愁悲を主る、又性格粗忽なり、鎗頤とは頤の下端著しく尖りて恰鎗の形の如きを謂ふ、性格奸邪にして愚賤なり。

第十六節　懸壁

懸壁とは顴骨の下、一寸程の横にて腮骨の前なり、此の邊に缺陷、痕の類あれば先祖の家名を破るか、或は親の譲物を東西に散らす、此處に青色、黑色出づれば盜難に遭ふ、又目下の人、物を奪つて走る、此の邊の血色宜きは家内和順す、色悪しきは、何となく家内納らず、無益の事に辛勞あるべし。又懸壁は場合によりては、横面總體を指す事もある。

第十七節　齒牙

兩齒の中に小齒を生ずる者、他の名跡を繼ぐか養子によし、然らざれば其の名跡を破る、但し心不實なれば大災難を招く、注意すべし。齒列亂れて正しからざる者は多言にして他の是非を云ふ、中年破財して親の名跡を破り、横死するの相とす、齒の揃ひ良なるは親子の緣深し、又心の締りありて良し、上齒の揃ふを以て良とす、兩齒の隙きたるは親に緣薄し、四十迄は不仕合多し、四十才以後は半吉也、齒出るは人の曲を說く、反齒にて出たるは曲事多くして凶、下齒の不揃なるは養子か、又は次男次女以下也、揃ふは長子の相とす、兩親に對する責任あり、齒能く揃ひたるは夫婦仲良く、一家和合す、齒途中より欠けたるは思ふ事言ひ出し得ず、心痛する事多し、向齒六枚良きは他人の師となる。

同　別　觀

兩齒、左は父、右は母、密固にして白く光あるを良とす、間の隙きたるは不忠不孝、或は片親に、或は兩親に緣薄し、當門とは東門にして口を云ふなり、東は是れ交際の始め、門は即ち言語の門、並に飲食の門を云ふ、齒惡しきものは凶多し、第一輕卒なり、第二自分勝手にして慾多し。幼少の頃は然らずと雖も年長の虫齒は血緣少しとす、下齒出て上齒內に入る女は、老に至て雇はれ婆となる。

齒先丸きは吉、齒の尖るは凶、齒間隙きを生ずるは凶なり、兩齒缺くる者は凶、父母兄弟等の意に從はず、齒は白く光りあり大ならず密にして間隙かず、上下能く揃ひ並び白玉の如く三十二枚以上の偶數を吉とす、又男子は丁數を良とし、女子は半數を可とする事あり、門齒二枚を父母に象る、左父右母なり、歯間隙を生ずるは親に孝行ならず、且心に締りなし、又短命とす、常に我思ふ事皆他人に明す也、萬事胸に保ち難く又根氣弱し、歯莖に水を持ちたる人は水難あり、年流に照して斷ずべし。毒魚の形(息を含むが如き)は水難也、婦女發言に際し歯莖を現すは夫縁替り易し、婦女の歯は男子の夫よりも細きを良とす、歯は壽命の長短と心氣の盛衰を觀る、晩年に至りて歯生ずるは勢運大に強く長命なり、但し子孫には良ならず、二歯大にして齊明なるは名を四海に發して萬事吉也、若し露出するが如きは散財を主る。

後篇第六章

第一節　身相篇

鳶の肩とて、肉なく肩そびへ起り、骨立ちたるは、權柄ある相なれども、心奸惡にして信なし、更に、豺の眼とて、山犬の如き眼は大凶なり、君父を害する程の心あり、貧にして夭死す、胸に濁毛、逆毛あるは智慧に滯りあり、但し濁毛の人、滑稽諧謔に長ずる事あり、端毛とて、乳の端に毛あるは吉、但し男子に限る、女子に之れあれば、孤獨或は夫の命に從はず、端毛長くして美しきは精氣強し、乳箕の如しとて下に垂れたる形は大將の相なり、双方揃へるは運強く福相なり、婦人の乳大にして稍垂るゝを良とす、眼との關係を見よ、男子は眼と睪丸との關係あり、尻は丸く柔にして豊圓なるは吉、瘦せて細く尖り角あるは凶、かくの如き婦人は夫を尅して孤獨なり、男は貧賤夭死す、臍の上高く張り出たるは凶、殊に腹凹れて細きは最凶にして必ず病を包藏す、足は骨を現さず、甚だ長からざるを吉とす、又踵の出ずして無き樣なるは凶にして下賤なり、猿踵とて後方に踵の出たるを良とす、貴人の相なり、總身毛深き女は殊に下賤を主る。

第二節　人に應對するの相

人に應對する時、高肘を撫で膝を撫づるは辛勞多し、人の家に入る時狐狸の如く入るは貧也、厚禮するは上長に仕へ將來の大計を樹つ、事を聞くに眼を閉ぢ伏向て聞くは奸惡なり、先づ笑つて挨拶するは吉也、語るに口より涎沫を出すは甚だ不仕合、女は夫を尅し子縁なし、對談して身體を搖りかけて語るは（中略）大音を發する癖あり。座して界石の如きを上相とす、高位の人たりとも、足を細かに折り又は微動せしめ、腰のすわらざる如く座する人は、其の官位業を保つ事能はず、年流によりて破期を見定め戒むべし。

第三節　步行相（此文短きも大切なり）

龍行とは勢强く前後を見ず行く、身を立て家を興す、虎行は寛に步むも勢あり、前後左右を見ず行くなり、物の頭となり出世す、行きては止り、早く行きては四方に氣を配るは苦勞多し、行く事早くして、前後左右に氣を配るは盜心あり、行くに形定らざるは貧也、鳩の啞むが如きも貧也、歩んで踵の動搖するものは夭死する事を免れず。

第四節　臥像相

眼開き臥するは一生苦勞あり、劍難あり、齒切りは父母を尅す、老て妻を尅す、仰ぎ足を伸さぬは一生辛苦、臥て火を吹くは三年の內に死す、日の影のなきは七日の中に死す、人の影坊子薄きも死す。

第五節　貴相

唇上下共に厚く威あるもの學才あり、唇紅色、掌中に花紋あるは學才あり、眼靜なるものは自然に福あり。眉毛及び睫毛長きは富貴、記憶力良し、眉高く額に寄るは福貴にして愚痴を云はず、命宮、天庭、金甲、壽上、準頭の揃ひたるは千石の相なり、地方長官となる。明宮鼻筋通りたるは貴人の娘を妻に持つ、妻緣良し。準頭丸きは美貌の妻を得、髮際淸く潤あるは、大祿あり、背、胸肉締り丸きは大福あり、腹筋身筋多きは貴人なり、天停より命宮まで高きは少年より富貴なり、天倉、地閣揃ふて淸き者は貴し、六府能く揃ひたるは福あり、山林の骨高きは吉、明堂に五指の如き理紋、髮際迄立たるは大將となる、立骨あれば更に高貴なりとす。眉毛天倉を拂ふは才智ありて貴し、上停高く廣きもの臣下の者多し、命宮光るは學才あり、又福壽あり、耳良きもの富貴、骨見へざる如く肥へて肉締りたる人は老ひて富貴を受く。

第六節　僧侶

眉毛疎にして淡し、僧に宜し、兩眼瞼に黑痣あるもの又僧道良し、食糧多しとす。俗人には凶、僧にして耳色面より白きものは必ず善世の官に封ず、眉目の平直なるものは之れ尊貴、頭圓く、頂骨高く、額潤くして上下方正なる者は僧となりて都綱たり、腹背豐に滿つる者は衣鉢餘りあり、鉢、音、撥、僧家の盆なり、此れを以て弟子に傳ふ、之を衣鉢と云ふ。

第七節　道士仙人之格

眉頭に黑痣あり、又は額に三つの横紋貫きたるは道術を好み、異路に通じて且つ淸閑を好む、眼神淸くして且電の如く、骨格秀でゝ龜鶴の如きは、道士は必ず師號を稱す、額潤くして眉秀ずるものは文章の道士とす、道士の頂聳へ、印堂平なるは、必ず天師の職を得る、形貌秀異なるものは行を修め人の到らざる所に此れ到る、此れ當に仙人たるの相、骨、立壁の如きは武の達人、山根、顴骨、特に高隆なる者は俗塵を避けて山に遁入す、行を修して終に仙たり。

第八節　立身相

眼明に眉直く、一字眉にして高きは才智あり、立身す。明宮、眼良く、顴骨よく威勢ある者立身す。明宮、天停良きは早く立身す、地閣廣きは田畑山林を保つ、四岳良きは中年良し、五岳良ければ一生良也、準頭良きは家を保つ、天庭廣く、土星肉厚きは、奉公して立身す。眼深く、口角正しきは千石の祿を持つ、眼細く長く、輔骨肉有れば才智ありて、高官を得。眼長く黑白分明なるもの、其の年内に立身す、面赤く、眉威ある者、三十五歳より五十迄の間に立身あり、面色白きは立身早し、面色鐵色は立身遲し、腰厚く、背厚く、面より耳の色白きは名を天下に顯す。

第九節　善相

鼻頭、金甲正しきは貴人の娘を妻に持つ、土星長きは分別あり、顴骨、明宮良きは威勢進む、顴骨眼良きは人從ひ慕ふ、四岳と土星と良なるは自然に錢財多し、準頭豐かに肉あるもの諸方より福來る、眼尾淸きは一生安樂、輔骨高きは若年の榮華、面色鐵の如く骨、劍の鞘きしが如きは武の達人、法令左右上下開くは貴子を持つ、その子克く孝にして力となる、九州起るは老年榮華、地閣に潤あるは晩年の榮華、命宮の骨光りあるは無病にして一生安樂、髪際、額清きは智慧あり、耳輪紅白廣く厚く、大に高きは少年より祿を得、奴僕廣く厚きは威勢張る、奸門に亂紋なく潤あるは妻緣良し、肉高きは妻を持て福あり、天倉の肉あるは安樂なり、眼下臥蠶黄色なるは吉事來る、鼻に肉あるもの主人持ちて良し、土星厚きは奉公して財寶を得る、鼻に紅氣出づるは官に進み祿を得るか、貴人の引立に逢ふ、命門の紅氣は俄に吉事來る、黄潤は財を得るか祿を増す。

第十節　剛健穩厚格

眉毛軟にして柳葉の如きものは必ず信義あり、友として交り益あり、額に一字紋を成し且つ鐵面の如くなれば一呼百諾の權あり。

第十一節　通達進成格

三處平闊（三處とは印堂及び兩臥蠶を云ふ）五供六滿（五官具はり六府滿つるを云ふ）額に横紋三つ貫き、明淨にして陷らず、三停齊しければ他日自榮、官に進む、是れ衆に拔んでて進み、人を驚すべし、天中に青色光潤あるは必ず詔命を被る、眉、柳葉の如きものは、名を世に顯はして萬事に通達す、當門の兩齒大にして齊しく明なるは名、四方に聞ゆ。

第十二節　安樂

面皮滑にして潤ふ者は一生安樂、骨格淸く正しきもの終生苦勞なし。

第十三節　孤獨相

唇下るは孤獨、尖りて火を吹く如きも貧にして孤獨、準頭、上廣きは晚年孤獨、準頭缺陷は散財にして孤獨、又心に毒を持つ、鼻餘り高きは偏凶にして人が相手にせぬ故孤獨、淚堂陷るは子孫を剋す、故に血緣的に孤獨也、眼、淚ぐみ眉常に皺多きは少年苦勞にして晚年孤獨、口の邊に皺あり、足甲なきは孤獨、髮際低きは識見なくして孤獨なり。

眉薄きは兄弟なくして孤獨、痘痕は心に苦勞す、疾痕は病難、陷るは損毛、缺ぐるは災難、痣あるは波瀾浮沈多し、大陷は一生一度の破財、新疾は瘡膿血產に當りて財を散す、十二宮を察し災と障とを考へ知る可し、耳の偏するものは旅地にありて孤獨なり、疾なくして面に塵芥の色を帶れば、轗軻不遇の相にして人より排斥せられて孤獨なり、頸甚だ細きは陰險相にして孤獨、暗殺さる、口甚だ垂れ偏するは老て孤獨、指短きは人に嫌はれて孤獨、髮捲くも性剛凶にして孤獨なり、面甚だ狹きも他人に侮辱を受けて孤獨の相。孤獨相は陰職に適す、然らざれば、多く世の落伍者たる事を免れざらん。

（陰職とは宗教家、發明家、藥劑師、行者、修業者、其の他社會の表面に立たざる技術家、手內職等を指して謂ふ）

第十四節　孤獨格

形、僧道の如く、眉粗く八字の如し、鼻に肉無く或は三曲をなす、鼻仰き準頭尖り或は低し、口聚て尖り、火を吹くが如し、口角低る、聲豺の如し、地閣尖り、耳反り且つ小さく眉毛の旋毛、顴骨峯を成し、眉聳へ、聲散じて哭するに似たり、瘦人結喉高く、乳小にして黑からず、老て鬢髮厚く腋臭あり、冬天、身より汗出る者、是等皆孤獨の相と知るべし、或は口邊の皮に皺を生ずる者は、假令子ありとも心に不叶、故に自ら出て孤獨となる也、眼下に橫紋あるは貧窮を主る、或は子を絕して他兒を養ひ、老て孤獨となる事を主る。

第十五節　貧相

口の出てゐる者は貧、鳥の口の如きは人の物を奪ふ、口火を吹くが如きは貧、口の餘り小なるは破財、時に自殺する事あり、大眼にして淚ぐむは水難、破財、短命なり、眉間狹きは破財、耳黑きは破財、耳輪勝れて張り立は破財、災あり、山根低きは破財、顴骨惡しきは度々破財、金甲に缺陷ありて胸薄きは貧、狹きは破財、胸高きは貧にして短命、尻小さきは破財、日角骨尖り、筋多きは妻子を尅す、又兄弟不和にして一生不運なり、面色常に愁色あるは貧相苦勞多し、兩眼短きは破財、眉に痣あるは水難あり、土星偏り曲むは左は父右は母を損ず、一生苦勞絕へず、魚腹の邊常に黑く滯氣あるは貧窮也、暑寒共に油の出るのは不仕合。

第十六節　貧窮格

背に溝渠をなし腰細くして薄く、腰高く、臀陷み乳頭細く針の如く、乳薄く肉無し、足薄くして大に、足の裏粗くして紋なし、坐して膝を動し、食事遲く溷に上りて速く出づ、痰無くして常に吐し、其吐、收まらざる者は、先づ富て後に貧を主る、步行に身を側て屢々他を顧み行く、如是は皆貧賤の相とす。又尤も中停短促にして、眉交りたるは妻子兄弟の助力に乏しく、素より貧窮を主る、額小にして窄狹、其色昏昧、或は諸部の輔弼なきときは則ち、死すも衣衾棺槨なしと知るべし。

第十七節　非人相

食祿に穢色あれば非人の相なり。此處に傷あるもの一旦乞食を爲したるか、又は將來非人に零落するの相なり。

第十八節　惡　相

人中曲むは僞多し、多辯にして口禍あり、唇薄きも同じ、下唇薄きは貧にして大食す、人中細く狹きは福薄し、上廣く下狹きは晩年凶なり、曲むものは短命にして貧、人中の付近疵ありて、且つ歪むは屢々信用を失す、唇尖るは惡死す、黑氣は病難來る、貧也。眼赤く突出せるは盜心、不正惡死すべし、眼、鼠の如きは盜賊なり、歩行に前後を見、八方に眼を配るは盜人、三角眼惡心あり、且つ理屈張る、眉上り立つるは氣強し、命宮狹きは兄弟不和、眉立上り弦強きは大惡人、眉に上り下りあるは異母あり、耳の上の尖れるは殺生を好む、又色惡きは惡心あり、明堂、山根、魚尾惡きは妻子を尅し、威を損ず、明堂懸針は一生勞苦絕へず。土星尖り曲むは惡心あり、當然と思ひつゝ惡を行ふ、顴骨無きが如きは愚人也、眼に水を流すが如きは淫亂にして苦勞多し、淚、脆きも然りとす、鼻汚く赤きは心毒、疵あるも然り、人を妨ぐ、人中無きは苦勞多し、明堂凹むは妻子に緣薄し、首の重き樣に道を行く人晩年苦勞多し、魚尾に紋理多きは一生苦勞あり、眼に大小の差あるは富んで僞り多し、資產あるも秘して貪る、口、眼、耳、鼻共に惡しきは五十二才大難あり、眼惡しきは一生苦勞す、準頭赤きは中年流浪して定らず、眉骨高きは劍難あり、脚部特に長きは一生住所の苦勞、眼大きく釣上るは親類不仲、額、鼻惡しきは家內不和、聲惡しきは苦勞多し、田宅に筋あるは一生不運也、眉毛短きは兄弟冷淡、眉骨高きは短氣、眉頭の痣も同じ、眉間狹きは二十四五才位にして死す、胸圍狹き也眉間續くは心狹く、胸幅も狹く短命なり、顏面一體赤く成るか、眼周黑くなるは身上に大難來る、家財傾き盡す、子あれば女兒にして男兒はなし、鼻大にして釣合惡く又甚だ小にして外見惡しきか、又は額窄く頤ふくれ、又は燒痕或は不具の類は、一生の内一度大なる破れに逢ふか、又は不仕合したるの類也、墻壁（耳の前生へ下りと、下腮骨の間へ分る程の所冠り紐の當る所）何事も惡しと知るべし。

一面黑氣黑色を現はし、歯を顯し天倉か命宮かの邊に、劍光形か張れる紋、或は其の色を顯すは劍難、兄弟宮散亂し黑氣起れば大なる難來る、色青白く人中青色を催すも同斷。兄弟宮散亂し、地庫福德、遷移に赤色起れば大盜難、面色一面青氣を發す、遷移、地庫に曲毛あるは旅地にて死す、額に亂紋あるは水相とて下賤なり、頂岳蜜柑の如きもの、極めて祿を損ず、人中曲る人は長子を失し易し、眼尾線垂れ下り、一本が二本以上に分れたるは不仕合、又、精神惡しきものなり。魚尾分れ二筋ありて、顴骨に赤色かゝるは惡心あり、辯舌に勝るとも惡謀をなす人なり。

第十九節　性剛惡にして惡を企み、住處に迷ひ女難あるの相

印堂に劍針あり、魚尾下り、海角も下り、且つ黑痣か缺陷ありて、顴骨にも黑痣ある人、性剛惡にして理分强く、惡事を企み、又住處に迷ふの相なり、婦人に就き世間の人の誹を受け、望事調はず。

第二十節　起怒骨殺伐之傳

官祿の下、印堂の上に劍光の如くなる骨あり、其處より紫色を發し上下左右に立ち上り、命門にも至る、又腮骨、害骨鋭く尖りたる者は、起怒殺伐を喜び好む大惡非道の人と知る可し。

第二十一節　主、師、親を害するの相

君、親、師を害する相は、官祿と印堂との間の骨起て紫色を兼ぬ、神光の骨尖り高く眼中に毒氣ある者なり。明智光秀に此の相あり、毛利元就之を觀て、主君を害するの相なりとて仕官を許さず、後織田信長の爲めに、見出されて拔擢を受けしも、遂に信長を弑し一旦天下を奪ひしが、幾もなく秀吉の爲めに討たれ、惡名を後世に殘せり。甚しき大逆の相と謂ふべし。

第二十二節　盜賊之相

其の骨格、眼色、紋痕、氣分皆格形による委細知るべし、盜賊の心を思ふ人は第一言語揃はず、人と應對の時急に面色火煙の如き色發る事ありて、惣面青色に成り人の囁、物語を耳を側てゝ聞き、きよろ〳〵として、見るに頭を傾け物按じ顏をなす、行くに四方に目を配り孤鼠々々と歩く人高聲なる

時は、驚き面色變じて跡を見向き又先を見、惣身慄を生じ、人大音して問ふ時は言語忽ち震ふ、頭を先に立て體を後へ退く如く、又人の家に行きて坐するに面を向けず、又坐する時表に高聲有れば面を赤くし、顏色變へて後を看る、人家に至つて腰を掛け表の方に向かず、理非を語らふに初の言强く大音にして後なく、言葉早く、官吏來たる時は面を人に對せず、額を以て人を暫し見、胴慄ひをなし面に赤色を生じ、眼斜に見る、是れ盗賊の相なり。

眼に星を現すもの、賊を爲すの相なり、うみ色也、決して口外すべからず、黑眼の左右にうみたる如き星出るものなり、白龍とて奸を思ふの相なりとす。

第二十三節　盗相別觀

盗骨張る人、下三白眼、臥蠶黑痣斜眼右何れも一相あれば盗相也。

第二十四節　住所動靜格

天倉平潤なるは居住靜にして老て人に敬せらる、驛馬の左右に倶に隱々として赤色の糸を浮すものは奔馳の勞あり。(罪を以て他國に走出するを奔と云ふ)耳の皮粗く、色青黑なるものは、他郷に奔り止む事なし、足長く手短きは他郷に走る、印堂に亂理、兩眉交り、或は逆毛、鼻梁尖り露る者他郷に於て死す。

第二十五節　住所を去るの相

主骨、官祿、驛馬、地閣、右四ヶ所に黑痣ある人、生涯の內必ず住所を去るべし。印堂針にて突きたる如く赤氣を生じ、地閣人中闇を催し、且地閣に赤氣を現し、驛馬家族に赤を顯し、家族より邊地を指て氣色靑く立ちたる人、果して心動き立ち住所を去るの象也。

第二十六節　嫉妬及家出

印堂に竪紋有て、妻妾に赤氣を現し、人中地閣暗に、驛馬出赤を現し、家族より邊地に至り氣色立ちたる人、嫉妬の念つもりて遂に家出せんとするの心動く、乍去未及離緣。

第二十七節　住　所

田宅疵有る人は親讓りの田宅に疵を付けるの相なり、三所、地閣、上停、中正甚敷き疵、又大に低きは流浪相と云ふ、養子相甚敷き者は流浪相なり、流浪相甚敷き者養子相なり、故に流浪相ある者、養子に行けば流浪を免れて安靜たり得。

第二十八節　聰明と利根との差別

聰明は情智也、利根は格揃はずとも心に倚る、高明、學堂、眼の清秀、耳の潤澤、氣色等に依て其の心を分つべし。

聰明と利根との差あり、又高名を成すと不成との異あり、臍小にして下につきたるは思慮淺し、愚頑の相なり。

第二十九節　孝心格

齒齊しく、脣厚く色赤く、人中明淨にして深く正し、耳垂れて珠を成し、耳、輪廓明淨にして肉厚く、準頭豐大にして肉厚し、兩齒正しく門戸を成し、眼慈なる者は必ず義を好んで仁を施し、福子孫に及ぶ。然れども慈眼は最も識り難し、只佛眼に合するのみ、佛は慈悲を以て主とす、故に慈眼と云ふ、以上皆仁義忠孝を成すの相なり。

第三十節　不孝心格

眼露れ睛凸く、性剛にして力暴し、眼三角、不孝にして人を害す、眉稜骨高く起り、性剛にして孝心なし、眉斜にして峻しきは、性剛にして孝心なし、毛髮蝟毛の如きも、不孝の人とす、印堂懸針紋あり、母に不孝並に子を害す、凶勇虎の如く、豺狼の如く、必ず其族を滅するものなり、左傳の所謂、子越椒の類也、以上皆不孝の相とす。

後篇第七章

第一節　長子之傳

天庭豐滿なる者長子なり、父母の恩惠を受くる事大なるに依る、日角月角に關係する所多し、齒列揃ふもの長子なり、（就中門齒の揃ひたるものを指すも多數の中には齒痛等に依て特別のものあり）左の眉上りたるもの長子なり、（本件は其の理由の考證に苦しむも此の事實を認むる事往々あり）長男は左の睾丸大なり、睾丸と眼と比例す、左の眼大なるもの長子たり、耳能く郭を包みたるもの長子たり、能く此の理あり、右の通り二ヶ所又は三ヶ所以上揃ふたる時は長子たる事間違なし。

第二節　父母の殃災並に立腹

日角月角に赤を現はすもの父母の殃なり、赤の尖れるは災、赤の尖らずしてむつくりと見ゆるは兩親の立腹したる象也。

第三節　母に別るゝの相

髮の生際通り、暗にして月角に出赤見へ、交友にも赤を現はし、地閣にも又赤を現はし、家族に暗を催するもの、必ず母に別るゝの相也、父も之に傚ふ、日角月角の區別を見るべし。

第四節　親の立腹

上停の中邊より家族へ掛けて暗を催し、日角に赤を現したる人、必定親の立腹を受けたる人也、家の内の患ひとも取る。此の相は父母の死後にも顯る事あり能く相する者は明に其の象を認む。

第五節　父母之格

鼻小にして狹むが如きものは、早く父母に離れ一旦僕と成る、耳又は肩の缺けたるものは父母を損ず、眉上に白光あるものは父母を損ず、天中の白氣は父母死亡す、眉毛逆生するは少年にして父母に別る、額垂れ髮生へ下るものは母の宜しきを妨ぐ、幼弱の中に眉毛長きものは片親を尅す、法令の内に當りて黑痣ある者は親の死期に逢はず。

第六節　親　縁

日角月角に疵、瘡等ある人、親縁薄し、両親空しく成る時は肉枯る也、東門の間透きたる人、親縁薄し、兩面の左右、長短、高下あり、兩面に限らず揃ふべき所揃はざる人、何れも一相有れば親緣薄しとす。

第七節　父劍難

左眼より白色下り、日角黑くして地荒れある者、父劍難にて死するの相とす。

第八節　神　罰

左眼右眼より黑氣下る者は神罰を蒙て死すと謂ふ。

第九節　兄に背きたる相

顴骨と男女と魚尾と眉頭に出赤を現はしたる人、何事にも兄たる人に背きたるなり、元來子孫より起りたる事なり、妻女心淺き故、口舌多し。

第十節　親戚

山林と日角の少し下とに赤あるは伯父と伯母との禍と知るべし、兄弟宮の上岸通りに暗色を催したるは必ず身內に病者ありと知るべし、愁相とす。

第十一節　不治の病者あるべきの相

兄弟宮の上岸通り暗に成り、其の內赤を現すもの身內に必ず病身あるべし、不治の兆なり。

第十二節　一旦尊族に背き後悅となるの相

主骨、顴骨、海閣、地閣、四ヶ所に赤氣を催し、尤も赤氣なれども紅潤も持ちたる人、一旦尊族に背き殃を受くるの相なれども、後却て吉事に變じて終に悅の眉を開くの相たり。

第十三節　女事に就き尊族に背き去るの相

主骨、妻妾に出赤を顯し、驛馬、地閣ともに闇を催したる人は、女事に就き尊族に背き、住處を離れたるの相。

第十四節　親又は師に別るゝの相

上停三紋の邊、黄色横様に渡りたるもの、師匠又は親代りに成る程の人に、其の年内に別るゝの相なりとす、此の相變じて火難、賊難となる事あり、要注意。

第十五節　尊族より蔭を受くるの相

印堂、福堂、人中、地閣に潤色を帶び、主骨、山林に出肉現れたる人、上長に取立らるゝ姿なり、田畑住所にありつく吉兆と知るべし。

第十六節　官位昇進

官祿に順の輪浮く時は貴人必ず官位昇進し玉ふべし、中分以下は思ひ立事一として成就せずと云ふ事なし、病人は全快を遂ぐべし、又財寶を得る事あり。

第十七節　成就之相

顴骨に紅色あらはれたる人、物事時節を得て、人に能く取用ひられ成就するの象也。

第十八節　信心を相す

信心は渾て一元氣、紫氣星より出でゝ神光にかゝり、夫より何にても信ずる所の神佛穴所に引くなり。尤も輪中に神佛の容貌顯然たり、又利益あるものは神佛の肖像笑を含み、利益なきものは笑を含まず、罰を蒙るものは怒を含んで嚴然たり、輪中血色の善惡を照して斷ずべし、臥蠶眼中をも參考とせよ。

第十九節　神佛の咎めあるを相す

神光の赤氣、顴骨の出赤、印堂、交朋の赤氣は身內に付き理分の殃あるべし、尤神佛の咎なり。神佛を信ずる人は眼頭に當つて大に膨れ光彩あり、實氣全き人は眼瞼に締りあり。

第二十節　住所の迷ひ并に心配を相す

住所の迷は此の如く、一元氣採聽官に向つて走り横ぎる。

住所の心配如此

奉公人住所の心配並に善惡を相す

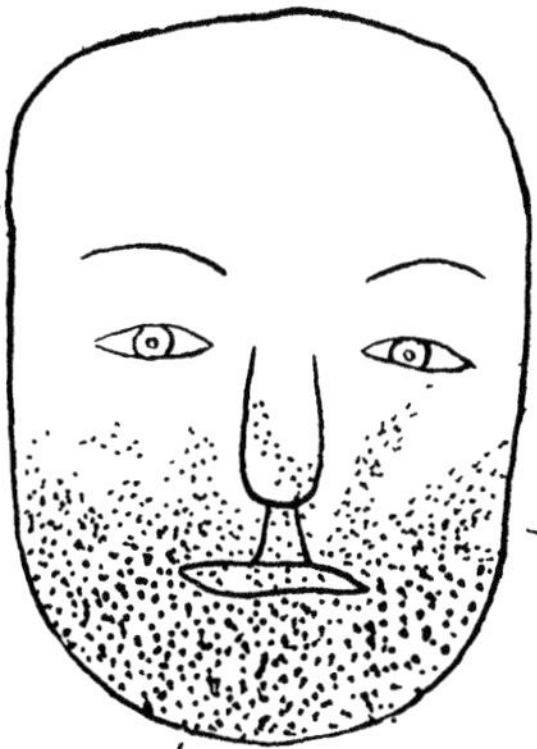

此の邊血色惡しきは住所心配の相

此の邊血色の善惡に依り住所の吉凶を斷ず

第二十一節　亂心之相

亂心の相は夫妻の座赤く、眉頭より變色下る、眉頭の毛逆立ち、天門地荒れ、又白眼青く青筋張り、瞳開く者、必定亂心となる。之れ即ち心の取違ひより起る、惣じて眉逆立ち入り亂れたるは難來らんとする前兆也。

亂心相

一、後頭部恰も削取りたるが如し。

一、眼瞳動搖甚し。

一、眼甚だ大にして動作鈍重。

一、發言に際し齒齦を露す。又人中(上唇)前方に尖り出づる癖あり。

一、兩手の小指曲る。

一、福當陷る。

一、眼尾甚敷く上るは性格偏狹にして、時に發狂する事あり

一、三白眼は邪謀を企て暴露して發狂す。

第二十二節　其人の血族に變死したる者あるを相す

家續宮（田宅宮）に穴陷、黑痣、疵等ありて、夫より引く一元氣の運用に因りて變死せし所を知る。又引かざる者あり、泥むべからず。最も其眼中に子細あり、斜視、眇目の類、又何と無く鋭く見えて、尋常の穴所血色の善惡に依りて、得失吉凶、或は公事等に關るを斷ずべし。

第二十三節　血肉遠死

邊地の上髮際に黑痣あるか、右方神光及兄弟宮にか、此の三ヶ所の內に黑點矢の付きたる如く見ゆる時は、必ず身內の者遠方に於て死の難あり。

第二十四節　女の生靈

印堂、眉尾とに白氣立ちたる人、必ず女の生靈に取り付かる、物事調ひ難しとす。

第二十五節　女の怨恨

妻妾に當りて赤を現はし、又邊地の當りに白氣ある人、豫て夫婦の約をせしが兎角、日延に成り終に年月重りし故、其女獨り怨みを含みたる形也。

第二十六節　妻女の恨み

妻妾に缺陷二つあり、一つは小く、一つは大きくして中に黑氣ありて闇なり、邊地にも白氣立ち、天陽にも血有る人、過ぎ去りたる妻女に恨を含まるゝの姿なり。

第二十七節　人の恨み並に神佛の障

上停に白氣あるは必ず人の恨を受く、神佛の障りにて子孫に災ありと知るべし。

第二十八節　生靈、死靈

生靈は妻妾宮に變色を差し込みあり。死靈は未明に鏡を以つて照らし、病人の面を見れば眼赤く寫る、因果の理、恐るべし。

第二十九節　妖怪邪氣

邪氣妖怪に惱まさるゝ時は明堂動く。

第三十節　狐狸

襟を探り、袖口を見、懐を直す等、度々する者は狐狸のつきたる也、眉の上より天庭迄の間、黒黄鼠色皮低にあり、眉に近きは無位の野狐なり、天庭、髪際に近きは有害の狐也、上に付くは退け難し、下に付くは早く退け易し。

第三十一節　狐狸靈怪を知るの傳

狐狸の人を惱すは總て氣の虛に乘ずるもの也、天門に近きは退く事早し、左廂に近きは退く事遲し、然れども天門に地荒なきは退く事早く、地荒あるは其の關を越へ身體皮肉へ入りて惱す故退く事遲し且つ脇の下、脇腹の邊に塊ありて、ぐり〳〵と手に當るものあり、又手の背脉の外動氣ある者也。左廂右廂より天門迄は野狐也、左右を以て雌雄を分つ、青暗の交り、鼠色あるものは皆變色なり、暫く見れば見えず、又觀念して見れば現るゝ也、又山林に黑氣掛る。凡て災あるの兆と知るべし。

第三十二節　病相

心面赤きは腹中熱あり、汗出でゝ囈語を發する聲の輕きは氣の弱なり、肩息、目せわしく、身熱して煩悶す、鼻水多く出づるは肺の傷れ風邪あり、耳色黑きは腎の傷れ、多く唾を吐くは虚損とて徒勞多し、手の筋あれ、指の間隙きたるものは、病癒ゆる事遲し、聲の慄へるは寒也、欠呻多きは血症或は身の疲れなり、運拙し、承漿青色見ゆる時は必ず酒癖を生ず。

土星暗にして、命宮より大海の邊迄黃氣を催し、田宅黃色を帶び、然も命宮に出赤ある人は、日ならずして病床に伏す、終に快氣せざるの相なり。（此の處病相に就て約百行を削る）

第三十三節　大難大病來るの相

眼中潤み、瞳も睛も一向に分明に成らず眉毛散亂し、髮際通りも毛の散ずるもの、百日を過ぎずして大病來るか、又は大難に逢ふか、何れ不慮の殃あるべし。即刻誠を盡し善に遷り神明に祈りて免る樣すべし。

婦人、頭髮散りて集らざる時は百日を過ぎずして、大病あるか又は大難來るべし、家續の出赤は驚事あるべし、愼みて信心すれば難を免るゝを得べし。

命宮と命門とに黑痣ある人、性質虛弱にして濕毒にかゝるものなり、尤も夭相たり、色難多しとす

第三十四節　病難格

印堂を命宮とし、山根、年上、壽上の間を疾厄宮とす、又耳前を命門と云ふ、神氣陰陽は眼中眼下にあり、病の輕重、有無は凡て印堂、山根、年上、壽上、準頭、上墓、郊外、家庫・道路、右の四殺左の生門等、是等は病疾檢察の宮とす、若し暗氣、缺陷、黑痣を成し、又は手の疾厄宮に平常青赤を侵す人は皆是れ病痾ありと知るべし。(後略、此の處雜肋の感により約二百行を除く)

第三十五節　癩病相

手の背、明堂に肉無く、指の曲む者、何れも癩風の症、魚毒濕毒より生ず、婦人月經七日を過ぎずして受胎する子は必ず癩瘡を患ふ、女によりては其の事無き者あり、然れども七日の内は交接を禁ず。睫毛短く色赤く白く、面に赤輪甚しく、眼光るが如く見ゆ、兩眩赤く、惣身潤氣なく、皮膚亂れ、手の中潤無く、きめ荒くして、大指食指の間の背の肉落ち入る、貴賤共に血荒れる故、冬季皹多く切れ、がさ〳〵と心地惡し、皆是れ癩病の相なり。

第三十六節　壽相並に觀壽法

明堂廣きは壽あり、眉、耳長く痣有て白く、潤あるは百歲、耳中毛あるもの壽あり、重頤(承漿廣きを云ふ)なるは、富貴にして壽を保つ。

人中深く明なるは吉、壽骨豊滿なる者、耳内長毫生ず、眉中長毫あり、右何れも壽の長短に關する宮なり、一司調へば夭相なし、六十歳生くべし、二司調へば七十歳、三司調へば八十歳、四司皆具足すれば九十歳、是れ歳數を計るの奥儀也、其上幾歳にて死するかを知らんと欲せば、流年の最も惡しき所を採つて差すべし、例之三司調ふ人、七十歳と其年歴を見定め七十歳より七十九歳迄の流年の當る所を能く察し、甚だ惡しき處を見て其の場所に至つて壽を終る、奴僕甚だ惡しき處あらば、七十二三にて壽終る、餘は是に準じて見るべし、但し四司具足にても、他に甚しき夭相（特別のもの）あらば壽俄に斷じ難し。

第三十七節　壽相格

面皮寛にして厚く、項下餘皮あり、眉高くして眉尾に長毛、耳聳て眉に過ぐ、耳大にして輪廓を成し、耳内に長毛又大なる黑痣あり、耳後に骨高く起る、是を壽骨と云ふ、耳厚く大にして肩に垂る、是れ尤も大貴にして長壽を主る、耳硬ふして木の如し、老に至つて吉事多し、鼻堅く骨あり、鼻梁隆く起り、年上壽上に缺陷無く、法令分明に見はる、人中深く長く、命門に光澤あり、印堂明潤をなす、眼細くして秀あり、頭圓く項平なり、顴骨重くして耳を貫き、髪際高く山林の骨正し、唇長く齒齊しく堅く、聲音清くして遠く聞ゆ、身肥て面瘦す、胸平闊にして腹垂れて裏の如し、皮膚厚く肉緩し、爪堅くして厚く、老いて斑を生ず、是を壽斑とす。（高黑なるを好とす、平廣なるは窮を主る）凡て人の壽夭は皆神に在り、骨法の主る所なり、故に最も壽は難決也、全く心を養ふにあり、心を養へば心自ら神を生ず、唯々其の養生にあり、古人曰く、軟飯、爛肉、小酒、獨宿、是を養生の第一とす。此を守れば則ち無病にして天壽を得て終るなり、即ち相法其の所觀に謬無れば、天壽の數を知る事百中すべし。

第三十八節　夭相格

面上肉無く、色輕く浮み、白眼常に青色を帶び、又は神無し、睛凸に出づ、面皮繃急、人中短促、鼻梁骨短く、額細く長し、耳低く小さく、口開き齒を露し、齒疎にして不連、齒數二十四或は二十六、聲音舌頭より起り、面上に黑青の斑點あり、耳門薄くして色黑く、魚尾に烟霧を侵す、三陽に黑氣横に出づ、髮際下り低し、眉頭相交り形蜻蛉の如く、印堂を侵し、身肥て項促り、身長くして面短し、肉重くして骨無きが如く、額偏にして小さく背筋陷り坑を成し、腹臍突出、陰毛早く生じ、常に好んで臥し、睡りて口を開き、臥て入氣小く、呼大にして吸少し、筋骨柔弱、齒常に焦枯す、是等は皆夭相也。

第三十九節　死相

人中、唇、命宮共に白く、光澤惡く、紫色出づるは死す、山根、耳、明堂に光なく紫色出づるは急死す、又外傷を受け易し、鼻水垂れ、鼻の穴黑くなり、肺臟絕ゆるは三十日内に死す、耳黑くなるは腎臟の病なり、面黑くなるは必ず死す、足の甲並に裏腫れ、或は身重く、或は身惡臭く、或は眼鼻口黑く、或は面青白く、無駄口を云へば、唇内に捲れ込み、久病に顴骨赤氣は凶、面青く眼黃み、光なきは凶、眼白く面赤きは凶、面初め青くして後に黑きは凶。衣を撫で床を撫り、髮苧の如く、或は手の内腫れて皺無くなり、手足の爪色青黑く、眼白く、唇腫れて白し、斯の如きは死病の相なり。睛慘、青黑色、病災、黯黲、赤黑、天災。天突（結喉の下少し陷る所なり）低く陷み隙きたるは凶し、病人抔此邊勝れて陷み落入るは死す、無病の人と雖ども此の邊急に陷入如きは小兒は五ヶ年に過ぎずして死す、病人天突迄腫氣來るは十ヶ月の內に死す、年を起ゑても命門の黑氣散せざるものは死す、耳の茶色なる病人は難治の症なり、七ヶ年の內に死す、耳、鼠色の如きは急病、即死の類也、白氣も同じ、人中潤氣なく、白氣黑氣は必ず死す、唇枯るゝものは死す、常に耳黑く枯るゝ者は長命せず。物を言ひて初めは調子高く、次第に後低きは身上次第に衰ふ。又老若に拘らず病人は死す、唇尖り鳥の嘴の如きは久病を煩ひて死す、性質輕卒なり、四方眼、鼠目、三角眼は惡謀を好む、又惡死す。（此

の處各死相、收獲少なきもの約二百行を除く）

第四十節　爪色死相

病人の爪色にて考ふ、爪の根黑なるもの必ず死す、又無病の人にても此處硝子の如く透通りたるは大病發するの前兆なり、二年も三年も前より發する也、爪の先乾き伏向きたるものは必ず死す、爪の根の皮引張りなくして手の皮の如きは必ず死す。（本項は簡單なるも實地鑑定に當りて、的中率最高し）

後篇　第八章

第一節　一、黑痣之部

黑痣、缺陷、痣は過去の事、場所に依りては現在未來にも取る。切疵小瘡は當時差當る處を指す。蕾（ニキビ）はたとへば財帛に顯るもの、約三十日前より始め、盜難後、三四日後にして消ゆる有り、又三四日前に現れて忽ち終れば、吉凶共に二三日後に無く成るものもあり。

二、鼻の蕾（ニキビ）

右 ― 竊盗の被害。
　　 又は遺失物。
左 ― 強掠の被害。

女子は左右反對に見る。

人相の色別吉凶は傳書にある通りにて、黒痣も眞黒く艶あるものは善である。切疵は即坐に事起る、腫物生じて、膿を噴くは必ず散財する事あり。

三、黒痣格（黒子の圖面は前篇にあり）

夫れ黒痣は流血の不順より生ず。譬へば流水の漂を生ずるが如し、皆瘀血より生ず。其色或は如レ藍如レ朱如レ漆者皆善也。又不レ顯所に生ずるものを吉とす。或は帶レ赤、帶レ白、帶レ黄者、皆不善也。又顯る所に生ずるを凶とす。凡て面上の黒痣に男女吉凶の差別あり、諸書に載する所一百三十餘ヶ所、各々吉凶を出すと雖ども希くば無きに如かず、藥を得て其黒痣を取去るべし。

爰に其の善痣のみを擇出して男女を黒白に分て圖記する所如レ圖其餘にあるは皆凶し、必ず取去て其の難を免るべし、頂上に黒痣ある者は大貴を主る、耳輪の黒痣は聰明を主る、耳内は壽を主る、耳珠は財を主り又考を主る、人中は婦を求むること易きも子孫多からず。或は痣ある者必ず双生を主る、眼胞直瞳の上は吉利を主る、太陽は吉なる事を主る、胸上は富を主る、掌心は富壽を主る、手背は多子を主る、足に生ずれば聰明富貴を主る、股にあるは大貴を主る、(例漢高祖)足の裏に生ずるも又大貴を主る、(例武帝)又後漢の黄昌、唐の張守珽、安祿山等足裏に黒子あり、皆大貴とす。痣上毛を生ずるは聰明を主る、老て斑を生ず是を壽斑とす、高黒なるを宜とす、是等は皆善痣なり、其餘にあるは必ず除去するを可とす。

經に曰く黒痣は流れの渉を止むが如く也、善惡吉凶ある前に氣の止る所に黒痣を生ず。色藍の如く朱の如く、漆の如くなるは障無し。玉枕骨に有て餓死す、眉中にあるは妨害す、財帛宮にありて再嫁重婚、準頭に有るは劍難、眉頭に有るは火難、眉尻にあるは水難、口邊にあるは凡て水難の兆なり。

四、臥蠶之黒痣

眼瞳直下に黒痣あれば親しき者に離れ身の便りを失ふ、涙堂に有れば子を尅し、眼尻にあれば身近き人を尅す、臥蠶に黒痣あるもの至つて親しき者に離る。又涙堂の近邊、子に準ずる事多し。

五、妻妾に黒痣

左妻座に黒痣一つ有りて一妻を尅す、又妻を尅して後黒痣を生ずる者あり、二ッ三ッ有るも同じ、右妾座に黑痣あり外情を主る、然れども人により右に黑痣ありて妻を尅する者あり、大概左右に黑痣あれば色情に就きて事情ありと知るべし。妻座に黑痣一つあるは一妻を尅す、三つよりは取らず、右は妾座、黑痣あれば外情あり、又妻を尅す。

眼中黑痣は盜相なり、龍宮の黑痣は密夫、相貌田宅と見合せて斷ずべし。

六、法令黑痣之傳

法令の內にあり、近きにあれば己れ內に在り、親他に出て死す事あり、法令の外にあれば病氣の節不孝にして頓着せず。法令の黑痣は親の死期に逢はず。（左は父、右は母）

七、顴骨之黑痣

顴骨に黑痣あるは權に狎れ妨あり、又高所より落る事あり、怪我の恐れあり、顴骨に黑痣あれば權威を失す。

八、花蕾を論ず

古人之を斑點と稱し、醫俗通じて小瘡と云ひ、俗に又是をニキビと名く、余が門に之れを蕾と名くる所以は其の形、相似て亦開落に用あるを以てなり、此の物多くは血色のある所に随て現れ吉凶を告ぐ、其の象斑々と出るものあり、或は單に出るものあり、形容恰も花蕾の如く潤美色にして一點の膿氣を見はさゞるを以て吉とす。亦枯れて黑を帶び或は赤濁色を見はすもの皆凶に屬す、畢竟此物純吉の具にあらず。乃ち純吉を報ずるものは氣血二色に係り、或は血色氣色の先所に持立して現ずる事あり、是れは其の穴所に依り其の象を檢して吉凶を斷ずべし。

九、黑痣吉凶

淚堂の黑痣は一生愁あり、缺陷あれば目下の人に付き難を云ひかけらるゝか、財星の損失あり、又水難あり。天停に黑痣あるもの母病身なるか、又は父に早く別る、命宮にあるは貴福なく、流年（二十五六歲）に破敗す。耳にあれば福壽にして能く好き子を持つ。山根にあるは身代を破る、壽上にあるは尊族を尅す、長疾を病んで苦死す。眉中にあるは兄弟と口舌、鼻の下（人中食祿）に在れば持病あり、鼻梁にあるは五十五六歲にて旅人の災か盜賊に逢ふ、鼻上準頭にあれば劍難、口脇にあれば財錢集り難し、唇上にあれば妻と仲惡く、持病あり、下唇も同斷にして破財す。邊地にあれば他所にて死す、魚尾にあれば夫（妻）を失ふ。又色慾深しとす。奴僕にあるは火難、法令にあれば道達者なり、又水難あり、地閣にあれば女は產厄、男は家を破り水難に逢ふ。

第二節　一、骨格の釣合

眼の下に黑痣ある者は乳と陰嚢にあり、鼻は綜身又は男根、顴骨は臀、口は肛門、項は莖、眼は睾丸、臍は頭の百會、横骨（胸腰）は地閣と頷に釣合ふ、項の際に痣あれば根の際にあり、鼻の際の黑痣、背中央少し上乳に當る邊にあり、耳の後髮中にあるは陰毛の邊にあり、中停に黑痣あれば臍の下にあり、臀に痛あれば顴骨に變色顯る、（此の間某方面の相法數行を省く）胸出尻出たるは勢運下るべし、奴婢の部に入る人にして貧賤也、項筋拔上りたるは健にして勢運早く上達する人、室妻となる、衣食自然に富み足る。

結喉高きは中停高し、種々なる點に於て凶惡なるを見る終運凶し、又云三停に廣狹の差あり、缺盆骨の間の廣狹（即ち天突也）は口の廣狹に同じ、頤骨尖るは横骨高し、經云上口の內兩穴あり、咽は後に付き胃の口にして食道也、喉は前に付き脾の口にして氣道也、舌は心の穴にして色赤し、火形に屬す、耳は腰骨に當る、俗に耳朶厚きと田宅を譽むるなり、耳より一寸上を嶺帶と云ふ、胃條の脈一つは口を横に通過す、（中略）法令に黑痣あれば左右の股に黑痣あり、法令と是とは一致す。

後頂部は則ち前官祿に對す、司宮、中正の位に當る、命宮は身柱なり、前心（第一心象の部）に當る、身柱は頭、梁、根、三柱に當る、北極（身の中心）に例ふ、諸條の脈の集る所也。恰汞星の太陽に向ふが如し、口は肛門也、口の纎維と肛門の纎維と同じ、法令は足、井厨は腎、命門、天倉は福徳の位、手に當る、肩下れば眉下る、肩は眉なり、福徳は手なり、顴骨は肝の柱に當る、地庫は奴僕の位、足は心に當る、肝は將軍の宮、謀慮則權威を司る所なり。肺及肝惡ければ兩顴に赤を顯す、肺病の人顴骨赤きは疾患に際して白血球の集るに依るなり、飮食の穴は唇、下齒にて見る、住所の穴は天停と奸門と鼻、地閣にて見る、夫婦の穴は魚尾と奸門と鼻なり、子孫の穴は泪堂、人中にて見る、泪堂は子孫の場なり。(缺盆骨とは頸の下部、胸の上部に左右二寸位の間を以て浮きある骨也)

第二節　二、顏面君臣諸侯傳

鼻爲我體、百位百官、悉有上停、官祿宮者天子、日角宮者太子、

中停・下停 ― 君臣諸侯に同じ　能々可考案

雖然有輔佐諸侯、山林、交友、守門、缺陷ある時は、不能持先祖福祿。下停諸侯の圍ひ惡く、福堂より山林、守門迄優れて肉滿る者は、齟齬の相とて却て大凶なり。口傳に云く、日角月角の間を太子となす、故に惣領は日月角の間にあり。

第二節　三、血色並に色彩秘中深秘之事

氣は烟霧の如し、又亂れて亂髮の如し、色は皮肉の上にあり、艶有れば過去（缺字）青くして血締る形血の巡らざるが故なり、虛驚病也、黃にして艶有るは吉事黃にして艶無きは脾胃に滯りあり、赤きは火の熾なる形、爭と知るべし、白きは血氣の枯れる形、衰へる形、愁あり、黑きは死血の形、災あり、病なれば重し、何れも眼神に口傳あり、紅黃なれば血相なり、巡象大吉昌、福祿來る、紫色是は希なり、薄紅の如きは吉昌あり、靑黃色にして艶あれば餘期せざる財を得、艶無きは病相なり、桃花色なるは色情吉事あり。

第二節　四、色彩

福堂より遷移に掛けて黃なる色顯る時は財錢を得、又官祿を進む事あり、青色出る時は病也、又瘟病身を亡す事を主る、紅紫の二色官に進む、財錢を三七日の內に得る、赤黑の二色福德宮に見はるゝ時は、四十日內外に官災を主る、輕きもの破財を主る、青黑き霧の如き色は百日の內に死す、山根に黃なる色を發するもの五十日に慶至る、田宅を進む、横財を得る、赤黑の二色福德宮に見はるゝ時は四十日內外に官災を主る、輕きもの破財を主る、青黑き霧の如き色は百日の內に死す、魚尾奸門に黃

色發する時は婦人は夫につき悦あり、男女共に他人より招かれて色情に就て悦あり、青色顯るゝ時は五七日に病あり、青色の薄きは五十日に病あり、黯黲色出る時は必ず難產あり、臥蠶と印堂に黃紅の色見はる時は、婦人姙娠なり、但し安產す、又二十日内外より九十日間に思はず財を得る事あり、山林、髮際の邊赤脉草の根の如く見ゆる婦人は男子あれども女兒に緣なし、奸門赤く靑く出るもの三年内に大災あり、地閣の黑氣は產厄なり、婦人二十三四にして口邊に、毛多く生ずるもの子の緣薄し、人中深く其中に立紋あるもの子ありと雖ども育たず、人中に黑痣二個あるものは双生あり、兩眼の上下低む男女共に子ありと雖ども育たず、山根橫紋あるもの老て子を尅す、臀部豐滿にして臍の下腹橫に脹發する婦女は子を持つ事多し。

第二節　五、吉　色

潔白、鮮明、明潤、潤澤、右の四色は平生氣血勝れ精神良なるを以て福德あり。

第二節　六、凶　色

靑黑色、暗慘は病災、赤く黑く無艷暗慘は天災、唯紅黃潤の三色は吉色なり。

第二節　七、明　暗

暗中の明とは、印堂、福堂及び兩眼の下明なる時は他の所、色惡くとも吉也。又他の所血色良なりとも此の部暗き時は甚だ惡し、是を顏中の三冠と云ふ。

第二節　八、氣色を觀て日を指す

氣色の事、皮の内に色あるを氣と云ひ、皮の上に現はるゝを色と謂ふ、善惡共に七十二日にして事成る、七十二日を一季の象と云ふ、四季七十二日宛、中に土用あり。

第二節　九、氣色にて日指之傳

浮は過去九十日に至る、沈と浮と相接するときは、七十日或は八十日に到る、沈は未來九十日に至る。

第二節　十、天　部

赤きは口論、桃花の色は緣談に就き喜あり、黑は散財、艶なく黃なるは病、靑氣は盜難、白氣は親族の愁「輔角（左―伯父／右―伯母）に取る」紅黄は財帛宅に入る。

第二節　十一、兄弟宮之部

白氣は兄弟の憂、黑色は兄弟に就て損毛、赤氣兄弟爭ふ、青色兄弟疾あるか、又は平素より不和なるか也。

第二節　十二、奸門之部

赤氣夫婦の爭、黑色は妻妾に就て損失ありと知るべし、青氣は妻の病氣也、白氣は妻子の憂、紅黄は妻を指て富來る。

第二節　十三、法　令

黄色は食滯、白氣は子の愁、青色は子の病、黄紅色は喜兆なり。

第二節　十四、奴　僕

赤色は家來に就き怒、白氣は下人に就き憂、黑きは下人走り、桃花の色は目下の婦を招て悅あり。

第二節　十五、涙　堂

白氣子の愁、黑色妻子に就き散財也、赤氣妻子の爭、青色は子の病。

第二節　十六、地　庫

白氣は財產上の損、黑色は徒勞、紅黃は吉兆、青氣は人に欺かるゝの兆なり。

第二節　十七、顴　骨

顴骨常に赤氣なるは男女共に虛失多し（紅色にあらず、穢く赤き也）常に青きは多淫なり、黑色は損、女人顴骨青色顯はるゝ時は五十四日の中に月信止ると知るべし。（姙娠にあらず、疾患なり）

第二節　十八、氣色の格

夫れ氣色の論は古今の相家其說最多し、或は四季相生相尅を分ち、部位每に其の氣色を分け吉凶を定むるの類、是等は初心者の悟り難き所也、故に初學の爲に只一面を九州に分け、八方中央の定位、氣色の吉凶を曉り易からしむ。即ち氣色は「皮裏にあるもの之を氣と云ひ、上にあるもの之を色と云ふ」青黄赤白黒暗紅紫是なり。朝に面部に出て、暮に肺府に歸す、鷄鳴の位、平旦の前、血氣不レ亂飯食未レ食、人事未レ接、宜しく其の面部の氣色を察し、吉凶を定むるを宜とす。其の形粹米の如く、或は長針の如く、或は方印の如く、或は浮雲の如く、或は髪亂の如く、形に大小長短あり、一寸二分を以て此を眞形とす、必ず定つて其事來る矣。氣に浮沈あり、色に聚散あり、或は病氣虚火あり、宜しく是を分つべし、浮は未來を主り、沈は過去を主る。浮沈相交るは其事來て未だ半とす、既に其の色定まれば必ず事を爲す、深發すれば則ち遠に應ず、凡て面上紅黄紫にして潤色あるを吉とす、青白黒にして虚色なるを凶とす、倶に部位流年に依て其の吉凶を推求して備に察すれば、其の相法に於て萬に一差もなけん。

第二節　十九、麻衣老祖大秘口訣

夫れ人、面を天となし、皮を雲となす、氣は常の天の如し、色を浮雲に比す、神氣は日の運行して萬戸を照すが如し、神盛なるものは天氣快晴の如く、神無きものは曇れる天の如く人間の諸難は大風の如し。潤氣盛なるものは難薄し、快晴の日に風の穏なるが如し、神氣薄きものは難多く、曇れる天に風の起れるが如し、血は長流の如く、缺は淵の如く、陷は長流に島あるが如し、紋は瀬の干方の如く、黒痣は長流の盤渦の如し、何れも害あるものと知るべし。氣沈は朝日の如く氣中（一面明に見へて鏡の如きを云ふ）日の日中にあるが如く、浮は日の西に沒するが如し、色に聚と散とあり、聚は雲の晴るゝが如く、虛火（潤なくして色のみ生じ、其當るもの定まらず）曇天に日の出るが如し、漸く其の色を成して忽ち曇る、人の將に難起らんとするや、全身の細毛皆逆立ちて戰慄す、唯能く相者の進言を容るゝ者のみ漸く其の災を免る。

第二節　二十、沈　氣

其光り朗にして勢強く、未だ見ずして何處となくきら〳〵として色好く見ゆるなり。

第二節　二十一、浮　氣

日の西に入るが如く其の光甚だ薄く總じて力なし。

第二節　二十二、色　集

善惡の色共に浮雲の如く起り、其勢強く地閣より天に上る如く見ゆるなり。

第二節　二十三、色　散

色の勢薄くして、天より地に下るが如く見ゆるを散と云ふ、何れの處にても下に降る樣見ゆる也。

第二節　二十四、虚　火

潤ひの氣なく色のみ生じて其の當る所定まらず、若し潤氣の出づるものは晴るゝと知るべし。（潤氣の出づるとは則ち氣色の充實するを謂ふ）

第二節　二十五、氣　色

暗……心痛又は公難あり。
滞……氣滞と謂ふ、運針止まる。
潤……吉色にして萬事進運の兆也、事成就す。
昏……過去か將來に屬す、故に現在にあらず。

第二節　二十六、血　色

青無潤光……驚
赤無潤光……爭

血色

- 白無潤光……憂
- 黑無潤光……難
- 赤黑無潤光……病
- 黃滯無潤光……滯
- 曇蒙無潤光……口舌
- 黃有潤光……喜張
- 紅有潤光……喜慶
- 紫有潤光……喜

血色は之を相學上陰と稱し、目前に迫りたる事柄を觀定するに、最も必要なる現象なり。

第二節　二十七、有相無心　無相有心

骨格甚だしく血色枯濁し神無く勢薄きは相有て心なし、心を改むる時は其の害を免る、骨格足らずと雖も、神氣滿ち潤光滿々たる時は、相に良所無しと雖ども幸日々に隆也。

第二節　二十八、骨肉陰陽

夫れ相法に骨を陽、肉を陰とす、故に陰陽平均なるは一生吉兆にして災害なし、又陽盛にして陰衰ふもの凶し、骨格は一生の榮枯を主り、氣色は行年の吉凶を分つ、氣壯に色和するは安し、色枯れて氣散るは神を失ふ、又陰陽を器肉に分つ、骨を器とし、肉を水とす、故に器、大になるは水多く福多し、器小なるは福薄し、氣血盛なれば災害無く長命なり、天中は、初年より晩年に至る迄の吉凶を定む、住所、田地、子孫の穴なり、又貧福は天中、地閣にて晩年の吉凶を定むべし、又天庭と四骨、鼻、人中、地閣好く揃ひたるは有福、此の外、眉、命門、耳、輔骨、奸門、腰の良き者大富貴也、家業は、鼻、金甲、人中、法令にて觀る、壽命の穴は、骨格の瘦肥、人中、耳、天停、鼻、眉、山根、命宮、腰肉、顴骨、頤、枕骨田宅、法令此の穴にて觀る。

顴骨肉ありて高く、金甲正しきは家業に精出し財錢を使はず、俗に倹約と云ふ。又鼻締り無く、金甲に大小ありて正しからざる者は、財を得るも失ふ事多し、此を俗に放蕩と云ふ。鼻は福にも、住所にも取る大切なる場所なり、故に財寶山の如くあり、寶櫃無肉は財寶なし、寶櫃とは鼻を云ふ、財鼻なり、肉有り過ぎて骨無きが如きは金を得れども短命也、

第三節　一、女難

妻妾、魚尾ともに缺陷多數ありて、天中より三曲し、枯血まはり、邊地、驛馬に赤脈現れ、地閣に

赤氣出て、歯の色枯骨の如くなる人、女色に付き大難に逢ふ。又、女事にて家の内治まらずして劍難あるべし。交友と福堂と顴骨に赤現れたるもの、財錢に付き朋友と絶交あるべし、然れども信心の心掛あるものは免るゝ事もあるべし。

妻妾に缺陷ある人、必ず女難を受けたるもの也、又命宮に黒痣ある人、持病多しと知るべし、又再縁をなし易し、奸門、外甥、盜賊宮の邊に竪紋あるは必ず女難を愼むべし、或は男は女を負ひ、女は男を懷て倶に走る事を主る、詩に所謂淫奔とは此の事を指す、左眼小なるものは凡て女難多し、左眼小にして鼻俄に黒くなるもの女難に就き財を散ず、左眼小にして耳の色急に黒きもの女難に就き惡聲を採り、名譽を損ず、左眼小にして眼周黒きもの、女難に就き性疾を病む、左眼小にして發言に際しぴり〳〵と眼瞼を慄はすもの、女難、目前に迫り眼に赤脈を兼ぬれば、色情の怨にて斬り付けられ傷難あり、又左眼小にして天庭曇るか鼻歪むもの女難につき官位を失ふ。

第三節　二、臥蠶

水腫の如く成るは色情なり、神佛を信ずるもの臥蠶大なり、臥蠶の下、淚堂袋の如く垂れたるは孤獨なり、臥蠶大なるは忠孝なり、（忠孝と信心とは歯と眼を以て見合すべし）歯の揃ふ者誠あり、眼の正しき者、實情あり。色情とは臥蠶水腫の如きを云ふ、桃花の色は色情を發す、俗に腫眩と云ふ、是れ色情甚だ強し。

第三節　三、子孫宮

子孫宮に暗色あれば子女に病あり、又血枯るゝ時は世話の要る人絶へず、子孫宮に肉なき人は例へ自分は家業盛なりとも子孫の代に至れば子孫衰ふ。(又は亡ぶ)但し極力陰德を積めば漸次豊滿して子孫榮ゆるに至らん、夫れ勉めよ。子孫宮、疵、黒痣なく色良くして、肉豊かならざるものは、養子を貰ひ嗣となさば子孫榮ふ。婦人にして臥蠶の肉甚だ豊滿なるものは、色情猛烈にして、或は自己の配偶者のみにては不足を感ずる事あり、但し子の緣厚し、僧侶にして臥蠶の肉豊滿なるは、之も色情烈しくして時に破戒を爲す事あり。されど愼み深き僧侶は良き弟子を持ちて寺運榮ふ、男女共に腫眶の如きは妻緣變り易し。

　眼下に圖の如き肉を生ずる、此れを臥蠶紋と云ふ、此の紋ある人は多くは能く陰德を成し、且つ子孫榮ゆるの人なるべし。

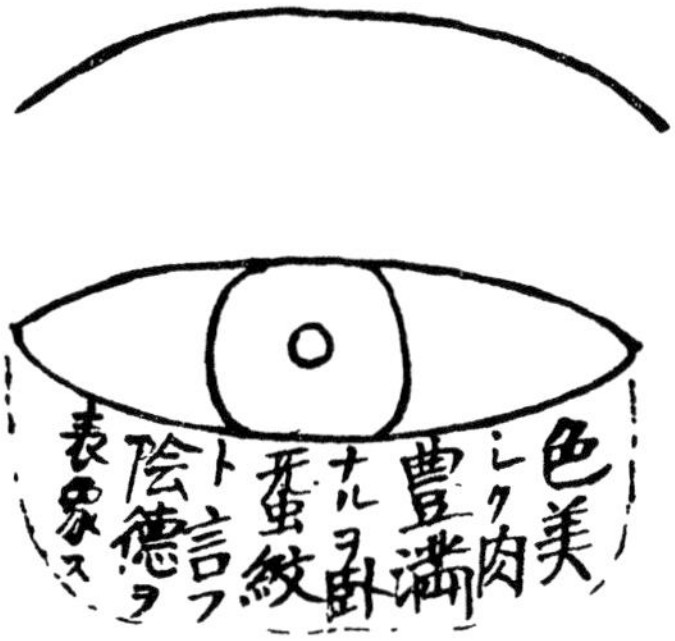

第三節　四、再嫁之相

髮の生際と妻妾とに黑痣ある女、再緣の相にして又密夫ある相たり、人中、地閣暗色を現し、驛馬と印堂とに赤を現はし、家續より邊地へ氣色立たるは家出をする相なりとす。（此の間、某方面の相法十餘行を省略す）

未婚の人にして男女宮暗色なれば素行不良の輩なりと知るべし。

第三節　五、家庭内不治の相

主骨、官祿、妻妾、地閣に赤を現すものは上長に背き、夫婦仲悪く、家内治らざるの相なり、陰に女ありて口舌多し、要愼。

第三節　六、家に別るゝの相

家族と地閣と暗に成りたる人、始終家納まらずして家に別るるゝの相なり。

第三節　七、夫尅相

妻妾と眼頭とに赤を現はし、下唇に紅を持ち、上唇色惡し、右の如き婦人は夫を剋するの相なり、陰に男ありと知るべし。

第三節　八、色慾色難格

此格は色慾と色難とを現す、禮記に曰く「飮食色情は人の大慾なり」と、然れども此格は至て其の妨げあるものを示す。

眼上肉厚く、眼中に黑痣あり、眼神水の如く、眼鴛鴦の如く、眼斜視を爲し、眉形蛾の如し、臥蠶水腫の如き者、當時の色情、額垂れ、髮厚く、舌闊くして薄く、爪の根に白痕を生じ、臍下に毛を生じ、婦人常に頭を傾け、男子に女子の如き眉、是等は皆淫慾多しと知るべし。眉八字の如き者、兩妾あり、奸門に井字紋ある者、色情にて身を亡す、鼻に竪理ある者、私情多し、額に缺陷ありて眉八字の如き者、親を侵し子を侵す、奸門に縱理起て、遊軍命門の前に至て大に見はる者、婦を負て他鄕に走る、凡て面上に缺陷痕禿等ある者は常に色情を懷く。(此の處、當局の忌憚に觸れん事を恐れ某方面の相法、百二十行及び圖解十數個を省略す)

第三節　九、妻の月信滞るを相す

夫の臥蠶に暗慘色かゝる、是れ其の候也。

夫の左魚尾奸門に暗昧色出づ、或は瘡痕、しみの類にて血色を帶びて動くもの是也。又痕甚しきものは黑滯出づる、又外情の類は、右の魚尾奸門に現る。更に奸門と人中に赤色出づるものは三十日の内に夫婦離別す、必ず緣なし。

第三節　十、其道に非ずして妻を去り妻の孕みを殘せし事を相す

第三節　十一、姙娠の格

（此の格は姙婦を察し並に男女の定めを知らしむ、詳覽を要す。）

眼下を淚堂と云ひ又臥蠶と云ふ、陰陽に位す、乃ち子孫の宮とす、左眼の下紅氣旺する者は男兒を生み、右眼の下に靑氣多く顯る者は女兒を生む。孕婦、準頭、顴骨に火色を發する者、產厄、面に紅色無き者、必ず女子を生む、臥蠶紫色を發する者、貴子を生む、額上に紅黃色を發するものも亦貴子を生む、三陰三陽倶に靑き者、女子を生む、紫紅なる者、必ず男子を生む、顴骨紅なる者も亦男兒を生む。婦人姙有て左の乳房に核ある者、是れ男子、右の乳房に核ある者、是れ女子、三陰三陽倶に黑色

晦滯を帶び、餘り光彩なき者、喜中憂あり。子の母全からざる事を恐る、婦人奸門に暗色を發する者産厄を主る、婦人眼下に赤縷の紋ある者、産厄或は刑獄を主る、人中に啓ある者、難産、又青黃を帶れば必ず雙子を主る、奸門に白氣或は暗氣ある者、是れ妊なり、龍宮に赤紅の氣有て肉小し起る、是れ又妊娠なり、

第三節　十二、出産の安否

臨月近くなる時は眼睛少し赤く、又人中青くなる、髮厚く長きは輕し、髮薄く短きは産重し、産婦、明堂の邊りひく〳〵動くは出産す、涙堂、人中、色良きは必ず安産す、顏面一體に赤黑なるは産必ず重し。

年上に赤脉が糸の如く出る時は難産也、年上に黃なる色見ゆる時は貴子を生む、又安産也、妊婦壽上より耳前に及んで青黑色見ゆる時は六十日內外計り難し、大概死すと知るべし。妊婦輔角より神光に至つて赤黑發する時は死亡なり。又常に右の處に赤黑色見ゆる時は災に逢ふ、顴骨青色塊り、又青脉出る時は産厄なり、但し死する事なし。妊婦口より耳の邊に近く青色見はるれば産厄、大概死す。口の邊に赤色見ゆれば則ち女子を姙む、眼下一寸に青氣あれば女子を産む、地閣黃にして財を得る、産前の人は安産をなす、青色腮骨の角に出る時は難産と知るべし、我儘なる女は多く女兒を生む、又

男子あれば育たず、婦人右手の子指曲り歪むは孤獨なり、臥蠶左右共紅きは男兒、左右共靑きは女兒なり、官祿及び男女宮、暗に成り、睫毛の内に泡を吹きたる婦人は難產の相なり。

第三節　十三、婚禮調ふの相

印堂、妻妾、大海の邊に紅潤の色を浮べ、採聽の光澤麗しく、唇色紅粉を含みたるが如くなる者、婚約調ふの相なり。

第三節　十四、多婚の相

髮の生際に黑痣あるもの多くは再緣す。妻妾に缺陷あるもの多婚を免れず。妻妾の部位甚しく陷れるものは早年より無意味に多婚す。

第三節　十五、妾　相

面に白光有りて耳に輪無し、又發音に際して袖を以て口を掩ふ癖を有する者あり、又四岳良にして鼻獨り小さきは一旦妾となる、亦醜行によりて財を得るもの之に準ず。（此の處某方面の相法約百行を省く）

第三節　十六、妻妾之格

婦女の妻妾部位豐滿光潤なる者は多子にして且賢也、眉角に双紋有て奸門に入る者は妻妾日々に紛爭す、魚尾に半錢大の紅潤を見すは定て佳人に配す、兩顴、準頭、年壽高きものは多くは寡を主る。年壽甚だ高き者は夫を欺き子を妨ぐ、魚尾に短紋あるは妻を尅す、眉、眼を壓し、顋、顴を侵したるは、妻、夫の權を奪ふ。眼の上、太陽に青色有て、眼下に及ぶは、夫妻常に爭を見る、印堂甚だ窄きは妻子を設くる事遲し、眼下精血敷暢するは婚嫁の兆、天中の左右に紫點ありて、花の如くなるは貴人の招を受く、淡紅色常に見るものは壽長し、面青きは淫を主る、口豐にして齒小なるは聰明智慧とす、頭圓く齒白き者は富貴豐盈す、面長く光潤なるは貴夫に緣あり、面紅艷にして眼の上下黑氣を秉る者は必ず多淫也、婦人結喉の高きものは夫を妨げ子を絕つ、眉毛逆生するは必ず夫を妨ぐ、眉書きたるが如きものは陰人の助を得、眼大にして凸に露る者は即ち夫を尅す、白眼の多く露るゝは、夫婦死別をなす、顴尖り耳反りたる者は、三嫁の後猶緣談定らず、奸門暗色（靑黑）なる者は配偶者に生別をなす、桃花眼、柳葉眉なる者は媒なくして自嫁す、耳に輪廓無きものは妾となる、耳反りたる女は夫を刑す、輪有て廓無きもの、亦十中八九妾となるべし、紅唇は夫の愛を得る、唇に黑痣あるものは多淫を主る、口角に黑痣を生ずれば親夫を早く喪ふ、人中に黑痣あるは婚を成すに媒を用ひず。或は難産を司る。下唇長く上唇を掩ふは夫を妨ぐ、聲濁り骨粗きものは寡婦となる、聲破るゝものは六親を害す、頦頂倶に垂れて髮際生下るものは多淫にして且つ夫を克殺す、捲髮のものは夫を尅す、腮に黑痣を生ずるものは最不仁也。頭硬く胸高きものは妬心あり、或は子を尅し、又自ら不壽にして困窮す、乳頭黑痣あるものは必ず貴子を生む、乳頭仰ぎたるものは子女玉の如し、乳頭低る者は兒泥の如し、乳頭曲りたる者は子を養ひ難し、色白き者も又子無し、乳頭小さく懦弱なる者は嗣を絶す、女子臀甚大なるもの下賤、體香り髮潤ひ、多言ならざれば德身を潤す。

妻妾、魚尾の邊に暗を催したるは、其の妻妾を尅したる人也。

印堂に赤氣を現はれ、妻妾に赤色現れ、顴骨に順の輪出たる人、上長に背きて一旦妻妾を去るの志ありと雖も、世間の取持ちありて目出度く納まるの象也。

妻妾に赤色現れ且つ缺陷あり、驛馬と地閣とに出赤と黑痣とあり、當時妻妾に付き口舌あり、愼みて信心あるべし、上下天中にも黑痣現れ、土星より命宮に掛けて缺陷三つ程有る人、妻妾に付き流年に當りて其の年々其の缺陷の數程、障りありて或は死別か或は不緣かに逢ふの相なり、且つ住所にも立迷ふものなり。

第三節　十七、妻妾之部

髮際に黑痣ありて、妻妾に缺陷ある人は多く再緣する姿なり、妻妾宮に陷ある人、必ず女難を受くる事あり、又命宮に黑痣ある人、持病多しと知るべし、但し家の內、南のひら、高所に釘打ちたる事あるべし、此人愚痴にして心焦付く、故に早速此の釘を拔き取るべし、婦人妻妾宮と目頭とに赤を現し、下唇紅を持ち、又上唇色惡し、かゝる女は夫を尅す、又間夫をなす、妻妾主骨兩所に赤を現はし、人中地閣に闇色出で、地閣に赤あり、斯くの如き女は目上に背き、私夫を勸誘して住所を去る、妻妾宮に疵黑痣缺陷等あらば妻緣薄し、或は妻に死別し或は多婚なり、又晩年に至るも妻に滿足する事少し、妻妾宮美しと云へども、氣色衰へ枯るゝは妻と不和あり、妻ある人の妻妾宮は氣立自然と黝んで見ゆ、妻ある人、妻宮氣惡く、妾宮の氣色靑白き時は、賣女其他の女に心を移す、常に妻宮氣色凶しく妾宮氣色盛に宜敷きは、妻より妾の方權威强く自然と夫の心妾に傾く。

第三節　十八、和談を得るの相

婦女主骨に黑痣あり、印堂に竪紋あり、家續に至りて氣色まはり、且つ妻妾と家族とに紅潤を現はし、土星の中央に竪紋あるは、一旦家出はしたれども紅潤もある故離別にならず、人の和談を得て本の姿となるべし、主骨黑痣ある故に目上に背き、印堂竪紋ある故心焦付く、土星竪紋ある故子に緣なし、故に心定まらず迷ひあり、物事崩れ易しとす。

第三節　十九、家内治り難きの相

男子の人中地閣に赤氣を生じ、顴骨と家續と男女とに赤を現したるもの家庭内治り難し、機あらば家出せんと思ふ心あり、天陽に赤あれば思ひ掛なき過あり。

第三節　二十、婦女之相

背の丸き女は貴夫を持つ、口甚しく大なるは夫を尅す、聲荒きは七夫を持つ、額尖り耳尖るは五夫を持つ、首大に額尖るは夫を尅す、髪厚きは婬亂なり、聲及び眼の良なるは夫を幸にす、山根通ずるは貴夫を持つ、眼丸く且つ嚴しきは短氣なり、眉と眼と惡しきは夫を尅す、山根の黑痣は男女共に病身、又一夫を尅す、眼下に皺多きは一家と和せず、陰德の心なく人の非を發く事を好む、眼下常に赤く、地閣の黑痣、眉毛の上黑痣あれば何れも難產なり、魚尾白く潤有るものは夫に財祿を與ふ。子孫宮(臥蠶涙堂人中の三ヶ所)の青色は難產、宜しく信心すべし、額の前廣く、髪際高きは度々緣變る、不仕合せ也。額の前廣くとも横面より見て、格好惡しきは次女の相とす。婦人の生下り濃きは淫毛必ず草の如し、奸淫にして私に嫁す、田宅の廣き婦人は緣付早し、又腫れたる如く肉あつて高きものは色情深し。且物に感じて俄に涙を流すの相なり。

第三節　二十一、婦人口訣

婦人の額尖り耳反つて三嫁す、發言に際して頭を動かすは輕卒にして他人の善惡を評す、又多婚にして且夫に別る、子に緣なく晩年必ず孤獨也、余が知人に十三回結婚せるもの一女、十一回結婚せるもの一女あり、何れも此の斷定の如し、山根に黑痣あれば長病、或は尅夫と知るべし、天倉に黃色甚しく現はる時は出世を主る、印堂赤く艷無く、其の肉脉草の根の如くあるもの禍に逢ふ、或は親友と爭あるものと知るべし、眉の上黑氣見へ、又法令の內、口の邊に黑色ある婦人は竊盜をなす、天庭、壽上、印堂此の三ヶ處に黃氣あるは貴人に召さるゝ事六十日の內にあり、又法令にあるも同じ、髮際より輔骨に懸る。黃氣は貴夫に嫁ぐ、年上壽上の間、鼻に三曲三彎あるは夫を尅す、再三緣變る、子ありと雖ども育たず、婦人額に紋あるは孤獨なり、額に亂紋あるは夫に差出て世事を計る、面にゑくぼある婦人は愛嬌ありと雖ども、衣服少き婦と知るべし、項至つて大なる婦人は夫を尅す、項に靑脉常にあるは多病なり、承漿に赤色出る時は七日內に賴む人に別る、色暗く身粗き婦人は父の緣薄し、下頤出過たるは妬心深し。

日角、採聽に出赤現れ、上唇色好きは夫を尅するの相なり。

第三節　二十二、家出の女

命宮の邊りに皰ありて、日角の邊に赤を現はし、且つ日角より命宮に至り氣色現はるゝ女、他所に出たるが親の强く案じらるゝに依つて、今日にも在所より迎の者必ず來るべしと云ふに、果して其の言の如く來る、此の上愼しみて信心すべし。

第三節　二十三、結婚其の他の慶事

面部一體に潤色を催し、印堂、耳、人中、食祿の邊殊に紅潤ある人、男女共に悅びあり。又家續、妻妾、男女に蓄ありて顴骨に順の輪を成したる人は悅事に就て數多世間より取持を受くるの形たり。

後篇　第九章　(難類一切)

第一節　一、七難口訣

急火、急死、急難、水難、賊難、公難、罪難、夫れ如此の難は何れも、家を破り身を傷るの故に大

難と云ふ、然れども身を愼しみ信心をなす時は、其の難を免る事を得べし。

難の來る事は大風の如く一天かき曇り惡雲を生ず、是れ氣色の惡色に準ず、惡色の出る時は、其の難立所に來ると雖ども、其の事見誤る事多し、其の違はざる傳は、面體之毳を他の塵に評す、大風の起らんとする時は起らざる前に飄風とて塵を捲上ぐ、風吹て暫も待たず大風を生ず、人間難色を生ずる時は其の事急に至る時、惣身毳皆逆立つ、然れば則ち一日も立たず難事來ると知るべし。

第一節 二、火難

命宮天部俄に艶無く、赤色起り潛然として愁顔に變ずるは火災なり、或は愁顔なくして赤氣起り、艶無きも火難の類なり、鼻の下赤くなるは内に居れば火難、水邊に行けば水難（水火難同時に來るの相にして、一相に因り二難を見る、本相は稀にあるも大に注意を要す）鼻の上に赤筋多く、人中赤きは類燒に逢ふ、半年前より知らる、眉散るも見合すべし。

命宮天部俄に赤氣發り艶無く、田宅愁容を兼ぬれば極めて火難に逢ふ、愁容なく赤氣のみ有るは火傷なり、又準頭、人中赤氣あり、其中に赤脈草の根の如く見ゆるは、本年の間に遠火來りて家を燒く、山林、遷移、眉毛散す、財帛、田宅、甲匱、金匱を見合せ斷ずべし。山林の上に赤氣黑氣の强きも火難、又年上も同斷、火難近く來る時は赤氣額に生じ、火色激しく、又準頭に赤氣を現はす、烟霧を帶ぶる時は二日を出でずして自火あり、涙堂より赤氣發り上る時、類焼三日の中にあり。

第一節　自火と類焼

紋無くして火難の氣色のみあるものは類焼なり、紋氣あるものは自火なり、浮者過去、沈は六十日の間、甚色なれば五日か七日の内に在り、面部一體に曇り、上停暗曚にして針頭にて突きたる如く、赤氣出で、家續枯れたる時は極めて類焼の火難ありと知るべし。

第一節　四、急火難

面部一帶に淋しくして暗に成り、血色枯れて土星より上停迄暗黑を催し、土星より官祿に掛けて赤を現すもの、必ず急火の難に罹る、人中、食祿、地閣の暗と赤とは前記の如し。

第一節　五、火難格

離宮を火星とす、即ち額なり、額に△如此三角の紋あり、右耳の垂珠に竪に|||如此の三紋あり（右耳を金星とす）命門に黑痣あり、人中に赤色を顯し、眉中に黑痣あり、額上に數十條の紋を侵し、掌上に赤脈を發し、天庭に烟霧を帶ぶる者、火盗の妨あり。人中に玉の如く一點の靑色を侵す者、住

宅火厄に逢ふ、印堂に錢の如く右赤色を顯す者、三月の中に火厄に逢ふ、山根に赤色或は黒色ある者、火盜を警戒すべし、又山林、田宅、四庫の位に赤氣を兼ね顯し、尤も赤氣虛色なれば、極めて火難に逢ふべし。

第一節　六、自火災

印堂の上に三角紋有るは一生に一度火難を主る、平常と雖ども深く自火の災を畏れ愼むべし。

第一節　七、七日以内の火難

上停一面に火氣ありて、眼中强幽として赤く見ゆるは火難なり、片採聽に火氣ある時は七日内に火難也。

第一節　八、火災火傷

命宮天部俄に赤氣を生じて艶無く、田宅愁容を兼ぬれば極めて火災免れ難し、愁容無く赤氣のみ有るは火傷なり、山林、遷移、財帛、田宅(龍宮)羅計之散(マユゲノチル)を見合すべし、山林の上、青赤氣强きも火難なり。

第一節　九、半年内の火難

年上に赤脉を發し、人中色赤きは屋を焼く事半年に過ぎず。

第一節　十、火難幷に遠近

官祿の上に赤點一つ、天門に赤點一つ、家續宮に赤點一つ、合して三つある時は火難、家續宮の上に三つの赤黒あるも火難とす、且つ眉毛立ちて上停雲り、眼中の容子、地閣の色等を見合せて斷ずべし、眼中の氣色に依りて火難遠近あり。

第一節　十一、水難

閣、頤の黒氣有りて口に入るは水難なり、又眼耳鼻口の邊に黒氣とりまくの類、水難と知るべし、顴骨に小紋浮くも水難なり、口の下、地閣に横紋亂紋あるもの共に水難

地閣黒氣を生じ口に入り、又縱横の筋深く、並に缺陷あるもの、天倉、髮際邊に黒氣を生ずるもの水難に注意すべし、四瀆（耳眼鼻口）各水溝なり、何れも黒氣を生ずるものは水難、水病皆水の動、即ち濁水なり、惣身悲哀（胸騷等）下部（顔の下半分、多くは口を云ふ）及び準頭青く黒氣烟の如く

生ずるものは水災也、又頤の邊に縱横の線深く皺紋缺陷等皆水厄を恐るべし。

第一節 十二、水死

紋及び根は前項の如し、其の水難に逢ふ時、惣身初毛立ち、地閣より青氣起り口に入り命宮に黒氣を生じ、其の氣色惣黒なる時は五日を過ぎず水死す、途中に水難あるときは俄に胸騒ぎ、驛馬に青氣を生じ、人中に白氣を生ずる時は渡海用心すべし、但し生命には別條なし。

第一節 十三、水難格

坎宮を水星とす、即ち頤也、地閣に覆船紋を成し、又黒氣を生じて口に入る、人中に交紋或は大海波池に黒痣あり、額上凡て塵汚を帶び、耳根に黒痣あり、魚尾に黒氣を侵し、井竈に赤色を發し、眉間に黒痣ある者、早年に水厄、魚尾に黒痣ある者、中年に水厄、準頭に白色を侵す者、年内に水厄あり、承漿、地閣は北方の位とす、缺陷、紋痕、深く侵す者は、水患風波の荒きに逢ふと知るべし。

第一節 十四、陸水難

地閣に仰舟紋あるは風波の荒きに逢ふ、又陸水の難を主る、陸水とは歩行渡りを云ふ。

第一節　十五、水　　厄

地閣に覆舟紋あるは必ず水厄の災を主る、尤も江海の渡を愼むべし。

第一節　十六、水　　死

法令、大海を廻るは水難の相とす、地閣に黑氣浮みて承漿に上る時は水難也、右の血氣海閣に入る時は三日內に水死す、人中甚しき黑點あらはるゝ者は水難、又兩命門に黑色現はるゝ時は水に溺れて死す。

第一節　十七、劍　　難

眼、天帛、直視（天庭に血脉の二線下り額より眼を貫き頰に至る）を催し、眼赤脉瞳子を貫き、唇釣て齒を露し、一面の中に尅色を現はし、印堂、天倉の邊に劍形弓形の紋、或は色と成て生じ、虛驚の色甚しきは是劍難なり、壽帶（年上壽上）人中、命宮、準頭、顴骨に痕、刀傷の跡等あらば見合せて斷ずべし、眼赤脉は劍難の相、兩眉、兩眼、印堂、山根の六曜に暗慘の色を呈せば是れ危險の兆、眼の赤脉、六曜の暗慘は氣を付くべし。

剣難近く至らんとする時は鬚髮黒を生じ、眉毛皆竪ち撫づるに針の如し、準頭に赤氣を生じて、印堂兩眼に上り、赤脉を生ずる時は二日を出ずして剣難に逢ふ、鬚髮逆立、顴骨に赤脉を生じ眼に入るも剣難なり、剣難水難共に來る前に胸騒ぎを生ずる事あり。

印堂より官祿に掛けて赤脉現はれたる人、十日を過ぎず必ず大難來るの兆、則ち剣難也、兄弟宮より皮底に蜘蛛の糸の如き赤脉立ちたる人、必ず剣難にかゝる、然し乍ら赤脉の出處に因りて其の當りを合せて考ふべし、例へば妻妾宮に呼應するものあらば妻妾にかゝりて剣難あり、中停横様に暗色を催し、男女宮の邊、皮の底に赤氣を生じたる人、必定、剣難の相たり。

守門より赤氣下る、又顴骨より土星に掛けて横に血を引く者、或は髮際より眼に血色を引く者、尚ほ眼を見合せて剣難を見知るべき也、左眼右眼は大難來る所、黒白による口傳あり、額上青氣あれば六十日内に驚憂を主る、鼻梁に横紋を成したる人、車馬に因て身を傷る。顴骨に豆の大さの如き赤點を見するは毒蛇の爲めに傷を受く。眉毛の上に白色あり、又は顔に白黒の色を兼ね見すは何れも落馬を主る、唇に黒痣あり、毒藥に遭ふべし、地閣又は口吻に白色を見すものは高きより墜墮す、坑塹に黒氣を見せば岸より落る事を主る、坑塹黒痣も同じ。

第一節　十八、剣難格

眼中四白を露す者は刑死、蛇眼にして雙瞳の者は惡死する事楚の項羽の如し、山根の下に黑痣ある者兵死刀死を主る、鼻頭に黑痣ある者も刀死、奸門に黑痣ある者刀死、虎角に黑痣ある者軍に臨みて凶死、刧門に黑痣ある者彈にて死す、兩條紋、日角月角を侵す者兵死、兩眉頭より眉尾に至て白氣弓刀の形の如き者劍刀にて死す、天庭の青色或は印堂の赤氣又は牙齒を露し、結喉高く耳飛ぶが如き者、是等は皆劍難に遭ふと知るべし。

第一節　十九、劍　難

眉毛の渦卷く人は劍難の相なり、東門小く外齒にして唇色白く縮り惡敷きは劍難、印堂、命宮の邊りに、青黑の血氣浮くは七日內に劍難にて死す。

第一節　二十、盜　難

耳の根より黑氣出でゝ上り、耳の下法令の脇に線の如く見ゆるは盜難、顴骨に黑き點を生ずるときは、其の夜の中に盜難あり、用心すれば免かるゝ事を得べし。

第一節　二十一、盜　難　格

右或は左の眉頭に黑痣ある者盜難あり、されど豫め防ぐ事を得べし、左右の盜賊の部に黑氣を見す者、必ず盜難あり、奸門の下に青黑の色を見す者、盜難を恐るべし。

土星黑氣ありて、又盜骨に火氣等あるは盜難なり、命門の下を障壁と云ふ、黑氣あれば、賊墻壁を越へて入る。

第一節 二十二、散財之傳

眉毛散亂して羅毛の如き者は散財也、其外面部に小瘡を生じ膿血を出し、或は刀傷等都て血を損する者皆散財也、則ち其の場所に應じて可斷、但し散財と云ふは當時錢財散損する事也、心性の散財は則ち破敗也、眉毛散る事羅網の如きは散財也、其外面部小瘡生膿血出て、又切疵等散財あり、卽ち疵たる處に應じて斷ずべし、又散財と云ふは當時錢を散損するなり、心性の散財は則ち破敗なり。

第一節 二十三、破産

福堂、食祿に赤色を現し、印堂に暗を催したる人、果して財貨に付き身の置所なき迄に差し詰りたる人と知るべし、當時心に迷ありて困しむ。

第一節　二十四、散財並に破敗格

面皮急繃、眼下常に青氣ある者は三五年の內に財を破る、面、灰土の氣色を帶び、人中青氣、疾言にして口常に撮聚す、鼻孔大にして準頭小く掀薄の者は財出入多く、老に至りて家立ち難し、準頭に黑點あり、形、蜘蛛の如き者は、必ず家を破り身を亡す、耳に輪廓なく、三停尖削、山根に三紋を侵し、口、極めて小なるものは性質貧にして家必ず破る。

第一節　二十五、散財之相

一元氣、金甲より典御の邊まで横に數本引く、乃ち他の穴所の血色をも、見合せて散財の緖由を悟るべし、土星に破れあるは最、散財の相とす。

第一節　二十六、公　事

山林、顴骨、食祿、家續に出赤ありて、又印堂に赤氣立ち、髮の生際より血色盛りたるもの家產に就て訴訟をなす、然し理を得る形也。

第一節　二十七、公難格

眼赤く鯉の如き者徒に刑死す、印堂雜紋ある者刑法を逃れ難し、印堂の左に黑痣あり、此を上獄と號す、此人爭をなすときは責を主る、必ず刑法に逢ふ、眼圓大にして睛突露する者平生凶を成す、時に囹圄の囚繫たるに至る、眼上に赤色を發するは牢獄を主る、眉、粗濃にして散亂なる者必ず公難を免れ難し、額暗にして邊地靑く、四庫に赤色を浸す者、公難に身を痛む。額上に紋あり、飛んで眼に入る者極刑に至る、準頭赤色を現し鼻梁骨露る者は、常に公難來るの思ひあり、耳飛で鳥の翼の如き者杖責を受く、印堂に赤色を現す者、天庭に靑氣を浸す者又前項に同じ、鬢卷て螺の如き者必ず刑傷を主る。

第一節　二十八、大事訴訟

印堂より主骨、山林、神光、佛光、上停一面に赤氣を催したる者、果して公邊に付き身分不相應の大事を訴へ出たるの象也、公邊にあらざれば死する程の大難あり。

第一節　二十九、捕へらるゝの相

天中、印堂に赤氣を現し、土星に蜘蛛糸の如き赤紋横さまに出で、或は面部一體青色と成り、萎寂しく見ゆる人、果して公難に罹り捕へらるゝの相也。

第一節　三十、公邊受難

枯血家續より起りて天中に至り、流年廿四歲に當り缺陷あり、金甲に赤氣を現したる人、公邊に付き難を受けたる事あるべし。

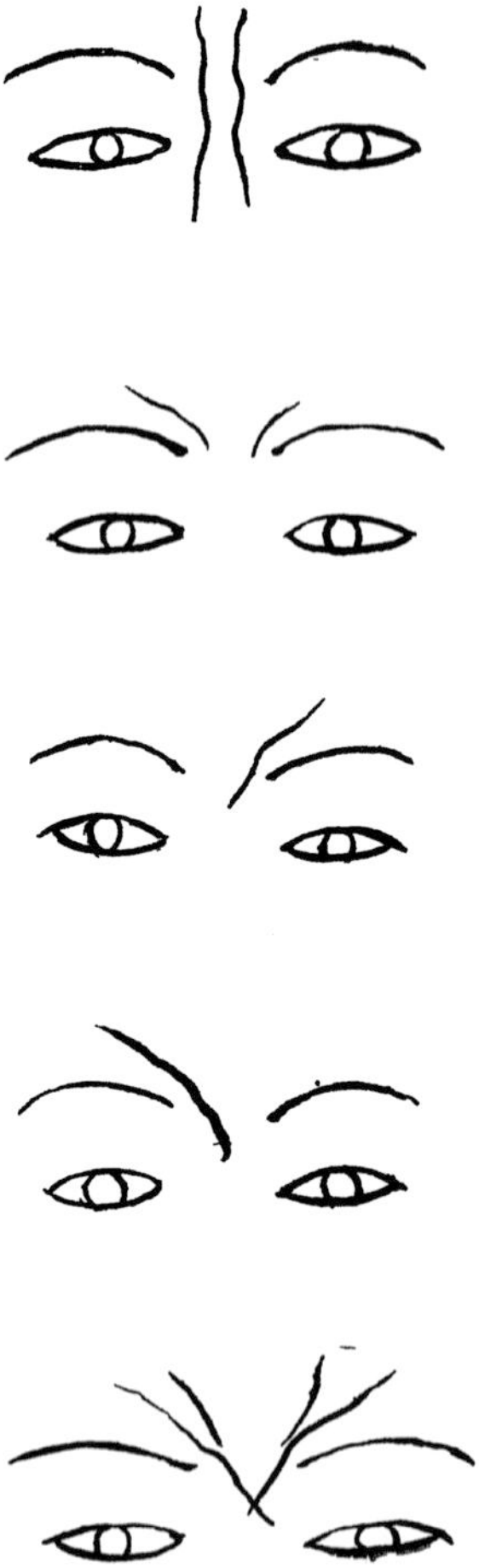

以上兄弟宮の上に線あるものは何れも公難の相也。

第一節　三十一、公難七日に至る

上停一面に曇り煙々として火氣或は白氣等あれば公難七日内に迫る（此の相は火難の相と酷似せるを以て、官吏を相する時など、時に或は誤る事あり、注意すべし）

第一節　三十二、破敗之傳

書に曰く火眼、氷輪（眼周白線の繞るあり）は家財傾き盡すと謂ふ、是れ心性の散財にして則ち破敗なり、必ず成功せず。又生涯必至の破敗と謂ふは面部不均合に、財帛至つて大きく或は至て小さく、或は天部廣大にして地閣窄く、或は上停劣り下停勝れ、或は癈疾或は大痕、又は頭髪大に禿げたる類皆破敗也。第一期は三十七八歳、第二期は五十五六歳と知るべし。

第一節　三十三、不慮之殃

交朋と顴骨とに赤を現はし、其上印堂に赤氣を生ずる時は男女の差別なく、十日を待たずして不慮の殃來ると知るべし、此の相あるものは輕卒、殊に口を愼むべし。

第一節　三十四、心困格

眼深く肉なし、眉頭常に蹙り、鼻梁尖り薄く、準頭の赤色、印堂缺陷、或は準頭に青氣あり、之れ百事叶はざるの相也、鼻に黑痣あり、鼻小にして齒齊しからず、眉濃く髪厚きは平生滯多し、眉上の横紋眉を壓し、魚尾に紋多く、耳、輪廓無くして軟弱、兩唇短く歯を露し、額偏り低陷し、印堂に川字紋を成し、又は懸針の如く、馬面の形にして神無く、結喉高く露れ、背脊坑を成し、老幼の者を愛せず、言語に澀み多く、眉粗く肉重く、歩履輕きものは老に至て安寧ならず、如是の相ある者は富むと雖ども心に困あり、又骨を露し、筋を浮める者は、假令身體、安樂なりと雖ども心に憂絶へず。

第一節　三十五、奸詐之格

眼、斜視、眼、三角、又は睛を露し、眼細くして視るに低る、鼻三曲三彎、鼻尖り毛を反出、鼻梁横に起り、鼻、鷹嘴の如し、口覆船の如く、口角垂れて下に向ひ、口尖り唇薄く、言語急なり、冷笑、妄說、語は人に對し、眼は人に對せざるは、心中に必ず奸を含む、眉粗く眼を排し、眉中缺陷多く、耳邊に髮少く、鬢髮鬚髭共に亂れ生ず、腮骨大にして開き耳後に尖り、滿面都て青色なるは常に毒害の心を懷く、歩履縱横を成し、歩行同じからず、後頂髮際高く上りたる者、（僻みて毒あり、多くは人を殺害す）兩鬢髮粗く疎硬、又耳邊に毛なく、或は顴骨横に起り、是等は皆心に僻毒あるの相、或は人を謀りて殺さんとする者なり、必ず交るべからず、過て深く交る時は其の難免れ難し、總て奸詐の者は內心非義にして外口是を說き、己れを益まし人を損ず、或は慈仁に似たれども毒心尤も多しと知るべし、頸甚だ小さき者、顏面小にして優しく見へ、眼光銳く三冠色惡しき者、性格必ず陰險也。

吉田良一殿骨相鑑定書

（鑑定材料本人ノ寫眞一枚）

一生命。七十歳以上ニシテ、途中、大患大難等無キモ、二三ノ小難、及ヒ、變轉アリ、左記ニ依リ、嚴重警戒、指示事項ヲ恪守シ災難ヲ免ル、樣スヘシ。

一初年。相當ナル家ニ生レタルモ、父母ノ恩惠ヲ受クル事甚タ薄ク、自己獨力ニテ、奮鬪努力、遂ニ立志傳中ニ入リ、歿後ニモ名ヲ殘スルニ至ル。

一田宅。ヲ五世以上ニ置ク。子孫ノ代ニ至リ家運一層盛ナリ。

一初年。七八歳一回、十二三歳一回重患アリシモ遂ニ免レテ今日ニ至リ、將來ハ大患ヲ受クル事ナシ。

一初年。十五歳頃、志ヲ立テ、鄕里ヲ出テ、南方ニ於テ成功シ、居住ヲ其處ニ定メ、一生鄕地ニ入ル事ナシトス。

一血緣。初年、中年ハ殆力トナルモノナシ。晩年ニ至ラハ、卑族者中ヨリ稍力トナルヘキモノヲ出スモ、大體ニ於テ、血緣ヲ賴ル事ヲ得ス。但シ血緣ノ爲メニ迷惑又ハ損害ヲ受クル事ナシ。

一職業。本命ハ一技ニ長シ、以ツテ高名ヲ上クルニ至ル。故ニ技術家ヲ良シトス、天文學、氣象學、測量、建築、ラヂオ、電氣、瓦斯等ノ事業ニ關スル技師皆適良ニシテ甲ノ上ニ該ル。

官公吏、宗教、教育家ハ甲ノ下、一般商人、製造業ハ乙、就中、水商賣ハ丙、寫眞師、醫師、發明家ハ甲ノ中ニ當ル。

一財產。初年ハ財ニ不自由スル事止ムヲ得サルモ、中年ノ中即チ、三十五六歲頃ヨリ徐々ニ產ヲ生シ、四十歲ニ至レハ、小產アリ知命後ハ、財益々豐富ニシテ晩年大ニ良ク六十歲ヲ過クレハ、珍貨、寶器、藏ニ滿ツルニ至ル。財產ハ動產九、不動產一、ノ比例ニテ所有スルニ至ル。

一結婚。一回ニテ修マル。多婚スル事ナシ、婚期ハ二十九歳及ヒ三十四歳ヲ最適當トス。但シ本命ハ既ニ二十九歳ノ年末ニ於テ結婚シ一家ヲ成シ目下二名ノ兒女アルモノト認ム。

一配偶者。温良貞淑ニシテ能ク、家ヲ治メ、夫ニ仕ヘ、兒ヲ育ミ、身體健ニシテ、近隣ノ好評ヲ受ク。

配偶者ハ初婚ニシテ、目下ノ夫ニハ緣アリ、故ニ多婚スル事ナシ。

一兒女。五名以上ヲ生ム。内最初ト最終ヲ女兒トシ、其ノ他ハ皆男兒ナリ。兒女ハ何レモ能ク生育シ、死亡スル事ナシ。

一兒孝。男兒ノ成功ハ父ノ三倍以上、五倍ニ達シ、女兒ノ成功ハ母ノ二倍又ハ三倍ニ達ス。男女兒共ニ孝養ニシテ父母ノ晩年ヲ送ル事深ク、親養ヲ供ヘテ賞ヲ官ニ受ク。

一方位。南北ハ甲ノ上、東、西ハ甲ノ中、東南、西南ハ乙、東北、西北ハ甲ノ下ニ該當ス。

右方位ハ出張、旅行、移轉、商行、訴訟、取引、結婚等ニ應用スルモノニシテ、現住所ヨリ指定スヘシ。

一慶事。本命ハ將來左記ノ通リ多數ノ慶事アリ、

一、出產、收入、新築、移轉、開業、擴張、昇進、增俸、受勳、共同、改善、團欒、當籤、交際。

一兒孝ヲ受ク。賞ヲ受ク、人ヲ助ク、名譽ヲ受ク、地位上ル、義俠ヲ成ス。議員ニ當選ス、多數ノ人ヲ使用ス。

右ノ中、「議員ニ當選ス」ノ一項ハ五十歲ヲ過キテ、唯一回アルノミ、其他ノ各項ニ至リテハ將來數回又ハ數十回ノ多キニ達スルモノアリ。

一凶事。トシテ見ルヘキモノナキモ、左記ニ注意スヘシ。

一、他人ノ爲メニ請判ヲ爲ス時ハ、必ス迷惑アリ。故ニ保證人又ハ請人タル事ヲ禁ス。

一、餘リ急キテ事ヲ決スル時ハ必ス、後ニ至リテ悔ユル事アリ、本命ハ

稍急速ニ事ヲ決定スル癖アリ。輕卒ト云フ程度ニアラサルモ自重スル事ヲ要ス。

一家庭。本命四十五歳後ハ家庭内ニ於テ、副業（又ハ副商）ヲ營ミテ良シ、顧客雲集シテ、後年之ニ全力ヲ注クニ至ルノ時機アリ。家庭、親愛、圓滿ニシテ、琵琴相和スルノ趣ヲ存ス。

一宗教。漸次宗教心ヲ增シ、晩年ハ宗教家タルニ近シ。

一性格。温厚篤實頭腦緻密ニシテ能ク野外運動殊ニ武術ヲ好ムモ、時ニ義俠ヲ爲サントシテ敵ヲ釀ス事無キヲ保セス、徒勞ニ歸スヘキ好奇ヲ爲スヘカラス。

一長所ト短所。義俠ノ爲メニ名ヲ上ケ爲メニ財ヲ損ス。是レ本命ノ長所ナルト共ニ又短所ナリトス。

一修養。本命ハ修養ノ念深ク、以ツテ萬難ヲ免レタリ、中年迄ハ感情ニ走リテ稍自重ヲ缺ケルヤノ趣アリシモ、最近ニ於テ此ノ事、殆ナキニ至レリ、是レ全ク修養ニ努メシ賜ナリ。然レトモ修養ハ終生ノ大業ニシテ、殊ニ本命ハ未タ以ツテ一生ノ災厄ヲ免レ濟ミト言フ事ヲ得ス、將來尚前記ノ凶事至ラントスルモノアリ、依ツテ益々修養ヲ積ム事ニ努力スヘシ。

一奴僕。四十歳ヨリ四十五歳迄ノ間（多クハ四十五歳ノ時）奴僕ノ爲メニ財産上ノ損失アリ。最初、採用ニ際シテ十分詮衡シ、一旦採用後ハ責任ヲ持タシテ事務ヲ一任シ、本命ハ唯時々事務ヲ監督スルノ程度ニ止ムヘシ。餘リ干渉セサルヲ可トス。

一旅行。將來、大ナル旅行ヲ爲ス事ナシ。又長期間ノ旅行ヲ爲スニ適セス。墓參、宗法及ヒ公務ニヨル出張旅行ノ外、私用、行樂ノ旅行ヲ禁ス、素リニ長途ノ旅行ヲ爲セハ或ハ疾病、或ハ負傷、若シクハ盜難、部下ノ失行等ニヨリ災害ヲ受ク。就中最外國旅行ヲ忌ム。

一趣味。勝負事一切ヲ禁ス、成ルヘク、家ノ周圍ニ松、杉、檜等ノ大木ノ苗木、又ハ梅、柿、栗、梨、蜜柑、林檎等ノ果樹ヲ植ユヘシ。又花卉盆栽類ヲ作ルヲ可トス。

右趣味ハ收入、修養、衛生、運動、及ヒ、兒女ノ敎育娯樂トナル事多ク樹木ハ常ニ本命ノ勢運ト共ニ盛衰スルモノト知ルヘシ。

一購入。自己ノ居住スル家及ヒ屋敷地面ノ外、不動産ヲ購入スヘカラス、紊リニ不動産ヲ購入スレハ爲メニ必ス災アリ。

一最注意ヲ要スル期間。何レノ時機ニ於テモ注意スル事ヲ要スルモ、四十二三歳ヨリ同五歳迄、殊ニ四十五歳一ケ年間ハ特ニ警戒スル事ヲ要ス。

一將來、注意スヘキ事項。
一、常ニ短髪タルヘシ、又爪ヲ長ク延ハスヘカラス。
一、腹ヲ前方ニ突出シ滿腹、努責シ、常ニ姿勢ヲ正シクスヘシ。
一、夜更シヲ禁ス。又勝負事ヲ禁ス。

一、讀書力、未タ十分ナラス、又自己ニ於テ實行スル要ナキ事柄ニ關シテモ成ルヘク、見聞ヲ博クスヘシ。
一、常ニ大成セン事ニ心掛ケ、一小技ニ慢スルカ如キ事アルヘカラス。凡テ一小技ニ慢スルモノハ成功スル事少シトス。

將來

一昭和六年上半期。本期ハ相當多忙ナルモ、餘リ大ナル變化ナシ、唯前年ノ引續ヲ受ケテ、事業漸次發達シ、勢運順調ナリ、即チ左ノ如シ。
一、新ニ交際スル人數名アリ、何レモ交際シテ將來、信アル人物ナリ。
一、物品ノ購入方ヲ勸誘ニ來ルモノアリ。穩ニ拒ルヘシ。就中、不動産ニ關シテハ前記ヲ恪守スヘシ。
一、四月初メ家族ヲ同伴シ一回旅行アリ、結果良シ、但シ成ルヘク早ク用務ヲ了シ歸宅スヘシ。此ノ月兒女ノ身上ニ數個ノ慶事アリテ歡聲湧ク。

一、同期他人ヨリ或ル事ノ仲介ヲ頼マル、結果良ナラス、最初ヨリ引受ケサルヲ可トス。

一、五月中、遠縁者ニ訃音アルヤモ知レス。但シ多クハ妻ノ遠縁ニシテ數年來音信不通ノ向ナラン。

一、六月中、賞ヲ受ケテ昇進ス、其他本期ニ於テ水火難盜難等ノ災厄一切ナシ。

一、何…………

一、何…………

一昭和六年下半期。

一、何…………

一、何…………

（有ルタケノ事項ヲ記載ス）

右及鑑定候也
昭和　年　月　日
帝國觀相大學院主
骨相鑑定師　朱號　中司哲巖　印

鑑定書式其ノ二（特別事項ニ屬スルモノ）

結婚相性ニ關スル鑑定書

一、夫方、川島武雄殿（明治三十七年五月一日生）鑑定材料（本人ヲ直接鑑定ス）
一、妻方、後藤浪子殿（明治四十四年一月十日生）鑑定材料（本人ノ寫眞一枚）
右兩命ノ結婚相性ニ關シ鑑定スル事左ノ如シ。

川島武雄殿ニ關スル鑑定。

一、本命ハ初年、可良ナル家ニ生レ、好ク父母ノ恩惠ヲ受ケテ成長シ今日ノ境遇アルニ至リ相當長命ニシテ子孫繁榮スルノ勢運ヲ有ス、目下財運、豐ナラサルモ亦不自由スルノ程度ニアラス、將來ハ漸次發達スルノ道程ニアリ、配偶ニ關シテハ高運ニシテ一婚ヲ以ツテ修マリ、又二婚ヲ成ス事ナシ。一生ノ間兒ヲ生ム事五、兒女皆生育シテ孝養深シトス。

而シテ目下、妻妾宮ニ紅桃色ヲ呈シ漸次濃漲ナラントスルノ趣アリ。

近キ將來ニ於テ慶事ヲ取ルヘキ勢運ニ有ル事明ナリ。

後藤浪子殿ニ關スル鑑定。

本命ハ初年、富祐ナル家ニ生レタルモ幼ニシテ片親ヲ失ヒ爲メニ内訓ヲ受得サリシモ、爲メニ性格ニ偏奇ヲ見ル事ナク、温良貞順ニシテ、萬難ニ堪ユルノ資性ヲ有セリ、財運壽命其他ノ勢運前記夫方ニ劣ラス、結婚ハ必ス一婚ニテ了シ多婚スル事ナク、兒ヲ生ム事五、兒ハ成功父ニ勝リ、女ハ好配偶ヲ得テ孝養アリ。目下貌輝美シク光リ近キ將來ニ慶事ヲ見、又續キテ姙娠出産ノ家慶ヲ採ルノ勢運ニアリ。

右兩者ノ相貌ヲ照合鑑定スルニ何レモ一婚ニテ修マリ多婚スル事ナキ點、殊ニ夫妻宮共ニ紅潤シテ婚期近ク、其ノ結果良好ナル事相一致スル所ナリ。之ヲ月割ニ觀ルニ夫方ハ十一、十二月良ニシテ妻方ハ十二月及ヒ來年正月大ニ吉ナルヲ以ツテ今年十一月末夫方ヨリ結婚ノ申込ヲ爲シ、十二月中ニ決行セハ双方共ニ安泰、滿足、陰陽調和、吉祥同慶、將ニ琴瑟ヲ和スルニ至ルヘキ事日ヲ觀ルヨリモ瞭ナリ。之ヲ要スルニ右兩命ハ本年末ニ於テ婚事相修シ慶音益々至ルヘク毫モ不祥ノ存スル事ナシ。

一、何々…………
一、何々…………
一、何々…………
一、何々…………

右及鑑定候也

昭和五年十一月一日

帝國観相大學院主

骨相鑑定師 朱號 中司哲巖 印

（出張先ニ該ルヲ以ツテ院印ヲ押捺スル不能）

尚特別事項ニ關スル鑑定書式ノ數ハ數十種類ニ及フモ大體ニ於テ右ニ準シ作成スレハ可ナルヲ以ツテ其他省略ス。

鑑定書作成上の注意

一、鑑定書に記載せる事項は何れも、依頼者に對し、强大なる感動を與ふるものであるから、これが調査記載に關しては愼重、事に從ひ決して感情に走り、故意に毀譽褒貶を爲すが如き事があつてはいけない。

一、鑑定の主旨は、吉凶の豫斷を爲すよりも寧ろ、其の人を指導し、轉禍爲福の途を講ずるに有るものであるから、極力開運達成の方法を敎へ災厄を免れしむるを以つて第一義となすべきである。

一、普通の場合、その人の經歷に奮暗があつても、それは記載しないのが禮である。但し其の事柄が將來にも影響を及ぼすべき因果關係を含認せらるべき場合に於ては、其の程度、範圍を考案斟酌し前二項に則り適宜記載し、萬遺憾なきを期すべし。

一、鑑定書に觀相學專用の熟語を記する時は、依賴者に理解し難き事あるを以つて、特別の場合を除く外、專用語を使用せぬが良い。若し止むを得ざる事情があつて之を使用せば、其の解釋をも併せて記載し置かねばならぬ。

又鑑定書に記載する假名は常に片假名を用ひ、濁點を打たざるを例とする。又字體は常に楷書とし草、行を禁ず。

一、依賴者に於て希望せざる事項なりとも、目前に迫れる危難のある事を發見したる場合には必ず、之を記載し注意を促して置くが好い。之れ即ち職に忠にして衆に信なる所以である。

一、鑑定に際して、依賴者より任意事情を語る事あらば聽取りて差支なきも觀相者より、執拗に身上又は事件の內容を尋ねるのは禮でない。技倆さへ優秀であれば、相貌を觀て判る事故、常に修學に努め、桊りに密問を爲さゞる樣心掛くべきである。

一、右に掲げたるは一般的のもの一通と特種のもの一通に止まれるも、特種鑑定書は、其の種類、幾百通にも上り、到底一々記載する事を得ざるも、大體に於て右二式に倣ひ推敲製作せば可である。

觀相學上より觀たる癖の原因結果及び矯正方法

昔の歌にも「人々に一つの癖はあるものを、吾には許せ敷島の道」と謂ふのがあり、又諺に言ふ「無くて七癖、ありや四十八癖」とて誰でも何か癖を持たぬ人は少いものだ。

然も此の癖と謂ふものが、なか〳〵矯正せられない。(若し容易に矯正し得る程度のものでは、癖とは言はれぬから)そんな譯で一旦、癖に成り切ると本人は勿論、周圍の人々も色々心配し、努力しても直らない。

殊に或る特種の癖を除いては、大概初年(五六歳頃より、二十歳前後迄)に、發するものが多く、又年齢の進むに連れて、發せらるゝ癖の種類も、漸次變化するものである事が容易に發見せられ、幼時、生じたものは、特に矯正し難いから、子を持つ親は、其のつもりで、注意せなければならぬ。

癖の種類を全部、算へれば其の數、凡そ、二千種にも達するので、此れを一々記載すればそれだけで、優に一冊の著述を成す事が出來るのであるが、此處には、其の重なものを一百種記載する事にする。

一、爪を咬む癖

古書にも「齒、指甲を殘ふは自己を尅す」とあり（指甲とは爪、殘ふとは傷ける事、齒で爪を損傷する事を謂つたのである）此の癖は、二百人に一人位の比例で存るものであるが、甚だ體裁も惡く、又衛生的にも宜敷くない、多くは五六歳位より、十二三歳頃に發するもので、其の原因、結果、及び矯正方法は左の通りである。

原　因

一、幼時、父又は母を失ひ、繼父又は、繼母の手に育てられ、若しくは、他人の家に預けられ、其他肩身狹く生育したるもの。

二、他の兒女等が、持つて居る玩具、菓子等を羨望し、指を咬へて居る中、遂に爪を咬むに至る。

三、他の兒童から排斥、侮辱せられ、打連れて諸共に戯遊する事を得ず、獨り淋しく指を咬へて、苦澁して居るうちに、遂に爪を嚙むに至る。

四、其他幼時、生家の家運思はしからず、父兄等の失敗等に依り、甚しき逆境に陥り、家族貧困、逼迫し、或は該兒が常に病弱であつて、性格が快活でなく、指を咬へて憂澁し居り遂に此の癖を生ずるに至る。故に中年後に至りて、初めて此の癖を生ずるが如き事は殆なく、必ず幼時に於て發するものである。

結果

一、顔色常に蒼白く、性質が淡白快活でない、多くは痩せて憂欝性である。
二、頭腦は、相當緻密な人もあるが、多くは神經質で、些少な事柄をも、强く氣にする。
三、此の癖があるものは、多くは男兒を得難い、若し男兒があつても、女兒數に比して甚だ少く、若し男兒あれば末子に近い。故に該男兒が自己の力となる事は少い。
四、此の癖あるものは、前記の如く性格が偏狹故、妻子を剋する事が多く、妻女はなか〳〵辛抱が六ケ敷いものである。
五、他人に對する態度と、自己の家族に對する態度とが、全然反對にて、家庭内に在りては常に不平を溢す。又、中年一度失敗するものが多い、なかには餘り長命でないものがある、一見温厚に見へても、心中不平が止まぬから、時に大酒をなす事も珍しくない。
六、常に野外運動を嫌ひ、室内に蟄居する癖があり、且つ性格にムラがあつて、事に感ずれば俄に涙を流す等、二重人格の趣を現はす。

七、晩年、比較的、早く退引し、隱居をする。又壯年時、妻子を剋した反對に老後は兎角卑族の前に頭が上らぬ趣がある。

八、足の爪を嚙むに至れば、發狂するに近い。

矯正方法

一、常に香氣ある藥を指頭に塗抹し、又癖の甚しいものには、指頭に指袋を冠して置けば萬全である。

二、常に姿勢を正し、口邊に手指を觸れてはいけない、談話も餘り、低聲にせず、常音以上の、しつかりした揚抑で話すべきである。

三、時々、野外運動を試み、努めて氣分を快活にし、思案苦溢を禁ず。

四、常に上長の前に居る思ひを忘れず、又獨居を禁ず、毎朝早く起きて冷水摩擦を行れば最良い。

二、夜尿癖

癖と言ふよりも、寧ろ、病症と言つた方が適當である。何分熟眠中に覺へずやる事故、なか〳〵矯正は困難であるが原因及び治療方法は左の通りである。

原因

一、多くは榮養不良に因く、幼時、矯正するにあらざれば、長じては容易に直らない。

治療方法

一、努めて日光浴を爲し、就寢前必ず一度入浴して身體を十分に溫め、其の儘就寢するが良い。
二、夕景後は成るべく水分を攝らぬ樣にし、殊に入浴後は絕對に水分を攝らぬ事。
三、神經過敏なる事及び思案憂鬱を禁ず。
四、本症は、早く全治せざれば、必ず他病を併發して、長命が出來難い。

服藥方法

一、猪の肉を白味噌にて煮、毎夕食すべし、大効あり。
餘り鹽辛きものを禁ず。
一、頻尿症治療法も右に準ず。

三、癲癇症

餘り長命が出來ない、又成功も望めない困つた病症である。本症に就ては特に能く利く藥があるから、御紹介する。
一、雉子を一羽取り、それを赤土にて捲き丸にし火中に入れて黑燒となし、赤土を除いて中から雉子の黑燒を取り出し、粉末とし一匙宛一日三回、白湯にて用ゆべし。

發症後一年以内ならば、二週間位の服藥にて全治、三年以内ならば、三四週間位にて全治す。三年以上を經過したる重症にても二ヶ月以上服藥すれば、遂に全治するに至る。

私は右の方法で男二名、婦人七名を全治さした。殊に大阪に居た時、某保險會社の社員の妻女が、此の病氣で困つて居たのを見て藥を製調し、攝養方法を敎へてやりました處、右は發病後既に十數年を經過した重症でしたが、それでも約六十日の服藥で全治し其後一度も發病しない。諸君の御知己に該症で困んで居る人があれば、知らしてやりなさい、實に不思議に能く利きます。

四、口を開いて寢る癖

凡て寢姿を人に見られるのは、愼まねばならぬが、殊に婦人などは、此のたしなみが必要である。常に口を開いてボンヤリして居る人は就寢中、口を開いて居る事は勿論で、なかには平素は能く、口を締めて居るが、唯就寢中丈け口を開いて眠る癖のある人が少くありません、此の癖のある者も兎角長命せず、たとひ長命しても、成功は出來ない。相學の敎へに此の癖を論じて、「花は開けども實を結ばず」とて嚴に戒しめてある。

原因は幼時、母親が該兒を寢さすに當り、枕を深く頸の邊にやるからである。枕はなるべく廣く大きいものを用ひ、頭をその中央に載せ決して頸部にやつてはいけない。顔面が上に向けば、兎角口を開け易く、顔面が下俯きであれば、口を開く憂ひはない。

五、白髪の豫防方法

此れは癖とは言へないが、遺傳に依るものが多く、此の系統の人は代々早く白髪に成り易い。能く世間に若白髪などと言つて芽出度い事の様に言ふ人があるが、大變な間違ひである。此の相のある人は、必ず片親（多くは母親）に縁が薄い。

世界各國で髪に對する學術が最進んで居るのは佛國であるが、かの有名なツンツ博士と言ふのが、長年研究の結果、髪に關する藥を幾種類も發明した、就中白髪を治する藥は、珍らしい有名なものであるが、惜しい事には該藥を多量に用ゆれば、壽命を損ずる恐れがあり、壽命を損じない程度に用ひたのでは、白髪に利かない、それで折角發明せられた珍藥も用ゆる人がないのである。

白髪が出來るのは、或る細菌の作用である事は、醫學上明であるが、此の細菌は血液の中に潜在して居り、他の細菌の如く急に增加しない代りに、又、之を除去する方法に乏しく、この細菌を驅除せぬ限り白髪が直る事はなく、中には脱落して禿頭病の如くなるものもある。

豫防方法

一、常に胡麻を食用すべし。

胡麻は煎りても煮ても、宜敷く、又白黑何れにても宜し。

年齡十代なれば、約一ヶ年位で効果顯れ、二十代なれば、三年位、三十代なれば四五年位で全治する。四十歲を過ぎたる者には効果乏しきも、白髮を增す事を防止する効果はあるものである。

用法は食事に際して、飯又は副食物の上に振りかけて食すが良い。

一、最初、白髮が少し出來た時、機を逸せず白髮を全部拔き捨てるが良い、殘して置いては、他に傳染する幇助を爲す事が多い。

一、常に頭髮を短くし、白髮を拔き捨てた後、直ちにアルボース石鹼にて頭を洗ふが良い。

一、雲脂除器(ふけとり)は、竹又は、セルロイド製の物を用ひ、金屬製の物を用ひてはいけない。

一、萘りに油類を、頭髮に着ける事はよくない、品によりては却つて髮を損ずる事がある。

私が幼少の頃、私の家の西隣りに西原と言ふ家があり、そこの二男の鶴松君は、十七八歲の頃、頭髮が眞白で、白髮の鶴さんとて有名であつたが、彼の鶴さんは眞面目な感心な男にて、廿歲ばかりの頃から、白髮を直さんものと、胡麻を食べる事を始め、竹の筒に胡麻の煎つたものを一杯入れて腰に下げて居り、絕へず食べて居たが、段々白髮がなくなり、數年後には、一本もない樣に成つた。氏は本年六十歲であるが、目下でも白髮は一本もなく元氣で働いて居る。其他にも此の實例は數個あり、古書にもある通り「初め白くして後黑きものは、晩年大に高運なり」で凡て、初年から中年にかけて頭髮の白かつた人が、中年から晩年に入りて黑くなれば、必ず福運を見る事が違いない。

六、自瀆癖

癖の中でも最惡性な癖である。此の癖あるものは、顏色常に蒼白く、又顏も眼もボンヤリして光りがなく力がない。又眼瞳も散大して居るのが常だ。其の最、激しいものになると、眼球が飛出す樣に成る事さへある。其の心身に與ふる毒害に至りては、實に想像以外で、靑年時、該癖のありし者は、晩年に至りて急激に心身が疲勞し、能力も減退して早く老衰虛耗し、從つて壽命も短命な事を免れない。

矯正方法

一、每朝早く起きて、冷水摩擦を行ふべし。

一、常に姿勢を正し、絕へず適度の運動を試み長時間に亘る閑居獨坐を禁ず。

一、肉感を挑發するが如き、繪畫文書等を見るべからず、若し所持し居るものは、斷然、燒棄するの英斷の擧に出づべし。

一、常に上長、又は肉親者の前に在る思ひを忘れず、妄念を去る事に努むべし。

一、寢具は絹物を用ゆる事を禁ず、又局部に手を觸るべからず、不眠症に苦む事あらば數回の深呼吸を行ふべし。

此の癖は男女共に十五六歳位より發するもので一度發癖する時は、其の態度、容姿等に急激なる變化を生ずるものであるから、子を持つ親は能く注意すべきである。此の癖に就き、私が最驚いたのは、某所に當時、十四歳に成る少女が居て、此の癖があり、毎夜就寢に際して、彼れの兩手を緊縛して餘縄を首にかけ、指頭が局部に到達しない様にして、置かなければならぬ厄介な娘が居たが、遂に家を飛び出し不良少年の群に投じ目下は某刑務所に入つて居る。

七、吃音癖

此の癖ある者は、自分にも不自由であり、又聞いて居る人も、御本人に對して氣の毒である。更に職業に依つては困る事が多い。有名な文章家、故某氏は、少々此の癖があつた爲め「乃公は、とても辯舌を用ゆる職業は駄目だ」とて文章家に成られ、かの大名を博せられた趣である。

該癖は幼少の頃、發語し得るに至りたる當時より幾分の兆候があるもの故、兒女の發音狀態に細心の注意を拂ひ、若し少しでも、呂律に變調があれば、極力矯正に努むべきである。

矯正方法

一、毎朝、洗面後、姿勢を正し、五十音（アイウエオ）を正確に力聲で、ゆつくり呼唱すべし。又、對談に際しては急ぐ事なく、徐々と語調を正しく語る樣すべし、忙しく急ぎ狼狽して語る事は禁物である。

八、常に酢味を好む癖

常に酢味を好むものは餘り長命せず、又急に酢味を好むものは大患を發するの前兆である。姙娠中の婦女が酢味を好むのは、姙娠の爲め、氣分や口中がスッパリせぬからであるが、これは表面の理由で、實は、近く來るべき出產と言ふ大役に際し、姙婦が容易に胎兒を出產し得る樣、母胎の筋肉、筋骨を、軟滑ならしむる大自然の要求であると聞いては、何人も天工の用意周到なるに驚かぬものはあるまい。（普通人が酢味を好むに至つた時には、既に必ず、或る種の疾患を藏して居る、又一家族擧つて酢味を好むのは、家滅亡の兆である）

九、歩行に際して身體を左右に振る癖

當癖も亦短命を免れ得ない癖だ、某所に村上直一君と言ふのが居て、幼時から此の癖があつたので有名であつた。何分歩行中、烈しく身體を振るから、遠方を步いて居て顔は判らずとも、村上氏であ

る事がすぐに知られた。彼れは、二十歳頃、或る所に勤務中、餘り體格が良いので、主人が譽めたのが評判に成つて居た程であつたが、それから、二三年後に肋膜炎で死んだ。

次に著者の友人に後岡と言ふ人物が居て私とは、同年で同じ學校に通つて居たが、歩行に際して大きな頭を左右に振る癖があり從つて身體も自然に振りつゝ歩く故、人がフーリンと言ふ仇名をつけて笑つて居たが、或る商店に店員在勤中十九歳で脹滿で死んだ。

十、常に門戸を閉ぢて開かぬ癖

相學の秘傳に「門戶を閉ぢて開かざる事久しければ、怨疑外に生じ、妖魔内に蟠る云々」とあり、甚しき不祥の姿である。

大正十年頃、某市にKと言ふ家があつて、そこの主人は以前、某所の高等官を勤めた男で、現代的の教育を受けた人であるにも拘らず、彼は常に門の戶を閉じて開かぬ癖があり、附近の人々から、不思議な家として噂せられて居た。

彼は四十歳を越へた今日、未だ獨身にて定まる宿の妻もなく、唯自分の姪に當る當時二十七歳になる一女と二人暮しであつた。處が彼の親族者は彼が自己の姪と同棲して居るのを極力諫止したが、そんな事には頓着のない彼は、依然かの姪との關係を斷つ事をせず同棲し、其他色々の理由で近親者とは全部絶交するに至り、又附近の人達とも殆ど交際しなかつた。

そんな譯で周圍と一切絶交せるＫの家は一切門扉を開かず、偶々出入する人は門前に立つて暫く戸を叩き、漸くにして潜戸の僅かに開かるゝを待つて刺を通ずるを例としたが、古諺に違はず、遂に大不祥が突發するの日が來た。

Ｋは豫てより圍碁を好み、某と言ふ碁客を請じて碁を習つて居た。處がかの碁客は良くない男で、Ｋの家に金のあるのを見て取り、或る日、Ｋの不在を見澄し、Ｋ方を訪れ留守居をして居た豫て見覺へのあるかの姪を絞殺して金品を奪ひ取り逃走した。

後かの碁客は强盜殺人犯として檢擧せられ死刑になつたが、其の時Ｋの家には近親者が、數名寄り合つて「將來は門扉を開いて何時來客があつても差支へない樣にしてはばうか」と勸めたが、Ｋは承知せず今日も尙以前の通り門扉を閉ぢた切りにして居る。其の後Ｋの家には化物が出るとか、夜中に女の悲鳴が聞へたとか、色々な噂が絶へない。

次に某市北區にＢと言ふ家があり、主人は本年五十五六歲の體格の良い人物であるが、これも一切門扉を開く事をせず、有名な資産家でありながら自分はいつも眞暗い穢い倉の奥に蟄居し、酒ばかり飮んで居る、彼は精神に異狀を來たし、禁治産の宣告を受けてから、既に十年以上になるが勿論妻子もなく、放蕩淫慘な生活をして今日に至つた。

此の例は東京にも二件あるが、兎角門扉を閉ぢて暗陰に伏するは、災妖を招く因である。

十一、辛味を好む癖と甘味を好む癖

常に辛味を好む者は餘り長命しない。多くは頓死をする事を免れない、それに反して常に甘味を好む者は皆、長命である。嘗つて明治大帝陛下が、長野縣に行幸あらせられた際、其の土地に百餘歳の長壽者があり、御前に召されて長壽法を御下問せられた時、かれは「唯若い時から、飴が好きでございました」と奉答した。先般內務省に發表した百歲以上の長壽者が、何れも甘いものが好きである事を見ても「甘味を好む者は長命する」と云ふ事が判る。此の理は醫學上でも十分證明せられるが、兎に角、糖分を攝れば疲勞を早く回復して、快活になる事が事實であり、又糖分を好む人は、皆性格が圓滿であり又萬事樂觀的でいつも氣分が若々しく、苦惱憂鬱する事が少い、凡て子供は多く甘いものを好むものであるがこれは、骨肉が未だ固まらず、今から益々伸ぶる事を必要とする稚若さであるから、從つて伸ぶるに必要なる糖分を多く要求する大眞理に外ならぬ。故に一生甘味を好み老年に成つても、尙之を捨てぬものはいつ迄も、幼時、又は壯時に近い氣分（若しくは體質）で居る事が出來るから、勢、長命をする事が出來る譯である。

十二、食後に生水を飲む癖

壽命を損ずる癖である。或る所に頗る體格の良い一女が居て、平素極めて健康であつたが、何故か食後に必ず一杯の生水を飲む癖があり、娘時代に屢々兩親から叱られたが止まず、長じて或る所に嫁した時、此の癖があるので屢々姑さんから苛められ、それでも遂に改らず、後には茶瓶に生水を一杯入れて、それを自分の居間に匿して置き、食後密に居間に至り立つた儘、かの匿し置いた茶瓶を取り上げて口飲みを爲し、何知らぬ顔をして過して居たが、それが一度や二度で濟む事か、毎食後必ず行るのだ故、後には姑さんが不審に思ひ、或る時、食後かの女が自分の居間に行つた後から、忍びやかに尾行し行き物の蔭から見て居るとは知らず、かの女は、例に依り立つた儘、茶瓶を取り上げて、口飲みにやつて居る所を姑さんから、怒鳴りつけられ、それが原因で遂に離縁になつた。其後數回の結婚に破れ、最後に或る老人の許に嫁いだが、どうしてもかの生水だけは止められず、寒中でも感心に日課の一として飲んで居たが、三十七八歳で病死した。

又或る所に一人の勉强好きの青年が居て、お茶の代りに生水を喫して勉强して居たが二十七八歳でこれも病死した。

角力取りは何れも體格が良く元氣な割合に長命せぬのは、常に生水を多量に飲むからではなかろうか、兎に角、平素生水を多く用ゆる人は、其の生水飲用中は人並以上に元氣であるが、一旦疾患に侵されるか、又は、飲水を止めた後、幾もなくして倒れる事は、角力取の實例に徴して明かである。近來、某氏が生水を飲む事を頻りに推奬して居られるが某氏は前記の事實を如何に解釋せられるか。「若しかの人々(水を飲む人)が反對に水を飲まなかつたら、より以上に短命であるべきものが、水のお蔭であれだけの壽命を保ち得るのだ」とすれば水は大に難有いものに成る譯であるが、此の種の人には一般に長命者が無い所を見ると、水の効果も疑はざるを得ない譯である。尚本論に就ては今少し言ひ度い事があるのであるが、某氏を攻撃した様に當つては都合が惡い故この位にして置く。

十三、頻りに唾を吐く癖

概して潔癖を有し、神經質の人に多い。相學には、之を「虚損」と言つて「他人の爲めにのみ勞し、自己は餘り報を受け得ない」と言ふ甚だ割合の惡い相としてある。又不健な人は健康の人に比して、唾を吐く度數が多いものである。

十四、睡眠中に火を吹く癖

古書に曰く「臥して火を吹く者は、七年の間に死す」と。私が學生時代、同じ下宿屋に居た同級生で、此の癖のある者が二名居たが二名とも死んだ。

更に私の親戚に一人、此の癖のある者があつて、父親が泊りに行き歸つてから、「あれは寢てから火を吹くが、長命すれば良いが」と嘆息した事があつた、その時、私は十五六歳であつたが、何となく右の話が不安に思はれて忘れられずに居た處、果して彼は數年後に卒然として逝つた。

此の實例は私が知つて居るだけでも、十數名あるから、必ずや諸君の眼界にも、多數ある事と思ふ。

十五、腹臥癖

臥す時、腹を下にして、恰も龜の臥したる如くに成つて眠る癖である故、一名龜臥癖とも言ふ。此の癖のあるものは、必ず腹部に痼疾を藏して居る。大患を發する前兆であるから注意すべきである。

十六、獨語を發する癖

大なる弊害はないが、烈しくなれば精神に異狀を來たす事がある。

私の母の郷里の隣家に、此の癖のある一女が居て、絕へず獨語を發して居たが、後果して發狂し行衛不明となり、久しく消息を絕ち大阪邊まで浮浪し來り頻りに例の獨語を發して徘徊中、馬を見るとすぐに「あゝ奥から馬が出る」と獨語を發するので遂に彼の郷里が、奥地方から馬が澤山出る處である事が知れ、巡査が傳送して來た事があつた。此の癖あるものは平素他人に對しては、左程に饒舌はせぬものであるが、傍に人が居ず自己が獨り居ると必ず發する。

十七、惡口癖

發言せんとして、口を開いた儘、暫く吃つた如くなつて居り、數秒間の後俄に語る者は必ず他人の惡口を爲す癖があるものである。凡て激しく他人を罵詈、惡口する癖のあるものは、必ず晩年の勢運が惡く又決して子孫が榮へない。

本件に就いては、實におかしく面白く且つ哀れな、恰、小説にも似たる修身の好材料が三件あるのであるが何分にも、事件の關係者が今、現に生存して居り、此處に記述し難い事情にあるから略する事にするが、兎角、他人の事を譏侮して止まないものは、般鑑遠からず其の身に及び遂に自滅する事を免れない事は、社會幾多の實例が證明する處である。

十八、左箸の癖

餘り弊害はないが、格好の惡いものである、此の癖のある人には一技に長ずる人もあるが、又頑固性を有して居るものもある。

よく兒を持つ親が、我が兒が左手に箸を持つて喫飯するのを見て「大きくなつたら直すから」などと云つて矯正しないものがあるが、大變な過りで大きくなつてからは癖が益々膏肓に入り決して直るものではない。最初の間に矯正してやるのが眞實の親の慈悲である。

十九、頭髮と眉毛を捻り切る癖

某縣廳、地方課書記、年齡三十歲位、身長五尺六寸位、體重十六貫餘、姓名A氏。本人は常に指頭を頭部に當てゝ頭髮を捻り切り、頭髮を飽ぐと更に眉毛をも捻り切る奇癖を有して居る。

最初は十七八歲の折、机に向いて勉强中、手掌を頭部に當てゝ思案して居り、遂には夢中となり、先づ指頭で頭髮をギユー〳〵と强く擦り、更に三本の指で頭髮の根本を摑みて捻り初め、遂に捻り切り、今度は眉毛を眉頭から眉尾にかけて順次捻り切るのである。それが爲め、眉毛は恰、蚰蜒の如く成つて居り、頭頂、中央部に直徑約二寸位の禿點を露はして居る。

かくの如き奇癖を有する人は恐らく、幾百萬人中に一人であろう。

此の奇癖を有する氏は或る一技に長じ讀書を好み、職務に熱心であるが、野外運動を嫌ひ、常に室內に蟄居し、性格偏骨にして、相許せるの友人が殆ない。

二十、欠呻を頻發する癖

大難至るの前兆である。此の癖のある人は、氣の合つた友人がなく、性格が極めて陰居である、從つて顔色も蒼く、自然に他人に對して不快の感を與へる故、交際する人がない。又他人と他人との間に無用の告げ口をする事を好み、兎角他人より歡迎せられず、排斥せられ勝ちで、常に淋しく獨り鬱然として居るのが例である。

男は、或は倒産、或は重患、或は刑難を招き、女は重患又は重傷を受くる、又未婚の婦女に至りては、兎角良縁を得難い。

二十一、長便癖

男には少いものであるが、婦人には時に此の癖のあるものがある、性格が甚だ我儘で必ず私に嫁し多くは男兒を生まない。夫には或は生別し、或は死別し、結婚も一回で修まるものは少い。晩年は血縁者、友人等の交際者殆なく、孤獨に泣く事を免れない。

二十二、大便と同時に小便をしない癖

普通の人は、大便に行けば、必ず同時に、小便もするものであるが、時に此の通習を破つて、大便に入つても、同時に小便をせず、便所から出て別に小便をする人がある。

性格多くは潔癖で、萬事几帳面なものであるが、惜しむらくは長命しない。

著者の知人に松浦某と謂ふ有名な大工の棟梁が居て、此の人が決して大便と小便を同時にせず、大便所から出て手を洗ひ、更に小便所に入つて小便をする習慣があり、非常な潔癖家で萬事几帳面な人物であつたが、三十餘歳で死んだ。又西田と言ふ商人も此の癖があり、性格習慣等、前記の松浦某に酷似して居たがこれも三十五六歳で死んだ。

二十三、箸の上端を持つ癖と、下端の近くを持つ癖

食事を爲すに當り、箸の最上端（茶碗と反對側の最端）を持つ人は、性格が萬事、汪洋であつて識見あり大望を持つに近いが、これに反して、箸の上端を多く餘して中央邊を持つ（つまり茶碗に近く寄つた方を持つ）ものは、識見に乏しく、大望を持ち得ない、從つて主張する理論が常に小さく虚勢を張つても、實は小膽なる人物が多い。

二十四、筆の持ち方

前記、箸の持方と殆同様の結果を見る。

二十五、臥像に就て

睡眠中に足の上に足を重ねて、寢る癖のあるものは、夭折するか、多病の人である、常に脚部を冷さぬ様注意するが肝心だ。

二十六、多く夢る癖

兎角長命が出來難い。左記に注意すべし。

一、寢衣は柔く廣きものを用ひ、枕も柔く大きく長きものを、帶には細く薄き革帶の如きものを用ゆべし。

一、常に身體を冷さぬ様、警戒し、就寢時に當りては姿勢を正し、妄念を去り、四恩を感謝し、將來の光明を望み、幸福を祈りて就寢すべし。

二十七、濁涕癖

小兒は差支なきも、壯年者が鼻水を洩すに至れば根氣、既に盡きたるの兆、老人は餘命幾もない。

二十八、舌で唇を屢々舐める癖

資産家なれば大食漢、無産者なれば、何か賤しい慾望を、心の中に謀んで將にそれを發せんとして居る人物である。

二十九、常に頭部を傾けて居る癖

思考力はあるが、兎角、晩年が孤獨である。一技に長じ、一時は社會から持てるが、どうも永續きがせず、且つ血緣が漸次薄く成つて、最晩年は他人の世話に成る者が往々ある。

三十、人眞似をする癖

一寸人から面白がられる事もあるが、決して大人物ではない、此の種の人物で大成功した人は未だ曾つてない。

三十一、指の節を鳴らす癖

上長の前で指の節を鳴らすのは、失禮に當るから、やつてはいけぬが、何れかと言へば手先の器用な人に多い樣だ。

三十二、口笛を吹く癖

常に腦漿が動搖して居るから、緻密な設計、事務等は一切出來ぬ、其他思考力の足らぬ人物に多い。

三十三、發言に際して口を横に引付ける癖

此の癖あるものは、五十二歳の時に大難がある、私の知人に此の癖の人があり、某税關に奉職して居る中、五十二歳の時に或事件に連座して免職となり、後幾もなく大疾を發して數ヶ月苦しみ、何分にも、家族は多數あり、自分は病中で多くの費用を要し、困つて居たが、其後死亡したとか言ふ噂を聞いた。又、某所に商人で此の癖のある人があり、五十二歳で商業上の大失敗をなし、今では非常な苦しい境遇にあると同時に、大變な疾患で苦しんで居る。又某所に藤田某と言ふ白痴に近い人物が居て口が横に曲んで居たが五十二歳の時、汽車に轢かれて死んだ。

三十四、笑ひの癖

はッはッはと快濶に笑ふ人は無邪氣で、面白い親切な交際の仕良いものだ。がん〱〱と大きな

背走つた、立つ様な聲で笑ふ人は、一寸義侠心もあるが、憤慨すると暴を振ふ。

ひゝゝと口を尖らしてて笑ふものは、兎角人の事を猜む癖があり、ふゝゝと鼻先で笑ふものは、人を侮る。にやりと變に笑ふものは表裏甚しく、人の虚を衝かんとする陰険なる人物であり。聲を出さずに、にッしく\と笑ふものは、慾の深い義理を辨へぬ横着な人物、笑ふ時、口を開かず、腹のみ膨らして、ぐッく\く\と笑ふ人は、萬事秘密の多い、油斷のならぬ人物である。

男であり乍ら、殊更に女の如き聲を出し又女の様な笑ひ方をするものは、陰険であつて、屢々突飛な行動に出で、人を驚かす。その反對に女が、男の様に、はッはゝゝと笑ふものがあれば、それは、聞かぬ氣のお轉婆である。常に笑ふものは、事が成就するの期なく更に笑はぬものは、男女共に成功すれば、其の成功頗る大にして、後世に名を成し得るに反し、成功せざれば、甚しい氣儘者にて、大なれば國を紊し、小なれば家を亡ぼし又身を亡ぼすの曲者である。

三十五、食事に際して無味相の癖

食事に際して、どんなに美味なものを食べさしても、いつも不快な、味の無い、思案顔をして、食べるものは、晩年必ず孤獨で、兎角、血縁者に薄いものだ。

三十六、だらしの無い癖

甚しくだらしの無いものは、眼周が嫌に黒いから、直ぐに判る。此の癖のある人の中には、不思議に成功する人もあるが、然し餘りだらしのないのは、人に嫌はれるから注意する事が肝心だ。又此の種の人は、必ず性疾に侵され易い。

三十七、戯弄癖

頭に悪いから、愼むべきである。此の癖が烈しくなると、晝間常に頭痛を催し困る樣になる。

三十八、屢々約束を變更する癖

鼻の肉が尖り長く、鼻頭が嫌氣(イヤゲ)に高い。猜疑心、甚だ深く、約束を變ずる事を何とも思はない。又强慾であるから、目前の事ばかり考へ、將來の大計を樹つる事が出來ない。

三十九、虚言癖

多く上唇が突出して、下唇が引込んで居る。又、上下の唇が能く接合せぬ、概して口許が悪いものだ、平素両唇を、几帳面に締めて居るものには、虚言を爲す者が少い。虚言を成して一時を糊塗するものは、其の當時は一寸良い様に見へても、結局より以上に大なる損害を受くるもので決して大成功するの途ではない。仙人が長命するのは、虚言をせぬからで、俯仰天地に恥じぬ者は、心神が常に充實して居る、絶へず虚言する者は其の虚言が暴露する事を恐れて、終始、戰々兢々として居るから、勢ひ長命は出來ぬ譯である。

四十、横目で物を観る癖

他人の隙を窺ふ、曲者である。女は將に不貞を働かんとする邪淫の相とする。

四十一、鼾聲雷の如き癖

性格、丁寧親切、無邪氣、果斷に富むものが多いが、死亡の時は必ず頓死をする。それに就いて有名な實例が二件ある。某廳の官吏に頗る鼾聲の高い人が居て、或る時、廳内に宿直して居た處、役所の門前を通る通行者が、鼾聲を聞いて不審に思ひ、守衛の詰所に行き「あの音は何ですか」と尋ねたと言ふので大評判に成つた。守衛の詰所から、宿直室までは約半丁程あつて然かも、周圍を全部締めて寢て居るのに、門外に聞へるのだから、餘程大鼾であるのが判る。次に某陸軍の下士に此の癖の人が居て、新任の當直將校が、右の鼾聲に驚いて、提灯に火を燈し駈けつけたので大評判であつた。

四十二、放屁癖

屁を垂れて、酷臭、胸を衝くもの（甚しく惡臭きもの）は一生貧にして成功する事はない。

四十三、秘密を洩らす癖

多くは、兩唇が密着せず、齒牙を露はし、落付きの惡い顏をして居る、信用必ず薄く、他人の指彈を受け易い。

此の癖のあるものは、他人が警戒して重要な謀議其他、秘密を要する事柄には參與せしめず、本人に對しては萬事嚴秘に付して排斥するから、結局技倆はあつても成功は出來ない。

四十四、戸外に下駄を脱ぎ置く癖

能く臺所の出口（戸外）に下駄を一足脱ぎ捨てゝあるのを見受けるが、此の慣習のある家はどうも、家運が榮へない。夜盜が其家の下駄を一足獲て之を魔路馳意（まじない）に使用し、剽盜に押入り、或は之を獲て履けば被害者の運が減ずる代りに、犯人の運が増すとか言ふ樣な迷信を助長したりする。兎に角此の慣習ある家庭内は常に紊亂し勝ちである。

四十五、度々轉宅するの癖

田舍では、そんな人は殆ないが、市内では止むを得ざる理由もないのに、屢々無意味な轉宅する癖のある人を見受ける事があるが、かゝる人物は萬事に輕卒で、飽き性で交際の仕難いものである。又、辛抱力に乏しく何事にも成功せず、財產も大を成すに至らない。

四十六、帽子を傾けて冠る癖

某所にＫと呼ぶ一青年が居て、幼少から字を書いても、繪を書いても字又は繪が傾く癖があり、敎員や友達が不思議に思つて居た。後、步兵に合格して入營したが、帽子を正しく冠らぬので屢々上官から注意を受けたが、どうしても直らず、退營後巡查に成つて居たが右の癖は依然改むるに至らず、餘り格好が惡いので上司が呼んで屢々注意したが、本人は其の傾いて居るのが正しく見へるので若し正しく冠れば、甚しく傾いて歪んで居る如くに感ぜられ、氣持が惡くて仕方がなく、歪めて冠つて居れば正しい樣に思はれて、頗る氣持が良いのである。

右Ｋの頭は右方が頗る大きく、左方が小さく傾いた變な頭であつた、つまり性相學に所謂、事實性なる機關が傾いて不均合な、變調なる發達をして居る結果である。

四十七、靴が片禿になる癖

靴を穿いて、多くの人々は外側から禿びるものであるが、中には内側が先に禿びる様な人が往々ある。

外側が餘り激しく禿びて、直ちに下駄や靴が横様に倒れる様になるものは性格變屈で短命、内側から先に禿びるものは、儉約家で萬事音無しい消極的な人、左右平均に禿びる人は、温厚で長命な人物である。

四十八、墨を磨りて片禿になる癖

墨を磨りて片禿にする人は、凡て放蕩である、甚しく片禿になる人は、放蕩の程度も甚しく、又萬事にだらしがない。又非常に人から嫌はれる。眞直ぐに磨る人は几帳面で奇麗好きな人、他人が歪めて磨つた墨を眞直ぐに磨り直す人は、身上に浮沈があつても遂に成功する人である。

四十九、交り箸の癖

食事に際し、一種類の菜を喰べ切らぬのに他の菜に箸を移し、又其の菜を喰べ切らぬのに、又々他の菜に箸を移す………つまり數種の菜に交々箸を着けるのを、交り箸と言つて、甚だ良くない事である。此の癖あるものは、性質短慮で移り氣が多く、屢々職業や、住所を變更し辛抱力が無いから、決して成功する事はない。（例、武田勝頼）

五十、酒を飲んだ時出る癖

酒を飲んだ時、速く顔色に出る人は、心の底が淺く、何事にも隔てのない好人物であるが、これに反してなか〳〵顔色に出さないものは、非常に心の底が深く、容易に、本音を吐かない。

飲酒して面色紅くなる者は、性格が純であるが、青くなる人は必ず胸奥に毒を持つて居る。少し宛長時間飲む人は、餘り大成功もせぬ代り、餘り大失敗もせぬ斗筲の輩であり。梯子酒（少し宛度々飲む）の癖あるものは、性格執拗にて、他の忠告を肯せず遂に失敗する人物である。

大盃を採つて一度に、キユーと鯨飲する人は、事を一擧に決する男性的の人物であり、無禮講の席上などで、泥醉して上司の前に乘り出し「オイ君一抔どうじや」などとやる人物には決して聰明な人は居ない、重大な事柄や大切な秘密などは、一切任す事の出來ない人物だ。

常に大酒を好む人物は、平素壯健な割合に急病を受け易く、梯子酒の癖ある人は一度病床に入る時は容易に全快し難い。

酒に醉ふて亂暴する人物は、平素は却つて他人に親切な人が多く、醉ふて舞ふたり踊つたりする人には女難の憂あり、醉ふと必ず熟睡するものは、能く不平を忍んで滿足する人物であり、醉ふて眠れぬ人物は、極めて陰險な不平家である。

每晚一合位宛、量を定めて用ゆる人は、多く思慮分別に富み、大蹉跌をする事がない。

五十一、入浴した時に出る癖

湯の中に浸りて、速く湯溫が浸み渡りて身色が紅くなる人は、正直な人物であり、容易に紅くならぬ人は、物事を他人に秘する事を好む奥のある人物である。餘り熱い湯を好む者は、長命し難く、甚だ溫い湯を好む人は不親切なものである。同じ湯に入りて眞紅に成る人は屢々疾病に侵され易く亦餘り長湯も其の趣がある。

又入浴を嫌ふて滅多に入浴しない人は、身體は壯健であつても、性格が怠惰で不規則な生活を好み且つ、一度勝負事に身を入れる時は、極端に熱狂する癖がある。入浴の時間が頗る短い人は萬事、早合點をする人であり、入浴中放歌謠曲を行る人は、萬事氣の良い人物であるが、湯に浸つた部分だけ紅くなり、湯に浸らぬ部分（普通の場合、頸より上、頭部）が紅くならぬ。（入浴前と同様な）ものは極めて嫉妬深い性質の持主である。

五十二、氣分にムラのある相

字を書いて最初は楷書で正然と書いて居るが四五行目から段々、字劃が崩れて行くものは、萬事に辛抱力なく飽き性にて決して成功せぬ相である。又最初から字劃が甚しく崩れて、ぐる〳〵と卷き付けた樣な字體の人も短氣で持續性を缺いで居る。更に發言に際して、言葉に緩急の度が激しいものは、喜怒常なく氣分にムラが多くて交際が仕難い。男は屢々職業を變へ、居住を轉じ、女は絕へず衣服器具の新調を好み、又夫婦仲の如きも好憎屢々變じて定まる事がない。

五十三、鼻の頭に汗を搔く癖

貧にして一生不仕合である、事に當りて執拗性を有し、一見、根氣ある如く見ゆるも長命せず。

五十四、喜怒の情激しく、事に感ずれば直ちに落涙する癖

此の癖ある人は身心常に平ならず、性格偏狹にして屢々結婚し、交際人物少く長命せず、又他人の同情なく大なる事業を行る事が出來ない。たとひ親讓り等の產を得るも、無益の事に散財し、且つ多

數の人を使用する事は出來ない。

五十五、他の小過を酷咎する癖

如何に才略ありとも必ず晩年が惡く、又交際狹く他人の同情がない、兎角人から嫌はれ人の長となる事が出來ない。

五十六、横柄（尊大に構へ愛嬌のない）癖

他人の信用薄く、人好き惡しく、商賣繁昌せず、たとひ資産があつても社會の評判が惡いものである、殊に婦人の無愛嬌なのは最も此の趣が深い。男女に拘らず總じて晩年の運惡しく老いて孤獨である。

著者の郷里に此の癖の最非道ので有名なのが一人あり、生れも良く資産もあり、長らく村の收入役を勤めて居たが、其の收入役と言ふ名譽職を買ふ爲めに家産全部を捨てた。勿論該收入役は有給で眞の名譽職（無給）ではなかつたが、彼れは此の職を無上の名譽職の如く考へ、あらゆる關係者を買收して、金の力で此の職を贏ち得た、處が他人に對して横柄な事は有名なもので、他人と挨拶をするのに普通の人とは反對に上に反るを常とし、又途上知人に出會しても先方から挨拶せねば自分の方から

は絶體を聲をかけず、他人が丁寧に行禮すれば「オイ」「フン」などと返事をし、必ず人の名を呼び捨てにし、自分の氣に入らぬ時には全然、物を言はず、此の位横柄な男は近村になかつた、そんな譯で他人が蔭で彼れを批評する時には、何人も敬稱を用ゆるものなく呼び捨てにして居た。彼れは收入役に成る爲め家產の殆ど全部を損じ後不都合があつて辭職の止むなきに至り、衣食に窮し殆、乞食同然の姿となり、手の平に蒲鉾を一本載せそれを買つてくれとて私方に賣りに來た事がある。其後ある町に出て、全くの乞食となつて居たが數年前餓死した旨聞いた。

兎角、自分が尊大に構へて他人を卑下するものは一生の勢運が良くないものであるが就中、晩年の運が最惡い。

五十七、鉛筆を舐める癖

大して害はないが勿論良くない、不潔でもあり、又鉛筆が早く役に立たなくなる。若し鉛筆書でも書くものが鉛筆を舐めたら書は絶對に書けない。(鉛筆書を書く人は鉛筆を大切にするから舐める様な事はない) 私が幼少の頃小學校に居た時、一度一寸鉛筆を舐めて受持の先生に叱り飛ばされ、それが恐しくてそれぎり止めた。其後私が某學校で敎員奉職中、受持兒童の全部が此の癖を有して居るので、此れを矯正せんものと、色々苦心したが何分一年生から今日迄長い間、癖に成り切つて居るので遂に矯正し得なかつた。

五十八、人に反對する癖

此の癖に就ては、左の如き、面白い様な、悲慘な様な、馬鹿らしい皮肉な實話がある。

或る處に金次と言ふ男が居て、何でも人に反對せねば承知せぬ人間であつた。彼れは大兵肥滿な大男で力も強く屢々暴を振ふので人が恐れて誰も相手にしなかつた。二十七八歳の頃までに暴行傷害罪で數回監獄にも入り、親からも勘當を受け、木賃宿を轉々して流浪を續けて居た。或る時土地の休日に村の青年が數名、途端の小店に集合して巫坐戲て居り、例の金次も來て遊んで居た、處へ唐助と言ふ一人の老人が車に酒樽を三挺積んで通りかけ、これも例の小店に寄つて一服して居た。處が若連が大勢居る事故、いつか力自慢の話が出てかの金次が大に自分の力を自慢した處、唐助が、彼を煽動してかの酒を積んだ荷車を挽いて坂を上らせてやろうと思ひ、(小店から向ふは二十間ばかりの急坂があつた)金次に向ひて「それでも此の車を挽いて一人では此の坂を登れまい」と冷かしたから、金次は「何んの此の位のものが何だ」と例の車を挽いて遂にかの坂を登り切つた、處が唐助は初めから金次を煽動して、車を挽いて坂を登らしてやろうと言ふ計略だから、金次が車を挽いて坂を登る後から次いて行き、心中に手を拍つて笑つたが、今金次が坂を登つて絕頂に達したのを見ると同時に

「とう〳〵やつたなワハ……」と笑つたので金次は初めて計られた事を知るや大に怒り、車を後に戻してかの急坂に向け突き下した故、車は非常な勢で、かの急坂を降下し、小店の向側にある數間の斷崖から前方の川の中に飛び込み大音響と共に車諸共、微塵となつて壞れた故、サア大騒動となり、金次は直ちに引致せられて刑に處せられた。

その後約一年ばかりの後、金次は激しい淋疾をやり、長い間の疾病で痩せ衰へ、二本杖を杖いて漸く歩いて居た。處が例に依り、或休日にかの小店に若連が數名と唐助が集合して何か面白い事をやろうと話して居る處に、橋向ふから金次がそろり〳〵幽靈の様に成つて出て來る姿を見た大勢が「金次の反對癖を利用して蚯蚓を呑ましてやろう」と相談して居るとは知らず、大勢居る處に來て持ち前の「負け惜しみ」「へらず口」を叩いて居た處、青年の或る一人が、「淋疾には蚯蚓の蔭干しが一番良く利く」と言ふや他の若者が「それに違ひない、わしもそれで直つた」と口を合せて勸めた處、かの唐助が「何、それが利くものか、利かんことを己れが知つとる」と横槍を入れたので金次が承知せず、先年の事件以來、頗る不仲になつて居た事も感情を激する一因となり、双方「利く」「利かぬ」で金次と唐助が大激論をやり、他の若連が仲裁して「兎に角利くのだから唐助さんそんな事言ふな」と唐助を押へて置き、金次は人を頼んで町の藥屋から蚯蚓の蔭干しを三匹買つて來て貰ひ、之を刻んで粉末とし、一度に呑んだ。

金次がかの蚯蚓を呑むまでは、何とか話して居た若連が、金次が蚯蚓を呑むと同時に眼と眼を見合せて急に立上り一人も殘らず、歸散して仕舞つた。金次は何だか變に思ひぶつ〳〵言ひ乍らこれも後から立上つて歸途に就いた。

其の夜、金次は俄かに眼が傷みだし、朝までには赤く腫れて飛び出し、黄粉を掻いた樣な膿が絕へ間なく流れ、黎明までには全然物を見る事が出來なくなつた。

翌朝早速一軒の醫師の許に行き診察を受けた處、醫師から「何か呑んだか」と聞かれ「何も呑みません」と僞答して肯ぜず、醫師から「それでは他の醫師の處に行つてくれ」とて拒はられ、それから二軒の醫師の許に行つたが皆拒絕せられ手當の施し樣がなく遂に失明するの止むなきに至つた。

金次が愈失明したとの噂があつた時、村の者が擧つて喜んだばかりでなく、かれの兩親や兄等までが泪をこぼして喜んだ、之を見ても、如何に彼れが他人は勿論、親や兄弟にまで憎まれ嫌はれて居たかが判る。

此の種の例は無學階級ばかりかと思ふと決して左樣ではなく、隨分素養のある人でも此の性癖のある人がある。

或る處の中學校の校長に有名な反對癖のある極端に威張りたい人があり、其の校內には澤山な柿の木があつて柿がなる、處が職員や小使などの中に子供のある人は、かの柿を取つて子供に喰べさせたいが、然し「子供に喰べさせ度いから」と言つて校長にお願ひするとすぐに「何を言ふか柿一つでも學校の財產だ、公の財產を私に費消する事は出來ぬ」と大音に叱り飛ばされる故、職員達は皆心得たもので、先づ自分達の子供を二三人柿の木の下に行つて置き、それから恐る〳〵校長の前に行き「唯今どこの子供か二三人參りまして、柿をもぎ取ろうとして居りますが、實に怪しからぬ事で、引捕へ親を呼び出して引渡してやりませうか」と御伺ひをすると、かの校長はすぐに「何も柿の一つや二つもいで取つても良いではないか、可愛想に子供じやもの君行つてもいでやれ」「然し公の財產を私に」「ぐづぐづ言ふな、早く行つてもいでやらぬかッ、早く行けッ」

五十九、差出る癖

眼に險があり、眉が濃く急に上り、出齒のものは、兎角他人の事柄に干涉する事を好む癖を持つものである。萬事に於て圭角多く、他人より指彈を受くる事が多い。

六十、戶、障子を開放しにする癖

深い謀を廻らす事の出來ぬ人である、從つて餘り將來の事を考へる事をしない。又多くは中流以下の家庭に育つた人で胡盧を思ふの念に薄い。

六十一、雷を恐れる癖

此の癖のある人の中には、淫蕩な人物がある事もあるが、總じて長命しない、多くは憶病な人物である。

六十二、物覺への悪い癖

藥種屋に行つて「木龍」と言ふ藥を買ひ求め、粉末とし白布の袋に入れ、土鍋で水二合を一合半に煎じ、一日三回位に分服すべし。三日位服用して數日間休み、又二三日服用すべし、甘味を好む人は服用の時、少量の砂糖を入れるも妨なし。物覺へ良くなる事不思議である。

六十三、口豆を鳴らす癖

大して弊害はないが、下品である、電車の内などで、大きな女が頻りに口豆を鳴らして居るなどは周圍の人々の耳觸りにもなり、如何にも其の人の品性の下劣な事を表はして居る。

六十四、茶を酷飲する癖

茶の濃いのを酷しく飲むものは、晩年に至つて必ず眼疾を發して失明するに至るものである。或る處に岡田と言ふ其の當時四十五六歳の官吏が居て、茶の濃厚なのを餘り激しく用ひるので評判に成つて居たが、五十歳前後からいつとはなしに眼が惡くなり視力が衰へ五十五六歳の時には殆見へない位に成つた。

又大阪市に安井と言ふ牛乳屋があつて、そこの妻女が年の若いにも似合はず、濃茶を飲まねば生きて居られず、食事以外にも絶へず茶を入れ更へて飲んで居たが、三十八九歳で失明して盲目となつた。又私の郷里にも有名な茶の好きな女が居たが、四十六七歳で眼疾を患へ遂に失明するに至つた。此の例は他にも澤山あるが凡て餘り濃い茶ばかり飲む人は必ず晩年視力が衰へ、或は失明するか、若しくは失明するに至らずとも、甚しく視力を減じ、或は兩眼又は片眼が失明に近い程度になる事は確かである。

六十五、潔癖と不潔癖

潔癖に就いては有名な故事がある事故、今此處に申しませんが、此の癖のある人は多くは神經質で僅かの事に立腹、昂奮し餘り長命しないものである、又交際も狹く、子供の數も少い、然し青年時は此の癖がある人も、晩年に至れば幾分融和するものであるが、若し尙融和せず長命する人があれば、晩年孤獨で仙人肌の人になつて仕舞ふ譯である。

又不潔癖の人には子供が澤山ある人が多い（或は子供が澤山あるから從つて次第にかくなるのかも知れぬ）又物事に頓着せぬ、優長とした頓重性に富む人が多い。

更に同じ潔癖でも一部分にのみこの癖のある人がある、不潔癖も其の通りで、他の事柄に就ては普通人と相異る事はないが、或一點に就いてのみ、不思議に此の癖を持つて居る人がある。これに就て實に面白い實例があるが何れも現存中の人で、私とは少し緣故のある人達ばかりであるから此處に載せる事を遠慮する。

六十六、喊聲癖ご低聲癖

常に喊聲を發して口語するものは、短慮で屢々人の惡口を吐いて他人と衝突する。又低聲癖のものは性格が陰險で內心に淫毒を含んで居るから注意しないと罠にかけたりする。聲は常に常音に其の人に聞へる程度で話すのが良い。殊更に無關係の他人に聞へる樣に大きな聲を出したり、人の話を（自分に關係のない聞くべからざる話を）偸聞して急に大聲に笑つたりする女は必ず低能である。

六十七、人の秘密を探り、又は人の姓名、職業收入、經歷等を聞きたがる癖

世の中には何とかして、人の職業、收入、資産、姓名、經歷を聞く事を欲し、又は人と人との關係(秘密な事)を色々に手を盡して知りたがる癖のある人があるが實に下品な事である。初對面の人に挨拶が濟むと直ぐにそろ〳〵と經歷を聞いたり、月給の高を聞く人がある、私の知人にもこの流の人が一人あり、挨拶がすむと直ちに月給額を聞くのが癖になつて居ますが、この人は非常に嫉妬深い性格の持主である。

六十八、極端に理屈を言ふ癖

相學の敎へにもある通り、極端に僅かな理屈を押す人は遂に發狂するに至る事がある。凡て餘り些少な事を追及するのは、人格が小さく見へて良くないが、殊に既に過去の事柄に屬する何等利益のない事を掘り立てゝ詮議するのは百害あつて一益がない。孔子も「異端を責むるは害あるのみ」と敎へられた。

處が世の中には人の理屈が氣に入らぬと何處までも追及せねば聞かぬ人があるが、後には發狂する

に至る事がある、俗に「理屈氣違ひ」と言ふのがこれである。この理屈氣違ひに二種類あつて、一般社會の爲めになる理屈を徹底的に追及する種類ならば頗る良いが、唯机上の空論に失する理屈だけ言ふ氣違ひが時々居る。この種の氣違ひは甚だ厄介なもので、自分では餘程偉い人物の樣に思ひ込んで理屈ばかり言つて居るのだから始末が惡い。讀者諸君の眼界にも必ず滑稽なのがある筈だから考へて御覽なさい。

六十九、人の嫌がる事を言つて快とする癖

表面、人が尊敬して居る樣でも、內心に怨んで居るから、まさかの時に必ず、返報をやられる。或る處に新聞の記者が居て、平素人の嫌がる事ばかり言つて威張つて居たが、市會議員の候補者に二度も立つて、得票は殆なく、其の中、記者は免職となり、衣食に困る樣になり、昔の知合を賴寄つて行つても誰も相手にせず初めて夢が醒めて後悔して居る人がある。

七十、船醉ひの癖

多くは小心小膽の人である、又目先慾な小智惠のある人に於て多い。但し、非常な暴風雨で全船員が船醉を催すが如き場合は此の限りにあらず。

七十一、他人の荷物の中を見たい癖

お嫁さんを貰つた其の夫が、妻の持參した荷物の中を檢べて見たく、又婿さんを貰つた娘が夫の荷物の中を探して見たいものであるらしい。妻（又は夫）が留守になると頻りに在中の品を檢査調査し、或は書面でもあるとか、或は、日記でもあると必ず讀んで見る、其他どんな品を持つて居るか、一々品評をやるそんな人は必ず、他人の事柄を彼れ是れと批評したい、多くは嫉妬深い人である。人に依ると他人の荷物の在中品を檢して羽織が何枚、帶が何本、指輪が何個と言ふ樣に數を覺へて居り、若しくは貯金の通帳を調べ預入高と引出高を差引計算して幾何の貯金があるなどと、人の事を吹聽して廻るものがある。甚だ人格のない下品なやり方で、こんな人物に限つて小成に安んじ大成をせぬものであるが、それよりも晩年の運勢が必ず惡い。

七十二、冷飯に茶を掛けて食べる癖

温い飯を食べる事が嫌ひで一生冷飯に茶をかけて食べる人がある。相經にもある通り、冷飯に茶をかけて喰する人は、性格が不精で決して掃除などせず、座敷中、埃りだらけに成つて居ても何とも思はず平氣で座つて居る人物である。

或る處に女であるが、每時冷飯のみ食し未た曾つて一度も温飯を食さない人が二人ある。又それが好きな程度の人は十數人あるが、何れも女に多い。其の中でも最、極端なのは冬季、一度に一週間分位の飯を一度に煮て置き、温い飯はいけぬとて、態々冷やして喰べるが然し、如何に冬分でも六七日間も經過すると飯が往々腐敗する事がある。處が本人はその腐敗した飯が却つて良いとて、寒冷の爲め凍つて居る飯に熱湯を注いて食べるのを、唯一の樂しみとして居るのだから手がつけられぬ。不精な事は此上なく室內の掃除など一度もせず、家の內は埃で充滿して居るが本人は平氣で居る。

七十三、一小技を誇る癖

此の癖のあるものは決して大成功しない。古語にもある通り、「小技に慢ずるは功せず」で大人物は決して一小技に慢心する事はないものである。

誰でも幼少の頃、何か特種の一技があると人が賞めるから、調子に乘つて自惚心を起し誇り度いものであるが、此の種の人物は結局が斗筲の輩にて成功して人の長となる事はない。

私が少年の頃同僚に頗る能筆の人が居て、大に能筆を自慢して居た、其後中學校を卒業して或る官廳に奉職し、他の同僚は月給十二圓であるのに本人は能筆の故を以つて十三圓で採用せられた。その當時、十二圓と十三圓とは一圓違ひで非常な差であつた。其後彼は數回昇級し、遂に書道を以つて立つ迄に至り、某會社の秘書に採用せられ今日に至つた。然し彼は今、かの會社で月給七十五圓を取つて居る。(同時に中學を出て十二圓の月給を取つて居た同僚は、其の會社の重役に成つて一萬圓以上の年俸を取つて居る。)恐らく同級生でかれぐらひ安月給の男は他にあるまい。つまり彼は、稍能筆であつたのが邪魔に成つて彼れの成功を妨げた譯だ、現今、政界で有名な、井上某氏は少年時能筆で自慢して居た處、彼の叔父さんが彼れの前途を思ふの餘り彼の使用する大事な硯を庭石に打ちつけて壞し、以つて彼れを激勵したと言ふ逸話を聞いて居るが、果して彼れは叔父の言に發憤して後年有名なる政治家となつた。

これも實例であるが、私等の同級生に彫刻に巧な人が居て、少年時大に之を誇つて居たが後、印判屋に成つて、貧しい暮しをして居る。

凡て一小技に慢ずる人は大成は出來難い。

七十四、飯又は菜の上に鹽を振りかけて食べる癖

食事の度毎に飯又は菜の上に多量の鹽を振り掛けて食べねばきかぬ人がある、多くは奇行に富む人であるが、短命、就中頓死をする人が多い。

七十五、人の顔を横目で一寸見て直ぐに眼を他に外らす癖

人に依ると、一寸他人の顔を見て直ぐに眼を他に轉じて見ぬ樣な格好をする人があるが、甚だ氣持の悪いものである。此の癖のある人は必ず猜疑心が深く、且つ高慢で我儘なものである。或る所に某と云ふ女教員が居て此の癖があり、屢々養子を貰つたが、何故か養子が皆逃げて歸り、中には子まである仲を離緣して去つた。勿論前記の猜疑心、高慢、我儘が原因して居るのである。

七十六、口髭が下向きに捲き込む癖

凡て口髭が縮んで卷き込む者は執拗性を持つて居るが、就中下向きに卷き込みひつくり反るものは甚しく執拗性を持つて居る。私は此の流の髭のある人を數十人知つて居るが、或る時某檢事（執拗性で有名な人物）を鑑定した處著しく口髭が捲き込んで居たので成る程と思つた事があつた。

七十七、朝顔を洗ふ時の癖

朝顔を洗ふ時に齒ブラシを使はず、唯指頭に少量の鹽をつけてちよつ〳〵と齒を擢るだけで置く人がある。

又お座敷に座蒲團を敷いて其の上に座り、窮屈に洗面する人がある、大阪に某と言ふ辯護士が居て其の一家族が毎朝洗面するのに此の流で行るのを見て驚いた事がある。

又洗面に際して、口を嗽ひする時、グーゴーと大音に吐聲を出す人があるが、甚だ下品であり、早朝の時など近所の人達は迷惑千萬である。右三癖共に偏骨な人物に多く、其の性格が萬人向きがしない。

七十八、間食癖

幼時放縱な家庭に育ち、內訓の至らざるものがあり、長じて後、尙得意の境遇に至る事を得ず、顏色蒼白く痩せた人物に多い。且つ胃を損じて餘り長命せぬものである。

七十九、爪を長くする癖と短くする癖

爪を長くして爪の間に垢が一杯溜つても平氣で居るのは第一不潔であり、又だらしのない嫌なものである。且つ餘り長爪で居る人には勞働を厭ふ横着なものが多い。

右に反し、屢々爪を短く截る人には、神經質や短慮な潔癖家も多いが又聰明な勞を厭はぬ人物が多く凡てに（精神的にも、肉體的にも）健全なる分子が多い。

昔し支那の國に長爪の風習があり、各指の爪の長さを二尺位に延ばし、竹の管などを箝めて之を保存し、勞働せざる事を誇つて居た。今でも支那のある地方に行くと此の風習の殘つて居る處がある。其の他アフリカの野蕃國などに行くと殆爪を切らない。凡て爪を長くする風習のある國は亡び、短くする風習の國は文明も速く開け且つ榮ゆる事は事實である。

八十、帶をぐる〳〵卷にする癖

酒を飲むと必ず酔ふて亂暴する、又酒にだらしがない。其他家庭若しくは事務に就き、不取締の人物が多い。

八十一、流行の尖端を行く癖

何か、流行物が出ると眞先に買ひ入れて使用し、又は態々人を訪問して其の品を見せつけに行き、又流行語でも出ると、頻りに其の流行語を使つて見ねば承知しない人があるが、多くは衆より嫌はれるか、笑はれるものである。

八十二、食後必ず便所に入る癖

此の癖は一寸考へて見ると、何でもなく直ぐに止みそうであるが實はなか〳〵止まず、食後必ず一度便所に行かなければ、身體が保てない人がある。女は多く姙娠時に此の癖を發するものである。

八十三、夫婦眼と眼で物を言ふ癖

廣い世間には、能く新夫婦が親や兄妹の見て居る前で盛んに、眼と眼でラヂオを交換して笑つたり喜んだりする人があるが、他から見て居ると實に氣障なもので、必ず家庭内に圓滿を欠ぐ原因となるものである。

八十四、瓢箪を磨く癖

或る處に暇へさあれば、瓢箪を磨かねば承知せぬ人が（男女各一名）あるが、兩者共に一度精神に異狀を來たした事のある人達ばかりである。

八十五、大言壯語癖

一生の間に數回の損失、又は災難を免れない、そんな譯で大概一度は破產し、又旅に走るものであるが、必ず失敗して晩年はみじめな境遇に陷る。

八十六、臆病で强がる癖

口では强がりを言ふて居ても、其の實臆病なものは、聲が浮いて語調に底力がない故すぐに判る、多く人の過去に屬する失敗を語つて得意とし、自己の成否を話す事を嫌ふものだ。

八十七、獨斷癖

世の中には、當然、上長や關係者に相談せねばならぬ事柄を相談せず、獨斷で行り拔く人があるが、多くは失敗して他人の同情もなく晚年に至り困る人が多い。此の癖のある人は一寸、手先が利巧で小理屈を言ひ、性格頑固で容易に他人の諫言を容れないのを常とする。然かも他人と意見を違へるのは勿論、血緣者と屢々衝突するの結果、晚景はどうしても孤獨たる事を免れ難い。

八十八、常に懷に手を入れて居る癖

此の癖のある人は、性格が物臭で働く事をせず、萬事几帳面な仕事は到底出來ぬが中には思考力のある人があつて、商賣などで、一攫千金の大儲けをする事もある。私の知人に此の種の人で成功した人が二人ある。故に商賣には適する事もあるが、職人には絕對に向かない。

八十九、毎朝瀧壺に飛び込んで水垢離を取る癖

此の癖のある人は、常に元氣で活氣横溢し良いのであるが、一旦病氣になるとなか〳〵直らない故結局短命である。或る所に小さい瀧があつて、そこに始めて移住して來た、某と言ふ一官吏が、非常に此の水垢離を取る事を奬勵し毎朝行つて居た。此の水垢離を取ると、後がさら〳〵として頗る心地が良く、冬でも一日身體が温かで快いが、何故か此の習慣ある人は皆長命せぬ。そんな譯で一時流行したこの習慣も今では誰も行る人がない。凡て身體を極端に取扱ふ人はどうも長命せぬと言ふ事が統計の上に現はれて居る。

九十、他人に對しては愛嬌好く交際し家族に對しては苛酷なる癖

他人に對しては、常に愛嬌好く親切に交際して居るが、宅に歸ると家族に對して氣六ケ敷く始終不機嫌で苦虫を嚙み潰した樣な顔をして居り、僅かな事柄を極端に責めて止まない人物がある。此の種の人物は中年に一度、他人の爲めに計られて、大失敗をし、晩年は卑族の前で頭が上らず、比較的早く隱居をして、孤獨な淋しい餘生を送る。それに反して、他人とは時々衝突をする事を辭せないが、

宅に歸れば好々爺でよく家族を愛する人物は、中年敵を受くる事があつても、晩年は必ず兒孝を受けて、温情賑華なる家庭に一家團欒の樂しみを採る事が出來る。

九十一、常に口の廻りに手をやる癖

他人に交際して萬事キマリの悪い、手持無沙汰な變屈な人物である。又多くは口許の格好の良くない、齒列の調はぬ人である。性格陰險で他人の排斥を受け、晩年は甚しく孤獨な暮しを爲すの止むを得ない。

九十二、立小便をする事を好む癖

人に依ると便所内に入る事を嫌ふて兎角草の中に立小便をする事を好む人がある。都會の立派な洗流式のがある場所ではそんな事はないが、田舍なぞで設備が完成して居ない所に行くと、小便だけは必ず便所に入らずと立小便をやる。此の癖のある人には潔癖家が多く、特に不淨を忌むからである。

九十三、夜間點燈して眠る癖

多くは淋しいからであるが、中には賊に對する用心だとて點燈して就寢する人もある。然し家内に點燈して居れば、賊は却つて入り易いのではないでせうか。何れにしても不經濟でもあり、又熟眠し難いから不攝生でもある。幼少の頃から此の癖をつけて置くと長じて後も尙、點燈せねば眠られぬ樣になるから就寢時には特別の事情がない限り、消燈すべきである。

九十四、常に外出を好む癖と、居宅を好む癖

常に外出を好む人は元氣があり、活潑な男性的な人物に多いが、兎角、財的には不自由勝ちである。又常に居宅を好む人は家族を愛する險約家が多い。但し此の種の人の中には、時に口先ばかり八釜敷い小膽低識の人も居る。

九十五、頻信癖

餘り必要もない事に屢々書面を出すものは、性格が輕卒であり、失敗する事が多い。或る處に或る種特別の身分職業の人が二人あつて、每日双互より一音信宛の書面を交換する事を約し、如何に多忙な日でも、病中でも必ず一信を發し、又歌などが出來るとそれを電報で送つて情意を通じて居たが後大失敗をやつて大層、社會の批難を受けた、其後どうも算望が狂ひ勝ちで容易にかの汚名を取返す事が出來相にもない。

漸次交際を薄くし遂には其の土地に居られなくなり逃亡するに至るものである。晩年は勿論旅地にあつて唯獨り憂愁な月日を送る外はない。これに就て非常に面白い實例があるのであるが、少し都合があるから省略する。

九十六、人に手數を掛けて何とも思はぬ癖

九十七、理由なくして他人に物を與へる事を好む癖

他人に理由なくして金や物品を惜氣もなく只で與へる人が時々ある。こんな人は普通には珍らしいがそれでも時々ある事がある。昔では紀文大盡の息子などは有名であるが、明治初年から近代にかけて、千萬長者の息子で此の癖のある人が數十名あつた。然しそれ等は皆巨萬の資産を有し生活に困らぬ人々ばかりであるが、中には餘り有福でもないのに、自家にある、唯一の家寶を持ち出して平氣で他人に與へた人がある。此の種の人は遠からず貧窮に困しむ事となるべきは勿論であるが、多くの場合配偶者（妻）の心掛けが惡く眞の貞操を盡さぬものが多い。たとひ幼少時に此の癖がありとするも長じて後好配偶を得る事は困難である。

九十八、價額を根切る癖

品物を買ふ時、必ず價格を根切らねば買はれぬ人がある。元來が僅かの品物で根切る程の價格でもないのに、たとへ一錢でも二錢でも根切らねば氣が濟まず、少しでも先方(賣る方)が負けねば買ひ得ぬ習慣の人がある。かくの如き人は中年急病で死するか、若し長命すれば、晩年は必ず孤獨である。某所に二名(男一名女一名)此の癖の人があり、かの男の方が隨分吝嗇な人物であつたが、二十歳ばかりの時、初めて汽車に乘らんとし、汽車賃を根切つて驛夫に叱られたので有名であつたが二十五六歳の時急病で死亡し、又女の方も四十歳ばかりで頓死した。

九十九、上座に着く事を好む癖

他人と同席した際、地位、又は身分不相應に上座に着席する事を希ふ人がある。多くは短命であるが、たとひ長命しても一生成功しない。

百、呪(まじな)ひをする癖

病氣其他何か變つた事があると、直ちに呪(まじな)ひをしてそれで病氣や災難を免れようとする人がある。

呪ひも信心の一種で惡くはないが、然し呪ひをやる爲めに醫療を妨げ、又は人間としての義務を盡さぬと云ふ事は良くない。或る所にお稲荷さんを信仰して居た魚屋があつて、或る日例のお稲荷さんでおみくじを引いた處「ことし一年は無事」と出た、そこでかの魚屋君大喜びで居た處、數日後急に發病し、其の容態がコレラ病らしいので、急いで右のお稲荷さんに使を立て呪をして貰ひ、全快するのを待つて居ましたが、なか〳〵全快する處か、病勢は刻一刻險惡となり、翌日遂に死亡した、この魚屋は神又は稲荷を信仰すると言ふ事と、願を掛けると言ふ事を混同して居るのである。神佛を信ずるのは、先づ自己の身を清淨潔白にした上での話であり、願をかける事は人事を盡してこれ以上人力では如何共する事が出來ないと言ふ絶對絶命の塲合に限るのである。信仰と願望とを混同し、公道を踏まずして迷路を辿るからこんな結果になるのである。

之を要するに癖のある者は、一體に長命せぬが、若し長命すれば、何れも晩年が孤獨である事が能く一致して居る。

観相學の實地應用、後篇終り。

観相餘談

一、夫婦の心得

觀相學の奥秘傳に「夫が妻に對して囁語多きときは、妻に於て、浮定を爲すに至る」と謂ふのがある。古書には註釋が施してないので、理由が判らぬが、右の語を強いて解釋すれば左の通りになる。

（上略）夫は妻に對して常に或る程度の威嚴を保ち、家庭内は相當嚴格にし放縱淫逸を警しめ、妻は夫を畏れ侍き、溫情を互有する仲にも、敬愛の念を拂はるべき筈であるが、餘りに夫が囁語多く殊に秘すべき事柄迄殘らず告げる時は、從つて輕薄なる行動も多くなり、妻は毫も、夫を恐れず敬はず、自然に家庭内は亂雜放縱に流れて、取締りなく、淫逸に耽り易く、又餘りに囁語すれば夫としての、深みも重みも奥床しさもなくなる故、妻は漸く夫を飽ぐに至る、（凡て多辯な人は周圍から嫌はれ易いものであるが、私が今此處で饒舌と申しますのは、唯單に夫が誰に對しても多辯の意味ではなく、夫が夫として或は男子として、或は職務上絕體に秘すべき性質の事柄を、他人に對しては能く其の秘密を守つても、妻に對してはどうしても守り得ない人がある、それを指すのである）そこで妻は、夫に深みも奥床しさもないのを見拔き、一種の寂寞を感ずる樣に成る、この奥床しさを失すると云ふ事と夫を慕はぬと云ふ事が、不祥事を生む大原因と成るのであるが、尙外に夫が妻に對して餘りに告げ口をする時は、妻は夫の心の底を十分に見て取り……（中略）是皆夫が妻に默秘すべき密談を、打明ける爲めに夫の間隙を見せ與へ、妻は夫の心中を讀み切り、夫に奥床しさも深みの無きを見拔き飽き心を生じ、遂に此の結果を生ずるに至るのである。

一、妻が夫に對して囁語多き時は夫をして放蕩に陷らしむ

世間には能く「夫が放蕩で困るどんなにしても其の放蕩が治らぬ」とて悲嘆して居る人があるが、そんな人に限つて夫には非道い告げ口をする、つまり告げ口をするから夫が放蕩に成り、又妻は夫が放蕩をするから、何とかして、之を直さんものと、夫の機嫌を取り、色々珍らしい話をし告げ口をする、それで益々夫は放蕩に成ると云ふ結果を生ずるのである。

或る處に有名な理屈家があつて、お嫁さんを貰つて間もなく、妻が夫に告げ口をした爲め同僚と大衝突をやり、仲裁が入つて仲直りの宴會をやつたが、其後屢々妻が告げ口をした爲め、他人と衝突しては和解の酒を呑んだ。

そんな事が原因で遂には藝者買ひをやり出し、大の放蕩家となつて、少時の間に家產を蕩盡して、今では殆乞食同樣に成つて居る。然も細君が夫に告げた事實が、甚しく誇大であつて殆捏造に近い事が發見せられたが、何分、妻は夫に對して忠義立てをして、自己の貞操の堅いのを、見せる爲めに云ふたのであるから、それが僞りである事が知れても、夫はそれを叱る事をしない。

假令それが事實であつても、夫と他人が大衝突をする樣な事柄を、告ぐべきではないのであるが、扨てそこが告げ口の本性故、どうしても告げねば置かれず、針小棒大に告げて得意がるのである。處が其んな事が度々重ると、周圍が皆敵に成るから、夫は四面楚歌の裡に在つて極端に煩悶し、やけ酒を飮み、暗い方面の女に關係して家を顧みない。そうなると妻は愈々夫の歡心を買はんとし、益々色々な事を告げて忠義立てをし、自己の貞操を示して夫の心を引戻さんと焦れば焦る程、夫の心は段々遠ざかり行くのである。これも前段の話と同樣餘り囁語が多いと、妻としての奥床しさが毫もなく成り夫から飽かれる樣に成るからである。

或る所にこんな實例があつた。夫は體格が偉大であり、力が強く大變な喧嘩好きで、どこにでも喧嘩があると聞けば、直ぐに飛んで行き仲間入りをして、喧嘩をせねば聞かぬ人物であつたが、恰其の妻なる人が、非常な告げ口の名人にて、或る時夜遲く自宅に歸へる途中、道側の家に喧嘩をして居るのを見て、急いで我家に歸り夫に向ひて「今何某方に喧嘩をして居るから早く行つてやりなさい」と夫をけしかけた爲め、それでなくても喧嘩好きな夫の事故、直ちに飛び出し例の家に馳せつけて、仲間入りをし大喧嘩の末お定りの酒となり、其夜は遂に町の料理店にて飮み明し、其後も屢々行つては散財した。

又或時、人が夫の友人の噂をしたのを聞き込み、それを夫が歸るのを待ち兼ねて告げた、それは夫の事では無かつたのであるが、夫が聞いて承知せず、友人と組んで、噂をした男の家に押しかけて行き六七人と一人と大喧嘩となり、結局、告げ口をした妻を證人として呼んで調べた處が、それが何でもない、唯の笑談である事が明になつたが、夫は毫も妻を叱する事無く、結局例の酒となり、二次會、三次會と、大散財をやつて大變な借金を釀した。

其の後も屢々、妻の告げ口で大問題を惹起し、夫は益々やけ酒を飲む様になり、負債は漸次尨大し數年後に、身代限りの處分を受けた。

妻が何でも夫に告げるから夫が煩悶する、他人と衝突する、自暴自棄となる、妻が奥床しくないから飽きが來る、飽きが來るから他に女を拵らへる、放蕩になる酒を飲む、家を外にして遊び廻る、妻はそれを苦にして何とかして夫の歡心を得て、放蕩を止めんものと夫の歸宅を待ち兼て、ある事無い事皆告げる。

「誰それがあんたの惡口を云ひました」「誰それはあんたが大散財をして居ると云ひました」などと告げるから、夫は立腹して直ぐに其の男の許へ怒鳴り込み、大喧嘩をやり酒を飲みに行く。この例が毎時繰り返される、そこで妻は益々夫に色々な事を告げて、離れ行く夫の心を引き戻さんとし、夫の心は愈妻を厭ひ嫌ふて放れ行くのである。

故に放蕩でどうにも仕方の無い人の妻を見ると、必ず告げ口をする人である、これが前章と好一對にて、古書にも解釋が付けて無いから、古人は如何なる理由でかく斷定したか分りませんが、察するに餘り囁語が多い爲め、夫を煩悶さすから夫は常に心中平ならず、遂には、やけ酒をアホル樣に成るから結局放蕩が止まないのである。兎に角理屈は第二の問題として、告げ口をする女を妻に持つ夫は、皆放蕩に成る事だけは絶對に間違ひない。

又夫が妻の心の底を讀み切ると、妻を欺くのに最好都合であるから、妻はいくらでも欺かれる。その反對に妻が夫の心底を知り拔く時は、妻は夫を計るのに最好都合であるから、夫は常に妻の爲めに計られても、氣が付かず妻を信じて居る。此れは大は國際、軍略から小は圍碁、將棋其他日常の交際掛引に至る迄、此の理を免るものない、殊に夫婦の間柄では其の關係が密接であるだけ、配偶者の眞意を悟る事も敏く、其の虛を十分に知る事が出來る譯であり、又如何に優れた人物でも、其の最短所を以てすれば、無能なる人の長所に比して及ばないのである。故伊藤公の軍略を以てしても、韓國統監時代に於てかのお紋と云ふ、小娘の爲めにホン弄せられて、非道い目に遭つたのは有名な話ではないか。

そこでつまり、夫をして放蕩ならしめない樣にするには、左の結論通りするのが最上策である。

一、常に夫をして吾を監督せしむべきである。

一寸考へて見ると正反對に妻が夫を監督して居れば、夫は放蕩に成らぬ樣な氣がするが、それは大なる考へ違ひである。妻がいくら夫を監督せんとしても、夫は外に出て放蕩するのであるから、妻の力を以てしては監督は到底出來ぬ、然し、夫が常に妻の側を離れぬ様であれば決して、外に出て放蕩は出來ぬ。官吏ならば退廳時間が來るのを待ち兼ねて、ヤッサモッサで走つて歸る、決して藝者や妾の處へ行つて巫坐戯ては居られぬ。他を監督するものは、自ら責めて素行言動を愼まねばならぬから、夫が妻を監督して、其の範を示さんと思へば、先づ自分から改めねばならぬので、自己が放蕩に身を持ち崩す暇はないのである。

唯此處で誤解せられては困る事は、「夫をして吾を監督せしめよ」と云ふのは「夫をして妻を疑はしめよ」と云ふのではない、夫妻の間柄に何等の溫情味もなく、恰、看守が囚徒を監督すると同様に解釋せられては困る。私の申しますのは「夫妻間は溫情味を以て接せねばならぬのは勿論、常に放れ離れにならぬ様に努め、愛は一時に全部費消せず、小出しをする事に心懸け、又奥床しい花より敬慕の美果が實る事を忘れぬ様にせよ」と云ふのである（監督云々は適語ではないが對手が夫である故特に此の言を用いた迄である）

先年羽仁女史が、朝日新聞主催、朝日講演會の席上に於て「天眞爛漫は婦人の生命」と題して講演せられましたが、私はあの演説を聞いて大に感動し、特に例の講演集を買求め右講演の處を數回熟讀して其眞味を味ひました。今倘座右の銘として居る次第です。然も女史の所謂「天眞爛漫は婦人の生命」と云ふ意味と決して矛盾する事はありません。此處の理屈は甚だ六ケ敷ので一寸考へて見ると如何にも矛盾する樣に思はれますが、能く熟考すれば其の然らざる事が判り眞味を悟る事が出來ます。

最後に一つ夫婦間に於て…………殊に妻として大に參考となる事柄をお話致します。

或る處に一軒の貸座敷があつて、そこの樓主が大變酒癖の惡い男にて「酒を飲むと必ず醉ふて亂暴する」と云ふ厄介な人物であつたが、或る時例に依つて外で强か飮んで歸宅するや否や、大亂暴を始め、そこら邊りの道具を片端から投げつけ、御座敷の障子、襖全部打倒れ女將や女中等は悲鳴を上げて命からぐ逃げ出したが其時、恰、二階には刑事が四名來て娼妓と遊んで居り、かの樓主が亂暴を始めた物音を聞いて、取押へんと思ひ起き出んとした處、四名の娼妓が申し合せた樣に自分の客（刑事）を抱いて放さず、刑事は色々離さんとしたが、娼妓がいつかな摑へて放さず、遂に階下に降りる事が出來なんだが、其の中に例の女將が附近の巡査交番所へ驅け込み、訴へたので巡査が三人飛んで來て、暴れ狂ふ樓主を捕縛し警察署に引致し、一夜勾留の上翌日放還した、處が該樓主は巡査の處置を不當なりとし直ちに辯護士を賴み三巡査を不法逮捕監禁で告訴した。

樓主の言ひ分は「私は酒を飮んで自宅內の器具を壞したが、それは私の所有品故、罪にはならぬ、それに巡査が來て毆つた上不法にも逮捕し一夜監禁した」と云ふにある。

又巡査の主張する處に依ると「右樓主の妻女が交番所に驅け込み急を訴へた故、直ちに出張した處亂暴の限りを盡して居た故、取押へんとせしに頑强に抵抗し、巡査に暴行を敢てしたので止むなく逮捕し、一夕の檢束をしたのだから當然である、決して毆打した事はない」と云ひ双方公判廷で激しく爭論したが、結局女將が證人として喚問せられ「私は夫が亂暴しますので、交番所前迄逃げて行きました處、巡査がどうしたのかと問はれました故、今夫が酒に醉ふて困りますと申しましたら、巡査が取押へてやるとて三人で走りて行き、私も後から付いて行つて見ました處、巡査は三人して夫を强か毆りつけ、ねぢ伏せて後手に縛り警察署に引致せられましたが、私は主人を縛つて下さいとも勾留して下さいとも申した事はありません、皆巡査が勝手にした事であります」と申し立てた。

勿論右女將の證言は當を失して居るのであるが、夫が正氣に復し、公判に迄成つた曉には、右の如き證言を敢てしたのである。そこで氣の毒なのはかの巡査で三名共に越權の廉により（毆つた事が判明し）免職に成つた。

其の後例の刑事が四名、かの娼妓の處へ禮に行つた「能く抱き止めてくれた、お蔭で免職にならずにすんだ、若しあの時抱き止めてくれなかつたら、我々四名は免職になつて居るかも知れぬ」と云つた。その時かの娼妓が口を揃へて「素人なら放すかも知れませんが商賣人は放しませんよ、それを放す樣な女では、とても男の愛は受けられません」「それは丸切り男を理解せぬ女です」と云ふて笑つた。

此の一語實に穿ち得て千金の價値がある、世間よくある夫から見捨てられる細君達は以て座右の銘と爲すべしだ。

二、偉大なる心性の力

白き花に棲む蝶は白く、黃なる花に棲む蝶は黃色である。即ち學者の所謂、保護色とは此の事である。此の保護色は何故に出來るものであるかと謂ふに、それは其の周圍の色が、かの動物の心性に映ずるから、全身の色が周圍の色に同化して仕舞ふのである。故に雪國に住んで居る人は凡て色が白く、熱帶地方に住んで居る人は黑い。

處が此處に一つ面白い現象がある。周圍の狀況が轉化して行くに連れ、色、形狀、性質等も亦、漸次、變化して同行進展する事である。

例へば北極に居る熊は、四時雪の中に居るのだから、保護色の關係上、全身が常に眞白であるが、是れを温帶地方若しくは、熱帶近くに連れて來て、飼つて居ると、その生んだ子は餘りに白くはない例へ白くても白い樣が異ふ。更に其の子、又其の子と數代を經る時には、白熊は漸次灰色から、茶色となり遂には黑熊に化する。又鷄の如きも、眞白のものを墨で染めて黑くして飼つて居ると、其の子は半黑位な色に成り、更に其の孫の代に至れば全身眞黑に成つて仕舞ふ。

又錦魚の尾の長いものを選び、番を飼つて置くと、其の子は更に尾の長いものに成り、又反對に頗る尾の短いものを選んで飼つて置くと、其の子の尾は一層短いものに成る。

稻の如きも早稻の中で、最早いものを選び出して、翌年の種にすると益々早稻に成るが、反對に最遲いものを選んで翌年の種にすると漸次晩く成る。

就中最極端な例を擧ぐれば、蛸は敵に追窮せられて逃げ場が無く成ると、側の岩にでも泥にでも、密着して自分の色を岩又は泥の色と同化して、敵の眼を晦まして難を免れる。又或る種の守宮になると、常に自己の體色が、周圍の色と同色に轉化して止まないものがある。故に青き草の中に入れば體の色は青色と化し、黑き泥の中に、潛めば泥色と成つて、見分けがつかぬ樣に成る。樹に上れば、その樹の色と同じ樣に變化し、土の上を這へば土色に化するから、容易に發見する事が出來ぬ。これ等は保護色の中で、最たるものである。

心性の影響する事は、動植物類でさへ、實にかくの如くである、況んや人間は智能が發達して居るだけに、其の影響を受くる事が極めて甚しく、就中其の姙娠時に於ける、父母の精神狀態が、其の兒に與ふる心性作用の猛烈なるに至つては、到底想像の外である。其の兒の性格……聰明暗愚……に至りては其の原因、一にかゝりて父母が受胎の一刹那にあるのである。

換言すれば父母が姙娠する刹那の感情狀態は、其の儘出生兒の性格と成つて現はれるものである。

故に刹那に於ける父母の感情が、透明、喜悦、華賑、敬愛、孝悌であれば、生るゝ兒も、それと同一の性格を具有すべく、之に反し、夫婦抗爭の結果、兩者の和解を一時に得んと欲し、或は父母が甚しき逆境に陷つて奸詐、邪謀の絶間がなく、苦惱中に受胎したものは、其の兒の性格も亦、奸詐邪謀たるを免れない。

又其の刹那に於ける、兩親の感情が融和せずして、大なる懸隔がある時は、出生兒の性格は喜怒愛憎常なく、頗る圭角の多いものに成つて仕舞ふ。唯々、兩者（父母）の嗜好、趣味、希望、健否等が遺憾なく合致し、喜悦の感が、滿ち溢れて居る時に、受胎したるものにして、始めて釋伽孔子の如き大聖人を生み得らるゝのである。

然かも此の刹那に於ける感情は得んと欲するも、平素より身を愼むにあらざれば、唯其の一刹那に誘發合致せしむる事は到底不可能であるから、平素より修養陰德に努めて、俯仰天地に恥ぢない……高潔なる人格を造つて置く事が肝要である。

三、丙午に就て

近來、丙午生れの女が屢々自殺する旨新聞に出て居る。原因は丙午生れだからとて、誰も嫁に取る者がないから、それを苦にして自殺をするに至るのであるらしい。丙午生れの女は何故に嫁に取り手がないのであろうか。其の理由とする所は、此の種の女と結婚すれば「夫は必ず勢負けをして短命である」とか、又は「夫婦喧嘩が絶へない」とか云ふのである。

然し考へて見ると、實に馬鹿氣た事だ。丙午生れの婦人で堂々と成功して居る者もあれば、夫婦仲よく揃つて長命して居る者もある。夫婦の緣があるか、無いかは、丙午生れであるか否かには因らぬ丙午生れでない婦人で、多婚した者もあれば、刑に服した者もある、そんな譯で何も丙午生れの女が特別不運な理由は毫もないのであるが、既に今日では社會一般の人が丙午生れはいけないとて、それが不文律の如くに成つて居る結果、兎角、丙午の女は賣れ行きが遠い、それを苦にして淺墓にも自殺を企てたりする。女の事だから、緣付きが遠いと、身も世もあらぬ思ひで、遂に自殺するのであろうが、實に馬鹿な事だ、何も自殺をせんでも好い。嫁に行かれねば獨身で成功すれば、それで好いではないか。丙午の女が屢々自殺するから「それ丙午が自殺した。」「又丙午だ」と何か事があれば、益々騷ぎ立てられる樣に成り。今では一般の人が信ずる樣に成つたのであるが、根を洗つて見れば勿論何等根據の無い一種の迷信に過ぎないのである。

昔支那の國に丙午の歲に當つて、種々の天災地變があり、爲めに此の歲に生れたものは、或は性格が偏狹であり、或は素行が淫蕩であり、若しくは盜奸を敢てする者があつたから兎角丙午はいけないと言ふ事が評判に成つた。我が國でも、八百屋お七の如き女（丙午生れが）、放火を企てたりした事があつた故、漸く一般の人々が「丙午生れは良くない」と言ふ事を是認するに至つたのであるが、然し天災地變は決して丙午に限る譯ではなく、從つて淫蕩、奸弱なる婦人が必ずしも丙午生れでは無いのである。かくの如き迷信を持つ事は、文明國の一大恥辱であり又國家の損失であるから一日も早く此の迷信を驅除せねばならぬのである。

唯、此處に一つ忘るべからざる事は、相學の敎へに「大海括るが如きものは干支を折傷するを愼むべし」と謂ふ言がある。「大海括る」とは痩せて頤が長く尖りて居るを言ひ、「干支を折傷する事を愼む」とは、十干、十二支の掟を守りて之に反せぬ事である。

凡て痩せて頤が細く尖り、顏色の青白い人物には神經過敏なる人物が多く、此の種の人は僅かな事柄をも氣にして、或は憂鬱し或は昂憤する故、そんな人物は成るべく、干支に逆はぬ樣にし、憂鬱、昂憤の原因を避くべきである。故に旅行、移轉、新築、宗教等は勿論結婚に就いても、兩親や兄弟の言を排してまで、强いて事を好むの擧に出づるが如きは却つて宜敷くない故、かくの如き際には先づ兩親、親籍等上長に相談して、事を決した方が穩當である。但し迷信と知つて斷然是を排擊するの勇ある人士は、丙午生れと結婚しても、決してそれが爲めに、災害を惹起する事はないから、安心し決行して差支へない事を斷言して置く。

又其の他の厄年もこれに準じて考ふべきものである事を附言して置きます。

四、観相學上より觀たる繪畫及び佛像の鑑定

數年前、上野の或る繪畫の展覽會に乙と云ふ書家が書いた、一枚の書が出て居た事があつた。その書は、大石内藏之助が一力樓に登樓して、遊興して居る情景を書いたもので、内藏之助が座して居る前には、杯盤が並べられ、後方には三名の遊女が、扇子を持つて立つて居り、何か囁語して居る所の場面であつた。(該書に付せられた價格は慥か二千圓であつたと思ふ。)

私はかの書を一目觀るなり思はず噴飯した。なぜなれば、大石内藏之助は有名な忠臣である、かれは、大石家に養子に貰はれて淺野長矩の家老職となり主の仇討を遂げた後は、當時の掟に依り切腹を命ぜられ、特に今日迄かの大名を殘し得た、數奇な運命を辿つた人である。

所がかの書には、忠臣の相が全然無いのは愚か、眼が三白眼(下白眼)とて大不忠臣の相が極端に現はれて居り、養子の相などは更になく、明に强盜殺人犯の相が書かれてあつた。又後世にかの大名

を殘し得たる美名相とは全然正反對に、大變な凶名を傳へて後世より、非常な批難を受くる相に書かれてあつた事である。

内藏之助を書けば一、養子の相（從つて長男にあらざるの相を加へ）二、主の意を繼いで主の仇を討つの相、三、自殺の相、四、後世にかの高名を傳へ得たるの相、の四ヶ條のみは是非共書かなければならぬ。それでなければ、内藏之助にならぬからである。

然るに正反對に强盜殺人の相や、大不忠臣の相を書いて大石内藏之助とは笑止千萬な次第である。次にこれも右の書と同時にかの展覽會に出て居た書ですが、三四歲より七八歲までの小兒を五六人書いたのがあつた。

所が其の書の中に居る二名の童子に、子供には絕體にあり得ない相を書いてあつた。それは外でもない、陰謀を企てゝ天下を覆し、己れ王者たらんとする大逆罪を、今將に實行しつゝある相を書いてあつたからである。四五歲の子供が、何で陰謀を企てたり、天下を覆して己れ王者たらんと希望する筈がない。長じて由井の正雪や、丸橋忠彌の如くなれば、其の時には漸次、該相が濃密に成つて顯はれるでせうが未だ五六歲の小兒が、今、旣に陰謀を實行して居る筈がないのだから此の書も全然無價値のものである。殊に、顏面の他の部に相當良い相が書かれてあり、一人の顏面に二個の正反對の現象が顯はれて居るのだから笑止の至りだ。かゝる矛盾した事を書いて平然として居る書家も間違つて居るが、又これに氣のつかぬ社會も呑氣千萬な話である。

次に是も一昨年あたり、或る書展に楊貴妃が風呂から上つて、今將に腰卷を着けんとして居る、裸體畫が出て居た事があつた。成る程巧妙に書かれ頗る美人に出來て居たが惜しむらくは、楊貴妃の眞がない。

楊貴妃は古書にもある通り、性毛錦糸の如く美しく光澤あり、引けば二尺に餘り、放てば縮んで、寶珠の玉の如く、毛域三角形をなして錦の毛氈を見るに似て居たのは有名な話だ。

凡て昔から高貴に上りし婦人の性毛は何れも錦色を帶び長さ尺を越へ何れも縮んで玉になつて居た。殊に楊貴妃の如きは毛長二尺以上に及び寶珠形をなして居たので名高い。

然るにかの書には、黑色の短い毛を上り形に書いてあつたが怪しからん書き方である。

其他信長、秀吉、家康、頼朝、光秀、山本勘助等を書いて全然正反對のものが屢々ある。各人に依つて或は片親に緣薄く或は義父母、兄弟あり、或は短命、或は長命、或は子孫榮へ或は子孫亡び、時に美名を殘すものあり、或は醜を後世に晒す者あり、然るにこれ等の相を眞に書いたものは殆見當らぬ。嚴密に審査したなれば合格し得るものは殆ない、唯、多くの書中、殆眞に近いものが書かれてあるのは、日蓮聖人の相のみである。

更に佛像に就いて言へば、有名な奈良の大佛は、福德圓滿にして佛像として、殆一點の缺點なく出來上つて居るに反し（唯鼻の孔が圓形になつて居るのは不合理）鎌倉の大佛は、作者が參詣人の拜み易い爲めを思つてか、頭部を前に屈め過ぎた結果、姿勢が崩れて居り、横から見ると、幾分卑屈に見へる。

兩國の大佛、護國寺の大佛共に口唇が尖り過ぎて甚だ下品である。佛像の口唇が尖る事は決してあり得ない事だ。

私は先年別府に遊び例の別府の大佛を拜みに行きましたが、これは、殆佛像には成つて居らぬ。

第一髮際（額の上部）が下に下り過ぎて居る爲め額が狹くて、他との懸隔が採れない。（顏面は三區に分り、髮際より眉までを上停と云ひ、眉より鼻頭までを中停と云ひ、人中より頤迄を下停と云ふ。この上中下停を合したものを三停と稱し、長短が常に一致すべき筈のものにて、佛像は、頭髮の寶珠が大きく卷いて居るから勢ひ額が狹く見へるが、然し實際に於ては三停は殆一致して居るのが良い）

第二、佛像の額には何れも白毫とて疣の如きものがあるがこれは、額の中央司空と云ふ部位にあるものにて、これが餘り高くついたり、低くついたりしてはいけない、然るにかの大佛にある白毫は眉と眉との中央に着いてある。（眉と眉との中央は命宮とてかゝる疣の如きものがある事を許さない部分である）

第三、眼が全然死んで居る、佛像は眼を中眼に見開いて、眼瞼に波（上下に搖つて居る事）のある事を許さない。

第四、口の兩端が下つて居る、佛像の口は海口と稱して、兩端が稍上るべき筈である。これが下りて居ては下品でいけない、如何なる佛像の口でも兩端が下つて居るものは絶體にないのである。然るにかの大佛は口の兩端が著しく下つて居る。

私は以上の四ヶ項を記して右大佛の作者たる入江某に照會した處、入江氏より、直ちに回答があつた。

其の書面に依ると「私は其の方面には全然素人にて、唯信心の餘り頼まれて造つたので、貴殿の如き專門家に見られては恥しい」との事であつた。

この回答を讀んだ私は、同氏の純なる性格及び信仰心の偉大なる點に對して、大に敬意を表した次第であるが、唯一つ遺憾なのは、氏が該工事に着手せらるゝ前に今少し、佛像に就て調べられたならば好かつたのにと思つた。

東京、京都、奈良にある、博物館及び三十三間堂等に安置してある佛像は大概規定に適つて居るから非を打つべきものは殆なく良く出來上つて居る。これは當事者が其の道に精通して居たからで、其の苦心も亦察するに餘りあると言はねばならぬ。

五、陳先生と其の乳母

今から凡そ三千年ばかり前、支那の國が宋と云ふた時代、桃源と呼ぶ片田舍の或る川岸の小屋に生れて間の無い一名の嬰兒を捨子にしたものがあつた。

かの捨子は可愛い男の子であつた。空腹を感じながらも、餘り泣きもせず路傍の小屋の内に置かれた儘で居た。折よく其處を通りかゝつた、青衣の一婦人が、かの捨子の顏を暫く見詰めて居たが、何を思つたか、つか〱と側に寄つてかの嬰兒を、抱き上げ、己が胸を寬げて大きく張つた乳房を取り出し乳を與へながら「ほんとに此の子は偉い子だ、こんな偉い子を捨てるとは、不幸な親だ、將來此の兒が大成功した曉には、實の親達はさぞ後悔する事だらう」と獨語いだ。

其後かの青衣の婦人は毎日一度宛、此處に來ては、例の捨子に乳や食物を與へる事、三年の長きに及んだ。そして該兒の利發な事は驚くばかりで、三歲の時には既に普通の子供の七八歲位の智慧があつた、發育もよく、丸々と肥へ太り日增しに小兒特有の魅力と愛嬌とを、增して來るのを、見るにつけても、かれを育て上げた婦人の喜びは非常なものであつた。

かの兒が四歲の時には、到底母の婦人が及ばぬ程の智慧がついて居た。或る日かの兒は母婦人に向いて「母者よ、我が師は、何れに在するか」と尋ねた。これを聞いたかの婦人は兒の前に兩手を仕へ「尊者の師はこれより、北方千二百里を距たりたる、華山と言ふ處に一つの石室あり、これに坐禪しましますゝ、麻衣老祖と云ふ聖者の外ありませぬ、尊者はこれより往いて麻衣老祖を、華山の石室に訪れ給へ」と敎へた。

麻衣老祖と云ふのは、當時宋朝第一の博學にして且つ人相を觀るに妙を得て居た仙人であつた、然しかれは、仙人特獨の性格から、一切の凡俗を避けて、此の石室の內に閑居し、外來者と顏を合す事は殆どなかつた。彼は一度壁の中に入れば、姿は消へて唯聲のみ聞ゆるを常とした。そんな譯で數名の召使ひの外、誰がなんと言つて賴んでも一名の弟子さへ採らなかつた。

或る朝、麻衣老祖は、珍らしく召使ひの者に向ひて「今日は一名の童子が入門に來るが、これが將來予が嗣となる英才である、汝等は注意して出迎へよ」と命じた。これを聞いた周圍の者は從來曾つて例のない事だから、不思議な事に思ひ、半信半疑で居た。

其の日の午后、石室に老祖を訪ねた一童子こそ曾つて桃源に捨てられ、青衣の一婦人に育てられた無名の孤兒であつた。かれが石室に辿り着いたのは彼の六歲の時であつたらしい。故に彼れは、桃源を發して以來、この人里稀な華山の石室に訪ね至る迄前後三ヶ年を費した譯である。

童子は直ちに老祖の內弟子となる事を許され、名を陳と命けられた。老祖は他に一名も弟子をも採られず、又陳は他に師とすべき人物がなかつたから陳は老祖の爲には唯一の弟子であり、老祖は陳の爲には唯一人の大切な師であつた。

陳が老祖の許に入門したのは、老祖が凡そ百五十歳位の時であつたらしい、そして老祖は三百歳の長壽を全ふしたから、陳が老祖に仕へた期間は約百五十年に及んだ。陳が敎を受くる爲め老祖の前に出づる時には、斯界獨特の三拜、九拜の禮を執つて一度も怠る事なく、又師の室に入る時間の如きも百五十年間、毎日一分時も違ふ事がなかつた。更に驚くべきは、老祖は陳に相學を敎ゆるに當りて、一語をも發せず、無言の儘、以心傳心の法を以つてし、其の特種の事柄に至つて中央に据へある大火鉢の灰に砂書をして僅かに其の要領を示し以つて全部の秘傳を讓つたと言ふのだから眞に驚嘆の外はない。

かくして陳は學才日々に至り、識見は歳と共に益々高邁を加へ鑑識徹底、妙察神に入り遂には老祖を凌駕するに至つた。

老祖は時の帝王から、屢々禮を厚くして招かれたが、一度も應じなかつた。其の都度、陳をして帝王の招聘に應せしめた。陳は師命を奉じ、王者を觀相して、皈る時の如きは、其の行列の壯麗なる事實に眼を醒すばかりにて、王者よりの贈物を積んだ車が三十里の長い行列をしたと言はれてある、陳は師命に依り、前後六代の皇帝を鑑相して、遂には大朱號と云ふ尊い位を受くるに及んだ。此の大朱號と云ふのは、現今で言ふ正一位、大勳位、功一級と云つた様な位にて當時これ以上の位はなかつたのである。然るに陳は遂に此の位を贏ち得たのであるから、位の上から云へば、師の麻衣老祖を凌駕して居る譯であるが、師恩を感ずる事の深い陳は、自己の位が上る程益々老祖を敬ひ仕へ、曾つて禮を欠くる事は無かつた。

後、老祖、歿するや、代つて陳が石室に入つた。陳は老祖と違ひ多くの弟子を養育して、相學の隆盛に努めた。老祖は自己の死期至るを知るや多くの相經を火中に投じて燒いたに反し、陳先生は多數の著書を後世に殘して相脈の長く榮へん事を祈つた。今日多くの相書が傳はり、斯學の大をなせるは陳先生が老祖より受けし相法を種々に潤色して後學に傳へたものに外ならぬ。即ち陳先生は相學今日の粹を成せる中興の祖であると言ふ事が出來る。世に白雲道人陳希夷（ちんきい）先生と云ふは即ちこれである。それにしても、陳の幼時陳を一見して、其の非凡なる學才の萠芽たる事を見拔き、之を育て上げてこの大をなさしめたる、かの青衣の一婦人こそ天晴れ眼識ある賢婦人と言ふべきであります。

六、麻耶夫人と観相者

「既に醫藥が効を奏せぬ上は、百計盡きた。此の上は廣く國内に觸れ渡して、観相に堪能な者を擇み出し、夫人を相させ、そして患病か姙娠かを、見定める事にせよ」

淨飯大王は、愛する皇妃、麻耶夫人の出産が長引き、多くの醫官をして、種々に、診察加療させても遂に姙娠か否かさへ、判明せず、其他加持祈禱など、色々手を盡しましたが、一向其の効果もなく、窮餘の策として、此の命令を臣下に下したのであつた。

當時、印度の國に於ては、哲學、相學などが今日の吾々が想像するよりも、ずつと、より以上に發達して居たらしく、此の命令を聞き傳へた多くの觀相者は、年來の琢磨の功を現はし、名を上ぐるは此の時であると、吾も吾もと召しに應じて、伽毘羅城に參集するもの百名の多きに達した。

此の時淨飯王は、かの多數の觀相者を堂上に召され侍臣に命じて

「麻耶夫人の胎內、眞の姙娠か、若しくは、疾患のせいか、精しく看相せよ、能く見究めた者には相當の賞與を下さるべき旨」

申し渡されましたから、これを聞いた諸相者は一齊に拜伏し、互に吾こそ皇妃を觀相して、印度、第一の大觀相者たる、英名を贏ち得んものと、侍臣と共に麻耶夫人の居ます、靑陽城に赴き、抽籤により順番を定め、順次に夫人を觀相する事になつた。

所が麻耶夫人の方では、烏將軍から上奏する、淨飯大王の命令、及び多數の觀相者が參入せる旨を聞かれ、大に憂ひ給ひ

「躬らこと、深閨に引籠り既に永らく沐浴せず、梳らず、然るに今多くの、相者に見ゆる事は、面羞き限りである。大王にお願ひして、觀相を受くる事は、お取り止め給はる樣」にとて容易に承諾せられない。

此れを聞いた、烏將軍は大變心痛し、

「仰せはさる事でございますが、大王が御身の上を案じ煩はせ玉ひ、高德の驗者に祈禱させ、或は諸國に名醫を需め、今又、天下に名だたる相者を召聚へらるゝも、皆な是れ、御身を愛幸し玉ふ處の帝恩であります。然るを辭み玉ふは違勅の科を免れません、何事も君の御爲め、御身の爲めと思召され、枉げて相者に謁を賜はる樣」にと夫婦言葉を盡して諫めましたから、麻耶夫人も止む事を得ず、

「それでは其の準備せよ」とて玉殿に立出でさせられ、帳を垂れ相者を一人宛召入れて愈々觀相させる事になつた。

そこで、待ち構へて居た百名の相者達は代る〳〵后妃の御前に進み出で、其の玉貌を相しましたが、何分にも天のなせる美人にて久しき御惱みに、稍、面瘦れは見へますが、素雪の肌、鮮に、桃李の面、麗しき事譬ふるに物なく、后妃のお面に向ふ者は皆、其國色に眼を奪はれ、恍惚として醉ふが如く、更に妊娠か病痾かの判定をする事が出來ない。そんな譯で烏將軍から再三注意を受けて漸く氣

を取り直し、鑑定したが妊娠なりとの斷定を成し得た者は一名もなく、何れも申し合した樣に「疾患のせい」と答へ、最初の一人より九十九人まで、大同小異はありましても皆一樣に「妊娠にあらず」と斷定したのであつた。

所が最後に殘つた、唯一人の老翁が居た。頭の髮は眞白く、恰も雪を被つて居る樣、額には四海の波をたゝみ、腰は弓の如く屈み、藜の杖にすがつて、皇妃の御前に進み出で、夫人の相貌をつくづく眺め、潸然と涙を流し一語も發し得ず、咽び入つた。これを見た烏將軍は大に訝り、咎めて

「先程より九十九人の相者、皇妃を看相して各々其の思ふ所を述べたのに、翁一人左右の考文をも申さず涙にむせぶは、如何した譯か速かに觀相の結果を申上げよ」と言ひました。

此の時かの老翁は漸く涙を拭ふて

翁「御不審の旨、御尤でございます、さり乍ら、九十九人の相者、未だ玉淵を窺はず、焉ぞ驪龍の蟠れるを知りませうや。今、私が尊夫人の玉貌を相しまするに決して御疾患などではありません、是れ正しく御妊娠にて、然も三十二相、八十種好を備へ、德、天地に等しき皇太子であります。唯、恨くは邪魅、惡靈の障碍があつて、御誕生の遲るゝは殘念千萬な事でございます」と申上げた。

これを聞いた麻耶夫人は歡びの色が顏に顯れ「此の翁こそ天下の博識よ」といと嬉れしく思はれましたが、然し何事も口に出しては言はれません、烏將軍も御妊娠と聞いて心の中に勇みながら、尙翁

の說く處を聞かんものと、兩者の間に左の如き問答が始まつた。

鳥「是まで名譽の典醫皆御疾患の故と申し、今又多くの相者も、病氣のわざと判定したのに、翁一人御姙娠であると言明し、殊に三十二相八十種好具足せし皇太子でましますと申すは、如何なる證跡があつての事か。」

翁「私は不敏でございますが、后妃を御觀相申上ましたのは「天聞通」と申しまして普通の觀相者の窺ひ知らぬ秘法に依るものにて、九曜、七曜、廿八宿、十干十二支、三十六禽の星を配當し、天地二門を勘考し、五龍、七道、五陰、七儀、五位、七德を分けて、四神相應の理を考察し、六明大有三質、十二運を配列し、陰陽男女の位を見定め、斷定したものでございますから、拳を以つて大地を打つは外れましても、此の斷案が違ふ事は絕對にございません」

鳥「老翁左程に觀相の技に達し、皇太子胎姙せらるゝ事を見定むる上は、上御一仁より、下萬民に至るまでの幸福なれば、慶賀をこそ申上べき筈ではないか、それに却つて忌はしく淚をこぼして泣いたのはどう言ふ譯であるか。

翁「さればでございます、私は老ひさらばひ、忍ぶにも忍び得ず、貴人の前にて不吉な淚を流しまして、何共恐れ入つた次第でございます。さりながら其の理を申上げませう。前にも申しました通り尊夫人の胎內に孕らせらるゝは玉の如き、皇太子にて、刀劍水火の上に產落し給ふとも敢て御命には障りなく、成長せられます。けれども此の君は、四天下に王として轉輪王の位を踐まるゝ太子ではありません、必ず出家、學道して妙覺無爲の法位に昇り、一切種智を成し、清淨法輪を轉じ、天人倶に利益を被り、五百の大國、三千の中國、無量の粟散國の一切衆生を濟度し、諸願を滿たしめらるゝ、法王如來と成らるべき皇子であります。然るに私は、老年積りて、九十餘歳、明日をも知らぬ老夫でありますから、此の千載一遇の好時機に接しながら、此の皇太子の學道成就し一切衆生を濟度せらるゝ、結縁に會ひ得ぬ事の悲しさに覺へず落涙致しました次第でございます。」

と答へ上げた。これを聞いた烏將軍がイヤ喜んだのなんので、飛び上つて歡んだ。殊に夫人は歡びの餘り思はず聲を發せられ、直きぐ老翁に向はれ、

夫「實にいみじくも相せし翁であるよ、今卿が詞を聞いて躬らが胸中、俄に雲霧を拂つて日光を拜する樣な氣がします。これ烏將軍老翁の勞をねぎらひ、賞を與へ倶に王宮に參つて、この事を大王に奏しなさい」

と言ひ捨て奧殿深く入らせられた。

烏將軍は、皇妃の命であるから、厚く老翁をいたはり數多の金銀財寶を取り出して、かの老翁に與へ樣としましたが、老翁は、袖を拂つて一物をも受けません、再三勸めましたが、猶固く辭して受け取りません故、止むなく翁を伴ふて王宮に參上し、翁が勘文の旨を具さに啓奏し、且つ賞を受け取ら

ぬ顚末をも申添へました處、淨飯王は之を聞かれ一度は歡ばれ、一度は憂ゑらる。其の歡ばるゝ所以は、后妃の妊娠、相違なく、然かも、皇太子降誕ましますの旨、其の憂ゑらるゝ所以は、出生の皇子十善萬乘の寶位を望まれず、出家學道せらるゝ事である。然しながら、多數の觀相者中、唯一人妊娠であると見定めた技倆と言ひ、又多くの賞物を受けぬ潔白な精神と言ひ、古今未曾有の聖相であるよ」とて叡感斜ならず、更に淨飯王より、莫大なる莊園を與て行ふ旨、仰せられましたが、老翁は猶も固く辭退し杖を曳いて退出致した。

其後王命に依つて官吏が右老翁の行方を尋ね捜しましたが、遂に其の行方を知る事が出來ず、惜しい事には此の聖相の名を後世に傳ふる事が出來なかつた。

×××　×××　×××　×××

麻耶夫人は妊娠せらるゝ事前後三ヶ年に及び、果して、玉の如き皇太子を出産せられた。これが後年世界三聖の隨一人と言はれた、佛敎の開祖、幼名悉達太子、後の釋尊其の人であります。それにしても、麻耶夫人を相して釋尊の學道成就をまで豫言し、且つ何等の報をも求むる所の無かつた、かの老翁の技倆、識見こそ、後世の觀相者は以つて龜鑑となすべきではないか。

七、阿私陀仙、悉達太子を相す

悉達太子が五歳に成られし時、恒例に依り、加冠の儀式があり、淨飯大王は臣下に勅して七寶の王冠、及び、瑤珞を、造つて之を太子に被らせ、七歳になられてから、父王は普く國内に觸れを出して射藝の堪能を召し寄せ、太子に射術を學ばせられましたが一ヶ月をも經ぬのに悉く、妙所を究められましたから、射師は大變に驚歎し「是は凡人ではない」と舌を卷いて怖れた。

太子が八歳になられた時父王は太子に、文學を學ばしめんと思はれ、群臣を集めて「誰を太子の師としたら宜いか」との御下問があつた。そこで多くの臣下が、色々其の人を選んで見たが、覽弗と云ふ人が博學多才にて、此の人が最適當である、と云ふ事に、衆議一決し、此旨奏聞しましたから、愈々覽弗を師として入門させらるゝ事となり、先づ覽弗を召れて「太子の師範たるべき旨」勅諚が下つた。

そこで淨飯王は吉日良辰を撰み太子を輦車に乘せ乳母、女官、學友諸童子を數多隨從させ、博士覽弗が館へ參らせられましたから、覽弗は、途中まで出迎へ、敬しんで鸞駕を拜し、我が館に請じ、入學の儀式など嚴重に執行し、是より太子を別館に留め參らせ、先づ文道の楷梯ですから、筆道から御敎授申上る事に成つた。

然るに太子は筆を執り、書を學ばるる事、旬日にも至らないのに、天性不測の筆力にて麟馬、虎嘯の畫、懸河驪龍の點、悉く法に適はぬ事もなく師匠の覽弗が遠く及びません。

そこで覽弗は猶も太子の才略を試み樣と思ひ、二百部の世益論、百部の誠諦論、二品の秘書を採り出して太子の御前に置き、

「此の二種の書物の內、御意に叶つた方をお擇び下さい、何れでも御敎授申上ます」

と言上した。

太子は右二種の書を取り上げて少時眺めて居られましたが、心の中に思はるゝ樣、世益論は國を治むるに有益なる書であるらしく、誠諦論は、佛道菩提の書である事が明である。抑々儂は轉輪王の位を踐み、四天下を威服するとも、百年の榮華を極むる事は出來ない、丸が母君、既に襁袍の內に逝去し玉ひ、半日の孝をも盡さない、其の鴻恩を報ぜんには、出家學道して、一切種智を成し、母君の靈をして永く生死輪廻を離れらるゝ樣することこそ、せめての孝道である」と胸中に思慮を定め覽弗に向いて

「丸は唯、誠諦論を學びたい」と仰せられた。これを聞いた覽弗は、心中にアッと驚き「此の太子は國家有益の書をさし置き、佛道、菩提の書を望まるゝは、萬乘の帝位を踐み玉ふ御意はなく、出家得道の御望があると見へる、若し、吾が許に留學して居られる內に、出塵せらるゝが如き事があらば必然大王よりの、激しい責を免るゝ事は出來ない、唯早く宮中に還し參らすにこした事はない」と、

流石に、博學多才の覽弗だけあつて、疾く太子の胸中を見拔いたから其の日はよい程に敎授を終り、其の翌日は、朝早くより、館を出發して王宮に參り、執奏の官人に就いて、
覽「皇太子の聰明叡智なる事は、一を聞いて萬を悟り給ふ程であります。かくの如き聰明は古今未だ曾つてなく後世に於ても亦無かろうと思ひます、かくの如き神才でありますから、とても私が敎導すべきではありません、願くは、宮中に召還し給ひ、別に良き師を選んで師範とせられた方が宜敷ふございます。」
と申上ましたから淨飯王は不審に思はれ
王「太子が汝の許に留學する事、未だ幾許もあらず、何の發達せる事があつてかくは申すや」
覽弗答へて
覽「太子が書を學び玉ふに初めて、筆を下し給へば、點畫悉く法に適ひ、自然に龍牙虎爪の勢を具へ、又書籍を開き給へば天文、地理、禮則、算數其の他諸道の理に通せられざる事なく、私が遠く及びません。」
王「然らば誰を師としたら良いであろうか」
この時覽弗が心の裡に思ふ樣、悉達太子既に、厭離、出塵の望みを有せられるけれども、吾（わし）が今、此の儀を申上げても、到底大王が信せられないであろう、但し維那里國香山に住して居る阿私陀仙人

は、神通力が廣大なる賢仙であるから、彼れを招いて太子の師範としてならば阿私陀仙が、太子の出家せん事を望んで居られるのを知つて、大王に告げるに相違ない、然らば大王が其の言を信じ太子を宮中から出し給はず、太子も亦歡樂につながれて、自然に出家の望みを斷たれる事になるかも知れぬと考へましたから、大王に向つて

「太子の師範たるべき者は人間中にはありません、玆に維那里國の香山と申す深山に阿私陀仙と云ふ神仙が住んで居られます、神通廣大でありますから通せぬ道とてもありません、大王、此の阿私陀仙を召して太子の師とせられたら宜敷ふございます。」

と申上げた。

これを聞かれた淨飯王は大に悦ばれ霓弗には其の儘御暇を玉はり、先づ千人の官人に輦車を舁がせて太子を宮中に迎へ還させ扨て「誰を香山に居る阿私陀仙の許に遣はしたら宜いか」と群臣を集めて詮議せられましたが香山までは、里程何千里もあり、途中には大河嶮山などが多く、非常な難路でありますから、誰も私が行きませうと申出るものがない。

此の時、阿私陀仙人は香山に在つて、廣く世界の有様を天眼通で見て居りますと、今「伽毘羅城主淨飯大王が、吾を招かんとして使を出す事が出來ず、困つて居る」のを透視し、雲に駕して、一瞬の間に、伽毘羅城に飛んで來て、王宮の門前に立ちましたから、番卒等は大に怪しみ

「其の許は、何用があつて此處に來ましたか又名は何と申しますか」
と尋ねました、阿私陀仙答へて
「我は香山に住む阿私陀仙である、淨飯大王が私を招き給ふの意ある事を知つて今此處に來たのである、速かに此の事を大王に奏しなさい。」
それを聞いた門番は、猶疑ひながら、執奏の公卿に就て、斯くと奏達しましたから、淨飯王は且つ駭き、且つ悅ばれ、百官に命じて仙人を堂上に迎へさせられ、初めて面會せられましたが、阿私陀仙の顏は恰も熟せる棗の如く、兩眼は星よりも光り、髭髮悉く紫色にて全く塵俗の類でありませんから大王深く尊敬せられ、其の來意を謝されました。其の時、阿私陀仙が言ふ樣
「私は先に大王の太子が出誕せられ、三十四の瑞應が現はれ、七步の上法語を發せられた事を承りました。然るに毘弗が私を召して太子の師とせよと申しましたのは、彼が一時の方便にて、我に太子を觀相させて、大王に告ぐる所がある樣に取り計つたのであります。私は神通力を以つてこれを知り今此處まで參りました、どうか一度太子に會はして下さい。」
これを聞かれた淨飯王は大に歡ばれ、阿私陀仙と共に月景城に行幸せられ、義母夫人に、仙翁の來意を示され、悉達太子を召して仙人を禮拜させ樣とせられました故、阿私陀は驚いて押し止め、
「太子は是れ三界中の至尊であります、どうして吾を拜せらるゝ譯がありませう」とて自ら立つて

合掌し、太子の足を拜する事を三回繰り返した。この樣を見て義母夫人は仙人に向はれ、「願くは、神仙、太子を觀相して、將來の禍福を示して下さい」と言はれましたから、阿私陀仙は承知して、熟く〳〵と太子の相貌と四肢を眺め一賞三嘆して扨て言ふ樣

「此の君、實に三十二好相を具足して居られます、若し、王位を踐まるゝ事あらば十九歲の時轉輪王と成られるでせうし、又出塵せられるならば、一切種知をなして天人を濟度せられるでございませう。實に古今、未だ曾つて無い尊い相であります」と再び三拜の禮を敢てした。

淨飯王は阿私陀仙に向はれ、

「三十二好相とはどんなことであるか」

阿私陀仙、太子を指して

「一には頂の髮寶珠の如く、二は司室の白毫軟かに、三には、眼の形、午王の如く、四には眼色金精の如く、五には音聲、迦陵頻伽の囀づるが如く、六には舌硬くして鼻に至り、七には山根高く聳へ、八には人中長く正しく、九には顴骨、獅子の如く、十には四の奥齒大にして白く、十一には全齒、齊密にして根深く、十二には齒數三十八箇を數へ、十三には肩圓くして肉あり、十四には身軀端正、十五には體貌獅子王の如く、十六には兩腋の下に肉滿ち、十七には身體各部に滿字の相あり、十八には皮膚滑にして垢を受けず、十九には身の色微妙にして閻浮陀金に勝り、二十には總身

の初毛青色なり、二十一には滿身の毛孔より悉く一毛を生じ、二十二には身體の縱橫等しく、二十三には陰陽調ひ、二十四には兩手を垂るれば膝に至り、二十五には足の形整ひ、二十六には額廣く光艶あり、二十七には鼻梁高く肉ありて恰、囊に物を盛りて吊したるが如く、二十八には口大きく兩端稍上り、二十九には唇の色、眞紅にして光りあり、三十には耳の肉厚く肩に垂れ、三十一には耳の孔に毛を生じ、三十二には臍よく締りて上に向き、格構好し」これを三十二好相とは申すのであります」

と逐一に說明しましたから、淨飯王一々首肯いて聞かれ

「朕が太子、既にかくの如く好相あれば、福是に過ぎず、然しながら、世にあらば、轉輪王となり、出家せば一切種智を成すとの此の兩途、實に雲泥の相違がある、朕は老衰に及んで後は、位を太子に讓り、身は山林に閑居して、風月を友として暮し度いと望んで居る、それにもし、太子出家學道せば、誰に位を讓る事も出來ない。どうか神仙、將來は何れに成り行くものであるか、精しく觀相して示して下さい」

と賴まれましたが、阿私陀は、につこり笑つて「天機漏すべからず、遂に知るべきのみ」と答ふるや否や、袖を拂つて立ち上り右手を高く差し上げると見るや、忽ち雲を招き發し是に打ち乘り虛空に昇り、香山を差して飛び去りました。

八、狐占ひと干支占ひ

狐を一疋捕へて箱の中に入れて置き、辻占を、かの狐の前に持つて行くと、狐が之を咬へるので、それを面白がつたり、或は不思議がつたり、有難く思つて買ふ人がある。

よく見て居ると右辻占賣りが、數枚の辻占をかの狐の面前に持つて行き、恰、人間に向ひて語る樣な調子で「このお方の辻占はどれでございますか、お知らせを願ひます、ほーれ」と言ふや狐は忽ち面前にある一枚の辻占に咬みつく、それから、かの辻占賣りが一度では間違つてはいけません故、今一度伺つて見ます」とて今度は辻占を逆に持ち更へて、再びかの狐の面前に持つて行き「今一度お知らせを願ひます」と言ひながら、前咬へた辻占が恰狐の面前に行つた時「ほーれ」と言ふと忽ち前の分を咬へる。何回やつても同じものを咬へるから不思議に思つて人が買ふのである。

此れはどう言ふ譯であるかと言ふと、最初一疋狐を捕へて一ヶ月間位、飼つて狐を十分可愛がつて狎らして置き、頃を見て、三日間位食物を與へず飢渇せしめ、扨て數枚の辻占を持つて行き「ほーれ」と言つた時、かの辻占を咬へたならば、褒美として、餌を與へ、若し「ほーれ」と言はないのに咬へたら非道い事、狐を虐めて餌を與へず、又「ほーれ」と言つて辻占を咬へたならば餌を與へ、かくする事數日、數百回の後、狐は全く「ほーれ」と言ふ號令が掛れば辻占を咬へ、この號令の掛らねば決して辻占を咬へぬ事に習慣が極付けられて仕舞ふ。それで初めて街頭に出で、辻占賣が右の狐を利用して辻占を賣るのである。

故に狐には唯々「ほーれ」の一言のみが解せられる樣に成つて居るのであるから、若し狐が一度咬へた辻占を除いて他の辻占のみを持つて行つた時には「ほーれ」の號令を掛けぬから、狐は決して咬へる事はない。

かくして人を欺き辻占を賣つて居るのである。かゝる奸手段で人を欺き金を取る事は、即ち一種の詐欺行爲であるから、大にかの不德義漢を憎まねばならぬと同時に、かゝる淺慕な奸手段に乘り狐を信じて辻占を買ふ人が多い一般社會の頭の幼稚なのに嘆息せずには居られぬ。

次に干支(えと)の書いてある札を十二枚持つて居て、客がそれを逆に入れ變へると、其の人の生れ歲を言ひ當てるのがある。これも前記の狐占ひと同樣一寸不思議なから、或る種階級の人々が、頻りに札を逆にしては干支を言ひ當てられ、それから段々釣り込まれて、後には有り金を全部捲き上げられるのが居る。

先づ最初に先生は向ふの方に立つて、色々、口上を並べ駄法螺を吹き大風呂敷を擴張して居る、一人の弟子が、二寸に三寸位の箱の中に例の干支を書いた札を十二枚入れたのを、先生には見へない樣にして、集つて居る周圍の人に札を一枚入れ替へさせる、札を入れかへる人は、自分の生れ年が子の年であれば子の札を入れ替へる、そうするとかの弟子が見て居て左の足を一度上げて下ろす。つまり希望者が子の札を入れ替へれば、一足、丑なれば二足、寅なれば三足と言ふ樣に合圖が出來る（午なれば右の足を一度未なれば二度、或は頭を動かして合圖する方法もある）それを後方に立つて居る先生が、弟子の合圖を見て、子とか丑とか、其の人の生れ月を言ひ當てる譯である。

これも前の狐占ひと好一對の淺愚な奸手段で明に詐欺行爲である。此の種の詐欺漢の中には數人組んで居て、或はサクラを入れたり、時には暴行脅迫を働いて人の金を強奪するものが居るから讀者諸君は宜敷注意せられたい。

九、秦の始皇帝と儒者

昔、支那の國に秦の始皇帝と言ふ有名な暴君が居た。日夜深宮に座して酒色に耽り、誅求苛酷を敢てして民を苦しめた。萬里の長城を築いたのも彼れであり、阿呆宮を建んとしたのも彼れである。以つて如何に其の暴を欲にしたかが判る。

處が彼の暴君にも一つの意に副はぬ者があつた。其れは當時、秦に於ける多くの儒者が筆を揃へて始皇の暴政を攻撃して止まない一事である。そこで始皇はかの自己の意に反する多くの儒者連を鏖殺せん事を決意し吏に命じて悉く儒者を捕へ斬つて坑に埋めしめ更に儒者の有せし多くの書を焚いて再び書を得るの途、無からしめん事を期した。此の儒者を斬つて坑にした事を當時坑儒と言つて恐れた。

後、始皇は、漢の高祖等の爲めに滅ぼされ、世は漢の治世となり上下太平を樂しみ、文學が急に勃興し始めた。然し始皇の爲めに暴を敢てせられた後であるから、貴重の書は殆得られなかつた、處が或る日、古い一軒の家を壞して居た處が壁の中から一卷の書が現はれた。衆が驚いて繙いて見た處、それは易經の一部であつた。即ち、始皇の吏が、儒居を襲ひ、一切の書に火を點じて歸つた後、家人が尙燒け殘つた一卷の火を消して素速くこれを壁に塗り込んで其の災を免れ、後世に傳へたのであつた。これを「壁書」と言ふ。

右の壁書は、上部が少し燒けて不明になつた點があり、又周圍は火の爲めに燒けて全然無い部分もあつた。始皇以前には易は十二卦をなし完全なものとせられてあつたが、始皇の災に遭つて遂に四卦を燒失し、八卦となつた、又筮竹の數の如きも、かの壁書の行の最下端に「四十」とあつて次の行の上端にある「八」又は「九」の一字が上半部を燒殘して居た爲め其の何れに屬するやが判明せず、今に至り易者連が或は九なりと言ひ、或は八なりと駁し遂にその何れが眞であるかを知る事が出來ないのである。

本院に於て過去七ケ年間に卒業試驗に際し教習生に課せし試驗問題

（論文及び口頭試問）左の如し

一、相學上陰陽を論ぜよ。

一、男子の乳は何故に發達せざりしや。若し太古に於て男子も發乳したりとすれば、其の發終の時期及び狀態を述ぶべし。

一、妻、姙娠したる時、夫の臥蠶が豐滿するは如何なる譯か。

一、運命論。本能性論。及び二根を論ぜよ。

一、外形的の加工は其の効果ありや否や、例を擧げて說明すべし。

一、人類の耳は何故に動かぬか。

一、哲學と相學との關係を論ぜよ。

一、相學の起因に就て。

一、夫は多婚の相を有し、妻は一婚にて終るべき相ある時、該夫妻の運命如何。

又、夫は一婚にて終るの相あり、妻には多婚を爲すの相ある時、該夫婦の將來如何。

一、父の死亡したる後、日角に大なる瘡傷を受けたる時、其の結果如何。

一、印堂麗美にして頭骨正しく、鼻梁隆直なるもの、食祿に傷ある場合、如何なる結果を見るや。

一、印堂に懸針あり、頭骨正しく、食祿廣美なるものは其の結果如何、

一、眼甚だ美しく鋭きもの、鼻梁歪めり、如何なる職業を授くべきや。

一、眼、鋭くして光あり、鼻隆く直きもの、其の他の部位は全部破壞せり、成功の途ありや否や。

一、鼻に立理及び傷痕あり、人中にも縱橫の凶紋あるもの、下停頗る豐滿、圓美なり、晩年の運勢如何。

一、醫學と相學との異同を論ずべし。

一、南面を吉祥とするの理由如何。

一、三堂を論ぜよ。

一、白龍を凶とするの理由如何。例あらば例を擧げて說明すべし。

一、鼻、歪むものは何故に異行を好むや。

一、人の性は善なりや惡なりや。

一、祖先の爲したる罪業は、果し子孫に及ぶや否や。若して然りとすればその轉禍法ありや。

一、性格は矯正し得るものなりや否や。
一、轉禍爲福は如何なる時に可能なりや。例を擧げて説明すべし。
一、將來到底緣なき夫婦あり、今、夫は妻を離別せんとして鑑定を求めたり、如何に斷定すべきや。
一、舌、鼻頭に至るを慢じつゝある靑年あり、就職に就て鑑定を求めたり、何職が適當なるや、又彼れの將來如何。
一、路傍に人寄せをなし、詐欺的行爲をなす自稱觀相者の取締法如何。
一、觀相者に對する當局の許可を試驗制度に依る事に改むべし。
一、十萬年後に於ける人類の相貌を想像す。
一、面貌醜惡にして、聲音頗る美亮なるものあり、彼れの勢運如何、又面部美貌にして聲、枯澁せるもの勢運如何。
一、鼻の妻妾に及ぼす關係を論ぜよ。
一、壽線長美にして壽骨豐滿なるもの人中短き時は壽夭の程度。
一、或る人、修業の爲めに自己の陰囊を切り取りたり。果して修業成るや。
一、人中に黑子あるものは、必ず双生を主るや否や。
一、兩耳共に切れて無きものあり、晩運就中財に對する勢運如何。

一、鼻、歪むものは何故に奸を爲すや。
一、臥蠶豊滿なるものに兒女多き理由如何。
一、加川彥豊の相貌を論ず（眼睛眞赤、恰、苺の實の熟せるが如く、僞善相にして子孫の榮ゆる事絕體になし）
一、堺利彥氏を相す（常に頭部を左に傾く）
一、淀君の美貌を以つてして、何故にかの悲慘なる最後を遂げしや。
一、大江匡房、源義家を相す。
一、信長、秀吉、家康三傑の相貌特徵及び相違點を說明せよ。
一、西鄕隆盛の相貌を論ず。
一、告げ口をする者の配偶者は何故に素行を紊すや。
一、一元氣を說明すべし。
一、水難の相、額上に現はる事ありや否や、種類を擧げて說明すべし。
一、人中は上部狹く、下部廣く、鼻も亦上部細く下端豊大なるを正格とす。然らば面部も上額狹く下停廣く三角形のものを良とするの理なり。若し吾人の顏面を三角形に成す事を得ば其の勢運如何。
一、眼横鼻直（眉、眼、口は横に鼻は縱に）成れる原理を述べよ。

一、佛像の上停は何故に狹きか。
一、蛇は何故に執拗性を有するや。
一、癖あるものは何故に短命なるや。
一、人位禽獸に異れるの所以。
一、筋肉の作用。
一、血液と筋肉との關係。
一、爪の効用。
一、骨の主成分。
一、白髮に就て。
一、陳先生の德操に就て。
一、非相の篇とは如何なる事を論せしものなるや。
一、頗る美貌にして一點の缺點だに無きものあらば、果して大成功を成し得べきや。
一、部位の計算法、例を擧げて説明すべし。
一、幽靈の相貌を論ず。
一、賢愚兩相の異れる點。

一、小兒の相は成人の相に比して如何なる特長ありや。
一、臍の効用を論ず。
一、大腦と小腦との關係を論ず。
一、流年法百歳說と六十歳說との可否に就て。
一、長壽者の流年に關し、同一部位を重算するは不合理にあらざるか。
一、山本勘助の奇貌を論ず。
一、仁王の鬼相を論ず。
一、名奉行大岡忠相の明判なりし所以。
一、女は家にあるもの故戸主とし、女尊男卑の制度を設けなば男女の面貌は如何に變化するや。
一、電子に就て。
一、靈感に就て。
一、花が顔面の中央に屬する所以。
一、頭骨の進化に就て。
一、兒の相貌が父の相貌に酷似せる場合と然らざる場合とある理由如何。
一、甘辛の壽夭に影響する處如何。

一、火星に於ける文明の程度。

一、頭骨正しく、鼻梁高直、眼光甚だ鋭く眉毛更になき一人物來りて鑑定を求めたり、詳細に檢鏡するに彼は或る種の疾患に侵され、兩手足の如きも指、具らず。赤貧にして目下無職の如し何職を指授すべきや。

一、天相を改相するの方法如何。

一、精虫より出產迄の經過。

一、異色を論ず。

一、相學上より見たる釋迦。

一、性格に就て。

一、心性を論ず。

一、兩親の聰明美貌なるに反し、其の子に暗愚醜貌なるものあるは如何。又父母共に性格奸惡容貌醜惡なるに反し、其の子に聰明瑞雅のものあるは如何。

一、相者は鑑定に當り必ずしも衣冠帶束を爲さゞるべからざるや。

一、左の言を解讀すべし。

不不不不强。

一、戊申詔書を漢文にて記せ。
一、黄色人種と白色人種との優劣。
一、顏面白色身體黑色なる者の勢運如何。又身體顏面全部黑色の者の勢運如何。

寫眞に依る骨相鑑定を致します

一、寫眞は餘り小さいものでなければ、古くても差支ありません。寫眞の裏面に、住所氏名年齡、身長體重を記載して下さい。
一、鑑定料は一事項に就き參圓。但し身上全般に亘るものは三十圓。何れも前金に限る。
鑑定着手順は料金の到着順に依る。
一、鑑定事項は大略左の通りに就き、希望事項を指摘せられたし。
一、父母、兄弟、姉妹、配偶者及び子孫の關係、妻の素行、家庭の定變、特技の有無、兒孝の有無
出生兒の選名、出産の男女別。
一、壽命の長短、職業の適否、資産の成否、成功の捷路、訴訟の勝敗、事業の前途、奴僕の多寡、
社交の圓滑、白髮の豫防。

一、火難、水難、盜難、藥難、産難、女難、財難、刑難、病難、旅難、傷難、口禍難、食難、世間難、色難、血緣難、印難、職難。

一、昇進、昇級、增俸、贈位、當籤、當選、就職、合格、及第、入學、發明品の成否、又は豫期せざる福德の來入、轉禍爲福、厄年の打開法。

一、結婚要件、旅行、移轉、新築、緣談、事始、井戶掘、竈塗、不淨墳墓、其他家相、地相、方位一切、福神の祭り方、願望の成否。

一、性格、恩愛、怨恨、緣談の成否、疾病の治否、其他希望條件。

最近に於ける本院の卒業生

一、陸軍大尉一名、製菓會社重役一名、市電技師一名、同共濟組合書記二名、大學生三名、天理敎々師二名、中央電氣局書記三名、鐵道省電氣修繕所書記一名、元郵便局長にして現在觀相開業中の者一名、やまと新聞記者一名、鐵道局書記二名、工場主一名、安田銀行員一名、店員一名、入門當時失業者二名、運送業二名、資産家一名、日蓮僧侶一名、復興局官吏一名、吳服商一名

一、卒業生は大半開業し成績何れも優良なり。尙卒業生の記念寫眞は全部本院に保存しあり。

△入門希望者は本院に就いて承合せられたし。

最近に於ける本院の事業

一、觀相學の著述數種あり。
一、毎夕觀相學を教授す。又寫眞に依る骨相鑑定をなす。
一、講談倶樂部（昭和二年三、四、五月號及び同三年正月號）に寫眞鑑定及び論說掲載。
一、キング（昭和三年三月號）に觀相餘談を掲載。
一、博文館講談雜誌（昭和二年七月號より同十二月號迄）論說掲載。
一、警察新聞昭和二年正月より、時々論說及び寫眞鑑定掲載。
一、昭和三年六月、東京日々通信社發行自治業界發達誌に、本院の事業を記載せらる。
一、週刊朝日昭和二年六月十日發行より【夫婦の和合秘訣】と題する論說を掲載す。
一、婦人世界、昭和三年十二月號に論說、昭和四年五月號に戀愛秘訣と題する論說掲載。
一、實業之世界、昭和四年二月號より二ケ月間名士の寫眞鑑定掲載。同年正月グロテスクに論說を掲載す。

一、昭和四年四月中騎兵第二十五、六兩聯隊より骨相學講演の講師として招聘せらる。其他官公署、會社等に於て観相學の講演をなせし事（昭和四年度）約百回。

一、警察協會雜誌。昭和四年六月號に、犯罪相と題する論説掲載。

一、昭和五年四月一日より同五月末迄二ヶ月間京阪地方の有志より招待せられ、十數回特別観相法に就て講演を爲す。

一、昭和五年六月中修文社の求めにより出世の緒と題する著述に論説を掲載す。

観相餘談　終り。

跋

當著述の原稿を書き始めたのは本年二月上旬であつた。それから毎日机に倚つて文を案じ想を練る事が約六十日に及んだ、その間朝は未明に起き、夜は十二時過ぐる迄も執筆する事が屢々であつた。爲めに起居、飲食、休眠が強く不規則となり、漸く身體の不健を認めざるを得ない様になつた。或る夕、例に依つて机に靠たれ意匠の採撰に怏惱苦澁して居た處、突然胸苦しく眩暉を感じたと思つた刹那、急に嘔吐を催したので驚いて屋外に飛び出づるや否や一團の紅に胸衣を染めた。然し家族の驚き恐れん事を憂ひて之を語らず、暫くして室内に歸り其の儘就寢した。

其後容體は日々に疲弱を傳へ止むなく一時、進稿を中止して京阪地方に逍遥し約二ケ月を保養に費した。

昔から能く、文章家、小説家などが、文匠に腐心の結果或は不治の大患を得、或は夢中となつて下婢を驚かし、若しくは視力を失して失明せし苦心談を聞いた事は屢々あつたが、然しその當時は左程にも思はなかつた。今、自分が事實其の轍を踏むに及んで其の深酷さを痛感する事が出來た。序文にもある通り私は幼時身體が頗る虚弱で殆學を受けず、長じて體軀痩醜、狹長、殆醫藥の絕へた暇はなかつたが、其後自ら肥滿强壯法を發明して今日の體軀を得たのである。そんな譯で全然無學と言つても良い私が、此の種の著述を成すには人數倍の苦心を要する事は、止むを得ない事で、又何人も容易に想像し得る處である。

然しながら人の成否、壽夭、性格、嗜好は必ずしも、其の人の素養の程度と一致するものではなく技は其の人特有のものである。故に無學者もよく一技に長じ、算數を知らざるものも能く財を積む事が出來る、如何なる人物も其の道に入らざれば恰低能に等しい、所謂三歲の翁、八十の童とは此の謂である。此の意味に於て私は無學の身をも省みず、此の著を成した事を讀者に御了解を願ひ度い。

然かも、大なる苦心には、大なる快愉が伴ふのである、半歲に亘る苦心の結果は、今此の著の完成となつて現はれ、心中自ら喜悦を禁じ得ないものがある。廣い世間には私と同樣無學に苦しんで居る人が、どの位あるかも知れぬ然も落膽する事なく技を磨き修業を積み、お互に提携して以つて社會の爲めに盡したいのが本書發行の趣旨である。その內容に關しては出來得る限り、神怪不思議を避けて醫化學的方面に根據を有するものゝみを選んで載せた。然かも尙多くの條項中には秘傳隱語の解譯上萬全を期し難いものがあるかも知れぬ。願くは後進の仙眸、予が誤りを訂せば幸ひである。

著者識す

観相学の実地応用　奥秘伝全集

昭和　五　年十月　三　日　初版発行
平成二十三年六月　三　日　復刻版初刷発行
令和　六　年五月二十七日　復刻版第三刷発行

著　者　中司哲巌

発行所　八幡書店
東京都品川区平塚二―一―十六
KKビル五階
電話　〇三（三七八五）〇八八一
振替　〇〇一八〇―一―四七二七六三

ISBN978-4-89350-687-0 C0014 ¥4800E